国家社科基金后期资助项目
出版说明

后期资助项目是国家社科基金设立的一类重要项目，旨在鼓励广大社科研究者潜心治学，支持基础研究多出优秀成果。它是经过严格评审，从接近完成的科研成果中遴选立项的。为扩大后期资助项目的影响，更好地推动学术发展，促进成果转化，全国哲学社会科学工作办公室按照“统一设计、统一标识、统一版式、形成系列”的总体要求,组织出版国家社科基金后期资助项目成果。

全国哲学社会科学工作办公室

国家社科基金
GUOJIA SHEKE JIJIN HOUQI ZIZHU XIANGMU
后期资助项目

宗族社会纠纷解决机制研究

——以明清时期为中心

Research on the Settlement Mechanism of Clan Social Disputes

——Taking the Ming and Qing Dynasties as the Center

张国安 著

法律出版社
LAW PRESS · CHINA

基金项目
国家社会科学基金后期资助项目，项目批准号：16FFX037

序

传统中国有社会组织吗？当然有。如果仅以近现代西方的社会组织标准去看传统中国，也许会得出“有国家无社会”“有家族无社会”的结论，但这种看法有失偏颇。强调个体自主意志和契约纽带两要素之意义上的“社会”，在传统中国的确并不普遍。但是，在国家官府直接控制或安排之外的公共生活中，人们自发地以正式或非正式的方式结成各种组织（团体）以实现共同福利，却是不争的事实。

传统中国的社会组织，由血缘、地缘、业缘、宗教、文化的各种纽带连接而成，可以分别称为血缘社会、地缘社会、工商社会、宗教社会、江湖社会、士林社会等。这些社会，在个人和家庭之上，在国家之下，一方面是人们参与社会生活的有意无意、正式非正式的组织形态，是个人之间的社会组织（集体组织）；另一方面也是人们日常交往的主要关系及场域，亦即个人参与（国家政治生活以外的）公共生活所不得不依赖的纽带及空间。若仅从前一角度去理解，过于强调个人意志自主（自由）地加入某种有明显组织形态的团体（society；social organization；social groups）之属性，则传统中国很少有“社会”矣！若仅从后一角度去理解，过于强调交往关系（social relations）和交往空间（social communication field）属性，忽视在国家政治安排以外，传统社会生活中实际广泛存在的、自发自愿的组织团体情形，则传统中国就更没有“社会”了。对于传统中国而言，仅仅从上述任何一个方面去理解“社会”都是片面的。传统中国的血缘社会、地缘社会、工商社会、宗教社会、江湖社会、士林社会等，从前一角度看，常常不一定有显著而正式的社会组织（结社）形态，不一定强调个人自主并正式履行加入手续；从后一角度看，虽表面上仅显现为不同的交往关系和场域，但实质上每个人又的确有着“在组织”“在团体”的感觉，且实质效果也是如此。

在两者结合的意义上去理解传统中国的社会，从传统社会形态和社会生活中去认识实在的、实践的、实证的法律史，而不是局限于国家政治领域和政治表述去理解和认识，是我过去二十多年法史研究与教学的一个重要倾向或偏好。这一倾向或偏好，可能在有意无意中影响了学生。我指导的学生写博士、硕士论文，其选题多有向这一方向靠拢者，国安的博士论文就是其代表之一。

国安是我在中南财经政法大学工作期间指导的博士研究生之一。2005 年秋,已为副教授数年的张生国安,与黄东海、易江波、汪雄涛、张正印诸生一起,经考试录取为中南财经政法大学法律史博士点第二届博士研究生。攻读博士期间,国安广修课程、博览群书、勤于写作、勤于讨论、勤于思考,给老师和同学们留下了良好而深刻的印象。但是,由于本科阶段非法律专业、硕士阶段非法史专业,由于博士论文题目是我建议选定的,由于攻博期间未能豁免供职学校的授课任务,国安的博士论文写作工程比一般同学更为艰难、更为耗时,迟至 2011 年才完成写作并通过答辩,此事令我至今仍感愧疚。但由于有着相当不错的史学功底,由于过去著述较多且写作能力较强,国安仍将这篇毕业论文写成了中南法史博士论文中的最佳论文之一。其开题答辩、中期答辩、最后答辩均一次顺利通过,答辩委员会的老师们均对论文作出了相当高的评价,当然也提出了一些切中要害的修改建议,于是我的所谓指导过程就变成了不甚费力的象征手续了。论文最后得到国家社科基金委匿名专家们的多数肯定,入选国家社科基金后期资助(出版)项目。在严格、苛刻的评审标准及程序下,在百分之十几的入选概率下,该书稿仍脱颖而出,这本身就是学术质量较高的标志之一。

国安这篇博士论文是专门讨论传统中国宗法社会组织的纠纷解决机制或模式的。这是一个非常有意义的题目,是认识传统中国实在法制或实际法律秩序的一个较好的切入点。在传统中国社会,每个人生来就不得不立即加入的社会组织,就是叫作家族或宗族的那个血缘社会组织。尽管个人或家庭无须履行加入这一组织的正式手续,但它的确是国家之外的社会组织形态,的确有维护共同安全和福利的目标。人们之间共同血缘(共同祖先)的存在,本身就自然而然为每个人办理了最初的"加入手续"。这一社会组织,以同宗关系为纽带而形成,是个体或家庭与国家之间的中间组织或缓冲地带,承担着广泛的社会功能。解决纠纷,仅仅是其最主要的功能之一。总结分析这一社会组织的解纷机制及其运作模式,探究国家法秩序与民间法秩序的衔接机制和形态,阐扬传统中国民间社会在维护善良风俗和秩序、简便快捷地解决民间纠纷、恢复社会安全和谐方面的智慧资源,是有非常重要的意义的。

本着这样的研究宗旨或目标,国安花费了好几年的心血,出色地完成了这篇论文。这篇论文的主要成绩或理论贡献,我们可以从以下几个方面去认识。

第一,首次全面总结梳理了传统中国家族社会解纷机制的基本构成和运作模式。过去数十年,史学界、法学界关于宗族(家族)问题、宗法制问题、宗规族法问题、乡村习惯法问题的研究，包括瞿同祖、费成康、王玉波、冯尔康、朱勇、李卓、徐杨杰、钱杭、滋贺秀三等学人的研究，在宗法制构成及原则、家族组织结构、父权制与家长制、家族财产制与继承制、家族土地制等一系列问题上，有出色的研究成就，但从来没有人专门深入系统地探讨过宗法社会或宗族社会的纠纷解决机制。国安是第一个全面系统深入探究这一问题者，是换了一个角度对中国传统法制的实际运作形态进行了新的探究，这一研究是非常可贵的。任何法律规范，包括习惯法，其制造或产生的出发点，是为了解决纠纷，解纷是法制的目标之一。从纠纷解决机制入手去认识传统中国的法制，是一个特别有实践性、实证性的角度，有利于我们重新认识中国法律传统，体悟中国法律传统的灵魂。更重要的是，国安在对宗法社会纠纷解决机制构成（解纷主体、解纷依据、解纷原则、解纷方式）进行系统梳理的基础上，更进一步对这一解纷机制的运行模式进行了总结阐发。也就是说，不仅研究静态的机制本身，还研究了这一机制的运用操作模式（包括鸣告方式、解纷场所、纠纷审理、纠纷裁决、裁决执行）等，这一研究更有法社会学或社会法学的方法或路径属性。国安在这一方面的研究，虽然不一定在每个方面都是最深入的，但到目前为止是最全面系统的，是有拓荒或开启意义的。

第二，初步阐明了国家法秩序与民间法秩序的衔接机制，并对“第三领域”问题有了新的见解。国安的研究，从宗族社会组织在法律秩序建构中的角色地位角度入手，对民间法秩序有了新的总结诠释。这一研究，不只对宗法社会参与民间法律秩序建构的角色进行了总结描述，更重要的是对宗法社会与国家政权在传统法律秩序建构中的衔接互动模式进行了初步探索。在本书的第五章，国安参考了黄宗智先生的“第三领域”理论，专门就国家与民间两个解纷机制之间链接互动的“第三领域”问题进行了分析。国安特别告诉我们，虽然在宗族社会主导的民间解纷过程中，国家法与民间法互相渗透、互相配合是常态，但是家法族规并非完全独立于国家法之外，具有强制性的国家司法程序仍是家族解纷成功的重要保障，所以“在封建专制主义中央集权的体制下，完全独立于国家政权之外的‘第三领域’是不存在的，国家政权的操纵者绝对不会容忍一个独立司法领域即所谓的‘第三领域’的存在，决不会允许宗族、文会、会馆等社会团体在国家与社会之间扮演完全独立的角色”。这一结论在梁治平教授的有关研究的基础上更进了一步，用更加有力的事实和证据证明了中国传统法律秩序的这一内在规律。

第三，从法律史的视角为家族组织的社会治理功能或法秩序参助功能初步正名,对“五·四”以来污名化家族组织的极端思潮进行了初步矫正。自“五·四”开始,个人主义、民权主义、自由主义思潮大盛,宗族或家族组织被视为纯粹禁锢个人、妨碍自由、销蚀权利的文化存在,与宗族组织体制及家法族规有关的文化遗产被视为文化糟粕,至于这一社会存在或社会机制中的民主性、人民性等精华则鲜有人提及。国安的研究,实质上从华夏传统精神文化遗产的视角,对宗族组织机制的文明恒产意义进行了初步阐释。通过国安的研究,我们可以看到,宗族组织及其解纷机制,实质上有着整合民间社会力量、健全民间规则和秩序、维护民间善良风俗、实现共同安全福利、抗衡国家权力滥用、缓解国家公权腐败等多方面的自治作用。解决纠纷,正是这种作用的一个重要方面,是弥补国家权力真空、提升社会自治能力的一个重要方面。没有基层社会组织(包括最常见的血缘社会组织)积极主动参与社会治理或社会秩序的建构,任何国家的法律秩序是没有根基的,是更容易走上反文明道路的。中央集权君主专制的传统国家秩序模式下,仍保留了宗法社会等民间组织正常参与国家法律秩序建构的角色和机会,正是中国传统法律文化对现代中国法治国家建设目标有正面助力的证据之一。若将传统宗族制度或家族组织机制的所有历史积淀一概视为历史糟粕,也许是背离科学精神的。这是国安的博士论文给我们的重要启发。

在近十几年的法律史教学研究中,我一直倡言历史法学,主张在“法律为民族精神之体现”的立场或视角下探究法律史,主张对中华数千年文明史中作为全民族“共同的法”“同一的法”的那些东西进行全面系统地梳理和阐发,主张未来中国的法治建设和法治秩序建构也适当以中国“历史法学”研究成果为参考借鉴。数千年中国法律文明,在追求社会和谐、保障正当利益、肯定社会有限自治、维护个人有限自由、防范国家权力滥用等方面,是有相当程度的探索和设计的,不是简单粗暴地贴上“封建糟粕”标签就可以无视或否定的。即使后来误入歧途,与民主法治价值越来越远,但其“民主性、人民性”的原初基因曾经存在这一事实是无可否认的。未来法治建设的要害,也许不一定只是移植外来法制;民族传统中人权法治基因地发扬光大,民族法律文化中特有的反民主、反法治“瓶颈”或误区的克服,也许正是中国未来法治建设能适当结合本土资源并获得更大的本土生命力的关键所在。为此,我提出过“法治中国化”的命题,绝不是出于义和团式的虚骄狂妄,而是为了开拓法律史研究的新视野,为了未来中国法治有更扎实的根基或土壤。中南财经政法大学法律史学科点的硕士、博士论文,有相当一部分就是这一探索路径的宝贵尝试,如陈会林的《传统中国地缘社会纠纷解决机制研究——以明清为中心的考察》、黄东海的《传统中国商业社会纠纷解决机制研究——以商牙关系为中心的考察》、易江波的《近代中国城市江湖社会纠纷解决机制研究——以汉口码头为例》、李可的《唐宋宗教社会纠纷解决机制研究》、刘华政的《传统中国手工业社会纠纷解决机制研究》,都是这一研究工程的系列成果之一。加上国安的这一本,分别研究了地缘社会、商业社会、江湖社会、手工业社会、宗教社会、宗法社会等六大类型社会组织的解纷机制,已经构成了一个“传统中国民间社会解纷机制研究成果系列”。这些论文,已经分别由中国政法大学出版社、法律出版社等先后出版,已经获得了同行们的关注。这些研究对传统法律文化的开拓意义,相信在不久的将来,一定会获得学科同行们的重视。

国安的博士论文经数年修订补充后,现由法律出版社正式出版,是法律史学薪火传承的拾柴添柴之举,是学术光明和热量传承的接力之一,是值得庆贺的。付梓之际,国安索序于我,我欣然应命。因为论文系我力推和指导的系列研究课题之一,数年后再阅读修改过的论文确有一些心得体会,所以匆忙组织成文,权充序言。

范忠信

2020年10月20日

于杭州余杭凤凰山北麓参赞居

目　录 Contents

绪论

一、问题的提出

中国传统社会是一个典型的以血缘关系为基础的宗法社会，宋代以降，宗族组织与里甲组织构成整个社会结构的基础。正如有学者指出："在广大农村中，宗族制是与里社保甲并行的血缘组织，两者相辅而行，在地方上形成二元性的基层组织。"①孙中山先生亦指出："中国人民最崇拜的是家族主义和宗族主义，所以中国只有家族主义和宗族主义，没有国族主义。"②因此，宗族及其相关问题一直是学术界研究传统中国社会一个非常重要的切入点。但是，过去学术界更多地研究宗族组织的政治功能，而对其社会功能的研究则较为薄弱，关注不够。事实上，作为传统中国基层社会的自治组织，宗族在化解广大基层社会的矛盾和纠纷、稳定社会秩序方面一直发挥着不可替代的重要作用。一方面，是因为传统中国社会是一个典型的农业社会，国家的人力和财力极其有限，因此，国家权力一般只能延伸至地方诸县一级，县级以下的基层社会则主要是由各种社会组织自治。对此，美籍学者费正清教授指出："中华帝国有一个不可思议的地方，即它能用一个很小的官员编制来统治如此众多的人口。""鸦片战争以前，中国人口已突破 4 亿，清朝官制全国文官约 2 万，武官约 7000，平均 14 814 人中才有一名官员。"③因此，在生产力水平较为低下、国家财力极其有限而无力负担庞大的官员编制的情况下，国家要实现其政治控制，就不得不依靠和利用基层社会上的各种群团组织。由此形成了中国传统政治社会中特有的二元结构，即上层社会的政治权力结构和基层社会的群体社团结构。这些社会组织主要包括宗族组织、村社组织、行会以及同乡会馆等。另一方面，在司法政策上，传统中国采取"抓大放小、重刑轻民"的策略，将其认为是所谓"细故"的户婚、田土、钱债等民事纠纷以及赌博、斗殴、盗窃等轻微刑事案件交由社会自行解决。由于利益和需求的多元性，解决社会

---

① 李文治、江太新：《中国宗法宗族制和族田义庄》，社会科学文献出版社 2000 年版，第 28 页。

② 孙中山：《孙中山选集》，人民出版社 1981 年版，第 147 页。

③ ［美］费正清、刘广京编：《剑桥中国晚清史（1800－1911）》（上卷），中国社会科学院历史研究所编译室译，中国社会科学出版社 1985 年版，第 16 页、第 24 页。

纠纷的机制必然是多元的。而基于传统中国的司法政策，宗族组织在解决社会纠纷中所起的作用最大，并且“民间宗族在长期的纠纷处理过程中，形成了专门处理宗族内纠纷的程序规则”。[①] 大量的宗族社会的纠纷，都是通过这种纠纷解决机制得以解决的。因此，本书拟从法社会学的角度来研究传统中国宗族社会纠纷解决机制及其运行，探明其与国家纠纷解决机制之间的关系，进而探究传统中国宗族社会的控制模式，以期对我们构建现代社会的多元化纠纷解决机制、建设社会主义和谐社会提供一种本土资源上的借鉴。

二、研究的对象和范围

本书的研究对象是传统中国尤其是明清时期宗族社会纠纷解决机制及其运行。

其空间范围，从理论上讲应该包括中国大陆及港澳台地区，但限于客观条件，只能以中国大陆为主，不涉及其他地区。而在中国大陆，幅员辽阔，地理环境复杂，政治历史多变，南北宗族在存在方式和宗法意识上又有明显的不同。总体来说，南方重血缘、明宗统的宗法观念甚于北方，南方宗族社会的内在结构完整，功能齐备，且影响深远，因此研究多以南方为主。南方各地宗族的社会习性亦有区别，其中江苏、浙江、安徽尚文，而福建、广东尚武。但限于掌握的材料，本书的研究主要围绕其中的一文一武，即以安徽和福建两地的宗族组织为主展开。当然，在具体论述中也可能会涉及其他地区。

其时间范围，除了从宏观上考察传统中国宗族社会纠纷解决机制发展沿革的历史涉及其他时期外，主要以明清时期为中心展开研究。那么，为何截取明清时期的宗族及其纠纷解决机制作为研究中心？主要考虑有三：其一，明朝是汉族占统治地位的最后一个封建王朝，而清朝则是少数民族统治的最后一个王朝，在民族统治上具有代表性。以明清两朝为中心来研究宗族社会的纠纷解决机制，可以探清各族在对地方实施有效社会控制（包括法律控制）方面的共性和差异。其二，明清时期的宗族在传统中国社会中最为成熟，亦最为普遍，堪称中国古代宗族组织之典型，因而其在维护社会运转、实现社会控制方面也达到了炉火纯青的地步。研究这一时期的宗族社会纠纷解决机制及其实际运行效果，可以揭示宗族在解决族众纠纷、化解族人矛盾、沟通国家与民众中的重要作用，进而了解和掌握民间基

① 何兵：《现代社会的纠纷解决》，法律出版社 2003 年版，第 12 页。

层社会秩序乃至整个国家秩序的形成。其三,明清时期是距离现今最近,因而对现代社会影响最大的时期。从某种意义上来说,“现代宗族势力在很大程度上直接仿效清代社会的宗族组织,某些现代宗族所订立的族规在内容和形式上,都与清代宗族法类同。另外,现代宗族势力得以存在的社会条件之一,即农民头脑中的宗法意识以及农村基层流行的宗法传统都是清代宗族制度的直接遗存物”。① 当然,宗族社会的纠纷解决机制亦在一定程度上得以残存。因此,研究和诠释明清时期宗族社会的纠纷及其解决之道,不仅可以使我们利用宗族资源,实现村民自治,而且对我们构建现代社会多元化纠纷解决机制具有不可忽视的重要作用。

三、国内外研究现状

(一)国内研究现状

传统中国是一个宗族传统非常厚重的国家。长期以来,宗族及其相关问题都是国内外学术界研究传统中国社会的一个非常重要的切入点。早在20世纪20年代,在争取民族独立和自强的过程中,宗族问题就已经进入国人的视野了。

20世纪20~40年代,在民权观念和民族主义的影响下,不少学者开始对宗族的定性、定位进行理性思考和探究,并有一些通贯性的研究著作问世。率先对我国历史上家族、宗族问题进行研究的当推吕思勉(字诚之)先生,他撰写的《中国宗族制度小史》②是我国第一部有关家族、宗族问题的专门史。虽然该著作不足2.5万字,带有论纲性质,但举凡家族、宗族史研究的重要问题该著作均已涉猎,可谓有筚路蓝缕之功。继其后的陶希圣在《婚姻与家族》③一著中提出了农民家族、豪商地主家族和士族家族等新概念,并就家族和宗法制等问题提出了个人的见解。高达观先生在《中国家族社会之演变》④中将家族制度的发展变迁分为三个阶段,即周代的宗法社会、宋代的宗族家族社会和清代的家族社会,并从经济基础、政治基础、法律基础三个方面分析了家族制度发展演变的原因。瞿同祖先生是一位较早从法律的角度研究中国社会的法学家,其代表之作是《中国法律与中国社会》⑤。他在该著作中对家族和家族范围作了全面而准确的概

---

① 朱勇:《清代宗族法研究》,湖南教育出版社1987年版,第12页。
② 参见吕诚之:《中国宗族制度小史》,中山书局1929年版。
③ 参见陶希圣:《婚姻与家族》,商务印书馆1931年版。
④ 参见高达观:《中国家族社会之演变》,正中书局1946年版。
⑤ 参见瞿同祖:《中国法律与中国社会》,商务印书馆1947年版。

括,时至今日仍颇具借鉴价值。

20 世纪 50~70 年代,在“左”倾思潮的错误影响和干扰下,我国的学术研究陷入全面停顿,家族史、宗族史的研究也概莫能外。

20 世纪 80 年代以来,家族、宗族史的研究又重新焕发勃勃生机,产生了一大批研究成果。徐扬杰的《中国家族制度史》[①]是我国第一部全面而系统地研究中国家族制度的通史性专著。该著作从宏观上把中国家族制度的发展变迁分为原始社会末期的父家长家族、殷周时期的宗法式家族、魏晋至唐代的世家大族式家族以及宋以后的近代封建家族等四种不同形式,同时在论述家族制度的主要特征之一的家谱时,提出了唐末即产生了最早的家法族规。虽是零星地论及,但对于后来的家法族规的研究无疑极具参考价值。冯尔康、常建华等人合著的《中国宗族社会》[②](修订本更名为《中国宗族史》[③])是中国宗族制度研究的又一部通史性著作。该著作依据宗族的领导权、宗族成员的构成和宗族生活的宗法原则的变化,将中国宗族发展史划分为先秦典型宗族制,秦唐间世族、士族宗族制,宋元间大官僚宗族制,明清绅衿宗族制,近现代宗族变异时代等五个时期,并特别注意到宗族组织的内在结构,强调了宗族组织对社会的适应力和生命力。常建华教授的《宗族志》[④]是《中华文化通志》之第 4 典《制度文化典》中的第一志。该著作全面论述了传统中国的宗族制度,其内容包括祖先祭祀与家庙祠堂、宗族结构与组织、族谱、族产、族学、族规,填补了宗族和宗族史研究的一些空白。冯尔康所著的《18 世纪以来中国家族的现代转向》[⑤]对 18 世纪以来中国家族的状况及其发展趋势进行了较为全面的阐述,并提出传统中国的家族是一个适应性很强的群体,在现代社会仍具有较强的生命力。这一时期,另有一系列颇具特色的专著问世,如柯昌基的《中国古代农村公社史》,[⑥]王沪宁的《当代中国村落家族文化——对中国社会现代化的一项探索》,[⑦]钱杭的《中国宗族制度新探》[⑧],林济的《长江中游宗族社会及其

① 参见徐扬杰:《中国家族制度史》,人民出版社 1992 年版。

② 参见冯尔康等:《中国宗族社会》,浙江人民出版社 1994 年版。

③ 参见冯尔康等:《中国宗族史》,上海人民出版社 2009 年版。

④ 参见常建华撰:《宗族志》,上海人民出版社 1998 年版。

⑤ 参见冯尔康:《18 世纪以来中国家族的现代转向》,上海人民出版社 2005 年版。

⑥ 参见柯昌基:《中国古代农村公社史》,中州古籍出版社 1989 年版。

⑦ 参见王沪宁:《当代中国村落家族文化——对中国社会现代化的一项探索》,上海人民出版社 1991 年版。

⑧ 参见钱杭:《中国宗族制度新探》,中华书局(香港)有限公司 1994 年版。

变迁——黄州个案研究(明清~1949年)》①和《长江流域的宗族与宗族生活》②,林耀华的《义序的宗族研究》③,李文治、江太新的《中国宗法宗族制与族田义庄》④以及周大鸣等人所著的《当代华南的宗族与社会》⑤,等等。上述著作把人类学的田野考察方法与历史文献法结合起来,运用于宗族及其相关问题的研究,使得该研究更具实证性。

随着宗族研究领域的日益拓展和深化,一批专题论述宗族法的学术专著和论文也崭露头角。研究宗族法的学术著作首推朱勇的《清代宗族法研究》⑥,该著作可谓研究断代宗族法的具有里程碑意义的著作。该著作系统分析了清代宗族法的制定、基本内容、执行、法理学反思以及宗族法与国家法律的关系、社会作用等问题,对宗族法的研究具有极大的借鉴意义。本书的研究在某种意义上说是受到该书的启发和激励。但该书主要着笔于宗族法的内容制定及其作用分析,对宗族社会的纠纷是如何解决的略而不详。宗族法研究的又一硕果是费成康主编的《中国的家法族规》⑦,这是一部关于家法族规历史发展与概况的通贯性著作。该著作论述了家法族规的制定、范围、惩处、执罚、奖励、特性、演变、历史作用、研究意义等诸多问题。值得一提的是该书附有55部家法族规,且各具特色,为研究不同时期的家法族规提供了第一手的原始史料,极具参考价值。另有一些著作亦用一定篇幅论述宗族法规,如高其才的《中国习惯法论》(修订版),⑧专辟一章把宗族法规作为习惯法的一种加以论述,对于从法制史的角度研究宗族问题很有启发意义。钱杭、谢维扬合著的《传统与转型:江西泰和农村宗族形态——一项社会人类学的研究》⑨是一项田野考察报告,该报告综合运用历史学、人类学和社会学方法来研究农村宗族问题,为研究宗族法的现代变迁提供了最前沿的田野考察视野。徐少锦、陈延斌的《中国家训史》⑩是一部专门研究中国家训源流及其发展的著作,该著作专辟一章论

① 参见林济:《长江中游宗族社会及其变迁——黄州个案研究(明清~1949年)》,中国社会科学出版社1999年版。

② 参见林济:《长江流域的宗族与宗族生活》,湖北教育出版社2004年版。

③ 参见林耀华:《义序的宗族研究》,生活·读书·新知三联书店2000年版。

④ 参见李文治、江太新:《中国宗法宗族制与族田义庄》,北京社会科学文献出版社2000年版。

⑤ 参见周大鸣等:《当代华南的宗族与社会》,黑龙江人民出版社2003年版。

⑥ 参见朱勇:《清代宗族法研究》,湖南教育出版社1987年版。

⑦ 参见费成康:《中国的家法族规》,上海社会科学院出版社1998年版。

⑧ 参见高其才:《中国习惯法论》(修订版),中国法制出版社2008年版。

⑨ 参见钱杭、谢维扬:《传统与转型:江西泰和农村宗族形态——一项社会人类学的研究》,上海社会科学院出版社1995年版。

⑩ 参见徐少锦、陈延斌:《中国家训史》,陕西人民出版社2003年版。

述了清代宗族的族规族法问题。赵华富的《徽州宗族研究》[1]是一部专门研究徽州宗族的论著，涉及徽州宗族的兴起、宗族组织结构、祠堂和祖墓、谱牒、族产、族规家法、宗族经商的风尚等内容，亦专辟一章探讨了徽州宗族的家法族规问题。

宗族法研究新近最重要的成果当推原美林的《中国传统家族司法研究》[2]，该著作在家族司法领域研究方面，"无论从理论逻辑、证据支撑，还是价值判断等方面，均做了有益的较深次的探索"。宗族法研究又一新的成果是李志明的《传统中国家族组织的公法职能——以明清两代为中心的考察》[3]，该著作研究了传统中国家族组织的公法职能及其在历史上的具体表现，以及家族组织公法职能在历史上的成效与不足。

随着专著的问世，关于宗族法的学术论文更是层出不穷，其中具有代表性的有：刘广安的《论明清的家法族规》[4]是一篇有关宗族法方面较早的优秀论文，该文比较系统地阐述了明清时期宗族的家法族规在处理宗族内部民事纠纷上的重要性，论述了明清时期的家法族规与封建国法相互配合，致使明清时期的家法族规法律化，成为传统中国法律体系的重要组成部分之一，在维护和稳定传统中国统治秩序中发挥了特殊作用。刘华的《论家法族规的法律整合作用》[5]一文认为传统中国的家法族规的法律化过程是在明清时期完成的，并认为其法律整合作用表现在社会等级分层与编组作用、社会秩序的规范与控制作用、社会利益的调节与平衡作用等三个方面，具有一定启发意义。张佩国、刘立新的《中国古代的家法与国法的相关性探析》[6]则从家国同构的视角分析了中国古代的家法与国法之间的互动关系，即国家政权对家法的支持和限制，家法对封建政治的补充和维护。方小芬的《家法族规的发展历史和时代特征》[7]一文梳理了千余年来的传统中国家法族规的发展历史，分析了家法族规从形成、发展、转型、兴盛到衰落的全过程，探讨了各个时期的时代特点，并认为传统中国成文的家法族规大约形成于唐朝。此外，相关论文还有陈彦栋的《家法族规与人

① 参见赵华富：《徽州宗族研究》，安徽大学出版社 2004 年版。

② 参见原美林：《中国传统家族司法研究》，法律出版社 2017 年版。

③ 参见李志明：《传统中国家族组织的公法职能——以明清两代为中心的考察》，中国政法大学出版社 2016 年版。

④ 参见刘广安：《论明清的家法族规》，载《中国法学》1988 年第 1 期。

⑤ 参见刘华：《论家法族规的法律整合作用》，载《社会科学》1994 年第 6 期。

⑥ 参见张佩国、刘立新：《中国古代的家法与国法的相关性探析》，载《山东法学》1997 年第 2 期。

⑦ 参见方小芬：《家法族规的发展历史和时代特征》，载《上海社会科学院学术季刊》1998 年第 3 期。

民调解制度——试论两者的共通之处及家法族规对人民调解制度的借鉴》①、朱勇的《清代江南宗族法的社会作用》②、林明的《试论家族法的成因及其历史影响》③等,分别从不同的角度对宗族法及其作用进行了论述。对家族司法研究最集中的成果是原美林博士的系列论文,即《明清家族司法探析》④、《中国古代家族司法纠告程序研究》⑤、《中国古代家族司法传唤程序研究》⑥、《中国古代家族司法审判程序研究》⑦、《中国古代家族司法执行程序研究》⑧以及《家族司法与国家司法的冲突与融合》⑨等,对中国古代家族司法的纠告、传唤、审判、执行程序进行了详细的探讨和研究,明确了家族司法究竟是何样的司法。

另外,相关学位论文有:原美林的《中国传统家族司法研究》⑩、钟艳攸的《明清家训族规之研究》⑪、刘道胜的《明清徽州宗族关系文书研究》⑫、袁兆春的《孔氏家族宗族法及其法定特权研究》⑬、李绪龙的《明清时期宗族法研究——以婚姻、继承制度为视点》⑭、张艳的《我国古代农村宗族问题研究》⑮、程李英的《论明清徽州的家法族规》⑯、李斐斐的《明清徽州宗族对基层社会的影响》⑰、刘丽的《式微中的更生:民国时期宗族法研究——以鄂东为中心的地域性分析》⑱等。这些学位论文亦从不同角度对

---

① 陈彦栋:《家法族规与人民调解制度——试论两者的共通之处及家法族规对人民调解制度的借鉴》,载《红河学院学报》2004 年第 4 期。

② 参见朱勇:《清代江南宗族法的社会作用》,载《学术界》1988 年第 4 期。

③ 参见林明:《试论家族法的成因及其历史影响》,载《山东大学学报》(哲学社会科学版)1992 年第 1 期。

④ 参见原美林:《明清家族司法探析》,载《法学研究》2012 年第 3 期。

⑤ 参见原美林:《中国古代家族司法纠告程序研究》,载《湘潭大学学报》(哲学社会科学版)2014 年第 5 期。

⑥ 参见原美林:《中国古代家族司法传唤程序研究》,载《求索》2014 年第 10 期。

⑦ 参见原美林、姚子骁:《中国古代家族司法审判程序研究》,载《求索》2016 年第 6 期。

⑧ 参见原美林:《中国古代家族司法执行程序研究》,载《湘潭大学学报》2019 年第 1 期。

⑨ 参见原美林:《家族司法与国家司法的冲突与融合》,载《湘潭大学学报》(哲学社会科学版)2012 年第 2 期。

⑩ 参见原美林:《中国传统家族司法研究》,湘潭大学 2012 年博士学位论文。

⑪ 参见钟艳攸:《明清家训族规之研究》,台湾师范大学 2002 年博士学位论文。

⑫ 参见刘道胜:《明清徽州宗族关系文书研究》,安徽大学 2006 年博士学位论文。

⑬ 参见袁兆春:《孔氏家族宗族法及其法定特权研究》,华东政法学院 2005 年博士学位论文。

⑭ 参见李绪龙:《明清时期宗族法研究——以婚姻、继承制度为视点》,西南政法大学 2006 年硕士学位论文。

⑮ 参见张艳:《我国古代农村宗族问题研究》,西北农林科技大学 2006 年硕士学位论文。

⑯ 参见程李英:《论明清徽州的家法族规》,安徽大学 2007 年硕士学位论文。

⑰ 参见李斐斐:《明清徽州宗族对基层社会的影响》,安徽师范大学 2007 年硕士学位论文。

⑱ 参见刘丽:《式微中的更生:民国时期宗族法研究——以鄂东为中心的地域性分析》,华中师范大学 2008 年硕士学位论文。

传统中国尤其是明清时期的宗族及家法族规的作用进行了探讨和研究。

（二）国外研究现状

国外对中国宗族问题的研究主要集中在日本、韩国和美国。

在日本，早在20世纪40年代就开始从法制或礼仪的角度研究传统中国的家族和宗族问题，如诸桥辙次的《支那之家族制》①一书就是以家族礼仪为视角来考察传统中国社会问题，该著作着重论述了九族的范围、宗法、宗庙制度等内容，这些内容都与家族、宗族有着比较密切的关系。仁井田陞的《支那身分法史》②和《中国法制史》（第三卷"奴隶农奴法·家族村落法"）③均辟有专章论述传统中国的家族法，其对家族、宗族制度的分析对家族、宗族问题的研究具有重要的参考价值。另有青山道夫的《家族法论》④、清水盛光的《家族》⑤、小野和子的《明清时代的政治与社会》⑥等都从不同的侧面对中国家族进行了研究和探讨。然而，日本研究成果中影响最大的当数日本中央大学教授多贺秋五郎的皇皇巨著《宗谱的研究》（上、下册）⑦和日本东京大学教授滋贺秀三的《中国家族法原理》⑧。前者将许多族谱中散见的宗族规约加以汇集和整理，摘录的家法族规1000余种，对我们研究传统中国的家法族规具有极大的借鉴价值。后者则以河北省、山东省的几个农村民商事习惯调查报告为资料，采取问答对话的形式，较为真实地反映了北方农村农民的宗族生活面貌，可谓一部颇具说服力的研究宗族法的杰作，对我们研究宗族法具有极强的借鉴价值。但该著作的论述范围主要侧重于家庭内部，较少扩展到家庭以外的宗族领域。另有一些日本学者对宗族的相关问题进行了研究，并取得了一定的成果，如井上彻的《宗族的形成和构造》⑨、中岛乐章的《围绕明代徽州一宗族的纠纷与同族

① 参见［日］诸桥辙次：《支那之家族制》，日本大修馆书店1940年版。

② 参见［日］仁井田陞：《支那身分法史》，日本东方文化学院1943年版。

③ 参见［日］仁井田陞：《中国法制史》（第三卷"奴隶农奴法·家族村落法"），日本东京大学出版社1962年版。

④ 参见［日］青山道夫：《家族法论》，日本法律文化社1958年版。

⑤ 参见［日］清水盛光：《家族》，日本岩波书店1953年版。

⑥ 参见［日］小野和子：《明清时代的政治与社会》，日本京都大学人文科学研究所1953年版。

⑦ 参见［日］多贺秋五郎：《宗谱的研究》（上、下册），日本学术振兴会1981年版。

⑧ 参见［日］滋贺秀三：《中国家族法原理》，弘文堂1976年版。

⑨ 参见［日］井上彻：《宗族的形成和构造》，载《西南民族学院学报》（哲学社会科学版）1990年第3期。

统合》[①]《围绕明代徽州一宗族的纠纷与同族统合(续)》[②]《清代徽州的山林经营、纷争及宗族形成——祁门三四都凌氏文书研究》[③]等。

在韩国,对中国宗族问题的研究主要集中于徽州宗族问题上,如朴元熇的《从柳山方氏看明代徽州宗族组织的扩大》[④]《明清时代徽州真应庙之统宗祠转化与宗族组织——以歙县柳山方氏为中心》[⑤]《明清时代徽州商人与宗族组织——以歙县柳山方氏为中心》[⑥]《明清时代徽州的市镇与宗族——歙县岩镇和柳山方氏环岩派》[⑦]等,权仁溶的《从祁门县"谢氏纷争"看明末徽州的土地丈量与里甲制》[⑧]。

在美国,对传统中国的家族和宗族问题的研究亦取得一定的成果,主要有:20 世纪 50 年代,具有中国血统的美籍学者王刘慧珍(Hui-Chen Wang Liu)的一篇博士学位论文《传统的中国族规》(*The Traditional Chinese Clan Rules*)。该文由从哥伦比亚大学所藏的 900 余种中国谱牒当中选取了从 1912~1936 年刻印的 151 种作为研究对象撰写而成。该文于 1959 年在纽约正式出版后,在美国学界反响颇大,时至今日仍是美国学生了解和研究传统中国社会的重要著作。美籍学者黄宗智的《华北的小农经济与社会变迁》[⑨]《清代的法律、社会与文化:民法的表达与实践》[⑩]《法典、习俗与司法实践:清代与民国的比较》[⑪]等著作亦涉及中国的宗族问题,并对有关问题提出了自己的见解。另有美国学者居蜜的《明清时期徽州的宗法制度与土地占有制——兼评叶显恩〈明清徽州农村社会与佃

---

① 参见[日]中岛乐章:《围绕明代徽州一宗族的纠纷与同族统合》,载《江淮论坛》2000 年第 2 期。

② 参见[日]中岛乐章:《围绕明代徽州一宗族的纠纷与同族统合(续)》,载《江淮论坛》2000 年第 3 期。

③ 参见[日]中岛乐章:《清代徽州的山林经营、纷争及宗族形成——祁门三四都凌氏文书研究》,载《江海学刊》2003 年第 5 期。

④ 参见[韩]朴元熇:《从柳山方氏看明代徽州宗族组织的扩大》,载《历史研究》1997 年第 1 期。

⑤ 参见[韩]朴元熇:《明清时代徽州真应庙之统宗祠转化与宗族组织——以歙县柳山方氏为中心》,载《中国史研究》1998 年第 3 期。

⑥ 参见[韩]朴元熇:《明清时代徽州商人与宗族组织——以歙县柳山方氏为中心》,载《安徽师范大学学报》(人文社会科学版)1999 年第 3 期。

⑦ 参见[韩]朴元熇:《明清时代徽州的市镇与宗族——歙县岩镇和柳山方氏环岩派》,载《上海师范大学学报》(哲学社会科学版)2005 年第 1 期。

⑧ 参见[韩]权仁溶:《从祁门县"谢氏纷争"看明末徽州的土地丈量与里甲制》,载《历史研究》2000 年第 1 期。

⑨ 参见[美]黄宗智:《华北的小农经济与社会变迁》,中华书局 1986 年版。

⑩ 参见[美]黄宗智:《清代的法律、社会与文化:民法的表达与实践》,上海书店出版社 2007 年版。

⑪ 参见[美]黄宗智:《法典、习俗与司法实践:清代与民国的比较》,上海书店出版社 2007 年版。

仆制〉》①、华琛的《中国宗族再研究：历史研究中的人类学观点》②也对中国宗族问题提出了自己的看法。

综上所述，20世纪80年代以来，国内外对中国宗族及其相关问题的研究，无论在深度上抑或在广度上，都取得了显著的进步，产出了一大批研究成果，具有重要的参考价值。但是，从法制史的角度研究宗族、家族问题的著述仍是凤毛麟角，研究宗族社会的纠纷解决机制问题的著述更是鲜见，目前仅见于李交发的《中国诉讼法史》③专辟一章论述传统家族法诉讼理论，但该文认为“家族法诉讼是国家法诉讼的一种变态，从法理上说，它是不科学的”。原美林的《中国传统家族司法研究》对家族司法的程序问题进行了较为深入的研究。另有左卫民等的《中国传统社会纠纷解决机制研究论纲（上）——以明清为契入点》④《中国传统社会纠纷解决机制研究论纲（下）——以明清为契入点》⑤，高其才、罗昶的《中国古代社会宗族审判制度初探》⑥，亦只是部分涉及宗族社会纠纷解决问题。本书拟在上述研究成果的基础上，从纠纷解决入手，对传统中国尤其是明清时期的宗族社会纠纷解决机制进行研究，进而探究传统中国宗族社会的社会控制模式，以期为构建和完善多元化纠纷解决机制、建设社会主义和谐社会提供历史借鉴。

四、研究的意义与企求的创新

（一）研究的意义

从某种意义上来讲，法律史研究的重要价值就在于选题的理论价值和现实意义。前者主要取决于该研究课题能否对本学科的发展产生影响，特别是能否对本学科的研究提供理论和方法上的支撑；后者则取决于该课题研究成果能否对国家法治建设和社会发展提供直接的或间接的现实借鉴和政策建议。而就本书而言，既具有一定的理论价值，又具有重要的现实意义。

---

① 参见［美］居蜜：《明清时期徽州的宗法制度与土地占有制——兼评叶显恩〈明清徽州农村社会与佃仆制〉》，载《江淮论坛》1984年第6期。

② 参见［美］华琛：《中国宗族再研究：历史研究中的人类学观点》，载《广东社会科学》1987年第2期。

③ 参见李交发：《中国诉讼法史》，中国检察出版社2002年版。

④ 左卫民等：《中国传统社会纠纷解决机制研究论纲（上）——以明清为契入点》，载《西南民族大学学报》（人文社会科学版）2003年第6期。

⑤ 左卫民等：《中国传统社会纠纷解决机制研究论纲（下）——以明清为契入点》，载《西南民族大学学报》（人文社会科学版）2004年第1期。

⑥ 高其才、罗昶：《中国古代社会宗族审判制度初探》，载《华中师范大学学报》（人文社会科学版）2006年第1期。

1. 理论价值

(1)加强中国传统社会尤其是宗族社会纠纷解决机制的研究,可以拓宽法律史学科的研究范围,具有重要的学术价值。作为一门独立的学科,中国法律史学科有着悠久的历史。但法律史的研究长期存在偏重文本,特别是偏重法典研究,而忽略法的实践即司法研究的重要倾向。近年来,虽然这一现象有所改观,但法律史学研究面过窄的问题依然未能得到根本解决。本书着力探讨传统中国宗族社会纠纷解决机制,从法的实践角度来看,属于广义司法的范畴。因此,本书可以拓宽中国法律史学的研究范围。

(2)加强中国传统宗族社会纠纷解决机制研究,可以矫正"国家单边主义"的片面法治观。随着依法治国方略的确立、法治中国建设的推进,举国上下对法治盲目推崇和迷信,把通过诉讼解决纠纷当作真正实现法治的唯一的正确道路,对法院外的纠纷解决机制从司法政策上予以抑制甚至打压,忽视了其他纠纷解决机制的存在价值。本书从法律多元的角度出发,认为法治即规则之治,不应当被简化为"适用法律",法具有多样之形态,因而纠纷解决亦是多元的。本书的研究,可以为矫正"国家单边主义"法治观、构建和完善多元化纠纷解决机制提供一个全新的视角。

2. 现实意义

当下,我国正处于体制转轨、社会转型的特定历史时期。社会经济的发展、各项改革的推进和利益格局的调整,总是伴随着深刻的社会变迁和利益冲突。由于利益和需求的多元化,这些矛盾和纠纷亦带有多元化的特点。为了有效地应对多元化的利益冲突,需要构建一种具有更大包容性和灵活性的多元化纠纷解决机制。为此,除了关注和借鉴国外学术研究成果外,还应该从中国传统社会多元化纠纷解决机制的历史和实践中吸取有益的经验。因此,研究传统中国宗族社会纠纷解决机制,特别是明清时期宗族社会的纠纷及其解决机制,可为我国构建多元化纠纷解决机制、建设社会主义和谐社会提供有益的历史借鉴。

(二)企求的创新之处

本书选题是业师范忠信教授主持的中国教育部"新世纪优秀人才支持计划"科研项目"中国传统民商习惯暨纠纷解决机制与中国新民商法制的构建"的子课题之一,具有一定的前沿性和开拓性。具体而言,本书选题的创新之处如下:

1. 首次全面、系统地考察了明清时期宗族社会纠纷解决机制,具有开拓性。20 世纪 80 年代以来,宗族研究渐次复苏并繁荣,但对家法族规的研究仍处于起步阶段,其中取得的较有分量的研究成果有朱勇的《清代宗族法研究》、费成康主编的《中国的家法族规》、李交发的《中国诉讼法史》、滋贺秀三(日)的《中国家族法原理》和原美林(日)的《中国传统家族司法研究》等,相关论文也只是零碎的研究。因此,宗族法的研究尚有很多薄弱甚至空白的领域待开辟。而本书对传统中国宗族社会尤其是明清时期的宗族社会纠纷解决机制及其运行与效果,进行了全面而系统地研究,并提出了自己的管见。故此,本书的研究具有一定的前沿性和开拓性,甚至可能是专门研究中国传统宗族社会纠纷解决机制问题的开篇之作。

2. 本书将明清时期宗族社会纠纷解决机制看成一个有机的社会调节系统,并对该系统的构成因素、运行机制、特质、运行效果及其与国家司法解纷机制的互动关系等进行了全面的、系统的法社会学的分析研究,并给予了恰当的解释和定位,具有系统性。

3. 本书的研究紧密结合建设社会主义和谐社会的实际来研究传统宗族社会纠纷解决机制,观古鉴今,反省现实,梳理出传统宗族社会纠纷解决机制中的重大智慧,为构建和完善我国多元化纠纷解决机制提供有益的历史借鉴思路和可资利用的法制文化资源,具有现实性。这些思路和资源主要有:和谐社会第一要义就是解决纠纷,利益和需求的多元性需要多元化的纠纷解决机制;中央与地方可以相互调适,国家纠纷解决机制与社会纠纷解决机制可彼此互动和互补;等等。

五、研究材料与方法

(一)主要材料

鉴于中国古代社会的专制和集权形态,以及“天下之治始于县”的国家治理模式,历代王朝较少关注和研究具有自治性、地域性的宗族社会,故历代正史、政书等文献几乎都是详于中央、略于地方、疏于基层,乡里民间史实鲜见于正史文献,更不用说记载宗族参与社会纠纷解决问题了。所以常见的史料中鲜有直接涉及宗族社会纠纷解决的资料,偶有涉及亦十分分散。本书的研究除了正史和历代基本法典之外,笔者收集和使用的资料主要有以下几个方面:

1. 族谱

族谱是研究宗族问题最直接亦是最有价值的基础史料。纂修族谱之风在明清时期可谓盛极一时,有家必有族谱,数量之多有如牛毛。据谱牒研究者的粗略估计,现存于世的各种家谱、支谱、房谱、族谱等大约有 3 万至4万种。[①] 根据日本学者多贺秋五郎《宗谱的研究》一书的统计,现存中国族谱的数量,日本有1491部,美国有1406部,中国(含港、澳、台地区)有980部,三国共有族谱3877部。美国人Ted A. Telford等编的《美国家谱学会中国族谱目录》(台北,成文出版社1984年版)收录了中国族谱2811部,另收补遗298部,合计3109部。中国族谱目录最全的是王鹤鸣主编的《中国家谱总目》,收录现存中国(包括港、澳、台地区)、各国藏书机构和散见于民间的中国各民族家谱共计52 401种。[②] 但谱牒一般印数很少,通常只有几套或几十套,而那些寒门小族仅有谱牒的稿本,且有的谱牒秘不示人,使得研究者们很难接触到大量的谱牒。这也是本书选题最大的难点。目前,虽尽本人所能,也只是收集福建、安徽两地的族谱,但数量有限,且不全面。所幸的是,费成康主编的《中国的家法族规》收录了不同时期各个地区的族谱55部,李文治、江太新合著的《中国宗法宗族制和族田义庄》一书中收录了族谱若干。另有《北京图书馆藏家谱丛刊·闽粤(侨乡)卷》60册。[③]

2. 文集

主要是收录于《四库全书》和《续修四库全书》中的文集,如叶春及的《石洞集》、王守仁的《王阳明全集》(上海古籍出版社1992年编校本)、朱升的《朱枫林集》(黄山书社1992年版)、《朱文公文集》(四部丛刊本)、《范文正公集》(四部丛刊本)等。

3. 方志

主要收集了明清时期安徽、福建、广东等地的方志若干。

4. 资料集

现已收集到的有张海鹏、王廷元主编的《明清徽商资料选编》[④],广东省社会科学院历史研究所中国古代史研究室等编辑的《明清佛山碑刻文献经济资料》[⑤],郑振满、丁荷生的《福建宗教碑铭汇编·兴化府分册》[⑥],王国平、唐力行主编的《明清以来苏州社会史碑刻集》[⑦],安徽省博物馆编《明清

---

① 参见费成康主编:《中国的家法族规》,上海社会科学院出版社1998年版,第219页。

② 参见王鹤鸣主编:《中国家谱总目》,上海古籍出版社2008年版。

③ 参见北京图书馆编:《北京图书馆藏家谱丛刊·闽粤(侨乡)卷》(第1~60册),北京图书馆出版社2000年版。

④ 参见张海鹏、王廷元主编:《明清徽商资料选编》,黄山书社1985年版。

⑤ 参见广东省社会科学院历史研究所中国古代史研究室等编:《明清佛山碑刻文献经济资料》,广东人民出版社1987年版。

⑥ 参见郑振满、[美]丁荷生编纂:《福建宗教碑铭汇编·兴化府分册》,福建人民出版社1995年版。

⑦ 参见王国平、唐力行主编:《明清以来苏州社会史碑刻集》,苏州大学出版社1998年版。

徽州社会经济资料丛编》（第1集）[①]、《明清徽州社会经济资料丛编》（第2集）[②]，中国社会科学院历史研究所、中国第一历史档案馆编《清代地租剥削形态》[③]、《清代土地占有关系与佃农抗租斗争》[④]，中国社会科学院历史研究所编的《曲阜孔府档案史料选编》[⑤]等。

5. 类书

主要有：《古今图书集成》（中华书局影印本）。

6. 契约文书

主要有：王钰钦、周绍泉主编的《徽州千年契约文书》（40册）[⑥]，张传玺主编的《中国历代契约会编考释》[⑦]，福建师范大学历史系主编的《明清福建经济契约文书选辑》[⑧]等。

7. 司法档案

主要有：四川大学历史系编的《清代乾嘉道巴县档案选编》（上、下）、四川省档案馆编的《清代巴县档案选编》（乾隆卷）、中央第一历史档案馆藏《宝坻档案》以及田涛、许传玺、王宏治主编的《黄岩诉讼档案及调查报告》等。

8. 民俗习惯资料

主要有《中华全国风俗志》《民事习惯调查报告录》《中国珍稀法律典籍集成》等文献。

9. 今人著述和今人论文

详见本书后所附参考文献。

（二）主要研究方法

一项研究课题能否取得突破的关键在于研究方法的创新。本书的研究除了运用传统法制史研究方法之外，拟借鉴和运用法社会学研究方法、法律人类学研究方法、叙述史学方法、比较研究的方法、个案研究与综合研

---

① 参见安徽省博物馆编：《明清徽州社会经济资料丛编》（第1集），中国社会科学出版社1988年版。

② 参见安徽省博物馆编：《明清徽州社会经济资料丛编》（第2集），中国社会科学出版社1990年版。

③ 参见中国社会科学院历史研究所、中国第一历史档案馆编：《清代地租剥削形态》，中华书局1982年版。

④ 参见中国社会科学院历史研究所、中国第一历史档案馆编：《清代土地占有关系与佃农抗租斗争》，中华书局1988年版。

⑤ 参见中国社会科学院历史研究所编：《曲阜孔府档案史料选编》，齐鲁书社1980年版。

⑥ 参见王钰钦、周绍泉主编：《徽州千年契约文书》（40册），花山文艺出版社1991年版。

⑦ 参见张传玺主编：《中国历代契约会编考释》，北京大学出版社1995年版。

⑧ 参见福建师范大学历史系主编：《明清福建经济契约文书选辑》，人民出版社1997年版。

究相结合的方法等,对明清时期宗族社会纠纷解决机制进行综合研究,作出切合实际的准确判断,并在此基础上构建起明清时期宗族社会纠纷解决机制模型,以资为我国构建多元化纠纷解决机制之本土资源借鉴。

1. 法社会学方法

法社会学是以社会学的眼光分析法律的一门交叉学科,其主要的研究方法是"在社会中研究法律,通过法律来研究社会"。① 运用法社会学的研究方法,揭示出明清时期宗族社会纠纷解决的理念,是本书所要努力做到的。通过对宗族社会纠纷解决机制的分析,我们发现国家、社会自治组织和个人三者之间的关系,既非西方学者所主张的非此即彼的二元对立,亦非国内学者所主张的一元治理模式。在纠纷解决过程中,宗族社会作为基层社会的自治组织,其扮演的角色是微妙的。一方面,它积极配合官府工作,使纠纷得以解决;另一方面,它又做族人的工作,使其作出一定的让步,使问题与矛盾得以化解。因此,"明清时期中央集权对社会基层控制的日益间接化,实际上不是中央集权减弱的标志,而是因为社会基层的各级组织集团多把中央王朝的大旨作为自己的宗旨,表面的自治实质上是社会秩序更加稳定的表现"。② 这样的结论,绝不是依靠分析法律条文、法院判决所能够得出的,而是必须借助法社会学研究方法,结合田野调查的结果,进行综合分析、研究,方能得出正确的结论。

2. 法律人类学研究方法

法律人类学又称法人类学,是人类学和法学科际整合中出现的一门交叉学科,主张综合运用国家法律与非国家法律来解决纠纷,维护社会秩序。其研究法律的方法主要有三种:一是描述观念中的法律规则;二是对实际进行描述,并依据实际存在的行为探究其模型;三是研究事故、争端、冤情和纠纷的实例,考察它们的性质及其发生的原因和过程,如果可能的话,还要考察族人的动机和解决纠纷的结果。其中第一种方法注意到了社会中人们观念中的法律规则,但法律规则并不代表法律的全部,人们观念中的法律规则与实际情况并不一定相符。马林诺夫斯基(Malinowski)认为,仅仅通过报告者来搜集规则的内容,不可能对法律有任何了解。为了弄清事实,还必须研究行动中的法律。第三种方法即案例分析法。美国著名的法人类学家卢埃林和霍贝尔合著的《晒延人的方式》一书中提供了这种案例分析法。而案例分析法则把规则的描述作为最后的结果。本书主要采用

① 赵震江主编:《法律社会学》,北京大学出版社 1998 年版,第 43 页。

② 王日根:《乡土之链:明清会馆与社会变迁》,天津人民出版社 1996 年版,"绪论"第 2 页。

第二种方法，即对明清时期宗族社会纠纷的类型、原因、解决方式及解决机制运行效果等进行了全面描述，以探究出其解决纠纷之模型。同时亦兼采第三种方法，即案例分析法。

3. 叙述史学方法

法律史学的研究究竟以实证方法为主，抑或以分析方法为主，这一争议正如我们永远也无法判明法史学与历史学的界限一样，终将无法终止。正确的做法应该是根据我们所要研究课题的实际需要，综合运用这两种方法。就本书而言，拟采用叙述史学方法，重现明清时期宗族社会纠纷及其解决的历史真实，避免单纯的理论推演。如是，既可以较为生动地再现和展示明清时期基层社会司法的真实状况，又可以改变法史学研究中刻板有余、生动不足之文风。

4. 比较研究的方法

没有比较就没有鉴别。本书拟通过与国家和其他社会组织纠纷解决机制的比较，分析和认识明清时期宗族社会纠纷解决机制的内涵和特质，并在此基础上对其作出恰如其分的公允的评价。

5. 个案研究与综合研究相结合的方法

对于宗族社会的纠纷解决机制，只有通过微观的个案研究，才能直观地分析该机制的实际运作过程，揭示宗族社会纠纷解决机制的机理和特质。但是，仅仅进行个案研究还是不够的，如是必然陷入只见树木、不见森林的形而上学观点。由于传统社会纠纷解决机制问题涉及历史学、社会学、政治学、文化学、法学等多学科、多领域，所以，除了个案研究以外，还必须从多角度对其进行综合的、整体的宏观研究。唯有如此，才能把握宗族社会的整体面貌，揭示宗族社会纠纷解决机制的基本特征和发展规律。

第一章　明清时期的宗族社会

本章从宗族与家庭、家族等基本概念辨析入手，对传统中国尤其是明清时期宗族社会的历史脉络、属性及其社会功能进行梳理，以期为研究传统中国宗族社会纠纷解决机制奠定一个逻辑起点。

第一节　宗族社会概念的界定

一、宗族概念的界定

概念是分析的工具，事实是推理的依据，治史尤重之。那么，何为宗族？学者们仁者见仁，智者见智，其解说大致分为如下几种情况：

1. 从广义上来定义宗族，认为宗族是一种血缘组织。例如，美籍学者许烺光认为："所谓宗族，是一种沿男系或女系血统直接从家庭延长了的组织。"①徐扬杰认为，"宗族就是同一男性祖先的子孙，若干世代相聚在一起，按照一定的规范，以血缘关系为纽带结合而成的一种特殊的社会组织形式"。②

2. 从功能上来界定宗族，认为宗族是一种社会团体。例如，我国台湾地区学者陈其南认为："'宗族'之称不过是说明以父系继嗣关系，即所谓'宗'，所界定出来的群体。这个宗族群体可以是缺乏实际社会功能的人群范畴(category)，也可以是带有各种不同功能作用，彼此互动的社会团体(group)。"③

3. 从制度上来理解宗族。例如，钱杭认为宗法制度是父系宗族发展到一定阶段以后的产物，他说形成宗法须有四个先决条件，即"宗族必须要有一个实体性的组织"；"宗族内部的血缘亲属关系不仅需要清晰的统系，而且必须能够对之进行严格和完整的范畴分析"；宗族成员"要能够有系统、有层次地进行宗族活动，要能够形成统一的行为规范，要有心理上、文化上

---

① ［美］许烺光：《宗族、种姓、俱乐部》，薛刚译，华夏出版社1990年版，第63页。

② 徐扬杰：《宋明家族制度史论》，中华书局1995年版，第1页。

③ 陈其南：《家族与社会》，台北，联经出版事业股份有限公司1990年版，第217页。

的宗族认同意识";宗族必须"将自己的发展,自觉地纳入等级制国家的整体发展之中"。① 常建华对宗族的定义更强调宗族中的制度意义。他认为,"宗族已成为一种制度,即它是宗族活动有组织的系统,以祖先崇拜把族人结合在一起,强调共同体意识和互助精神,并有相应的规范。这一制度表现在祭祀先祖和睦族人的庙制,包括继承、分支、管理的大小宗制,五服亲属制度,最基本的组织是家庭"。②

4. 从本源上考察宗族。例如,冯尔康认为:"宗族是由父系血缘关系的各个家庭,在祖先崇拜及宗法观念的规范下组成的社会群体。"其构成要素有四:"①父系血缘系统的人员关系;②家庭为单位;③聚族而居或相对稳定的居住区;④有组织原则、组织机构和领导人,进行管理。前三点是宗族、家族形成的基本条件,或者说是前提,而后一点才使它得以成为社会组织。没有后一点,居于一地的有父系血缘关系的各个家庭,只是族的关系,而不成为宗族、家族组织的成员,不构成社会群体。"③

由上,学术界在对宗族进行界定时,对"家庭"与"宗族"之间关系的认识比较趋同,但对"家族"与"宗族"的界定和区分则并不是很清晰。有的学者认为"家族"即是"宗族",二者内涵和外延完全相同,无法明确区分。例如,徐扬杰认为,家族也称宗族,试图将家族和宗族这两个概念加以区别,认为五服之内为宗族,出了五服就称家族,这样的区分实在是没有必要,也不可能区分得了。④ 冯尔康亦认为,宗族与家族、宗族制与家族制、宗族社会与家族社会、宗族生活与家族生活,并没有严格意义的区别。⑤ 另有学者则认为,"家族"与"宗族"二者内涵和外延上均存在差别,所以进行区分理所当然。例如,郑杭生认为:"所谓宗族,即同宗、同族,指有着共同的祖宗或同一父系,因而使用同一姓氏的人们。其成员的联系可以延续数代、数十代,甚至近百代";"所谓家族,指同一血统的几代人所形成的社会群体,也有人称之为'大家庭'……由于时代、传统等文化背景之不同,有些人将家族称为家庭。但是,我们只是把具有直系血缘联系的群体称为家庭。"⑥李卿则认为,"家族"与"宗族"是内涵相近、外延不同的两个概念。"宗族"是个大概念,既可涵盖五世以内的同一始祖的父系血缘群体,亦可

① 钱杭:《周代宗法制度史研究》,台北,学林出版社1991年版,第6~7页。
② 常建华撰:《宗族志》,上海人民出版社1998年版,第15页。
③ 冯尔康等:《中国宗族史》,上海人民出版社2009年版,第17页。
④ 参见徐扬杰:《中国家族制度史》,人民出版社1992年版,第4页。
⑤ 参见冯尔康等:《中国宗族史》,上海人民出版社2009年版,第17页。
⑥ 郑杭生主编:《社会学概论新编》,中国人民大学出版社1987年版,第73页。

以涵盖五世以外的同一始祖的父系血缘群体。而“家族”是小概念，它只能涵盖五世以内的同一始祖的父系血缘群体，不能涵盖五世以外的同一始祖的父系血缘群体。因此，“‘家族’只能与宗族五世以内互相换称，不能与宗族五世以外互相换称”。[①] 概念的混用构成我们研究宗族社会的障碍。因此，厘清“宗族”概念的含义，对于我们研究传统中国宗族社会及其纠纷解决机制，实属必要。

要准确界定“宗族”概念的含义，必须与家庭、家族概念的说明相系而区分。

家，通常又称“家庭”。但是，在中国古代汉语中，“家庭”之称少见且出现得较晚，而出现早且常见的是“家”“家室”“家世”等。“家”是会意字。《说文》谓：“家，居也。从宀，豭省字。”从该字的字形分析，上面是“宀”，表示与房屋有关，下面是“豕”。可见，“家”字的初义是“养豕之所”，即牧养牲畜的处所，后来才引申为人之家居。[②]

在古汉语中，与“家”最初本义相近的，还有“牢”字，即“宀”下养牛之意。《说文》谓：“牢，闲养牛马圈也。”从此角度而言，“家”与“牢”义同，只是引申之义大相径庭而已。

由上可知，“家”的概念从一开始就和人们的经济关系紧密相连，古今中外并无大差别。[③]

在中国古代文献中，“家庭”之称谓出现得较晚。较早使用“家庭”大约出现在南朝刘宋时期范晔所著《后汉书·郑均传》中，曰：“（郑）均好义笃实，养寡嫂孤儿，恩礼敦至。常称病家庭，不应州郡辟召。”约至南梁时出现了“家庭”的说法。沈约所著《宋书·王僧达传》曰：“实无缘坐阅宸宠，尸爵家庭，情计二三，屡经闻启，终获允亮，赐反初服。”

与“家”字深远的语源相比，“族”则要显得简单一些。“族”，在甲骨文和金文中皆是旗下一矢的象形会意字。《说文》云：“族，矢锋也。束之族族也。从㫃从矢。”段玉裁注：“㫃，所以标众者。”㫃是一群人的标志；矢则是这群人谋生的工具或捍卫的武器，用来狩猎或御敌。远古时代一群人共同打猎，收获共享，共同作战，死生与共，弓箭是他们的武器，旌旗是他们的象征，这群人便是一族。所以族有聚集连属之义。[④]《白虎通德论》卷八

① 李卿：《秦汉魏晋南北朝时期家族、宗族关系研究》，上海人民出版社2005年版，第26~27页。

② 参见罗琨、张永山：《家字溯源》，载《考古与文物》1982年第1期。

③ 马克思、恩格斯认为：“每日都在重新生产自己生命的人们开始生产另外一些人，即增殖。这就是夫妻之间的关系，父母和子女之间的关系，也就是家庭。”《马克思恩格斯选集》（第1卷），人民出版社1972年版，第33页。

④ 参见黄宽重、刘增贵主编：《家族与社会》，中国大百科全书出版社2005年版，第7页。

《宗族》曰:“族者,何也?族者,凑也,聚也。谓恩爱相流凑也。上凑高祖,下至玄孙,一家有吉,百家聚之,合而为亲,生相亲爱,死相哀痛,有会聚之道,故谓之族。”

“族”字单独使用时含义并不确切,一般演化为“家族”或“宗族”。

“家族”是将“家”与“族”联系起来的一种称谓。

“宗族”兼具“宗”“族”之含义。甲骨文中“宗”如同一座房屋里供奉着神主,意为祖先居住的地方,亦即宗庙。《说文解字》中解释曰:“从宀从示。”段玉裁注云:“示谓神也,宀谓屋也。”亦即安放于宗庙中的祖先偶像或牌位。很显然,“宗”之本义偏重于祭祀祖先。

关于“宗族”,《尔雅》《白虎通德论》都有过经典性释义。

《尔雅·释亲·婚姻》曰:“父之党为宗族。”

《白虎通德论》卷八《宗族》曰:“宗者,何谓也?宗者,尊也。为先祖主者,宗人之所尊者。《礼》曰‘宗人将有事,族人皆侍。’古者所以必有宗,何也?所以长和睦也。大宗能率小宗,小宗能率群弟,通其有无,所以纪理族人者也。”

中国古代文献中,“宗族”一词出现很早,散见于先秦和秦汉文献之中。例如,《礼记·内则》曰:“虽富贵,不敢以富贵入宗子之家。……不敢以富贵加于父兄宗族。”《论语·子路》记:子贡问何如可谓士,子曰:“……宗族称孝焉,乡党称弟焉。”《吕氏春秋·审分·慎势》载:“是故诸侯失位则天下乱,大夫无等则朝廷乱,妻妾不分则家室乱,嫡孽无别则宗族乱。”《盐铁论》卷二《晁错》亦载:“……然卒于背义不臣,使谋叛逆,诛及宗族。”《淮南子》卷一《原道训》曰:“……与高辛争为帝,遂潜于渊,宗族残灭,继嗣绝祀。”“宗族”一词在秦汉魏晋南北朝正史中出现的频率更高。据有关学者统计,共见269次。①

关于“家庭”“家族”“宗族”概念的内涵和外延,学界可谓是众说纷纭。综观各种观点,基本上是循着“婚姻血缘”和“经济共同体”两个方面来解释的。

关于“家庭”,《中国大百科全书·人类学卷》作如是定义:家庭“是建立在婚姻和血亲基础上的社会组织形式,构成人类最基本的社会生活内容之一”。这是从血缘、婚姻角度来定义家庭的。费孝通在《家与中国社会结构》一书之序言中指出:“什么是家庭?家庭是个译名。我们中国人口语里经常用的是‘家’,涵义很宽,如家里人、自家人等。英文family(家庭)

---

① 参见李卿:《秦汉魏晋南北朝时期家族、宗族关系研究》,上海人民出版社2005年版,第18页。

的涵义也很宽，但在人类学、社会学里，是指夫妻以及他们的尚未成年的子女，这是一种三角结构关系。所以作为科学用语，家庭指的是这样一个基本三角，由‘夫’、‘妻’‘子女’构成。各种变化逃不出这个基本三角。多夫、多妻、多子，总是从这个基本三角形变化出来的。具体的‘家’可以缺少任何一方，‘家’成为一个概念，就是这个三角。它是一个社会团体、社会组织，是组成大社会的基本单位，是社会的细胞。”①费先生关于“家庭”定义的要旨亦是婚姻血缘纽带。另外，有学者则从经济功能上来认识和把握“家庭”概念的内涵，认为家庭是古代社会最基本的生产、生活单位，是组成社会的细胞。② 由此可见，“家庭”从其诞生之日起，就和婚姻血缘、经济生产有着密不可分的联系。

与“家庭”的界定范式类似，学者们在对“族”进行定义时亦是循着“血缘祭祀”和“经济共同体”两条线索进行的。

徐扬杰在论及家庭和家族的关系时比较注重其间的居住形式、财产和生活联系：“一般说来，家庭和家族的关系，主要表现为个体和群体的关系，在以血缘关系为纽带结合而成的这类社会组织中，家庭是个体，是基础，家族则是群体，是家庭的上一级的组织形式。正如前面说到的族字的意义，就是将许多个体家庭束在一起的意思。家庭和家族的主要区别，在于是否同居、共财、合爨，家庭是同居、共财、合爨的单位，而家族则一般表现为别籍、异财、各爨的许多个体家庭的集合群体。”③

朱凤瀚则将商周时期的家族分为两个层次：“（1）低层次的家族是指依靠婚姻和血缘关系而形成的同居或聚居的、有共同经济生活的亲属组织。（2）高层次的家族是指从同一低层次家族中分化出来的若干相对独立的低层次家族，以某种方式与所从分出来的本家结合而成的亲属集团。在这个集团内，诸低层次家族与本家间以及相互间仍有组织上的联系，并且仍保持某种共同的政治、宗教或经济的联系。高层次的家族是非聚居的。”④

贺昌群对宗族的定义亦注重其血缘关系和经济上的联系：“宗族是古代以血缘关系、地缘关系构成的（氏族公社的残余）集团，存在有下列一些条件：1. 宗族的家长豪强表面上以土地为共同体，实则是家长豪强垄断一个宗族所以聚族而居的物质基础；2. 虽不限于部落的形式，聚居一处，但必

① 麻国庆：《家与中国社会结构》，文物出版社 1999 年版，“代序”第 6~7 页。
② 参见杨际平等：《五~十世纪敦煌的家庭与家族关系》，岳麓书社 1997 年版，第 1 页。
③ 徐扬杰：《中国家族制度史》，人民出版社 1992 年版，第 5 页。
④ 朱凤瀚：《商周家族形态研究》（增订本），天津古籍出版社 2004 年版，第 9 页。

须有紧密团结的呼应关系……3. 有一个共同的祖先祭祀，作为宗族成员的精神感召……4. 要具有经济的调剂措施，以掩盖宗族内部的贫富对立和阶级矛盾。"①

王玉波对宗族的定义不仅注意到宗族内部的等级关系，而且还将家族区分为"宗族中的家""小家族家庭"和"大家族家庭"几个阶段，更强调了家与族之间的密不可分性。② 他认为："宗族不仅是比家庭更大的血缘集团，而且，在宗族内部还存在亲疏贵贱的等级关系和相应的行为准则，即宗法。"③

"族"的外延包括"家族"和"宗族"，二者与"家庭"之间的关系基本没有原则性争议，但是，"家族"和"宗族"二者之间的内涵和外延联系如何，学者们则各执一端。有的学者认为，家族和宗族在内涵和外延上是有区别的，并依据亲属丧服服制之轻重、丧期期限之短长作出界分："凡同居或共财的称为'家庭'，五服之内的成员称为'家族'，五服以外的共祖族人称为'宗族'。"④有的学者则认为二者的内涵可以互换互通。⑤

以上诸贤对"家族""宗族"的多种卓见，从不同的思维角度、不同的学术领域，给我们研究中国古代宗族社会带来了诸多有益的思考。关于"家族"和"宗族"的内涵，在前文进行语源分析时已经涉及。"家族"一词应是在"族"中融入了"家"的含义，亦即"家族"应该是指以某一核心家庭为中心辐射向一定范围内的族人所构成的集团，并且其范围应不以父系血亲为限。"家族"一词虽在中国古代文献中出现无多，但确有一个共通之处，即大体上与刑罚（特别是族刑）有一定的关联，亦即都在宗族五服（五世）以内。

至于"宗族"，《尔雅》和《白虎通德论》均强调宗族内部的上下五世，亦即"上凑高祖，下至玄孙"。古代宗族称谓系统之所以止于上下五世。是因为其实质内涵与丧服制中的五服基本相同。故此，秦汉以降的宗族关系我们可以丧服制为本来表示，而丧服制是以丧服质地之差异和丧期短长来

---

① 贺昌群：《关于宗族、宗部的商榷——评"魏晋南北朝史论丛"》，载《历史研究》1956 年第 11 期。

② 参见王玉波：《中国古代的家》，商务印书馆国际有限公司 1995 年版，第 11～22 页。

③ 王玉波：《中国家庭的起源与演变》，河北科学技术出版社 1992 年版，第 52 页。

④ 杜正胜：《编户齐民——传统的家族和家庭》，载刘岱主编：《中国文化新论》（社会篇·吾土吾民），三联书店 1992 年版，第 16 页。

⑤ 较为重要的著作有朱凤瀚：《商周家族形态研究》（增订本），天津古籍出版社 2004 年版；徐扬杰：《中国家族制度史》，人民出版社 1992 年版；郑振满：《明清福建家族组织与社会变迁》，湖南教育出版社 1992 年版；徐扬杰：《宋明家族制度史论》，中华书局 1995 年版；等等。

表示生者与死者之间的亲疏关系，并以此来确定亲属的范围。服制与丧期所表示的亲疏关系一般分为五种，故称为“五服”，即斩衰三年、齐衰期、大功九月、小功五月、缌麻三月。五服制度的结构是以己为中心，依次外推，近者亲，远者疏，诚如孔颖达所言：“同父则期，同祖则大功，同曾祖则小功，同高祖则缌麻，高祖外无服。”于是可知，在宗族关系结构中，五服就是一条分界线，是否出五服就成为确定彼此是否为亲属的依据。

众所周知，西汉以来，“罢黜百家，独尊儒术”，国家制度和社会生活无不打上了儒家思想的烙印，儒礼中的五服制亦对后世社会产生至深至远之影响。自魏晋时期的《泰始律》始，更是“峻礼教之防，准五服以制罪也”。[①]五服之外，则等同凡人。可见，在“族”和国家刑罚的关系上，“服制”是唯一的交合点。由此，我们不难得出这样的结论：家族的外延范围和“五服制”所划定的亲属范围存在某种契合关系。在划定族内关系时，“五服制”是一条重要标准。

综上所述，不妨如是认为，“家族”和“宗族”是内涵相近、外延不同的两个概念。相对于“宗族”，“家族”外延较小，指五服以内的血缘集团，并不仅限于父系血亲，还应该包括不同姓的其他血系，如母族、妻族等；而“宗族”则外延较大，除了五服以内的同祖父系血缘集团外，还包括了五服以外的同祖父系血缘宗亲。因此，“家族”和“宗族”之外延在一定程度上存在重叠。

我们认为，家庭分为两类，即核心家庭和扩展家庭。核心家庭也叫小家庭，是指一对夫妻及其未婚子女所组成的家庭。扩展家庭也叫扩大家庭，一般分为两个类型：一是主干家庭，包括一对夫妻及其子女和丈夫的父母；二是联合家庭，包括一对夫妻及诸子甚至诸孙的生育之家。这里指的是父系继嗣家庭。家族是家庭的扩展，宗族是家族的扩展。[②] 按照中国历时两三千年的观念，一般认为同一高祖的血缘群体称为“家族”，亦称“五服之亲”或“五属之亲”。高祖以上的血缘群体称为“宗族”。[③]

与“宗族”有关的概念还有“乡族”一词。“乡族”之谓，常见于明清福建志书。傅衣凌先生指出：“中国的聚落形态……有的为一村一姓的村

① 《晋书》卷三十《刑法志》。

② 参见郑杭生：《社会学概论新编》，中国人民大学出版社1989年版，第73页。

③ 杜正胜在《传统家族试论》一文中指出：“大功以外至缌服共曾高之祖而不共财，算作‘家族’；至于五服以外的同姓虽共远祖，疏远无服，只能称为‘宗族’。”参见黄宽重、刘增贵主编：《家族与社会》，中国大百科全书出版社2005年版，第5页。常建华亦称：“为了同宗族区分，可将大功以外至缌服共曾高之祖称之为‘家族’。此圈之外，宗尽无服，属于宗族。”参见常建华撰：《宗族志》，上海人民出版社1998年版，第165页。

落,也有一村多姓的村落,他们构成为相当牢固的自给自足的乡族组织,用家族同产制或乡族共有制度等形式,占有大量土地……在这些村庄之中,乡族关系成为他们结合的纽带。"①此处,傅衣凌所言的乡族看起来既可以指单姓家族,也可以指多姓家族。但"家族同产制或乡族共有制度"一语则说明家族有别于乡族。据"在这些村庄中,乡族关系成为他们结合的纽带"一语可知,乡族关系就是建立在地缘关系上的几个家族的联合体。傅衣凌先生在《中国传统社会:多元的结构》一文中对"乡族"的概念做了具体阐释:"乡族保留了亚细亚公社的残余,但在中国历史的发展中已多次改变其组织形态,既可以是血缘的,也可以是地缘的,是一种多层次的、多元的、错综复杂的网络系统,而且具有很强的适应性。传统中国农村社会所有实体性和非实体性的组织都可被视为乡族组织,每一个社会成员都在乡族网络的控制之下,只有在这一网络中才能确定自己的社会身份和社会地位。"②在这里,"乡族"概念全面涵盖了中国传统社会的各种民间社会组织,几乎中国历史上的所有社会关系都可以归入"乡族"范畴。

二、宗族社会概念的界定

明确了"宗族"的定义,那么什么是"宗族社会"呢?正本清源,首先要了解何为"社会"。一般所言"社会"有广义和狭义之分。广义的社会是指与"自然"相对的人类生活共同体。马克思指出:"生产关系总合起来就构成所谓社会关系,构成为所谓社会,并且是构成为一个处于一定历史发展阶段上的社会,具有独特的特征的社会。"③这种社会在马克思主义那里可以分为原始社会、奴隶社会、封建社会、资本主义社会、共产主义社会(初级阶段是社会主义社会)。这种社会主要是哲学意义上的社会。狭义的社会是指因特定机缘而形成的民间生活共同体。它是人的复合聚集状态,是个人与国家的对称。例如,古代中国的乡里组织、乡约组织、宗族、会馆等;今天中国之村组、社区、商会、都市、大学城等。马克斯·韦伯社会分层理论中的"社会"、唐纳德·布莱克法律运行理论中的"社会",就是这种社会。这种社会主要是社会学意义上的社会。④ "宗族社会"就是指狭义上的社

① 傅衣凌:《论乡族势力对中国封建经济的干涉——中国封建社会长期迟滞的一个探索》,载《厦门大学学报》(哲学社会科学版)1961年第3期。

② 傅衣凌:《中国传统社会:多元的结构》,载《中国社会经济史研究》1988年第3期。

③ [德]马克思:《雇佣劳动与资本》,载《马克思恩格斯选集》(第1卷),人民出版社1972年版,第363页。

④ 参见陈会林:《明清地缘社会的纠纷解决机制研究》,中南财经政法大学2007年博士学位论文,第2页。

会。由于社会是复杂的，据以形成的机缘亦是复合的，即有多根连接纽带。诚如费孝通所言："血缘是稳定的力量。在稳定的社会中，地缘不过是血缘的投影，不分离的。'生于斯、死于斯'把人和地的因缘固定了。生，也就是血，决定了他的地。世代间人口的繁殖，像一个根上长出的树苗，在地域上靠近在一伙。地域上的靠近可以说是血缘上亲疏的一种反映，区位是社会化了的空间。我们在方向上分出尊卑：左尊于右，南尊于北，这就是血缘的坐标。空间本身是混然的，但是我们却用了血缘的坐标把空间划分了方向和位置。当我们用'地位'两字来描写一个人在社会中所占的据点时，这个原是指'空间'的名词却有了社会价值的意义。这也告诉我们'地'的关联派生于社会关系。……血缘和地缘的合一是社区的原始状态。"①在这里，血缘纽带、地缘纽带、信缘纽带就是重合在一起的。但每个具体社会，其主要纽带只有一根。宗族社会就是因父系血缘关系而形成的社会。诚如有的学者所言，古代中国的社会结构是一种典型的宗族（家族）结构，主要特征是其在社会政治生活中基本的活动单位既不是个人，亦不是个体家庭，而是家族或宗族。该学者还认为，这一认识总的说来是基本符合中国历史实际的。但在各个历史时期，社会结构又必然呈现各自的时代特色。家族或宗族组织在社会活动中的存在形态、活动方式以及社会作用又各具时代特色。② 冯尔康亦认为："宗族及与其相联系的事物的社会活动和社会问题，这就是我们通常所说的宗族社会。"③

第二节 明清时期的宗族形态与内部结构

一、明清时期的宗族形态

以血缘关系为纽带结合而成的宗族，作为一种特殊的社会组织形式，具有十分悠久的历史，早在原始社会末期和奴隶制社会即已存在。"它的正式出现，当不晚于殷商时代。"④此后的三千多年间，受其内部矛盾运动及相关外部因素的影响，宗族一直处于不断演化的状态，呈现各异的形态。

那么，传统中国宗族究竟有哪些不同形态呢？学者们意见不一。徐扬

---

① 费孝通：《乡土中国 生育制度》，北京大学出版社 1998 年版，第 70 页。

② 参见赵沛：《两汉宗族研究》，山东大学出版社 2002 年版，第 1 页。

③ 冯尔康等：《中国宗族史》，上海人民出版社 2009 年版，第 17 页。

④ 冯尔康、阎爱民：《中国宗族》，广东人民出版社、华夏出版社 1996 年版，第 1 页。

杰把在中国历史上家族制度的发展分为三大阶段,即春秋之前宗法式家族制度、魏晋至唐代的世家大族式家族制度和宋代之后近代祠堂族长的族权式家族制度。第一阶段大致与中国奴隶制社会相当,后两个阶段则基本上与中国封建社会的前期、中期和后期相当。① 郭志超和林瑶棋的观点略有不同,他们将宗族制度的发展分为春秋以前的宗法式宗族制度、魏晋至唐代的世家大族式宗族制度和明代后期至清代、民国的祠堂宗族制度等三个大的发展阶段。② 而冯尔康等学者则把中国宗族从殷周到现代的发展划分为先秦典型宗族制时代、秦唐间世族、士族宗族制时代、宋元间大官僚宗族制时代、明清绅衿平民宗族制时代和近现代宗族变异时代等五个阶段。③

综合各家观点,笔者认为中国宗族的发展大致经历了如下五个阶段的变异。

一是先秦时期的宗法式宗族制。中国的第一个奴隶制王朝夏朝是否存在宗族制度,由于现在依然缺乏史料,无法证明。但从理论上分析,亦应存在才是。众所周知,宗族不是在奴隶制社会突然出现的,而是从原始社会末期的父家长氏族转变而来的。在原始社会末期存在的诸多父家长制氏族,从血缘关系方面而言,均为同一个男性祖先的几代子孙及其个体家庭所组成的家族。原始社会解体后,父家长制氏族亦逐渐瓦解,但这并不意味着它的数代聚居的父系大家族的形式同时溃散。人们一如既往地生活在原来的家族中,血缘关系的纽带依然很牢固,同一男性祖先的子孙仍然聚族而居,有着共同的祖先祭祀,共同的墓地。“不过,氏族长已是奴隶主,氏族从性质上变成了奴隶制的大家族。”④

殷商已经盛行宗族制度,商王是一个奴隶制大宗族的族长,商王朝政权亦像一个扩大的宗族组织。商朝后期已经实行嫡长子继承法,甲骨文已出现了“大示”(大宗)、“小示”(小宗)的区别,这说明在商朝宗法制度已经出现,只不过不及西周那样系统和严格罢了。那种根据商朝宗法制度不完整而否定商朝存在宗族制度的意见,现在看来是不正确的。⑤

西周时期已经有了一套非常完整的宗法制度,按地域划分的国家各级行政组织和按血缘划分的大小宗族基本上是合二为一的,“君统”与“宗

① 参见徐扬杰:《宋明家族制度史论》,中华书局 1995 年版,第 3 页。
② 参见郭志超、林瑶棋:《闽南宗族社会》,福建人民出版社 2008 年版,第 3 页。
③ 参见冯尔康等:《中国宗族史》,上海人民出版社 2009 年版,第 20~24 页。
④ 徐扬杰:《宋明家族制度史论》,中华书局 1995 年版,第 5 页。
⑤ 参见王国维:《殷周制度论》,载王国维:《观堂集林》(下册 · 卷 10),中华书局 1958 年版。

统”、王权与族权紧密结合。周王室和各诸侯国、各卿大夫邑，既是国家的一级行政机构，又是大大小小的奴隶制大宗族，国王、诸侯、卿大夫以及各级大小贵族，既是各级政权的首长，亦是各个宗族的族长。宗法制度之核心是将各种大小宗族区别为大宗和小宗，从而规定他们之间的权利和义务。周王既是天下政治上的共主，亦是全国各大宗族之大宗；既是大宗的大宗子，亦是大宗的大族长。所谓“王者天下之大宗”，①“王者之嫡子谓之宗子”。② 周王王位均由其嫡长子来继承，永保大宗和大宗子的地位。而周王的诸位同母弟和庶兄弟则被分封至各诸侯国，相对而言他们是小宗，但在诸侯国里他们则是大宗，国君则是该诸侯国大宗的大宗子。君位亦由嫡长子继承，世代保持该国大宗和大宗子的地位。国君的诸位同母弟和庶兄弟则被分封到各邑地去，称为大夫，相对于诸侯则称为小宗，但在本邑地则称大宗。以此类推，以至于士、庶人。所谓“别子为祖，继别为宗，继祢者为小宗。有百世不迁之宗，有五世不迁之宗”。③ 姬姓以外的大宗族，则用姻亲关系结合起来，仿照宗法制度，对周王则自称小宗，而在本国称大宗。故周王朝如同一个重重叠叠、以大套小的奴隶制大宗族体系。

商周盛行的宗法式宗族制，到春秋战国之际已经普遍瓦解是一个不争的事实。明朝归有光有言：“古者诸侯世国，大夫世家，故氏族（即宗族）之传不乱，子孙皆能知其所自始。迨周之季，诸侯相侵暴，国亡族散，已不可稽考。”④这一看法基本符合当时的实际情况。

二是魏晋南北朝隋唐时期的世家大族式宗族制。经过两汉的恢复，及至东汉末年已经形成了世家大族式宗族制。从当时及其后的文献中，我们可以清楚地看到，这种世家大族式的宗族组织已经非常活跃。例如，许褚，“汉末，聚少年及宗族数千家，共坚壁以御寇（指黄巾）”。⑤ 北齐宋孝王亦曾说：“瀛冀诸刘，清河张、宋，并州王氏，濮阳侯氏，诸如此辈，一宗将近万室，烟火连续，比屋而居。”⑥从魏晋至隋唐，世家大族尤其是士族在社会政治、经济生活中均占有特殊地位，他们以家族为单位，拥有用荫权和免役

① 《诗·大雅·板》毛传。

② 《诗·大雅·板》郑笺。

③ 《礼记·大传》。

④ 归有光：《华亭蔡氏新谱序》，载归有光：《震川先生集》卷二。

⑤ 《三国志·魏志》卷一九《许褚传》。

⑥ 《通典》卷三《食货典》。转引自宋孝王：《关东风俗传》。

权,并有政府九品中正制和定姓族制度①的保障。士族宗族有接近于世袭贵族的某些特权,是特权宗族的一种形态。此时豪强宗族亦有较大的发展,但他们仅有地方的社会势力而无政治权力。由于在此一时期士族宗族在全部宗族社会中占据非常重要的位置,故这一时期可谓士族宗族制时代,亦可谓宗族制民间化的第一阶段,宗族已经有了一定的民众性。唐代社会经济形态的变革,使士族制在历史上消失,宗族再一次沉沦。

三是宋元时期大官僚宗族制。到了宋元时期,随着科举制的发展,分科举人成为官僚贵族的主要来源。官僚宗族逐渐取代了士族宗族,成为社会上最主要的宗族组织形态。这些官僚不仅建立起本族的宗族组织,而且设置了义庄、购置了祀田、建设了族学,巩固和发展宗族组织。“宋元时期的社会是以官僚为主宰的社会,官僚的家族背景趋于平民化,不是社会上层所能垄断。正是这种官僚制度给宋元宗族组织及其活动以巨大的影响,并使它印上官僚阶层的深重痕迹,使官僚宗族成为社会中宗族的主体。”②

宋元时期的高级官僚非常重视和关心宗族的建设,并且提出了重建宗族制度的主张和设想。在宋代的宰臣中,范仲淹、张浚等分别创立宗族义庄,实行宗族内的经济互助;欧阳修编写了《欧阳氏谱图》,苏洵编修《苏氏族谱》,共同开创流行后世的私家纂谱体例;司马光留心宗族教育,编辑了《家范》。在这些宰臣表率下,许多官员都积极提倡、主持宗族的活动。例如,三司副使贾琰“拊循孤幼,聚族凡百口,分给衣食,庭无间言”,③建成一个较有规模的大宗族。进士出身的王嗣宗“授枢密副使、检校太保”,“嗣宗尤睦宗族,抚诸侄如己子,著遗戒以训子孙勿得析居”。④ 继宋代之后,元代官僚的宗族活动又有所发展。例如,福州司狱赵毓“以母老不复仕。一日,会诸弟,泣申遗训,愿世世无异处,且祝天歃血以为盟。自是大小百口,略无间言,同力合作,家道以殷”。⑤

总体上看,宋元时期的宗族无法定特权,官僚仅有自身和家庭的特权。

① 所谓定姓族,主要是对当政的鲜卑族贵族划定等第,其原则是“官有世功,则有宦族”,祖宗的官宦状况成了士族出身的唯一标准,宦族即士族。家族有三代以上人官居五品以上的仕宦之族,划入士族行列,其高门者为“姓”,姓夏为“族”。对于汉人宗族,则参考旧籍,作出新的评定,由高及下,分出膏粱、华腴、甲姓、乙姓、丙姓、丁姓六个层级的士族,下四个层级又称“四姓”。(《魏书》卷一一三《官氏族》)。

② 冯尔康、阎爱民:《中国宗族》,广东人民出版社、华夏出版社 1996 年版,第 53 页。

③ 《宋史》卷二八五《贾琰列传》。

④ 《宋史》卷二八七《王嗣宗列传》。

⑤ 《元史》卷一九七《赵毓列传》。

但官僚的宗族活动,在带动宗族组织向民间化方向发展的过程中起了较大的社会作用,他们建祠庙、置族田和义庄、修族谱等,成为平民宗族效法的主要内容。因此,“宋元官僚宗族应是由士族宗族向平民宗族过渡的中间形态”。①

四是明清时期的祠堂族长宗族制。明初祭祖礼制沿袭宋元旧制,贵族、官僚立庙祭祀高、曾、祖、祢四位先人,而士庶之人仍不得立庙,只能祭父、祖两代。嘉庆年间进行了礼制改革,新制规定士民不仅可以与官僚一样祭四代祖先,而且还可以祭始祖、先祖。祭祖礼制的改革,促进了宗族民间化的发展。明清时期宗族组织犹如雨后春笋,尤其盛行于长江流域及以南地区,其重要标志是宗族祠堂的普遍建立。人们祭祀始祖、先祖,需要有专门供奉众多祖先牌位的场所,于是民间宗族开始普遍建立祠堂。这种祠堂本来是一组建筑物,是族人祭祀祖先和族长施政的场所,但在明清时期却成为宗族的代称。“明后期以后的组织化和制度化宗族,以祠堂、族产、谱牒为三大标志。其中,祠堂是首要和根本的特征。如果没有以肇始祖为统领的祖先之祀,就无敬宗收族之功能,并且,祠堂是明后期以后新型宗族在组织、制度和管理上的精神凝聚和物质体现,因此,祠堂成为考察宗族形态的聚焦点,其形制、内涵成为鉴别是否是新型宗族的试金石。以始祖之祭为特质的祠堂所表征的宗族,有些学者称为‘明清时期家族组织’、‘近世家族’、‘近代封建家族’或‘族权式家族’。鉴于在所谓‘近代封建家族’之前没有宗族性祠堂,这种祠堂是明后期出现的新型宗族别于此前宗族形态的分水岭,因此……将明代后期开始逐渐普见的新型宗族,称为‘祠堂宗族’。”②

五是近现代的平民宗族制。清末民初,随着近代西方文化的传入,有的宗族继续保留传统因素,未能反映变化了的宗族时代特点,有的宗族则适应时代的变迁,发生了重大的转变,如在组织原则和形式上借鉴近代西方议会制观念,召开宗族会议,决定宗族大事,以此削弱族长权力;传统血缘原则受到一定破坏,并实行男女自愿入会;宗族的政治功能削弱,社会功能日渐突出,互助功能大大加强,济贫、助学等成为多数宗族的奋斗目标。与此同时,受西方思想影响的学者对宗族制度从理论上进行了激烈的批判。清代已有人倡导“祖宗革命”,其内容就是“平坟墓、火神牌”,将“修祠

① 冯尔康、阎爱民:《中国宗族》,广东人民出版社、华夏出版社 1996 年版,第 54~55 页。

② 郭志超、林瑶棋主编:《闽南宗族社会》,福建人民出版社 2008 年版,第 3 页。

也、立牌也、祭祀也、厚葬也”等统统废掉。①

二、明清时期宗族的内部结构

传统中国宗族社会是一个由多重结构组成的、带有宗法制特征的社会。中国宗族的首要特点和重要基础是共有一个男系祖先,其血缘和财产的继承以男系为主。“事实上,在中国本土文化观念中,宗族就是一个共始祖的男性族群,明确的共祖谱系应该是一般意义上的宗族构成基本条件。”②根据宗族在实际中发展的情况,许多学者均指出,宗族内部结构以不同等级的区分为特征,费孝通称之为“差序格局”。③ 宗族内部分层的标准主要是血缘的亲疏、辈分、资产、性别等,而血缘的亲疏、辈分是宗族结构最主要的分层标准,换句话说,宗族的血缘谱系本身就形成了一种组织结构。

从纵向关系看,宗族往往根据血缘的亲疏远近,分成若干支、户或房,实际上就是家族或家庭。明清时期以建祠堂为标志的宗族,规模大小不一。有许多是相当庞大的,拥有成千人丁。例如,张海珊在《聚民论》一文中说:“今者强宗大族所在多有,山东、西江左右及闽广之间,其俗尤重聚居,多或万余家,少亦数百家。”④安徽宁阳镇宁氏家族亦有众八千。还有一些宗族的族人散居不同的省、府、县,他们通过联宗修谱,形成一个宗族,规模相当庞大。由此可知,宗族的内部结构,一般的宗族是:宗族—房分;大的宗族是:宗族—房派—支派;联宗的宗族是:始居地宗族—迁徙地宗族—房派—支派。

宗族的最高层次是“族”,是同一个男性祖先的众多后代的整体性指代。宗族的首领是宗子、族长。

宗子,又称族主,即一个宗族或家族的统率者。宗子历来“上承宗祀,下表宗族,大家不可不立”;“古昔盛时皆由此(宗子)休隆治道,敦睦风族。”⑤宗子通常由大宗世系,继承父祖的地位。他是宗族的精神领袖,拥有主祭权,负责率领余子祭祀祖先,“宗子上奉祖考,下一宗族……使主祭

---

① 参见:《祖宗革命》,载张枬、王忍之:《辛亥革命前十年间时论选集》(第 2 卷 · 下册),生活 · 读书 · 新知三联书店 1963 年版,第 983 页。

② 林济:《弗里德曼模式与中国宗族社会史研究》,载《史学理论研究》2003 年第 2 期。

③ 参见费孝通:《乡土中国 生育制度》,北京大学出版社 1998 年版,第 24~30 页。

④ 张海珊:《聚民论》,载贺长龄:《皇朝经世文编》卷五八《礼政五 · 宗法上》。转引自:《近代中国史料》(第 1 辑),第 731 册,第 2136 页。

⑤ 万历浙江《余姚江南徐氏宗范》。

祀”。[①] 祭祀时，宗子站在队列前排中央，负责主持，即使其年幼，也要有象征性的主持活动：“主祭虽幼，伯叔尊行助祭俱在旁列。”由于宗子“持匕鬯，所责非轻”，因此族中长辈应注意教育培养宗子，“以培祖宗元气”。宗子若顽劣不肖，由长辈“引入祠堂，责以大义”。宗子实在无法承担主祭重任的，或者从余子中择人代之，或者并不撤换，而另以他人摄祭，即代理：“教而不悛，则姑立射祭一职。然虽有摄祭，而宗子之位仍自不易。”[②]除主祭权外，宗子别无其他权力。

明清时期徽州的一些名宗右族亦采古代宗法制度之遗意，建宗子制。歙县方氏宗族《家训》规定：“建大宗，分小宗，以统其涣。”并注曰：“世家巨族，生息者蕃而情向既殊，迁徙者多而支派亦远，虽共本源而统体或不能归一，虽有名分而事势或不能以相符。睦族君子究始祖自来之嫡子，而立为大宗子，以统通族之众，而通族之纪纲法度皆其所总理焉。则各族各支得统于小宗，而通族合族得统于大宗，群情合而庶事理，若众指之合于一臂，四体之合于一身。”[③]然而，这种宗子制有很大弊病，宗子或年老多病、或年幼无知、或智能低下、或道德败坏。他们很难担当宗族的领袖，无能力或无资格执行宗族首领的职权。为此，徽州许多世家大族都设族长（或曰宗长、宗正、家长）作为宗子之副，以匡佐之。休宁《茗州吴氏家典》记载说：“宗长为宗子之家相”，必须“择合族所共服者公举之，以闻于官，告于祖”。根据徽州谱牒家乘记载和有关学者的调查，徽州绝大多数宗族都没有建立宗子制，只设族长。清人刘大櫆在《方氏支祠碑记》中说：“封建废而大宗之法不行，则小宗亦无据依而起，于是宗子遂易为族长。”

自宋代理学家们提出恢复宗子法的主张后，宗子之制在福建民间各宗族中亦普遍被继承下来。例如，安溪谢氏家族认为：“宗子所以主祭祀而统族人，务在立嫡不立庶也，宗子死，宗子之子立，无子则立宗子弟，无弟则次房之嫡子立。既为宗子，必谨守礼法，以光先德，族人亦宜推让，毋得轻忽。”[④]

族长，是宗族的实际管理者和监督者。“族人率行宗法，族各立长。”[⑤]族长有时称宗长、宗正、族首、族总、祠长等。有的宗族设有正、副族长。例

---

① 光绪安徽休宁《茗州吴氏家典》。

② 1940 年江苏《溧阳中梅刘氏续修家乘》卷二《祠规》。

③ 歙县《方氏族谱》卷七《家训》。

④ 《清溪谢氏宗谱·伴读公示训》。参见陈支平：《五百年来福建的家族与社会》，台北，扬智文化事业股份有限公司 2004 年版，第 79 页。

⑤ 光绪安徽《广德州志》卷二十《风俗》。

如，光绪江苏《新河徐氏宗谱》记载："设立族长正、副，弹压族人，为法至善。"

族长的产生，多数宗族主张公举，即所谓"合族公推""合族公举"。"若年耄衰朽、懒于理事，理宜合族公举，毋滥毋拘。"[①]也有少数宗族是由前任族长指定，如山西尉迟氏宗族即规定："继任者即由前族长自举，他人不得干预。既举，定三日受事。"[②]推举的标准，各个宗族规定不一。有的要求"制行端方、立心平直"，如休宁《商山吴氏宗法规条》规定："祠规虽立，无人管摄，乃虚文也。须会族众，公同推举制行端方、立心平直者四人——四支内每房推选一人——为宗正、副，经理一族之事。"有的规定"辈分年高，德高望重"者方可任之，如《重修古歙东门许氏宗谱》"尊崇族长"条规定："古者宗法立，而事统于宗。今宗法不行，而事不可无统也。一族之人有长焉，分莫逾而年莫加，年弥高而德弥劭，合族尊敬而推崇之，有事必禀命焉。此宗法之遗意也。有司父母斯民，势分相离，而情或不通。族长统率一族，恩义相维，无可不通之情。凡我族人知所敬信，庶令推行而人莫敢犯也。其有抗违故犯者，执而笞之。"[③]光绪浙江《三衢清河张氏祠规》亦规定："族长为一族之瞻仰，士民所衿式"，"必择年高有德、言物行恒、练达持重、素为一乡所敬服者，方可当此责任。"江西临川《孔氏支谱家规条例》中关于"尊族长"规定："族长乃一族之纲，整率一族，必年高有德、品格端方者为之。公举择立之日，房长与纲首、斯文、学校先期议定，隆重其事。率族人迎接其家，入见启圣祖、圣祖、两庑昭穆祖，参拜礼毕，扶至圣祖坛前，东向立，族人参拜，引入致斋堂，设果酒三杯，饮毕送归。家法悉听总理。团拜举饼四队，春秋祭祀有爵服主祭，无爵服致胙。若上二派乏其人，则宁阙焉，而不可以无德者居之。以房长、纲首统摄其事。"[④]有的强调财富资格，如在湖南，"族长资格，并不限于族内年尊派长之人，凡族内之人，(一)品行端正，(二)身家殷实，(三)办事干练，具备三种要件，均有被举族长之资格"。[⑤] 在福建，族长"并不必其人年高分长，或属族中殷实，或

---

① 光绪浙江《三衢清河张氏祠规》。

② (清)徐珂:《清稗类钞》卷三九《门阀类·族长》。

③ 《重修古歙东门许氏宗谱》卷八《许氏家规》。

④ 曲阜师范大学历史系:《曲阜孔府档案史料选编》(第三编《清代档案史料》第1册)，齐鲁书社1980年版，第49~50页。

⑤ 前南京国民政府司法行政部编，胡旭晟等点校:《民事习惯调查报告录》，中国政法大学出版社2000年版，第787页。

属厕身痒序，或属明白事理，因平时乡望素孚者，由众公认为家长”。[①] 有的注重功名官禄，如清人顾栋高云：“夫使宗子（族长）无禄，何以收族人；不得爵于朝，何以为族人主。”[②]还有的宗族立族长只考虑品行和才能无其他条件，如明代广东南海《霍氏家训》规定：“凡立家长，惟视才贤，不拘年龄。”[③]有的宗族认为族长责任甚重，应该老成并有所拖累，因此必须是已婚，非外姓入嗣。1922 年浙江《余姚蒋氏宗规》规定：“至于未曾婚娶者，亦不得为族长、家长。”曾经犯罪服刑者亦不能充任族长。1924 年浙江《上虞夏溪丁氏族谱》卷首《新增凡例》规定：“或刑伤过犯及时未娶”，“均不得为支长”，“异姓入继者亦如之。”

族长的上任被认为是一件非常郑重的事情，多数都有一定的仪式。例如，苏州巨族范氏，族长“交替时必著公服，一若官之受代者然”。[④] 族长产生后，通常要到地方官府备案，意味着接受官府的监控。

族长在宗族组织中的地位最高，是族权的代表，对内通管全族事务，保证族内正常的伦理经济秩序，对外则代表宗族与外族、官府主办交涉。“除祭祀而外，族长最重要的任务就是处断族内纠纷。……族长实等于族的执法者及仲裁者，族长在这方面的权威是至高的，族内的纠纷往往经他一言而决，其效力不下于法官。”[⑤]族长解纷的范围都是所谓的“鼠牙雀角”的纠纷，如族产纠纷、立嗣纠纷、分家析产纠纷、墓葬纠纷、家庭纠纷、生活纠纷、土地纠纷等。族长的解纷范围后有专论，此处从略。

综上所述，宗子体现了宗族内的世袭关系，族长体现出宗族内的选贤要求。宗子与族长之间存在相互监督和牵制的作用，同为一族首领。当然，由于嫡长子在宗族中的特殊地位，在有些情况下，还是以嫡长子为族长，“一人最长者为家长”；亦即以宗子兼任族长：“若宗子贤即立宗子为家长；宗子不贤，别立家长，宗子只主祭祀。”[⑥]这就在宗族内把主祭权与族内事务的管理监督权统一起来，将前世与现实加以沟通。

房，又称门，它是中国宗族制度中的特有概念。我国台湾地区人类学家陈其南认为，“‘房’的观念才是厘清汉人家族制度的关键”。[⑦] 在古代汉

---

① 前南京国民政府司法行政部编，胡旭晟等点校：《民事习惯调查报告录》，中国政法大学出版社 2000 年版，第 750 页。

② 《义门王氏族谱》卷一《宗约》；《濡须崔氏宗谱》卷一《家规》等。

③ 史凤仪：《中国古代的家族与身分》，社会科学文献出版社 1999 年版，第 89 页。

④ （清）徐珂：《清稗类钞》卷三九《门阀类・族长》。

⑤ 瞿同祖：《中国法律与中国社会》，中华书局 2003 年版，第 24 页。

⑥ 史凤仪：《中国古代的家族与身分》，社会科学文献出版社 1999 年版，第 89 页。

⑦ 陈其南：《家族与社会》，台北，联经出版事业股份有限公司 2004 年版，第 129 页。

语中,“房”具有“分支”的意思。《说文解字》载:“房,室在旁也。”段玉裁注曰:“凡堂之内,中为正室,左右为房。”屋子的正厅为室,两旁偏厢为房。“房”即“旁”。延伸至宗族理论,“房”就成了从属于宗族宗庙(“大宗祠”或总祠)的各个分支的祠堂(“小宗祠”或分祠)。[①] 这些宗族的分支也就称为“房分”。[②]

在宗族结构上,房是一个十分重要的层次,是指宗族因血缘世代的繁衍分裂中产生的房支。那么,为什么要分房呢?我国台湾地区学者陈其南关于“房”的理论对于我们认识宗族的形成和内部结构具有重要参考价值。他指出:“分房的基本道理在于:同属一父之诸子彼此之间必须分立,而在系谱意义上各自独立成一系,这就是汉人所特有的宗祧观念。所谓宗祧就是由父子联系(father-son filiation)所贯串起来的连续,与人类学一般所谓 descent(通常译为继嗣)相当。”[③]由此我们可知,房“是宗族结构的重要支点,从纵的方向上,是父系血缘谱系世代延续的连结点;从横的方向上,是宗族血缘同一世代的不同分支”。[④]

房大致可以分为“基础房”和“扩展房”两种。“基础房”只包括房主及其儿子两代。它是在宗族“母体”第一次分家时形成的。一般而言,同时形成的基础房总有两个以上,它们之间是同辈关系。“扩展房”是从“基础房”扩展而来,包括属于同一祖先的数十代的男性成员。在很多情况下,基础房形成后即开始了迁移,他们来到一个新地方定居下来,繁衍生息,成为一个新的宗族。基础房的房主就成了这个新宗族的始祖(或称开基祖)。但是相对他的母体父族而言,他所统领的宗族又可看作一个“扩展房”。随着世代的扩大,这个“扩展房”内部必然包括了从“近房”到相隔极遥远的“远房”的一系列同姓房支。一次次地分房,一次次地出现新的“基础房”和“扩展房”。

房设有管理一房事务的负责人,即房长,可由一人、也可由两人担任。房长的产生实行合族“公推”,通常由辈分高、年龄长、德高望重的男性长辈担任。“房内的男性子孙,谁的代数(辈分)最高,而且年龄最长者,那人就是房内当然的房长。”[⑤]江西临川《孔氏支谱家规条例》关于“立房长”规定:“房长以理一房之事,每房公举一位。本房子孙蕃庶,公举二位。亦必

① 《后汉书·桓帝纪》:“坏郡国诸房祀。”李贤注:“房谓祠堂也。”《宋书·毛修之传》:“修之不信鬼神,所至必焚除房、庙。”房、庙即祠堂、家庙。

② “房分”,较早见于《魏书·广阳王深传》:“其往世房分,留居京者……”

③ 陈其南:《家族与社会》,台北,联经出版事业有限公司 1990 年版,第 136 页。

④ 秦燕、胡红安:《清代以来的陕北宗族与社会变迁》,西北工业大学出版社 2004 年版,第 68 页。

⑤ 林耀华:《义序的宗族研究》,生活·读书·新知三联书店 2000 年版,第 27 页。

年高有德公正无私者为之。团拜举饼二队，春秋举胙。若本房乏其人，则必阙之，以纲首摄其事。”①但有时房长并非老人，辈分高、家庭经济好、有一定的组织能力和管理能力者也可以担任房长。“公推族中殷实廉能者任之。”房长虽然在结构上比族长低一等级，但族长的产生往往先要经过各房房长的讨论、认可；族长空缺时，可由某一房长暂代；不合格的族长由各房房长的联席会议提出弹劾、撤换。“房长的这种特殊权利，正说明了‘房’的实际地位，其实是一个实体性宗族的核心。”②

除了主持支祠的祠祭和墓祭、召开本房子弟会议、决定本房重要事务、监督或管理本房祠堂财务、教育本房子弟、代表本房参加宗族会议外，房长的一个职责和职权就是调解和处理本房族众之间的纠纷以及房与房之间、房与外部之间的纷争。

家即单个家庭，是一个宗族内最基本的活动单位，是一个同居共财的单位。一般的情形是始迁祖在一地定居，娶妻、结婚、生子，儿女成年后，经过分家析产，儿子们又组成一个新的家庭。家是宗族的基础。班固在《白虎通义》中有言曰：“一家有吉，百家聚之，合而为亲，生相亲爱，死相哀痛，有会聚之道，故谓之族。”可见宗族的细胞是家庭。家与家根据某种需要连结成“族”，此即“族”的基本形成路径。③ 钱杭认为：“在一定的条件下，宗族与家庭在结构上可以体现为整体与组成整体的各部分之间的关系。此条件是指：（一）组成宗族的各家庭单位必须是父家长制家庭；（二）各父家长之间必须具有父系世系联系；（三）这种父系世系联系必须包括若干世代的直系和旁系关系，且世代数量亦有传统的规定（在本人上至高祖、下至玄孙的五世直系，同父兄弟、同祖兄弟、同曾祖兄弟、同高祖兄弟的旁系范围内）。满足或大体满足了上述三个条件并以某种规模聚居在一起构成生活共同体的家庭，在适当的外在氛围内就可能形成宗族，或宗族的分支——房。中国传统宗族内部的基本结构，约略如此。”④

家庭分为核心家庭和扩展家庭两类。核心家庭亦称小家庭，就是一对夫妻及其未婚之子女所组成的家庭，此即刚从大家庭中分裂出来的最初的小家庭。扩展家庭亦称扩大家庭，又分为两个类型：一是主干家庭，包括一对夫妻及其子女和丈夫的父母；二是联合家庭，即指一对夫妻及诸子、甚至

---

① 曲阜师范大学历史系：《曲阜孔府档案史料选编》（第三编《清代档案史料》第1册），齐鲁书社1980年版，第49~50页。

② 钱杭：《中国宗族史研究入门》，复旦大学出版社2009年版，第50页。

③ 参见钱杭：《中国宗族史研究入门》，复旦大学出版社2009年版，第40页。

④ 钱杭：《中国宗族史研究入门》，复旦大学出版社2009年版，第41页。

诸孙的生育家庭。此处是指父系继嗣家庭。无论主干家庭还是联合家庭,父子、兄弟关系是家庭关系的中心,有的地方干脆称家庭或同姓宗族为"父子兄弟",这是男系继承制家庭中亲缘关系的核心。

在一个个体家庭里,家长是家庭的代表,对内统辖家政,全权处理家内纠纷,平息家庭风波,保障家庭生产和生活的正常秩序;对外则代表家庭处理交往、交涉等事宜。"一家之中,大小事务,悉主于家长。"①所谓"家无二主,尊无二上。"②康熙四十一年,浙江会稽顾氏宗族制定的《家范》,其"重家长"条规定:"凡为家长,所以总治一家之务。……其下有事,事无大小必先禀,无得专行。"③一般而言,家长的身份基于血缘或婚姻关系而确立,亦有父祖授命、由家族推举一人为家长,但无论是大家庭还是小家庭,均由年长辈高者担任。在一个包括父母和子女两代人的家庭,父亲是家长;在一个包括祖父母、父母和孙子女三代人的家庭,祖父为家长。

除了纵向关系外,宗族内部还有一种横向关系,即在族长之下设置各种执事人员,分别执掌和管理宗族的族籍、田产、税粮、赏罚、出纳等各项事务,并制约族长的权力。这些执事人员系由推选或指定产生,主要有祠正,负责协助族长处理族内重要事务;族正,负责监督宗族内外重要事务,协助维持地方社会秩序;宗正,负责协助族长处理宗族重要事务;宗辅、宗弼,负责协助族长处理宗族事务;总管,掌管宗族钱粮出纳事宜;司令,负责宣布、执行族规或族长的决定;宗史,负责起草宗族族谱;宗书,负责记录族中发生的重要事情;宗理,亦即会计与出纳,负责族产出入账目登记;宗赞,亦即祭祖之司仪,负责宣布程序、引领祭拜步骤;宗祝,负责祭祖时宣读祭文;宗序,负责祭祖时唱名排序;宗值,负责宗族日常杂务。

上述宗族执事人员大致可分为两个类型:一是协助族长具体掌管宗族事务的,如宗辅、宗弼、总管、宗史、宗书、宗理等;二是司掌宗族仪式的,如宗赞、宗祝、宗序等。从总体上来看,宗族是封建国家的缩影,宗族的组织结构在某种程度上说是一个封建政权的组织结构的反映。④

第三节　明清时期宗族组织的社会功能

凡组织必有功能,没有功能的组织是不存在的。作为一种社会群

---

① 《新州叶氏家谱·修省斋公家规》。

② 《礼记·坊记》。

③ 《顾氏族谱》卷二《家范》。

④ 参见程维荣:《中国近代宗族制度》,学林出版社2008年版,第38页。

体，传统中国的宗族通常同宗共祖，聚族而居，因此构成一个地方的社会组织，或曰宗族组织与社会组织重合。由社会组织所完成的社会政治、经济和文化职能，往往亦可以由宗族组织来取而代之。我国台湾地区学者唐美君认为，宗族作为以血缘为主的亲属团体和聚族而居的地缘单位，具有很多社会功能，特别是其在控制基层社会事务方面。宗族的功能主要有二：一是对内功能，即实现对宗族内成员的控制；二是对外功能，即通过控制他族或联合他族，达到控制地方事务之目的。当中央政府不能对基层社会实施有效之控制时，势力强大的宗族往往取而代之，成为维护封建统治秩序的基层社会组织。中国自明清至近代以来均如此，故宗族组织有其深厚的社会土壤。明清时期宗族组织的社会功能主要有以下几个方面。

一、祭祀祖先

血统是宗族凝聚力的主要来源。宗族之所以成为一个聚合体，就是因为族人均出自共同的祖先。因此，任何一个宗族组织无不把崇祖敬祖视为最神圣的义务，祖先崇拜对于宗族社会具有精神维系的枢纽作用。对祖先的崇拜具体体现在祭祖活动上，因此祭祖就成为宗族最重要的仪式。

祭祖的目的是尊祖收族。尊祖即表示对祖先的纪念，正所谓"报本返始，以伸孝思。"①"返本追远之意，油然而生。"②《歙县潭渡孝里黄氏族谱》卷六《潭渡黄氏享妣专祠记》载："报本之礼，祠祀为大，为之寝庙以安之立志，祏主以依之陈之，笾豆以奉之佐之，钟鼓以飨之。登降拜跪，罔敢不虔；春雨秋霜，无有或怠。一世营之，百世守之，可云报也。"福建《青阳庄氏族谱·族规》亦云："敬祖宗以隆祭祀。万物本乎天，而人本乎祖。人之有祖宗，如水有源，木有本。为孙曾者，正宜寻源追本，以修祀典之隆。凡祭祀之事必周详，祭祀之器必清洁，祭祀之物必新鲜，而趋跄跪拜，更须有一段严肃真诚，如在其上，如在其左右也。稍微乖违，便亵渎殊非。所以尊祖宗，昭诚敬。凡我族人慎之，凛之。"于此可见宗族社会对祖先祭祀的高度重视。尊祖敬宗是手段，收族才是目的。《礼记·大传》云："亲亲故尊祖，尊祖故敬宗，敬宗故收族。"注云："收族，序以昭穆也。"即以昭穆之序统理族人，使族人不至于溃散。

宗族祭祖的方式多种多样，有家祭、墓祭、祠祭和杂祭等四种不同层

① 《重修古歙东门许氏宗谱》卷八《许氏家规》。

② 同治《赣州府志》卷二十《风俗》。

次、不同规模的祭祖方式,这些祭祖方式构成了宗族内部严密而又交错的祭祖网络。

(一)家祭

即以家庭为单位在居家厅堂设龛祭祖。这是宗族内部最为普及,也是最为基本的一种祭祖方式。先秦时期,宗法等级制度森严,天子、诸侯、大夫、士等各有“庙制”,祭祀祖先是他们的特权,“庶人无庙,死曰鬼”,只能“祭其父于寝”。[①] 直到唐代开元年间,“六品以下达于庶人”,还只能“祭祖祢于寝”。[②] 及至宋代,理学兴起,其创始人之一张载最早认识到家族与社稷之间的重要关系。他说:“公卿一旦崛起于贫贱之中,以至公相……造宅一区,及其所有,既死则众子分裂,未几荡尽,则宗遂不存,如此则家且不保,又安能保国家?”因此他主张:“管摄天下人心,收宗族,厚风俗,使人不忘本,须是明谱系世族与宗子法。”[③]理学家程颐亦曰:“家必有庙,庙必有主。且如豺狼皆知保本,今士大夫多忽此。”并主张士大夫应该在家庙中常祭高祖以下祖,时祭高祖之上祖。[④] 理学家朱熹更是用“君子”一词将官方和民间尽收家祭行列之中,从而为当时民间只能祭祖“祢”的藩篱洞开了一个缺口。他说:“冬至祭始祖……前一日设位(原注:……设神位于堂中间北壁下)。”“立春祭先祖。前三日斋戒,前一日设位陈器。”[⑤]朱熹的理念和设计在当时虽未受到重视和推广,但却为明朝所接纳,成为重视民间基层组织和教化的明王朝的国家意识形态主导,并延续至清朝。朱元璋赐名的《大明集礼》即深受朱熹《家礼》之影响,其中祠堂之制规定:品官可立祠堂,祀四代祖;庶民只能在寝室祭祀二代祖,后来改为可祭祀三代祖。嘉靖十五年十一月(1536年),“诏天下臣民祀始祖”。[⑥] 自此,民间家祭所祭祀祖先才扩至高祖,一直沿袭至今。例如,福州的《世美吴氏条约》云:“列祖神牌,合族鼎刻迎奉进祠……其余支派,各立小木主于寝自祭外,仍照房分,各立小屏一架,刻本派列祖,附祠以享祫祭。高祖以上则祧之,仍列祀于祠之东西室,每岁中元一大祭。”福建永春官氏宗族,上世神主合祀于祠堂,而支派近祖,则“子孙各随小宗世数,祀私亲于室”。[⑦] 莆田县白水塘的李氏宗族规定,祠堂只用于奉祀五代以上的祖先,“若四亲之祀,则各仍私

---

① 《礼记·祭法第二十三》。
② 《大唐开元礼》卷三《序例下》。
③ 《张子全书》卷四《宗法》。
④ 《二程集》卷一八《伊川先生语四》,中华书局2004年版,第240页。
⑤ 朱熹:《家礼》卷五《祭礼》。
⑥ 许重熙:《宪宗外史续编》(上)。
⑦ 永春《官氏族谱》卷一。

室，兹堂不以人也”。①

家祭有忌日祭和四时节日祭，其中最为隆重的当推忌日祭。闽南人把祖先的诞日祭祀和卒日祭祀都称为“做忌”，诞日祭祖叫“生祭”，卒日祭祖叫“死祭”。考妣的“生忌”“死忌”都做，祖考妣以上，一般只做“死忌”。家祭名目繁多，内容庞杂。根据需要，随时可祭。诚如陈支平所言：“家祭的频频举行，除了体现血缘关系外，还包含比较浓厚的感情因素。设祭的子孙们，大多与父、祖一起生活过，养育之恩和同甘共苦的往事，历历在目。子孙们通过家祭活动，寄托着对父辈、祖辈的哀思和悼念，感情比较真诚。而对高祖以上的家族祭祀、族人们所包含的感情因素则相对淡薄，更多的只是血缘观念上的形式表现。”②

（二）墓祭

墓祭是指在祖先墓地的祭祀。汉代以前尚无墓祭祖先的礼制，“古无祀墓之礼，既葬而返，即祭于庙”。汉代以后，墓祭渐行，唐开元年间，玄宗皇帝始定上墓祭礼，遂成惯例。明万历《闽书》记载：“诸郡俱以清明祭墓。”③康熙《漳浦县志》记道：“三月清明日，折柳悬户外，或插满头。前后十日间，人家各祭扫坟墓。”

墓祭的规格仅次于祠祭，族规中往往有“珍祠墓以妥幽灵”的规定，把祖茔几乎看得与祠堂同等重要。墓祭分春秋两季，春季墓祭在清明前后，秋季墓祭则不固定，从农历七月至冬至前后。墓祭的对象大致可分为近祖和远祖两个方面。对近祖的墓祭即是对高、曾、祖、祢四代祖先茔墓的祭祀，与家祭的对象基本相似。对远祖的墓祭分为房支祭（或称“私房祭”）与合族祭（或称“族祭”）两种。对高祖以上祖先的墓祭，事涉宗族各房各支，需要统筹安排和合理组织。宗族将历代祖墓按支房分属，明文规定职责范围，亲疏有别，各尽其职，代代设祭。房支祭的规模大于家祭，小于合族祭。其墓祭时间大体与合族祭一致，有的宗族是先分房支祭，后合族祭始祖墓；有的宗族则先合族祭始祖墓，后分房支祭各自祖墓。合族祭的规模最大，各房均要派人参加，祭祀祖先一般是一族成员的开基始祖。祭祀礼仪隆重，场面壮观。其墓祭时间是固定的，即春秋两祭。“族人们对于近亲祖先的墓祭，也和家祭一样，怀有比较真诚的悼念心情，而对远祖的墓祭，除了强调血缘关系以敬宗收族的作用外，还有着向外显示家族力量

① 莆田《陇西李氏族谱》卷一。

② 陈支平：《五百年来福建的家族与社会》，台北，扬智文化事业股份有限公司2004年版，第172页。

③ 何乔远：《闽书》卷三八《风俗志》。

和树立家族声望的意义在内。”①

（三）祠祭

即在宗族祠堂里举行的祭祖典礼。古人认为，祠为祖宗神灵所依，墓为祖宗体魄所归。子嗣后代思祖不见祖，目睹其所依所藏之处，一如见祖宗。因此自明代后期开始，尤其是在清朝，宗族兴建祠堂蔚然成风。巨姓豪族大兴土木，不仅建有宗族的总祠，而且房支亦有房祠、支祠。大型宗族的祠堂数量多至十几、数十者，并不少见。乏力的小姓之族亦勉力趋求时尚，唯恐落于他人之后。及至清代中期以后，有族无祠者，已无多见。

祠堂祭祖是规模最大、礼仪最隆重的宗族祭祖。家祭以各个家庭为中心，墓祭则因路途较远，往往由各房、各支房房长选派代表去祭祀。而祠祭则不同，涉及阖族、各房的每一位族丁，参加人数是最多的。浦城刘氏宗族规定：“祭祀先祖，所以报本始慰后嗣也。今阖祠其祀固在人人展其虑思……今与众议，祭祀之日，凡我族人尚其少长咸集，必诚必敬。”②安徽歙县新馆鲍氏宗族《祠规》规定：“祠祭日，凡派下子孙在家者，俱要齐集。如无故不到者，罚银三分。六十以上者，不论。管祭者稽查。”③祠祭的礼仪很繁复，一般是春秋两祭或春冬两祭。“大宗小宗之祠，各春秋两祭。”④按照古礼宗法规定，主祭者必须是宗族宗子，即嫡传的长子。但明代后期开始，一般不再由宗子主祭，而由缙绅、族长以及当年“轮耕直（值）祀”的房长一起担任主祭。但还是有不少宗族采取折中方式，即由宗子、缙绅、族长一起承担主祭。

祠祭礼仪的主要内容是行“三献礼”。三献礼的程序，各地具体做法略有不同，包括二十几个步骤。首先是通赞唱，行初献礼，击鼓三通。主祭者走向祖先神位前，接过执爵者手中的爵，献爵于神案，行三叩礼，在场宗亲也跟着跪拜、平身，读祝文。读毕，击鼓三通，行三献礼。主祭者献爵、敬酒、敬馔，行跪拜礼如前，平身。击鼓三通，行三献礼，退盏。主祭者再次献爵，行跪拜礼如前，平身。奏乐侑食，执事者一一将神牌前的酒杯斟满酒，进羹、进饭、进茶。击鼓三通，献爵完毕。最后是“饮福受胙”，主祭者站在香案前，跪拜，诵《嘏辞》。主祭者俯伏拜献，平身，行辞神礼，撤馔，族

① 陈支平：《五百年来福建的家族与社会》，台北，扬智文化事业股份有限公司2004年版，第173页。

② 浦城《刘氏四修族谱》卷五《祠规》。

③ 歙县《新馆著存堂鲍氏宗谱》卷三。

④ 康熙《漳浦县志》卷三《风土志·风俗》。

人跪拜，焚祝文、金帛、鸣炮，注目送神，平身退位，整个祭祖礼毕。接下来是聚堂宴饮，散席每人分得一份肉胙。[①] 这种宗族祠祭与宴饮的相互配合，其敬宗收族的效果更加显著。有的学者将民间宗教的“功利论”移用到祖先祭拜上，诸如子孙对祖先的祭拜，意在得到祖先的福佑。“其实，‘功利论’的解释只是问题的一个方面，并且是次要方面。除了某些功利意图外，寻根追远、感恩图报，这是华夏民族几千年的传统，才是最根本的动因。”[②]

(四)杂祭

除了家祭、墓祭、祠祭等三种比较规范化的祭祖活动外，还有许多不规则、不定期的祭祀以及特殊的祭祀，是为杂祭。族中或家中每每遇到一些喜事，诸如婚娶、添丁、中举、盖房等，必当诣祠告庙，向祖宗报喜，并祈求祖先的佑福。在这众多的杂祭中，最隆重的当推七月中元的鬼祭和不定期的拜忏。七月十五中元节，福建俗称“鬼节”，又称“盂兰盆会”。拜忏也叫“礼忏”，是较为隆重的特殊祭祀，闽南俗称“做功德”，即子孙为了死去的祖先们能够在阴间有一个比较优裕的生活条件而举行的一种祭祀。

家祭、墓祭、祠祭、杂祭等不同规模、不同层次的祭祀，组成了宗族井然有序的祭祀系统。这种祭祖活动是透过崇拜祖先来达到聚族的目的，因此从表面上来看，祭祖是一种精神活动。正如有的学者所言：“在传统的乡土社会，乡民生活在现实世界和信仰的符号世界。各种祭祖仪式就属于信仰的符号世界。符号世界的实践活动都会内化到乡民的信仰观念中，习久而根深蒂固。而祖先崇拜的信仰观念，统摄着宗族的道德伦理，制约着宗族的社会秩序。这就是祖先祭仪所体现的符号世界对现实世界的作用机制。”[③]

二、救助困难

宗族成员大多世代相处，聚族而居，因而他们在遇到问题需要解决时，总是首先依靠与自己有亲缘关系的族人。美国学者斯科特的“生存伦理”或许能够解释这一现象，他说：“在生存伦理有了社会表达方式的村子内部，在塑造人的日常行为的社会控制和互惠的模式里，这一动因是头等重要的。把大量行为统一起来的原则似乎是：‘在村民们所控制的资源允许的范围内，将保证所有的村民家庭都得到起码的生存条件。’在这一意义

① 参见林国平、彭文宇：《福建民间信仰》，福建人民出版社 1993 年版，第 113～114 页。

② 郭志超、林瑶棋主编：《闽南宗族社会》，福建人民出版社 2008 年版，第 179 页。

③ 郭志超、林瑶棋主编：《闽南宗族社会》，福建人民出版社 2008 年版，第 182 页。

上的乡村平等主义是保守的而不是激进的；它要求一切人都有住所，都能生存，而不是一切人完全平等。”①这一生存伦理与宗族的互济互惠功能有着共通之处，许多宗族组织要求族人济贫救灾、抚孤恤寡、出入相友、守望相助、疾病相扶，并将其写入家法族规之中。

（一）济贫救灾

传统中国的农村均是以血缘家庭为单位的小农经济。家庭既是宗族社会生活的基本单位，亦是宗族生产经营的基本单位。一家一户、自给自足。这种小农经济十分脆弱，很难与灾害性的自然力相抗衡。小农经济的这种不稳定性决定了广大民众尤其是族人之间相互扶持、相互救济的必要性。大多数宗族的族规中都有济贫救灾的规定。绩溪华阳邵氏宗族《家规》恤族条记载曰：“族由一本而分，彼贫即吾贫，苟托祖宗之荫而富贵，正宜推祖宗之心以覆庇之，使无所失，此仁人君子之心也。若自矜富贵，坐视族人贫困，听其鬻妻质子而为人仆妾，以耻先人，是奚翅贫贱羞哉？即富贵亦与有责也。”②有的宗族族谱中还有号召族人捐助族中贫穷者的启事：“族内贫穷孤寡，实堪怜悯，而祠贮绵薄，不能赒恤，赖族彦维佐输租四伯，当依条议，每岁一给。顾仁孝之念，人所同具。或贾有余财，或禄有余资，尚祈量力多寡输入，俾族众尽沾嘉惠，以成巨观。”③合江李氏族规亦规定：“凡子姓分支，皆祖宗之一脉。尊卑之分，秩然不淆。长幼之情，蔼然相浃。喜则相庆，忧则相吊。贫弱之户，富实者宜时周恤之。愚鲁之徒，智贤者宜时教导之。总以相扶、相助为念。”④徽商汪光晃“以服贾致裕。专务利济，族中茕苦者，计月给粟。设茶汤以待行李，制棉絮以给无衣，设义馆以教无力延师者，岁费数百金。又每岁施棺，所费以万计”。⑤

宗族组织关于济贫救灾的规定，使族人在宗族组织的笼罩下，获得了一定程度的安全感，起到了很大的社会作用。正如有的学者所言：“这种家族内部相互扶助、相互恤救的原则，有时甚至能够超过政府的法令，比政府的法令更具有权威性和实用性。”⑥

（二）扶孤恤寡

孤寡是一个宗族中的弱势群体，因此各个宗族的族规中都规定了扶孤

---

① ［美］詹姆斯·C. 斯科特：《农民的道义经济学：东南亚的反叛与生存》，程立显等译，译林出版社2001年版，第51页。

② 绩溪《华阳邵氏宗谱》卷一八。

③ 《茗州吴氏家典》卷一。

④ 《合江李氏族谱》卷八《族规》。

⑤ 道光《安徽通志》卷一九六《义行》。

⑥ 陈支平：《五百年来福建的家族与社会》，台北，扬智文化事业股份有限公司2004年版，第87页。

恤寡的重要内容。歙县东门许氏宗族《许氏家规》扶孤恤寡条规定："父之于子，而见其成人；妇之于夫，而及尔偕老，是处人伦之幸，道之常也。不幸而值其变，因有无父而孤，无夫而寡者焉。此穷民无告，王政之所必先焉者。……今后凡遇孤儿寡妇，恩以扶之，厚以恤之，扶持培植，保全爱护，期于树立，勿致失所；为之婚嫁，为之表彰，伯叔懿亲不得辞其责也。"①休宁宣仁王氏宗族《宗规》记载说，睦族"有四务"，其一曰"恤孤寡"。"鳏、寡、孤、独，王政所先，况吾同族，得于耳闻目击者乎？"对于这些族人必须恤之，"贫者恤之善言，富者恤之金帛，皆作德也"。② 南靖书洋《萧氏家规》中的《恤孤寡》条规定："凡孤儿寡母，世之大不幸也，君子之所悯也。吾宗族不幸有如是之人，必仁而扶之，礼貌以遇之，视其缺乏以周济之。至于当时之财产而勿侵，倘来之苛孤则勿扰，其或为之孤者，父母俱亡，年龄尚幼，须鞠养之，如己所出。寡而无子者，志坚守节，尤当加敬，为之求嗣其后可也。"③

宗族组织关于抚孤恤寡的规定，产生了良好的社会作用。许多富商大贾、名门望族都把踊跃捐输、抚孤恤寡，视为人生一种高尚品德和极大荣耀。

（三）资助膏火

宗族的社会地位如何，在一定程度上取决于该宗族出现了多少士绅和学子。因此，大多数宗族都高度重视族人的文化教育，除了少数官宦、富豪人家能够自设私塾以培养自家子弟外，一般的宗族亦都能够利用宗族的力量，对贫困学子，尤其是对那些聪明俊伟、有培养前途的学子，进行膏火资助，并将之写入族规，使之成为一种规范化的永久性事业。例如，《茗洲吴氏家典》云："族中子弟有器宇不凡，资禀聪慧而无力从师者，收而教之，或附之家塾，或助以膏火，培植得一个两个好人，作将来楷模，此是族党之望，实祖宗之光，其关系匪小。"④

福建宗族亦普遍注重族人的文化教育，不少宗族的族规家训中均有这样的良愿卓识："子弟之质美而无力从师者，须助之"，"子孙器识可以仕者须资勉之"，"子孙聪明可读书者，毋论家之有无，皆宜读书，族内亦须扶

① 《重修古歙城东许氏世谱》卷七。

② 《休宁宣仁王氏族谱》。

③ 《萧氏族谱·萧氏家规》，1977 年重编本。萧氏系清朝康熙年间自福建南靖书洋徙居台湾地区的萧氏后裔，其所编《萧氏族谱》中的《萧氏家规》等系早先从祖家南靖书洋带去的旧谱资料。

④ 《茗洲吴氏家典》卷一。

助,共冀成立”,“或有俊秀子弟,无力求学者,更宜之设法栽培,以成其材。”①为此,宗族组织采取有关措施,使那些天资聪颖、堪可造就的子弟获得深造的机会。即使是贫寒子弟,只要功课优异,亦能获得资助。教育的关键是经费,为了保证宗族教育有比较稳定的经费来源,许多宗族都设置了学田、书灯田等,以其收入作为资助族人学子的经费。例如,浦城后山蔡氏宗族规定:“各房均各购书灯田,入学以后每年即将此租按照规条,届期发给以昭激励”;“书灯田不论文武,一人入泮,一人独收;二人入泮,二人均分。冬至以前半年收租,冬至以后,次年收租。”②

为了激励族人向学之风,以光大门楣,许多宗族都会给予族中那些有培养前途的学子种种经济支持和鼓励。例如,安徽绩溪《明经胡氏龙井派祠规》规定:“凡攻举子业者,岁四仲月,请齐集会馆会课,祠内支持供给。……其学成名立者,赏入泮贺银一两,补廪贺银一两,出贡贺银五两。”参加科举学子,宗族资助旅费,乡试“各名给元银二两”,会试“每人给盘费十两”。“登科贺银五十两,仍为建竖旗匾,甲第以上加倍。”③又如,福建平和县小溪镇坑里村黄氏宗族于同治二年(1863 年)议定:“裔下有中科甲者,竖旗挂匾,定领银二十四两,并准入中龛主壹位,永此定例。”④倘若族大支繁,科名奖励和秀才、举人常年津贴,由所属房族支给。

宗族组织关于资助膏火的规定和激励向学的措施,产生了重大的社会作用。明清时期,徽州文教昌盛,“人文辈出,鼎盛辐辏,理学经儒,在野不乏”。⑤ 各邑方志均有相似记载,诸如:“歙大邑也,而新安名郡也,世称程朱阙里,彬彬乎文物之乡也。”⑥故古代徽州被誉为“东南邹鲁”。⑦ 明清时期的福建亦是向学成风,人才济济。乾隆《泉州府志·风俗》云:“极至十室之内必有书舍,保贩隶卒之子亦习章句。当是时师严而尊,学徒已婚冠

---

① 永春《官林李氏宗谱》。

② 《后山蔡氏宗谱》卷二《书灯田引》。

③ 绩溪《明经胡氏龙井派宗谱》卷首。

④ 《平和小溪坑里重修黄氏家庙碑》(光绪十八年),载周跃红:《台湾人的漳州祖祠》,国际华文出版社 2002 年版,第 113 页。

⑤ 道光《唐修徽州府志·序》。

⑥ 《丰南志》第 7 册《读吴氏诗文存书后》。

⑦ “邹鲁”原指春秋时期的邹国和鲁国,孟子生于邹,孔子生于鲁,是文教兴盛之地的代称。古徽州地处东南,文教昌盛、名人辈出。自宋代开始,在全国已有相当大的影响。南宋绍兴年间(1131~1162 年),著名诗人范成大任徽州司库参军,在任上曾作《次韵知郡安抚九日南楼宴》诗,其首句为“斯民邹鲁更丰年,雅道凄凉见此贤”,首次将徽州比作“邹鲁”。元末,休宁学者赵汸(字子常、号东山)在《商山书院学田记》中称:“新安自南迁后,人物之多,文学之盛,称于天下……故四方谓东南邹鲁。”首次正式以“东南邹鲁”指代徽州。

而为弟子员矣。稍不如矩跽而授抶，其大乡巨族则多为社塾，师徒交励与郡城埒，万历戊午已未，维时何稺孝、李宗谦两先生，并以藻监品题天下士，所奖赏为时闻人，掇巍科登台辅者未易枚举。郡人士东身修行求所以二先生之意，两先生亦极力……岁科试晋邑儒童卷可万余，县送府七八千人，府送道亦二三千人，入泮百五六十人，学使者如周讳之训葛讳宜亮咸云：泉郡生儒即三倍其额尚有不足收之恨矣。"①

三、督催赋税

赋役是古代社会政权的经济基础，也是封建国家机器得以正常运转的物质保障。历代统治者对此极为重视，以严刑峻法来保证其完纳。作为封建政权的补充的宗族组织，其重要功能之一就是直接出面向族众催索钱粮，以保证封建国家的赋税收入。明清时期的家法族规，几乎毫无例外地都设有"完国课"或"劝征输"专条，把及时完纳钱粮赋役作为最重要的条款要求族众严格遵守。安徽潜山王氏《家箴》告诫族人要早完国课："田有租，身有佣，民分应尔，所有编折银两依限交纳，米粒照征送完，庶免拖欠之罪。"②休宁宣仁王氏宗族《宗规》赋役当贡条记载："以下事上，古今通谊。赋税力役之征，国家法度所系。若□□钱粮，躲避差役，连累里长，取罪官司，追呼拷问，甚至身遭□责，家声顿亏，玷污父母，分内赋役，仍行一一供给，是何见之左也？我族子侄，务将一年本等差粮，须先办纳明白，讨经手印押收票存证，上不欠公钱，下不贻私议，何等自安，此良民职分，所当尽者。"③福建《黄氏家规》"急国课"条规定："钱粮系国课攸关，四月完半，十月全完。每见顽梗之辈以抗粮为能，不知过限不完吏追差拘，轻则锁押，重则打枷，殊可畏也。凡我族钱粮务须照限早完，切莫尾欠，追呼不至，需索何来？"④南靖书洋《萧氏家规》供赋役条规定："凡民之供乎上者，赋与役也。每岁该办钱粮必须及时缴纳，苟迁延怠缓，致里胥往来催偿，甚则必取官府鞭棰之辱。至于差役之来，度其果相应也，则依期趋赴，或重大而家力不堪，即当顺其情而控诉之，苟或怠玩，则文书已行事更难改。抑或期限已过，则必误事，而法自不容，提锁囚系之忧则势必所至，岂不益取辱矣哉！乃若在官，钱粮慎勿兜揽，万一有失，必至鬻产赔产，所损多矣。"⑤

---

① 乾隆《泉州府志》卷二〇《风俗》。
② 嘉庆潜山《潜阳琅琊王氏三修宗谱》卷一《家箴》。
③ 《休宁宣仁王氏族谱》。
④ 黄善怡等纂修：《黄氏族谱·家规小引》，清光绪八年刻本。参见北京图书馆编：《北京图书馆藏家谱丛刊·闽粤(侨乡)卷第6册·黄氏族谱》，北京图书馆出版社2000年版，第131页。
⑤ 《萧氏族谱·萧氏家规》，1977年重编本。

宗族组织保证封建国家的赋税收入,不仅仅停留在正面劝谕族众完粮纳税的说教上面,而且对敢于抗交租课钱粮、逃避差役科徭的族众,根据家法族规进行严厉的制裁。许多家法族规明确规定,抗纳差粮,不仅违反了国法,也违反了族规,家长、族长有权惩治。例如,安徽桐城戴氏宗族规定:"钱漕乃天庾正供,凡族中有田亩者,每年夏税秋粮,早为完纳,毋得逋欠致干差追,如敢违抗,概治以家法,并速令清完。"①朱坡塘朱氏族规规定,如果族中有人不急公赋,拖欠抗拒者,族长应"押令速完",务使本族租课输纳在各里之先,做完纳赋税的模范。② 福建浦城陈氏家规输国赋条规定:"为臣食禄天朝,固当知报君恩;为民享太平之乐亦当知蒙治于圣明也。……向使拖欠钱粮,不惟负国欺官,并且自累累人。议今依限完纳,冬至前祠副及册里清算所有过欠众,勒完清拟罚,或再负顽,亟送官长惩责不宥。"③不仅如此,许多宗族组织还把及时完纳钱粮视为族人忠孝两全的具体表现。族人既是封建国家的臣民,就应当对朝廷尽忠,积极地完纳钱粮,在经济上支持封建政权。完纳钱粮亦是尽孝。因为拖欠钱粮,必然导致里胥的催索骚扰,抗拒不交更会引起官府的镇压,其结果将会破坏宗族的团聚,导致家族的离散,将使祖宗神主无人祭祀,祖宗坟墓无人洒扫,因而是最大的不孝。绩溪华阳邵氏宗族《家规》"忠上"条要求宗族成员:"忠上之义,担爵食禄者,固所当然;若庶人不传质为臣,亦当随分报国,趋事输赋,罔敢或后,区区蝼蚁之忱,是即忠君之义。传曰:嫠不恤纬,而忧王室;野人献芹,犹念至尊。"④上述说明,在保证封建国家赋税收入问题上宗族组织与官府是一致的。

当然,在完粮当差这个问题上,宗族势力与封建政权之间亦存在一定的矛盾和冲突,尤其是在一些丁众势大、地方割据局面比较严重的宗族,公然聚众抗粮殴差的现象不断发生,闽南一带即如此,而厦门同安马巷厅一带抗粮之风尤烈,"抗欠钱粮也,则各乡皆然,我朝厚恩深仁,屡行蠲免,该民人习为固然,不特小民群思觊覦,即殷富绅户无不效尤,以国家宽恤之殊恩,成顽户逋粮之恶习。桀黠者倡首把持,各花户从而观望,甚至一士在庠,则庇及合族,一丁入伍则霸及通乡,缓之则任意拖延,急之则鼓众抗

① 安徽桐城《香山戴氏宗谱》卷首《计开条规》。

② 参见《光绪朱坡塘朱氏族谱》卷首《族规》。

③ 《浦城陈氏家谱》卷一《家规》。参见北京图书馆编:《北京图书馆藏家谱丛刊·闽粤(侨乡)卷第16册·浦城陈氏族谱》,北京图书馆出版社2000年版,第55~56页。

④ 绩溪《华阳邵氏宗谱》卷一八《家规》。按"嫠不恤纬,而忧王室",出自《左传》昭公二十四年:"嫠不恤其纬,而忧宗洲之陨,为将及焉。"

拒”。[1] 上述抗粮事件说明宗族势力与官府之间存在利益的冲突和对抗，但诚如有学者所言：“家族毕竟是中国大一统专制政体下的基层社会群体之一，完全的对抗是不可能的，家族不论在道义上，还是在现实中，都必须与官府统治保持一定的平衡和协调。”“在一般的场合里，许多家族还是希望能够与官府相安无事，协调相处，并且告诉族人们安分守己，从形式上服从于官府领导。”“族规要求族人依期交纳钱粮，便是在不损害家族权益的基础上服从官府统治的一种表现。”[2]而“家族及其成员的如期缴纳赋税……实质上是巩固政权的经济基础”。[3]

四、维护治安

治安管理本为国家机关的行政管理活动，但在明清时期，随着族权的强化，某些宗族组织在一些地方取代了保甲体系，承担起维持社会治安的职责。法律对此有明文规定：“地方有堡子村庄，聚族满百人以上，保甲不能遍查，选族中有品望者，立为族正。若有匪类，令其举报，倘徇情容隐，照保甲一体治罪。”[4]明清时期治安管理的主要内容有：

（一）户籍管理

户籍是国家政权征收赋税、征调徭役、组织军力和维护治安的最基本依据，因而历朝各代都视之为治国理民的头等大事。传统中国的户籍管理本是国家乡村基层组织的职掌，但由于与乡村基层组织有着特殊的关系，乡村宗族组织亦参与其中。及至明清时期，户籍管理主要由地方宗族组织的代表来负责，诸如里户长、甲户长等，他们的具体职责是户口的上报、登入和迁徙等。宗族组织对户籍的管理主要是通过修订宗族谱牒来完成的，虽然修订宗族谱牒并不等同于户籍管理，但是它收到了户籍管理的实际效果。北宋以降，各大宗族纷纷建立义庄。为了管理的规范化和族谱撰写的准确性，许多义庄要求族人各家要及时报告人口变动情况，从而起到了普查全族人口的作用。例如，《传德义庄规条》要求：“庄正、副主办春秋祭祠、扫墓，登注合族人丁生殁、嫁娶，”“阖族凡有生子，或婚娶，或身故情事，须随时到庄报告登注，以备修谱之用”。[5]《延陵义庄规条》亦要求：

---

① 程荣春：《桐轩案牍》（马巷厅任内）。

② 陈支平：《五百年来福建的家族与社会》，台北，扬智文化事业股份有限公司2004年版，第104～105页。

③ 冯尔康：《18世纪以来中国家族的现代转向》，上海人民出版社2005年版，第49页。

④ 《大清律例·刑律·贼盗》，田涛、郑秦点校，法律出版社1999年版，第416页。

⑤ 王国平、唐力行主编：《明清以来苏州社会史碑刻集》，苏州大学出版社1998年版，第272～274页。

"义庄之设,实代祖宗抚养子孙之事,族人无论生育、死亡、娶妇、嫁女,随时呈报注册,一为增修家谱,一为给发月米。倘有恃强无礼,不遵成规,或自恃无所需求,春秋祭祀不到,生死嫁娶不报,将来伊名下子孙,庄中无册可稽,设或他人贫乏请支,该不准给。如能改悔前非,必得族众保明,庄中补行注册,俟三年后方准一体支给。"①润东刘氏宗族还设立《余庆录》,分发各房。如有生殁嫁娶,各房须"随时录入,至祭祀时汇录总册,以便日后修谱"。② 上述义庄规条虽极力声明其登注人口是为了纂修族谱和"发给月米",但在客观上却起到了普查人口、管理户籍的实际效果。

(二)维持社会秩序

"从宏观的历史过程看,利用宗族维持地方法纪是明清以降皇权国家治理乡村的一种十分重要的手段,即所谓族权和保甲'一经一纬',互为配合,以弥补政府行政能力的不足。正因为如此,宗族权力才得以越过伦理权威的边界,进入到本应由政治权力所独占的公共秩序领域,并且获得了部分本应由政治权力所独有的对地方社会的治理权。"③宗族组织维护社会秩序的表现如下:

第一,要求族人遵守国家法律。国家法律是封建政权制定的用以实施和维护其统治的根本大法,是国家权力的重要象征。明清时期各宗族都非常注重维护封建政权的权威,强制族人遵守国家法律。徽州绩溪梁安高氏宗族族规就规定:"王法者,朝廷所设,以治吾民者也。无王法则天下乱,苟平日不畏王法,恐一旦犯法而不自知,及遭刑戮,悔之晚矣。此君子所以怀刑也,故为绅为士为民皆当畏法。"④由于皇帝的圣谕即为法律,因此明清时期各宗族均强调族人要遵守皇帝的圣谕。休宁范氏宗族规定:"孝顺父母,尊敬长上,和睦乡里,教训子孙,各安生理,毋作非为。这六句包尽做人的道理,凡为忠臣,为孝子,为顺孙,为圣世良民,皆由此出。无论贤愚,皆晓得此文义,只是不肯著实去遵行。故自陷于过恶,祖宗在上,岂忍使子孙辈如此? 今于七族会祭统宗祠时,特加此宣圣谕仪式,各宜遵听理会,共成美俗。"⑤对于违犯国家法律、不遵圣谕者,各宗族都规定了相当严格的惩治。休宁范氏宗族规定:"今后但有子弟不遵圣谕,经犯过恶,各房长指事詈责之;不改,鸣于该门尊长,再三训戒之;又不改,于新正谒祖日鸣于宗

① 王国平、唐力行主编:《明清以来苏州社会史碑刻集》,苏州大学出版社1998年版,第278页。

② 《润东刘氏宗谱》卷一,光绪六年本。

③ 吴毅:《村治变迁中的权威与秩序——20世纪川东双村的表达》,中国社会科学出版社2002年版,第74页。

④ 光绪绩溪《梁安高氏宗谱》卷一一《高氏祖训十条·畏王法》。

⑤ 万历《休宁范氏族谱·谱祠·统宗祠规·圣谕当遵》。

祠,声罪黜之。罪重者仍行惩治。然止黜其身,弗及其子孙。”[①]

第二,严禁赌博盗窃、酗酒宿娼。为了维护良好家风、博取社会声誉,明清时期许多宗族对损害宗族荣誉的不良行为均实行禁戒和惩罚,如不准赌博、不准偷盗、不准酗酒、不准宿娼等。婺源董氏宗族族规家法“严禁赌博”规定:“聚赌成群,不分昼夜,坑族子弟,多陷其阱,为患酿祸,非细故也。族人佥议,捐赀请示申禁。各家父教其子,兄诫其弟,无得偶犯”,“凛遵恪守,各安本业。”敢行聚赌者和窝赌者,即行重罚,并绑缚万年台立柱示众,“决不经恕”。“或犯赌无力罚出者,叫街抽辱。”捉获聚赌、窝赌者,即行重偿。[②] 福建晋江县施氏家族《族约》亦规定:“设有不肖子弟弃生业,结匪类,开设赌场,放头网利,致诱子弟破家辱身,殊可痛恨,以后族房长稔知放赌账目,不许取讨,仍令族众赴大宗祠戒饬,令其改过自新,不改者送官究治,除穲莠也。”[③]福建连城张氏家族也规定:“不得偷鸡盗狗,攫人财物,自投法网,且赌博盗贼之源,荡散家业,斗殴行凶,皆由于此,殊为可恨,至于开场纵博名为窝赌,大干律例,先当严禁。”[④]

与禁赌禁盗的同时,各宗族亦禁止族众酗酒宿娼。例如,安徽寿州龙氏家规“戒酗酒”条规定:“酒原以合欢,多饮为所困。或三巡,或五斟,通宵彻夜尝成病。乱德固堪悲,失仪尤可憎。倚酒使气恐伤人,杯中微物招大忿。凡我族人,有贪杯好饮不知撙节、致生事招愆者,初犯,户长严加劝勉,令对祖先立戒;再犯,罚戏一台;三犯,重责二十。”[⑤]又如,江苏海安崔氏《族戒》有“戒嗜酒”一条,谓嗜酒“甘心口腹,忘情礼教……甚至以酒败仪伤德,致病亡身,致贫亡家,不顾父母妻子之养,安受宗族乡党之辱,宗人于此尤不可不深戒也”。又有“戒宿娼”一条:“宿娼之罪有三:其贪色嗜欲,以致伤生绝祀,得罪祠宗父母者一也。浪费父祖财业,既不能守,又无所贻,得罪于父祖子孙者二也。失身于可贱之人,导妻子以淫僻,内丧家声,外污乡俗,得罪于子孙乡人者三也。族人蹈此罪者,族长责令速改,违者不许入祠。”[⑥]

① 万历《休宁范氏族谱·谱祠·统宗祠规·圣谕当遵》。

② 参见婺源《董氏宗谱·禁赌小引》。

③ 晋江《浔海施氏族谱》天部《浔海施氏族约》。转引自陈支平:《五百年来福建的家族与社会》,台北,扬智文化事业股份有限公司2004年版,第83页。

④ 连城《新泉张氏族谱》卷之首《族规》。

⑤ 安徽《寿州龙氏宗谱》卷一《家规》,光绪十六年本。转引自费成康主编:《中国的家法族规》,上海社会科学院出版社1998年版,第339~340页。

⑥ 海安《虎墩崔氏族谱·族戒》,万历刻本。转引自李文治、江太新:《中国宗法宗族制和族田义庄》,社会科学文献出版社2000年版,第144页。

第三,禁止斗殴和争讼。纠纷与争讼频仍的发生是社会矛盾激烈冲突的一个突出体现,意味着社会秩序的不稳定。因此,为了实现内部稳定与和谐,进而维护社会秩序的稳定,各宗族均禁止斗殴和争讼。徽州黟县环山余氏宗族《余氏家规》规定:"邻里乡党,贵尚和睦,不可恃挟尚气,以启衅端。如或事尚辩疑,务宜揆之以理,曲果在己,即便谢过;如果彼曲,亦当以理谕之。彼或强肆不服,事在得已,亦当容忍;其不得已,听判于官,毋得辄逞血气,怒詈斗殴,以伤和气。违者议罚。"①安徽桐城刘氏《家规》亦规定:"今后不可恃刁执梗。事有不平,先投鸣宗长,集祠核论情实,从公劝解,毋得图害善良,欺侮寡弱。如有强梁不服,刁唆构衅,宗长即将情实送官惩治。"②江苏海安崔氏《族戒》有"戒健讼"一条:于官府争讼,"凡我族人切宜深戒,遇有小忿自合容忍,或千户婚田土一切重情,在本户但当诉之族长,听其公处。如与他姓争讼,亦当存心忠厚,听人和解,不得偏护阴谋,以长子弟之恶"。③ 以上数例说明,族众有何争议,须投祠堂解决,不得私行斗殴,违者责罚,或送官惩治。

第四,禁止敲诈勒索行为。借命图赖是明清时期徽州宗族社会中一种社会现象。借命图赖也称假命图赖,就是假借轻生对他人进行讹诈勒索的行为,这种现象一度成为徽州严重的社会问题。徽州府歙县知县傅岩曾指出:"徽俗轻生,尸亲因以为利,借命图赖,甚至聚集抢掳,无干亲族亦有倚此居奇兴讼索诈者。重创坐诬,此风少息。"④明朝万历年间,休宁境内范氏宗族居住的社区中就存在较为严重的借命图赖问题。"里有假死命诬人者,被诬之人惶惧,夜怀二十金求救于王父(指范氏族人范岩周),以王父三老,言出而人信之。王父叱其人于外,遥谓曰:用贿则实,谁为若解者,归听公论,勿复尔。其人惭而退,诬者闻之亦惧,事遂得解。"⑤借命图赖现象严重影响了宗族社会人际关系的和谐和社会秩序的稳定,因此徽州各宗族对该种行为采取严格禁止和严厉打击措施,如休宁商山吴氏宗族规定:"愚夫愚妇每年因小忿意在诈骗,或服毒自缢,或投水沉身,图赖他人。如遇明公在上,察其真情未必能中彼此,而愚命则自殒矣。纵得烧埋,竟于死者何益,反复思之,诚为可哀。各宗正副倘遇情出迫切之人,兴言及此,作速以

① 黟县《环山余氏宗谱》卷一。

② 桐城《刘氏宗谱》卷一《家规》。

③ 海安《虎墩崔氏族谱·族戒》,万历刻本。转引自李文治、江太新:《中国宗法宗族制和族田义庄》,社会科学文献出版社 2000 年版,第 145 页。

④ (明)傅岩撰:《歙纪》卷之五《纪政迹》,陈春秀点校,黄山书社 2007 年版,第 54 页。

⑤ 万历《休宁范氏族谱·谱传·中支林塘族》。参见陈瑞:《明清时期徽州宗族对社会问题的控制》,载《中国农史》2007 年第 4 期。

理，省会规戒。如其执迷不听而自甘弃者，宗正副会同族长、品官、举监生员人等，备情呈治本犯家长。”①

所谓“索彩”，就是埋葬时的强索与恐吓。据载：福建莆田仙游“民间的丧葬仪式是相当复杂的。一般人在山上买好墓地之后，接着就会在预定作为墓穴的地方标上记号。这时，墓地前后左右的土地所有人理所当然地会觉得不好，即使墓地所在和他的田地相隔数里，他们也会极力阻止。除非丧家答应付给他们数十两或数百两钱，否则他们不会答应让死者下葬的。这就是所谓的‘索彩’。如果丧家不肯出钱，那么这些地主可能会以侵犯地界、破坏风水为由，率领家人前去和对方理论。冲动之余，斗殴、破坏坟墓的行为于焉产生，而诉讼事件也往往由此而起。有时在丧礼举行之际，邻近地主也会跑来阻止棺木下葬或禁止竖立墓碑，甚或破坏石柱等”。② 与此相似的强索还有泉州府的“索埔”。乾隆《泉州府志·风俗》言：“风水之说，惑人尤深。郭璞葬经，递相肆习，苟冀眠牛白鹤之祥。急则牙角交构，缓则迁延岁月。更有近山大姓，恃辖负隅，凡遇人家葬墓，辄行阻止，得贿乃已，名曰‘索埔’。人家扫墓，群索祭物，名曰‘约饼’，更顽薄之至也。”因争风水而打官司、起械斗的事件，经常发生，严重影响了地方的社会治安。鉴于此，官府和宗族对这种敲诈勒索行为均明令予以禁止。

实践证明，通过宗族组织来维护乡村社会治安秩序的手段是行之有效的。而各个宗族为了维护本族良好声誉，亦会尽量地去约束本族人的日常行为，从而大大减少族人违犯国家法律的机会。同时，宗族组织具有很强的地缘优势，比乡村其他基层组织更熟悉周边亲邻友好的情况，能够及时发现并有效打击各种违法犯罪活动，从而保障社会安全。“宗族之所以能成为维护天下秩序的关键，在于宗族并不像牧令一样远离人民，而是处于人民的周围，与人民的生活息息相关，较清楚地方的实况，对于地方上所发生的事务，能明快且正确地处理，同时，也不会因为如父子间过浓的亲情，而不忍予以惩罚。”③

五、庇护族人

宗族亦有为族人提供保护的功能。当族人与外姓发生争端，本族人要理所当然地站在一条战线上，全力以赴，一致对外。在宗族看来，族人受欺

① 万历《休宁商山吴氏宗法规条》。参见陈瑞：《明清时期徽州宗族对社会问题的控制》，载《中国农史》2007年第4期。

② 陈盛韶：《问俗录》卷三《仙游县》，武陵出版有限公司1991年版，第66页。

③ 陈启钟：《明清闽南宗族意识的构建与强化》，厦门大学出版社2009年版，第194页。

就是宗族受侮,宗族就要为面子而抗争,这就是宗族观念的逻辑。如有的宗族云:"乃通族之羞,非一人私愤,其公费等钱,除养子孙外,照依派盐丁数均出,如有恃顽不出者,会众同攻。"①"事关通族,将历年所积羡余,公动公用;不敷,就族上、中、下丁协鸠济公;或族人罹外侮者,公同出力,若分心异视,通族摒弃之……能捍大患,御大侮,保全子姓,通族倚重祀之,显有功也。"②而当矛盾纠纷无法解决时,械斗成为公认的解决方式。有学者指出:"只要有家族制度存在,就必然出现家族械斗这种丑恶的现象。"③虽然此语太过绝对,但在宗族组织盛行的地区,如闽、粤、皖等地,械斗也的确是历史上宗族社会突出的问题。具有"海滨邹鲁"之誉的"闽省漳、泉地方,民俗强悍,好勇斗狠。而族大丁繁之家,往往恃其人力强盛,欺压单寒,偶因小故,动辄纠党械斗,酿成大祸"。④ "漳、泉俗好斗,其来久矣。"⑤具有"邹鲁之风"的广东潮州,宗族械斗之风亦很盛行。"粤东沿海地方械斗顽凶之案,相习成风,莫如潮州为甚";⑥"广东潮州沿海地方,民情犷悍。所属海阳、揭阳、潮阳、普宁等县,每因口角细故,斗殴成隙,互掳逼赎,名曰赎身钱,其不赎者责戕毙之。"⑦而素有"东南邹鲁"、礼仪之邦美誉的徽州,其宗族械斗也不是一时一族的个别现象。嘉庆二十四年(1819 年)御史冯清聘上奏曰:"械斗之案不独福建为然,广东、广西、安徽等省亦往往有之。"⑧绩溪《上川明经胡氏宗谱·拾遗》亦记载,道光中"族中械斗之风颇盛"。⑨ 长年累月的宗族械斗破坏了当地正常的社会秩序,造成了众多的残破家庭。"漳泉各属,好习鸟枪,故寻常命案,因枪铳致死者十居八九,私藏私造,比户皆然。遇有械斗,则互相轰击,以致立毙多命,惨不可言。"⑩道光时姚莹论龙溪县时说:"尔者古县之郑姓及杂姓五十余社,械斗于南,天宝之陈姓及杂姓七十余社械斗于西,田里之伍姓及洪岱之施姓械斗于东,归德之邹姓与苏郭等姓械斗于北,西北则乌头门之詹陈等姓,东北则

---

① 晋江《浔海施氏族谱》天部《族约》。

② 惠安《骆氏组偶》附记《倡义立字稿》。

③ 徐扬杰:《宋明家族制度史论》,中华书局 1995 年版,第 295 页。

④ 《清世宗圣训》卷二六《厚风俗》,雍正十二年十一月壬午。参见中国第一历史档案馆:《雍正朝汉文谕旨汇编》(第 10 册·世宗圣训),广西师范大学出版社 1999 年版,第 407 页。

⑤ 道光《重修福建通志》卷二一二《儒林传》,民国刊本。

⑥ 《清道光实录》卷二五五,道光十四年甲午八月丙申。

⑦ 《清道光实录》卷二七三,道光十五年乙未十月戊寅。

⑧ 《定例汇编》嘉庆二十四年卷上《户例》。参见冯尔康等:《中国宗族史》,上海人民出版社 2009 年版,第 281 页。

⑨ 参见赵华富:《徽州宗族研究》,安徽大学出版社 2004 年版,第 391 页。

⑩ 《黄爵滋奏疏》卷一四《会议查禁械斗章程疏》。参见齐思和整理:《黄爵滋奏疏许乃济奏议合刊:二十卷》,中华书局 1959 年版,第 121 页。

鳌浦扶摇之吴杨等姓，浦南芹里之梁宋钟林等姓，半山龙架坂之杨林等姓，金沙银塘之陈赵等姓，东南则官田宅前之吴杨等姓，各社接连，大者数十，小者十余，频年以来，仇怨相寻，杀夺不已。”“一日之中或十余命，一岁之内伏尸盈千，剖腹刳肠，莫形凶惨。四郊近地，皆为战场。”①道光末年，漳浦下布人蔡开第在《嗟哉吾邑人行》一诗中，以“红白别旗帜，各自分雌雄。杀人如胡麻，白日变阴曦。千里无一家，百里断炊烟”的诗句，描述漳浦红白旗双方互相械斗给人们造成的危害惨状。鉴于此，许多宗族在家法族规中规定严格禁止械斗，如黟县环山余氏宗族《余氏家规》规定：“迩来盛族大姓，恃强相尚，少因睚眦之忿，遂各集众斗打，兴讼求胜，风俗恶薄，莫此为甚，而殒命灭门，多由此也。族众务宜痛惩，毋相仿效，以保身家。其有子弟三五成群、讥此赛彼、甘靡荡造端生事者，族众不许干预外，仍各重罚，以警其余。其有轻听肤诉望风鼓众者，一例重罚。”②岭南冼氏宗族亦规定：“辄因小故械斗，吾族岂宜有此，倘自恃人强，日事斗狠，此等悍俗，实足贻宗族之忧，应将该房摒出祠外。”③

如果发生的战乱或遭到外族侵凌，宗族组织则成为族人依靠的力量、团结的核心，主动承担起军事防卫的领导职责，充当族人保护者的角色。为了抵御外来侵扰，保护族众安全，宗族组织采取的主要措施有：

1. 修建土堡围楼。明中叶以后，经济的发展与社会的变迁，使闽南人民为了生存，不得不抵抗政府的海禁政策，而在倭寇入侵福建沿海之后，影响和范围都逐渐扩大，以至于“福州、漳、泉无地非倭”。④ 为了防止族众聚居的村落被盗贼侵扰，亦是为了避免族人散落四方，闽省各宗族纷纷修筑土堡围楼，以为平时储蓄、乱时藏避之用，“使民各聚为市，市列为堡，约其道里之中，使势可相及。每贼至，则整堡自守，而郡县急趋而助之”。⑤ 如此，福建民间土堡群在明朝中叶兴盛之初的最直接目的，是为了御敌保卫乡族，这就赋予土堡的建筑具有明显的地缘和血缘相结合的特征，并以家族血缘关系为主，而以地缘关系为辅。⑥ 明清时期，类似这样的自保乡土宗

① 姚莹：《东溟文集》卷四。

② 黟县《环山余氏宗谱》卷一。

③ 宣统《岭南冼氏宗谱·族规》。

④ （清）谷应泰：《明倭寇始末》，载（清）曹溶编：《学海类编》（第4册），江苏广陵古籍刻印社1994年版，第33页。

⑤ （明）胡宗宪《筹海图编》卷一二《经略二·筑城堡》。转引自陈启钟：《明清闽南宗族意识的构建与强化》，厦门大学出版社2009年版，第110页。

⑥ 参见陈支平：《五百年来福建的家族与社会》，台北，扬智文化事业股份有限公司2004年版，第247~248页。

族土堡,无论南方、北方的乡村都相当普遍,发挥了宗族对外防卫职能。《仙游县志》云:“(嘉靖间)民间之筑寨守御者,如西北之南湖、砺壁、剑山、宝幢,东南之羊角、东乡之铜盘、光浦,皆尝据险杀贼,民赖以宁”。①

2. 组建宗族武装。宗族赖以护卫宗族成员的基本力量是宗族武装。明清时期,为了避免盗贼、倭寇的侵掠,各宗族纷纷建立起自身的武装组织,拥寨自卫,保护家园的安全。而由于地方政府军事力量不足,对宗族组织建立自己的武装往往采取鼓励的态度。清朝咸丰初年规定,凡是聚族而居、人口众多的宗族,可以选择族中有品望者之人为族正,负责察举族中之“良莠”。同时,准许在职官吏各回本籍凭借宗族势力举办团练,将平时国家才能具备的拥兵权下放到地方宗族。据此,以族人为基本力量、以家法族规为纪律约束、以族权为指挥系统的“团练武装”如雨后春笋般在各地建立起来。这种“团练武装”的建立提升了地方和宗族对外防卫能力,阻止了外来侵扰,保护了族人的生命财产安全。但让当时提倡地方自卫的官员始料不及的是,这些宗族武装后来很多成为地方军事割据势力的基础,而在闽省则变成了宗族械斗所依恃的工具。

六、教化子弟

教化就是通过教育和训练使人们的思想符合既定社会规范的过程。②在传统中国,教化就是国家政权的当权者及社会人士,通过各种途径和方式,对社会上的各个阶层尤其是下层大众,所进行的以儒家思想的人伦关系为主要内容的道德说教,使得民众自觉地遵照社会各种礼仪规范行事。这种教化权本为历代政府所固有,其所实施的各项社会政策,就是这种教化权的体现。历代政府实施教化的手段多种多样,诸如优待老人,赐民以爵,蠲免钱粮,举行乡饮酒礼,旌表孝子贤孙、贞女烈女,设立养济院、育婴堂等善堂,设置常平仓、义仓等。而明代设置的“老人”,清代设立的乡约,专司表彰义行,惩戒恶行之职,则是明清两代施行教化权的专职人员。

然而,仅有政府的道德教化还是远远不够的,这是因为政府的教化措施有的只是偶尔采用,具有临时性,如颁布恩诏之时的蠲免钱粮;有的则是管理不善,形同虚设,如常平仓、义仓等;有的则权威性不足,如乡约等,故政府的教化措施并未能达到预期的效果。政府的道德教化尚需要宗族组织的积极配合,这是因为宗族组织在族人中具有权威性,对族人的教化措

① 乾隆《仙游县志》卷七一下《关寨》。

② 参见上海辞书出版社编辑:《辞海》(下),上海辞书出版社 1999 年版,第 4175~4176 页。

施能够取得良好效果,故明清两代政府遂赋予或默认宗族的教化族人的权利,甚至有时候由宗族来主导进行。清初理学家张履祥认为,教化由宗族来进行,则容易实现。① 明末清初思想家顾炎武亦曰:“自三代以下,人主之于民,赋敛之而已。凡所以为厚生正德之事,一切置之不理,而听民之所自为,于是乎教化之权,常不在上而在下。”②晚清思想家冯桂芬则认为,国家要达到“郅治”,必须实行“圣人宗以族得民之法”,③因为“宗法者,佐国家养民、教民之原本也”。地方官虽有养民、教民之职责,然养不能解衣推食,教不能到每家每户。而宗族则不同,牧令不能治者,宗子能治之,此因宗法森严,能够“弥平牧令、父子之隙者也”。④ 故此,冯桂芬将宗族视为传播忠君、教化思想的重要工具。

明清两朝宗族教化的手段花样繁多,面面俱到,择其要者分述如下:

(一)修族谱

族谱又称“家谱”“宗谱”“家乘”“世谱”“支谱”等,皇家的族谱特称“玉牒”。族谱的内容一般包括谱序、谱例、谱图(世表)、恩荣、家规、家训、祠堂、坟茔、义庄、人物传记、仕谱、艺文等,其中人物传记、族规和家训等三项内容最能体现宗族伦理道德教化作用。

人物传记是族谱中必不可少的一项重要内容。凡宗族历代先人中出类拔萃者均悉载于族谱,以“述忠节,详贞孝,激大义,彰懿行”。族谱通过对历代宗族精英的功勋、庆赏及美德的记载,为后代子孙树立了一大批可供效法的楷模,以显示祖先的地位和家族的荣耀,激励族中后辈追思先祖、相互砥砺、行教为善、光耀门庭,争取日后载于谱中亦流芳千古。

族规亦是族谱中一项非常重要的内容。但凡一般的宗族均定有一套乃至几套族规,并将之录入族谱,以为约束和教化族众的圭臬。“国有律,家有规,所以维纲常于不坠,为人道之大防。”⑤“家之有规犹国之有典也,国有典则赏罚亦饬臣民,家有规寓劝惩以训子弟,其事殊,其理一也。”⑥在传统中国,由于政权与族权的一致性、统一性,故宗族组织在制定族规时往往以国家法律为指导,以“敦宗睦族”为依归,将大量的封建伦理道德方面的内容订入族规。例如,安徽绩溪《明经胡氏龙井派祠规》开宗

① 参见张履祥:《张杨园先生全集·文集》卷一八《记乡约》,清代刻本。

② 顾炎武:《顾亭林诗文集·文集》卷五《裴村记》。

③ 冯桂芬:《校邠庐抗议·自序》,中州古籍出版社1998年版,第68页。

④ 冯桂芬:《校邠庐抗议·复宗法议》,中州古籍出版社1998年版,第166页。

⑤ 《官林李氏七修宗谱》。转引自苏黎明:《泉州家族文化》,中国言实出版社2000年版,第156页。

⑥ 安徽《仙源东溪项氏族谱》卷一《祠规引》。

明义即"训忠""训孝""表节""重义"。① 婺源《武口王氏统宗世谱·庭训八则》则是孝、悌、忠、信、礼、义、廉、耻。除了忠君、敬祖、守法等规定外，许多族规特别强调了宗族内部的父子关系、夫妻关系、亲疏关系、上下尊卑关系、继嗣关系等内容。例如，绩溪上庄明经胡氏宗族《新定祠规二十四条》中，关于父子关系、夫妻关系、嫡庶关系、继嗣关系等封建伦理道德方面的规定，即有11条。② 黟县环山余氏宗族《余氏家规》共计43条，其中关于父子、兄弟关系、夫妻关系、嫡庶关系、妯娌关系等封建伦理道德方面的规定，即占了11条。③ 这些名曰"正彝伦"的规定，是徽州族规家法的核心和主要内容。"徽州宗族族规家法，实质上就是将封建伦理道德法规化，变成人们必须遵守的带有法制性的行为规范。"④在闽粤众多宗族的族规中，大多是以重纲常、祭祖宗、孝父母、友兄弟、敬尊长、重继嗣、安灵墓、亲师友、训子孙、睦邻里、肃闺阁、慎婚姻、严治家、尚勤俭、力本业、节财用、完国赋、息争讼、恤患难、禁欺凌、禁乱伦等为主要内容。

此外，明清时期，不少宗族还将明太祖朱元璋的"圣谕"和清圣祖康熙皇帝的"圣谕广训"等收入到族规中，甚至将其刊于谱首，以之为族众思想和行动的规矩。例如，安徽《休宁宣仁王氏族谱·宗规》开篇就是《圣谕当遵》。明太祖朱元璋曾颁布"上谕六条"，即"孝顺父母，尊敬长上；和睦乡里，教训子孙；各安生理，毋作非为"。⑤ 清朝开国君主顺治皇帝重申明太祖"上谕六条"，清圣祖康熙在六条的基础上又颁发"上谕十六条"，即"敦孝悌以重人伦，笃宗族以昭雍睦；和乡党以息争讼，重农桑以足衣食；尚节俭以惜财用，隆学校以端士风；黜异端以崇正习，讲法律以教愚顽；明礼让以厚风俗，务本业以立民志；训子弟以禁非为，息诬告以全良善；诫窝逃以免株连，完钱粮以省催科；联保甲以弭盗贼，解仇忿以重身命。"⑥在宗族看来，封建帝王的"圣谕""包尽做人道理，凡为忠臣，为孝子，为顺孙，为圣世良民，皆由此出，一切贤愚皆通此义，只因逡巡，不加遵守，故自陷于过恶。祖宗在上，岂忍使子孙辈坐此"。⑦ 他们把"圣谕"视为金科玉律，每当朔望祭祀祖先时，都要对之进行宣读，"特加宣诵，各宜体行，共成美俗"。⑧ 这

① 绩溪《明经胡氏龙井派宗谱》卷首。
② 绩溪《上庄明经胡氏宗谱》下卷中。
③ 黟县《环山余氏宗谱》卷一。
④ 赵华富：《徽州宗族研究》，安徽大学出版社2004年版，第367页。
⑤ 《清朝文献通考》卷二一《职役》。
⑥ 《古今图书集成·明伦汇编·交谊典》。
⑦ 《休宁宣仁王氏族谱·宗规》。
⑧ 《休宁宣仁王氏族谱·宗规》。

样，宗族族谱被政治化，达到了历朝各代统治者所倡导的“移孝作忠”之社会目的。

家训是族谱中性质类似于族规的又一重要内容。“一般来说，为达到伦理道德教化的目的，家规主要从消极方面进行调整、限制，而家训则更多地从积极方面进行提倡。也就是说，家规具有强制性，家训具有教导性。”①与族规相校而言，家训所涉及的内容范围更加广泛，诸如在国如何忠君、报国，在内如何持家、训子，在己如何修身、养性，在外如何交游、处事等，均有涉及。通过家训温情脉脉、和风细雨式的耐心说教，宗族的核心观念得以彰显，族众能够心悦诚服、死心塌地地接受伦理道德的洗礼并自觉地按照伦理道德的标准行事。

总之，族规家训将封建伦理、社会风习和国家法律三方面精神糅合在一起，形成对宗族和族众的约束力，正如刘王瑞成在《中国传统的宗族政治》中所言：（族规家训）“将道德说教和人的悟性结合起来，把社会伦理同宗族信仰结为一体。在叙述伦理的真谛、风习和法规时，族规将这三者寓于其中，使之成为浑然一体的约束工具”。②

（二）建祠堂

“祠堂是宗族的观念、组织、制度的空间形态表现。”③“祠堂是一个家族组织的中心，它既是供设祖先的神主牌位，举行祭祖活动的场所，又是家族宣传、执行族规家法、议事宴饮的地点。”④因此，每个聚族而居的宗族，都有一个甚至几个祠堂，作为宗族的象征和中心。

学界一般认为中国的宗族祠堂的建造始于宋代。但陈支平教授认为：“福建民间有些家族的祠堂建造，可以追溯到唐朝和五代时期。”“然而一直到明代以前，祠堂的建筑还局限于巨家大族，一般的庶民尚未普及。”⑤明代中期以后，全国各地兴起建造宗族祠堂的热潮，“族必有祠”，在明清时期的农村成为极为普遍的现象。造成这一现象的原因有二：一是民间祭祖礼制的改革。明朝嘉靖十五年（公元1536年），礼部尚书夏言上《请定功臣配享及臣民得祭始祖立家庙》奏议，得到嘉靖皇帝的认可，乃“诏天下

① 谢长法：《明清时期族谱的教化功能刍议》，载《湖南师范大学教育科学学报》2005年第2期。
② 冯尔康：《中国古代的宗族与祠堂》，商务印书馆国际有限公司1996年版，第80~81页。
③ 郭志超、林瑶棋主编：《闽南宗族社会》，福建人民出版社2008年版，第59页。
④ 陈支平：《五百年来福建的家族与社会》，台北，扬智文化事业股份有限公司2004年版，第39页。
⑤ 陈支平：《五百年来福建的家族与社会》，台北，扬智文化事业股份有限公司2004年版，第39页。

臣民祭始祖”。① 始祖之祭的礼制变革,推动了宗族祠堂的兴建,并迅速蔚为大观。品官一旦可以在家庙祭始祖,那么宋代以来众多的具有品官的世家大族,便纷纷兴建“宗祠”和“支词”;而民间得祭始祖,族人便联合祭祖,进而择地建祠。二是商品经济发展的影响。明代中期,随着商品经济的繁荣和资本主义生产关系的萌芽,徽州宗族子弟大批“弃学从商”“弃农从商”“风俗浇漓”,对宗族淳朴的风俗和宗族制度产生直接影响和冲击。而宗族统治者则为了敬宗收族、巩固宗族制度,大量兴建祠堂。与此同时,一些宗族观念较强的成功徽商将巨额商业利润用于回报宗族,为徽州大规模建造祠堂提供了充足的物质条件。这样,一座座宗族祠堂拔地而起,形成了“厅祠林立”“祠宇相望”的景象。在素有“海滨邹鲁”之誉的闽南,激烈的社会变迁亦加深了民间宗族加强内部控制的紧迫感,而沿海商品经济的发展又为宗族组织的建设提供了一定的经济基础。“闽南强盛的宗族组织凭借着‘海滨邹鲁’的书香传统和海外侨亲的经济支持,使祠堂修建在宗族组织最为发达的中国东南凸显典型和特色。”②在华南,闽南宗族祠堂之精美恢宏,恐怕唯有皖南和粤南方可与之比肩。

祠堂最基本的功用是宗族祭祀祖先的场所。祭祀祖先始终是各个宗族的一项重要活动,而祠堂既然是宗族祖先神灵聚居的场所,供设着祖先的神主,自然也就是宗族祭祀祖先的地方,即“妥祖先之灵而为飨祀之所”。

祠堂祭祖的首要目的是:“报本返始,以伸孝思。”③祠堂祭祖是宗族祭祀中最为正规化的一种,被视为宗族最隆重的大典。举族祠祭,宗族都有定例,一般是春秋两祭或春冬两祭,“大宗小宗之祠,各春秋两祭”。④ 但具体祭日因各地风俗习惯和宗族具体情况不同而各异,但多数宗族把祭日定在传统年节上,如元宵、清明、端午、中元、中秋、冬至等。及其清末,不少宗族将祠祭改为一次,多在冬至日举行。祠祭礼仪的主要内容是行“三献礼”——初献、亚献、终献。通过祠堂的读谱、讲谱,不仅向族人灌输了家族的观念,而且也灌输了伦理道德。如此,祭祖活动使得宗族祠堂真正成为传授程朱理学的“孝”“忠”等三纲五常之理的道德规范“圣地”。

祠堂的又一功用是宗族宣讲和执行家法族规的场所。家法族规是宗

---

① (明)许重熙撰:《宪章外史续编》(上·卷2),台北,伟文图书公司1977年版,第176页。转引自常建华:《明代宗族研究》,上海人民出版社2005年版,第18页。

② 郭志超、林瑶棋主编:《闽南宗族社会》,福建人民出版社2008年版,第65页。

③ 《重修古歙东门许氏宗谱》卷八《许氏家规》。

④ 康熙《漳浦县志》卷三《风土志上·风俗》。

族社会的行为规范。明清时期的各个宗族都有自己的家法族规，以此作为约束族众行为的基本礼俗规范。安徽祁门《方氏宗谱》族规条记载："大凡家法不立，则事条难成；义方不训，则子孙罔淑。余族自始祖以来，家敦孝弟，族尚淳良，而忠厚之遗历久弗替。第恐族繁人众则心志难齐行履乖违，爰集其有裨于人伦，关于风化者，分列条规宗，俾通族子孙有所持循，庶几祖宗之流风永存也，如不遵者，男则罚银，女则罚布，顽则鸣公究治，决不宽恕。"家法族规不仅被载入宗族的族谱，而且还要利用各种场合向族众进行灌输。祠堂就是灌输家法族规的重要场所。许多宗族非常重视家法族规的宣传工作，定期在祠堂里宣讲家法族规，宣讲祖先的劝诫训勉之辞，以使族众熟悉家法族规各方面的具体规定，明确什么事情是应该做的，什么事情是不应该做的。绩溪县华阳邵氏宗族《新增祠规》记载说："祠规者，所以整齐一族之法也。然徒法不能以自行，宜仿王孟箕《宗约仪节》，每季定期由斯文、族长督率子弟赴祠，择读书少年善讲解者一人，将祠规宣讲一遍，并讲解训俗遗规一二条。"①还有些宗族利用缮列粉牌，悬挂祠堂的方式宣传家法族规。"会议重订祠规，以期通族亲睦，勉为盛世良民，作祖宗之令子。顾立规难，行规尤难，一或有不肖者任意阻挠，以行其私，则祠规破坏，百弊丛生，通族之人莫不并受其害。爰集族众，将祠规公同核定，缮列粉牌，悬挂祠内，俾有遵守，用垂久远。"②对于违犯家法族规的宗族子弟，也要在祠堂进行审判和执行。许多族规常有此类记载："犯，拿赴祠堂责"；"诲之不悛，于祠堂以声其罪"；"子孙违犯教令及不肖事，族人告之，于祠堂以声其罪。"族长、房长掌握着宗族的审判权，这不仅有封建国法的允许，更有家法族规的明确规定。依照宗族的家法族规，族人违规，"族长当呵谴之，议罚之"；"族长率诸尊辈共切责之，使改而止"；"族长会众罚拜以愧之。如不悛则会从而痛杖之，断不可隐忍姑容。"族、房长在审判犯法的族人时，一般要求族众去旁听，借以教育族人。宗族执行家法族规的目的立足于一个"教"字，以教育为主导，教育与惩治相结合，是宗族执行家法族规的主要特点。例如，安徽黟县环山余氏宗族《余氏家规》记载："吾族列祖所订家规，其大纲有十：曰严宗庙、曰省茔墓、曰重祭祀、曰正彝伦、曰崇礼教、曰辨内外、曰睦族邻、曰重输纳、曰禁游侠、曰御僮仆。其纲又别为目，计共四十三条。悬于祖庙，使子孙观览取法，亦古人规正之意。其后族丁繁衍，付之枣梨，以期传播多而喻晓易，立教垂训，既

---

① 绩溪《华阳邵氏宗谱》卷首《新增祠规》。

② 绩溪《华阳邵氏宗谱》卷首《新增祠规》。

详且备。”“家规之设，专主于教，宜无事于法，然不能不借法以行教。”①祠堂里执法对族人起到了宣传教育作用，使得很多家族成员能够改邪归正而不致贻害社会。同时也宣传了封建法纪，维护了封建伦理纲常，从而对稳定和统治地方基层社会起到了重要作用。

祠堂既为宗族之中心和宗族权威之象征，那么，为了维护祠堂的神圣和庄严，各个宗族都非常重视祠堂的管理，并制定了一系列祠堂的管理规则，称为“祠规”（亦称“祠约”“祠禁”等）。祠规里虽然包含有一些封建的东西，如妇女不得随意入内，族人修建居室不得有碍祠堂风水等，但更多的还是一些积极内容，如规定族人损坏祠堂物件必须照价赔偿；严禁行窃、赌博、嫖娼等行为。福建平江陈氏家族祠规明确规定：“不许招引闲人到祠聚谈聚赌，祠人人眷不许吃食洋烟。”②长乐曾氏家族也严格规定：“禁排列赌桌，凡宗祠遇有祭典演戏等事，宜陈设宗器以壮观瞻，不得排列赌桌，违者呈官究治。禁掳人勒赎。……寄在祠内，务宜禁绝此风，违者呈官究治。”③此外，宗族组织还以不准入祠作为一种严厉的惩罚手段，对那些破坏家族声誉的族人进行精神上的惩罚。“子孙出仕，当竭力报国，抚恤下民，一以公廉勤俭，不得苛虐贪婪，如有赃墨以污家声者，则不许入祠堂。如果被枉诬者不拘此，亦不许恃贵自尊以骄宗族。”④“孝悌为人伦之本，凡忤逆不孝，殴兄辱嫂者，人人得而诛之，终身不准入祠。”⑤“凡派下子孙，有不孝于其父母者、祖父母者，革出，毋许入祠”；“凡派下子孙，有恃强逞暴无礼于其亲长者，革出，毋许入祠。”⑥“干犯伦纪，大坏人道，不准入祠。”⑦所有这些祠规，从不同角度维护了祠堂的庄严和圣洁，保证了祠堂教化功能的正常发挥。

（三）兴族学

“十户之村，无废诵读。”⑧这是对被誉为“东南邹鲁”的徽州宗族教育的生动描述。“过客不须频问姓，读书声里是我家。”“官事归来衣雪埋，儿

① 黟县《环山余氏宗谱》卷一《余氏家规》。
② 光绪《平江陈氏族谱》卷一《祠规》。
③ 福建长乐《感恩村曾氏族谱》宗祠规条，宗祠严禁十条。
④ 《南外天源赵氏续谱》。转引自苏黎明：《泉州家族文化》，中国言实出版社 2000 年版，第 113 页。
⑤ 《榜头吴氏家谱》。转引自苏黎明：《泉州家族文化》，中国言实出版社 2000 年版，第 113 页。
⑥ 绩溪《上庄明经胡氏族谱》下卷《新定祠规二十四条》。
⑦ 《官林李氏宗谱》。转引自苏黎明：《泉州家族文化》，中国言实出版社 2000 年版，第 113 页。
⑧ 嘉靖《婺源县志》卷四《风俗》。

童灯火小茅斋。人家不必论贫富,唯有读书声最佳。”[1]这是对被誉为“海滨邹鲁”的闽南民间宗族教育的真实写照。明清时期的徽州和闽南都有着发达的宗族教育体系,其教育形式除了遍布乡间的家塾外,亦有书院、府学、义学等。

明清时期宗族族学有两个突出的特点:

第一,从内容上看,族学注重对宗族子弟进行伦理道德的教化。宗族教育的宗旨,就是与社会教化紧密地结合在一起。而教化的核心在于遵从圣贤之道,崇尚儒家礼义之本,把传统的伦理道德教化寓于文化教育之中。基于这样的指导思想,各个宗族都非常重视宗族子弟的早期教育。徽州宗族或宗族子弟主办的“蒙学”(包括家塾、私塾、书塾、义塾、书馆、书舍、书屋、书堂、书轩、山房等),星罗棋布,比比皆是。“一村一家,亦各有书屋。书屋者,即古所谓家塾也。族师掌之,尤为子弟讲习养心之地。学业之造成,人文之聿起,皆由此始。”[2]明朝正德年间,祁门善和进士程昌将朱子之伦理道德改编成《劝孝歌》和《养蒙要训》,并且将其中的孝、悌、忠、信、礼、义、廉、耻等八个字逐字加以解释,写入族谱,作为本族私塾教材,教孩童日日诵读,从而使本族子弟从小就浸染在朱子之学中,使儒家思想逐渐渗透到每个徽州人的头脑中。各个宗族对本族子弟进行严格的教育和训练,不仅要教他们读书写字,而且要训导他们学习修身、齐家、居官、事君之道,学习封建伦理道德、纲常名教,这不仅有利于巩固宗族制度,维系宗族内部的团结,树立家长、族长的权威,而且也有利于维护封建统治秩序。

第二,从形式上看,族学非常重视对成人道德教化的书院教育。我国书院之设,始于唐代,宋、元以降日益增多,明、清两朝尤甚。而“天下书院最盛者,无过东林、江右、关中、徽州”[3]。明初,徽州书院勃兴,及至清初,“徽属六县计有书院五十四所”。[4] 徽州共建有多少书院已很难有个确切的统计数字。根据赵华富的统计,徽州以书院命名的计有104所。[5] 元、明以后,福建书院亦获得进一步的发展。“清代,福建共创办了470所以上的书院,其中既有大型省会书院,也有居于乡邑的小型书院。”[6]这些书院

① 晋江《京兆翁氏族谱》。转引自苏黎明:《泉州家族文化》,中国言实出版社2000年版,第195页。

② 婺源《董氏宗谱·风游山书屋记》。

③ 道光《徽州府志·营建志·学校》。

④ 康熙《徽州府志·营建志·学校》。

⑤ 赵华富:《徽州宗族研究》,安徽大学出版社2004年版,第431~443页。

⑥ 黄新宪:《清代福建书院的若干特色及当代价值》,载朱汉民主编:《中国书院》(第5辑),湖南教育出版社2003年版,第335页。

大多数都是宗族主办或宗族子弟主办，有固定的学田作为经费来源；均设有山长，主持书院工作；聘请饱学之士和著名学者来讲学，讲学的方式方法灵活多样，多以研习儒家经典为主，间有议论时政，“其教育宗旨是，为国家培养修身、齐家、治国、平天下的人才”。[①] 为此，所有书院都将儒家伦理道德作为教学内容。徽州书院“非仁义道德之说，尝论定于郡先师朱子者，不以教人”，[②]一般都是按照朱熹思想进行讲学——“六邑诸儒遵文公遗规，每岁九月讲学于此”。[③]

（四）演戏剧

明清时期，各地宗族热衷于演剧，纷纷在宗祠内或宗祠旁建立戏台，形成“有宗必有祠，有祠必有台”之势。明朝傅岩在《歙纪》中记载：“徽俗最喜搭台观戏。”[④]及至清代，徽州演剧活动更为普遍。福建的演剧活动亦很盛行。福建永安市青水乡丰田村《熊氏族谱》记载：明朝景泰年间，熊氏明荣每年借赴江西石城祭祖之机，拜师学戏，学成回来教予本家兄弟，平时演戏自娱，而每当逢年过节、迎神赛会、祭祖祈福时便搭台演戏。故该村民谣云：“正月立春竖竹竿，竹报家小保平安。初二初三祠堂边，搭台上演大腔班。”及至清代，活跃于八闽大地上的演剧呈现空前的繁荣与兴盛的局面。清朝中叶，福建三明泰宁县梅林村搭台演戏非常活跃，当地民谣云：“梅林十八坊，十个子弟九担箱；敲起叮咚鼓，唱起摩郎腔（当地称道士为摩郎）；茅担抬石臼，抬到墩中央；搭起土台子，唱到大天光。”[⑤]福建的许多宗族还把演戏剧作为祭祖活动的一项重要内容写进族规，劝诫后代子孙永奉执行。

明清时期，徽州和福建八闽各地宗族之所以热衷于演剧，除了徽州商品经济和闽南山海经济的发展为宗族演剧提供了雄厚的物质基础之外，还与宗族组织对地方戏加以提倡扶植不无关系。明清时期各个宗族均把演剧作为工具，通过演剧对族人进行道德伦理教化，主要表现在两个方面：

第一，在演剧形式上，许多宗族以“罚戏”为手段，对那些违犯家法族规、伤风败俗的族人进行惩戒。例如，徽州绩溪《明经胡氏龙井派·祠规》之“凶暴条”规定：“天地之间，物各有主。乃有不轨之徒，临财起意。纳履瓜田，见利生心，整冠李下，鼠窃狗偷。此等匪人宜加惩戒，如盗瓜菜、稻

---

① 赵华富：《徽州宗族研究》，安徽大学出版社2004年版，第430页。

② （明）程曈：《新安学系录》卷一四《倪道川墓志》，康熙三十五年绿荫园重修本。

③ 康熙《徽州府志·学校·书院》。

④ （明）傅岩撰：《歙纪》卷之八《纪条示》，陈春秀点校，黄山书社2007年版，第107页。

⑤ 中国戏曲志编辑委员会编：《中国戏曲志》（福建卷），文化艺术出版社1993年版，第89页。

草、麦秆之属，罚银五钱；盗五谷、薪木、塘鱼之属，罚银三钱，入公堂演戏示禁。其穿窬夜窃者，捉获有据，即行黜革。”福建华安县仙都乡的唐氏宗族规定：“祠堂乃祖先妥灵之所，务宜清静，内外不得放养畜类，以及不准夏秋收谷至于晾晒衣物等事，如有不顾礼法侮慢族长咆哮祠堂者，族房齐集公罚戏一台，若再抗顽，呈官究治。”①明清时期各个宗族之所以选择“罚戏”的手段来惩罚族人绝非偶然，一是因为徽州人和闽南人均喜欢观剧，演剧活动很多，此等“罚戏”措施既可以做到寓教于乐，又可以起到敬宗收族的作用，可谓一举两得；二是“罚戏”不仅可以使违规者在经济上受到损失，而且也降低了他在全族人中的社会地位，这比单纯的聚集族众来进行惩罚，更能起到普遍教化的作用，故采取了“罚戏”这种别出心裁的经济制裁。

第二，对演剧内容上的利用。文学艺术本身具有教化功能，演剧亦不例外。明清时期各个宗族都深谙此理，把演剧当作教化族人的重要手段。各宗族演剧在挑选剧目时可谓用心良苦，非常注重剧目的教育意义和道德影响。例如，明代祁门人郑之珍编了一部《新编目连救母劝善戏文》，戏文情节围绕傅相一家人的命运展开，贯穿着“行善”“孝义”的精神。傅相行善升入天堂；刘氏作恶被打入地狱；傅相之子傅罗卜即目连，是个孝子，因出家而得道，历经千辛万苦，将母亲从地狱中救出。目连的唱词中有：“少年养正事修行，论修行善为根本，至心皈万法，竭力奉双亲。”“天经地义孝为先，力孝须当自少年。”突出了目连戏的主题就是孝和善。而“行善为根本”的善，又落实到“竭力奉双亲”的孝上。即使像刘氏那样作恶多端的人，子女亦要无条件地孝顺，“天经地义孝为先”。显然，这一原则是为宗族利益而服务的。诚如叶显恩所指出，徽剧“剧本的内容充满忠孝节义的自不待言，演剧活动又贯穿惩戒，教忠教善的精神。难怪徽州的官绅、理学家对地方戏要给予扶持提倡了。……徽剧在徽州地区的广泛流行，活跃了当地人民的文化生活，但也起了宣传封建礼教，扶助纲常，维护当地落后生产方式的作用”。② 目连戏在明清时期的福建亦广为流传。“做功德”是闽南宗族较为隆重的特殊祭祀活动，其中一项重要内容就是演傀儡戏“目连救母”。傀儡戏“作为拜忏礼仪中的法事戏，主要流行于泉州府沿海县份，尤以晋江为盛”。③

---

① 华安《汤山唐氏族谱·祠堂》。

② 叶显恩：《明清徽州农村社会与佃仆制》，安徽人民出版社 1983 年版，第 229~230 页。

③ 郭志超、林瑶棋主编：《闽南宗族社会》，福建人民出版社 2008 年版，第 181 页。

七、解决纠纷

宗族组织的解决纠纷功能是本书的主旨，本书将在后面几章进行专门论述，这里仅作简要说明。

明清时期，南北各地的宗族均明确主张，族人之间要和睦相处，不得轻易诉诸争端。倘若族人因各种原因发生了纠纷，亦要先告知宗族，由宗族组织及时加以调解或先行处理，仅为“迫不得已”“万般无奈”方许赴官府纠告。这里宗族组织明确宣示解决纠纷是其最重要的功能之一。例如，徽州歙县的汪氏宗族就规定：“两族支派虽分，本源则一，毋以一言一事则生嫌隙。凡有事，静俟尊长议论已毕，然后参酌可否，务期合理，毋得各执己见。”①要求族人之间不得因小事而生嫌隙，为人处事不得固执己见，应该尊重听从族中尊长的决定。歙县蔚川的胡氏宗族亦规定：“家族乡里本属同宇一气，贵恩礼相维，和好相接。群居稠聚，毋得以强凌弱，以众暴寡，以富欺贫。或有因财产争论，族房长及公直贤能者力为处分，勿使擅自告官，以全宗族恩义。如顽梗不驯，须秉公直言，以斥服其心而后已，庶免匿怨以为祸阶。”②强调族中的纠纷应该以族内解决为主，不准擅自告官，从而保全宗族恩义。婺源长溪的余氏宗族规定：“族内倘因财产口过互相是非，必须听从贤明族长公议释判，毋得遽尔闻公，以失族谊。倘族长不明或有心袒护，必致一面不服，贻笑他村，为族长者能无愧乎？务要平心决断，以全族好，以息讼端。”③要求族人在发生纠纷时，必须由族长公议释判，不得立即告官。而族长的公议释判则以敦族谊、全族好、息讼端为终极目标。绩溪上川明经胡氏宗族也认为：“至于族间有事忿争，犹同室之斗也，当与平心调处，谕以至情，而为彼永绝讼端。其在本人，尤当禀命宗长，静听处分。纵少有不平，亦宜解忿息争，委曲顺从。即此便是曲体祖宗之心，而为敦睦之道也。万物(勿)轻讼公庭，以一时之不忍，小则徒费钱谷，大则破产倾家，况上同本之谊，使子孙世世相仇，难以修好，慎之戒之。”④强调族中纷争应该听从族长平心调处，不得轻讼公庭，加剧族人之间的仇怨。

福建永定县邵氏宗族的《祠规》规定，族人遇有争论，诉之族中，不能

① 《歙县汪氏崇本祠条规》，清康熙三十年刻本。

② 《歙县蔚川胡氏家谱》卷二《道光二年规条》，民国四年刻本。

③ 《婺源长溪余氏正谱》卷首《祖训》，清道光二十八年刻本。

④ 《绩溪上川明经胡氏宗谱》卷一《明经胡氏家规十二条》，清乾隆二十二年刻本。

理而后鸣之官,“如有径赴呈词者,即为目无尊长,先与议处,而后评其是非”。[①] 连城张氏家族的族规亦云:“族内或有产业相争等项,俱要先鸣私房处服,如仍不睦,方许经六房公论,倘不闻族而径到官者,定以家法重惩,更有恃强行凶聚众斗殴者,攻其罪具结鸣官重纠。”[②]浦城李氏家族的族约规定:“睦族和邻乃安身保家之道……但有酗酒争斗毁骂尊长,及因事争辩者,俱先禀告族长,听与各房公直人处断平息。如有不告族长辄行赴官告理,及族长处断已明,逞刁不服者,族长各房公直人即备情连名呈官处治。”[③]

由上可知,明清时期各个宗族无不把解决纠纷宣示为自己的一项重要社会功能。

第四节　明清时期宗族社会的属性

明清时期宗族组织的基本属性是血缘共同体、乡土社会、熟人社会和人情社会。

一、血缘自治组织

“共同体是一种持久和真正的共同生活”,[④]其成员之间是天然的相互依赖关系。宗族组织就是这样一个典型的共同体组织,它用先天的血缘关系的纽带来凝聚着宗族成员之间的联系,而敬宗收族、维护宗族利益则为宗族组织的核心意义。[⑤] 宗族组织源于先秦时期的宗法组织,它是传统上层社会的宗法观念向底层社会的渗透与扩大,并且充分制度化的一种基层组织。及至宋代,中国社会出现了新宗族形态。这种“新的宗族形态以宋儒的社会主张为理论依据,强调以儒家人本主义伦理政治文化化民成俗,建立稳定的社会秩序。宋儒把中国本土祖先崇拜信仰进一步仪式化,为宗族组织化提供了一个制度性的保证”。[⑥] 北宋时期,范仲淹首创了宗族组织的经济存在模式——族田制。南宋时期,朱熹又创立了平民宗族的文化存在模式——祠堂。至此,宗族组织已经成为集政治、经济与文化

① 光绪《永定邵氏世谱》卷首《祠规》。
② 连城《新泉张氏族谱》卷之首《族规条款》。
③ 《湖茫李氏三宗谱》卷九《族约》。
④ [德]斐迪南·滕尼斯:《共同体与社会》,林荣远译,商务印书馆1999年版,第54页。
⑤ 萧放:《明清家族共同体组织民俗论纲》,载《湖北民族学院学报》2005年第6期。
⑥ 常建华:《明代宗族研究》,上海人民出版社2005年版,第1页。

等功能于一体的相对完整的血缘自治共同体。① 宗族组织的自治性表现在对族内事务的管理和族外事务的参与。族人之间发生纠纷,须在族内解决,族、房长是仲裁者,不得擅自越过宗族告到官府,否则就被视为藐视宗族。无论告官之人有无道理,宗族祠堂均先制裁其擅自告官之罪,然后再论是非曲直。族人与族外人之间的纷争,亦是两个祠堂先行调解,调解不成方可告官——进入诉讼程序。而明清时期政府也认识到宗族组织既可以代替国家履行部分管理地方的职能,又无须国家支付任何成本,因而开始正视民间宗族组织,并认可宗族自己的法律即家法族规,承认宗族族长对族内纠纷的解决权。由于宗族族长的权力主要源于宗族中强势房头和国家的认可,因此宗族的解纷权是一种被官方认可的准司法权。

二、乡土社会组织

传统中国的民间宗族组织大都位于乡村,属于乡土社会组织。“乡土社会”这一概念是由我国著名社会学家费孝通先生最先提出的。他于1947年出版的《乡土中国》一书中的第一篇《乡土本色》开篇即说:“从基层上看去,中国社会是乡土性的。”中国社会之所以被称为“乡土”,是因为这个社会中的一切都是附着在土地上,而且这种附着带有非常深沉的尚祖情节和传统韵味。因此,乡土社会的特征之一是:“乡村里的人口似乎是附着在土地上的,一代一代的下去,不太有变动。”农民聚村而居,村落是中国乡土社会的基本单位。“那些被称为土头土脑的乡下人,他们才是中国社会的基层。”从外部看,乡土社会“人口的流动率小,社区间的往来也必然疏少”,所以“乡土社会的生活是富于地方性的。地方性是指他们活动范围有地域上的限制,在区域间接触少,生活隔离,各自保持着孤立的社会圈子”。而“乡土社会在地方性的限制下成了生于斯、死于斯的社会”。从内部看,乡土社会“这是一个‘熟悉’的社会,没有陌生人的社会”。在乡土社会中法律是无从发生的,一旦发生冲突与纠纷,往往是请族内声望较高的族长、长老出面,主要以宗族和乡邻关系为基础的人情、礼俗来进行调解,注重的是相互忍让,重修于好;在处置上采取任由习惯的态度,注重保持秩序的稳定而非明辨是非曲直,即“各打五十大板”。社会秩序的维持主要靠老人的权威、教化以及乡民对于社区中规矩的熟悉和他们服膺于传统的习惯来保证。② 恰如戴健林所指出:“宗法制度在两重意义上塑造了

① 参见武乾:《中国古代多元化纠纷解决机制与美国 ADR》,载《河南省政法管理干部学院学报》2005 年第 3 期。

② 参见费孝通:《乡土中国 生育制度》,北京大学出版社 1998 年版,第 6~11 页。

中国农民的法律心理：一是它通过血缘连结的人情，把国家法律的强制性、习惯法的自然约束和道德法庭的社会监督有机地统一为一体，使其在某种程度上取代了国家正式法律；二是在宗法制度的面纱下面，农民自动解除了作为独立的个体即自由民的可能，从而从根本上剥夺了农民以个人名义争讼的自主性。”[①]因而，直至中华人民共和国成立之前，中国仍然处于“从乡土社会的蜕变过程”的层面上，属于国家的“法律秩序”与“礼法秩序”“德治秩序”“人治秩序”“宗法秩序”等组合而成的“多元混合秩序”。[②]

三、熟人社会组织

明清时期宗族社会是熟人社会这一属性是由其乡土社会属性所决定的。所谓“熟人社会”，是一个社会学意义上的概念，亦为费孝通先生最先提出，是指人们按亲疏、内外、生熟的程度，区别对待与之交往的不同对象，这种人与人之间的私人关系，构成一张张看不见的关系网。针对“熟人社会”，费孝通先生提出了中国社会关系“差序格局”的理论概念。他认为：“我们的格局……好像把一块石头丢在水面上所发生的一圈圈推出去的波纹。每个人都是他社会影响所推出去的圈子的中心。”“以‘己’为中心，像石子一般投入水中，和别人所联系成的社会关系，不像团体中的分子一般大家立在一个平面上的，而是像水的波纹一般，一圈圈推出去，愈推愈远，也愈推愈薄。”他认为，中国传统社会是一个“熟人社会”，其特点是人与人之间有着一种私人关系，“在这里我们遇到了中国社会结构的基本特征了”。费孝通先生还认为：“在一个熟悉的社会中，我们会得到从心所欲而不逾规矩的自由。这和法律所保障的自由不同。规矩不是法律，规矩是‘习’出来的礼俗。从俗即是从心。换一句话说，社会和个人在这里通了家。”[③]明清时期的徽州乡村就是典型的“熟人社会”。在这里，同一男性祖先的后裔聚族而居，一族一姓，上自始迁祖，下至绵延子孙，经数十世，历千百年，不轻去其乡。“多或万余家，少亦数百家”，皆傍祖宗坟墓，栉居鳞处。在皖南地区，一般是一个村子一个姓，亦有几个村子同属一个姓的。“新安各姓，聚族而居，绝无杂姓搀入者”，“举隅都以知氏族，即氏族以识户口。遇同邑之人而询其何许，答以某乡，则姓可无庸再叩”。“有千百年祖墓，有千百年祠宇，有千百年乡村”，“千年之家不动一杯，千丁之族未尝

---

① 戴健林：《中国农民的法律心理：一种本土化的解释》，载《学术研究》1997 年第 9 期。

② 刘作翔：《转型时期的中国社会秩序结构及其模式选择——兼对当代中国社会秩序结构论点的学术介评》，载《法学评论》1998 年第 5 期。

③ 费孝通：《乡土中国　生育制度》，北京大学出版社 1998 年版，第 26~27 页。

散处，千载之谱系丝毫不紊”。[①] 另据《合肥风俗记》记载：“四乡之民，多聚族而居，故宗法极重。每族各设一祠堂，族大者多至四、五处”，“或族中有重要事情发生，亦于祠中开会决之”。“族中规例极严重，颇具自治之雏型。举凡族人争吵沟洫等事，均取决于族中贤者长者。必重大案件为族人调解不开者，始诉之于官。官之判断，仍须参合族绅之意见。族中有不法而败坏一族之名誉者，族人得召集会议，于宗祠中处分之，或罚之以金钱酒席，或责以杖，重且至于绞死。”[②]由此可见，在这个独特的乡村环境之中，所有的个人和家庭都有或近或远的血缘姻亲关系，构成所谓典型的熟人社会。

四、人情社会组织

明清时期宗族社会亦是人情社会，这是由其乡土社会或熟人社会之属性所决定的。在乡土社会或熟人社会中，人与人之间的关系是靠人情来维系的，普遍的道德和法律标准在这里往往发挥不了作用，人们会因别人与自己关系远近的不同而适用不同的标准。关于传统乡土社会人际关系的特征，清人曾有较为精辟的概括：“万岁爷意思说：从古以来就有乡党，怎么叫做‘乡党’？就如各村各庄街坊邻舍便是。这一村一庄的人，田地相连，房屋相接，出入相见，鸡犬相闻，婚姻相亲，你看哪一个不亲热呢？但一村一庄的人，一日一日渐渐多了，人往往因些小事便失和气，或者因娃子们搬嘴斗气，或者因鸡儿狗儿有骚扰的去处，或者因茶前酒后言差语错，或者因借贷不遂嫌怨成仇，或者因欠债不还惹气打架，或者因盖房买田不曾尽让通知，以致结成嫌隙，种种的事体也难细述。”但由于“我这一庄儿人家里头，也有亲近的，也有疏远的，不是拉拉扯扯的亲戚，就是时常在一块儿的朋友，总之待他都要温厚，不拘大事小事都要谦谦让让的，早晚相见必须恭恭敬敬的，冠婚丧祭必须成礼，有患难必须扶持，有疾病必须看问。有词讼必须尽心劝解，不可搬弄扛帮；有盗贼火烛必须协力救护，不可幸灾乐祸”。[③] 由此可见，乡土社会的人际关系甚为亲密，即使发生了矛盾和纠纷，彼此也不好意思撕破脸皮，“情面宜留”“大事化为小事，满面春风；小

---

① 赵吉士：《故老杂记》，《寄园寄所寄》卷十一；许承尧：《歙风俗礼教考》，《歙事闲谭》卷十八；凌友彤：凌氏《沙溪集略》卷七。转引自张研、牛贯杰：《19世纪中期中国双重统治格局的演变》，中国人民大学出版社2002年版，第70页。

② 胡朴安：《中华全国风俗志》（下编），河北人民出版社1988年版，第265~266页。

③ 周振鹤撰集：《圣谕广训：集解与研究》，顾美华点校，上海书店出版社2006年版，第210~211页。

事化为无事,一团和气。挽回讼狱,息彼纷争”。①

人情社会亦即面子社会。而面子则是中国文化和国人性格的一大特点。林语堂先生在《吾国与吾民》中曾把“面情”和“恩典”“命运”并称统治中国的三女神,说她们既体贴又迷人,以致堕落了我们的祭司,谄媚着我们的统治阶级,保护权势,勾引富人,催眠穷汉,腐化革命团体,麻痹司法界,使各种法令条文不生效力。由于所有这些都是通过“温柔一刀”的形式实现的,因此其势力在中国一时还不会消失,特别是“面子”:“它好像是荣誉而不是荣誉,它不能用金钱购买却给于男男女女一种实质的光辉。它是空虚无实际的,而却是男人家争夺的目标,又有许多妇女为它而死。它是不可目睹的,但它却存在而展开于公众之前。它存在于太空之间,其声息似可得而闻;且其声崇高而充实;它不负公理上的责任,却服从社会底习俗;它耽搁诉讼,拆散家产,引起谋杀和自尽。但它也常使人经过同乡人辱骂之后,勉力自拔于流浪无赖的恶行;它的被珍视,高于尘世上一切所有。它比之命运、恩典,更有势力,而比之宪法更见重视。它常能决定兵家之胜负而毁坏整个政府机构。就是这空洞的东西,乃为中国人所赖以生活者。”②美国著名学者明恩溥在谈论中国人的特性时首先说的也是面子。“‘面子’是理解中国人一系列复杂问题的关键所在。”“在中国乡间,邻舍间时常会吵架,在这种困扰每个村庄的频繁争吵中,不能没有和事佬来进行调解,而担负调解任务的和事佬则必须充分考虑到怎样使争吵的双方都能保住‘面子’以达成平衡势态,就像欧洲政治家在处理国际纠纷时一向奉行的维持势力均衡一样。中国人在这种争吵后,安排和事佬进行调解,目的并不在于能有一个公正的裁决,即使这种裁决很需要,它在中国人之间也不可能达成,但是,和事佬角色的安排,却在一定程度上会促使有关各方在‘面子’上达成平衡。在官司的裁决中,也常实行这样的原则,因此中国人的官司往往是一场不分胜负的游戏。”③实际上,面子是一种表面的荣誉,“它存在于人情、人面和人际关系中,既有自己在此关系中的定位,又有别人对此定位的认可,这种定位既是心理的也是习惯上的,既是名份也是荣誉,其维系既有赖于人情也有赖于权势。一旦失位或错位,表面上的荣誉即遭到破坏,被破坏者大失脸面,他必须为恢复自己的面子而战,否则可能终身遗憾,一辈子难以抬起头来”。④ 明清时期的宗族社会就是这样

① 周振鹤撰集:《圣谕广训:集解与研究》,顾美华点校,上海书店出版社 2006 年版,第 225 页。

② 林语堂:《吾国与吾民》,宝文堂书店 1988 年版,第 183~184 页。

③ [美]明恩溥:《中国人的特性》,匡雁鹏译,光明日报出版社 1998 年版,第 9~10 页。

④ 陈刚:《法治社会与人情社会》,载《社会科学》2002 年第 11 期。

的面子社会，在宗族看来，族人受欺就是宗族受欺，宗族就要为面子而抗争。这就是宗族观念的逻辑，亦是“田宅细故”酿成宗族械斗之大祸的缘故。而“械斗的本身，从来就不是为了解决问题，对宗族来说，本身的荣誉的维持，远比化解纷争更为重要”。[①]

在人情社会或关系社会，乡民在日常生活情境中看重的是人情的远近，重在尚齿和叙情，所谓“买卖不成人情在”“红契不如人气”“官大不压乡邻”等民谚所表达的就是这种意思。但是，如果“夫人必有切肤之冤，非可以理谴情恕者，于是鸣于官以求申理，此告之所由来也”。[②] 当然，人情社会并不是没有规范的社会，只是这种规范不是以国家法律为主，而是以礼俗为主，主要依靠礼俗来维持它的日常运作，费孝通把它称为“礼俗社会”，又与现代“法理社会”构成鲜明对比。[③]

---

① 陈启钟：《明清闽南宗族意识的建构与强化》，厦门大学出版社 2009 年版，第 125 页。

② 周振鹤撰集：《圣谕广训：集解与研究》，上海书店出版社 2006 年版，第 121 页。

③ 参见徐忠明：《传统中国乡民的法律意识与诉讼心态——以谚语为范围的文化史考察》，载《中国法学》2006 年第 6 期。

第二章　明清时期宗族社会的纠纷类型

“纠纷是一种社会现象，是在一定社会条件下、基于一定的社会原因而产生的。”①那么，明清时期宗族社会遭遇到的纠纷有哪些类型呢？这些纠纷发生在什么样的社会场域之中？官方与民间宗族又是如何看待这些纠纷的？这些问题都会直接影响宗族解纷方式的选择和纠纷解决机制的建构。

第一节　宗族社会所涉纠纷的主要类型

一、宗族社会所涉纠纷的类型

纠纷是宗族社会解纷的对象，那么明清时期宗族社会遭遇到哪些纠纷呢？

从我们搜集到的相关族谱和审谳资料来看，宗族组织解纷的范围非常广泛，主要涉及大量的民事纠纷，也包括诸多轻微的刑事案件，甚至包括过失致人死亡的命案。

（一）民事纠纷

宗族解决的民事纠纷主要涉及以下几个类型：

1. 分家析产纠纷。基于兄弟之间的血缘情谊，国家从维护儒家之伦理规范与孝道出发，并不鼓励兄弟之间的“分家析产”，甚至规定了“别籍异财”罪。《大明律·户律·户役·别籍异财》规定：“凡祖父母、父母在，而子孙别立户籍，分异财产者，杖一百。若居父母丧而兄弟别立户籍，分异财产者，杖八十。”②《大清律例·户律·户役·别籍异财》亦有同样的规定。③然而法律规定与现实状况之间却存在很大的差距，在明清时期的日常生活中，分家析产并由此而产生纠纷的现象十分普遍。究其原因，它是人们解决日常矛盾的无奈之举，也是小农经济生产方式的一种必然需求。黄宗智先生认为，已婚而未分家的兄弟间的争吵是村庄中最为常见的纠纷。因为

① 范愉：《纠纷解决的理论与实践》，清华大学出版社 2007 年版，第 72 页。

② 《大明律》，怀效锋点校，法律出版社 1998 年版，第 51 页。

③ 参见《大清律例》，田涛、郑秦点校，法律出版社 1998 年版，第 186~187 页。

同一屋檐下的兄弟们之间在财务困境中会产生矛盾，并且当家庭处于经济压力之下时，矛盾会更加突出，而通常的解决办法就是分家。① 日本学者滋贺秀三教授亦指出："虽说维护尽可能长期的同居共财被当作人们的理想并在道德上受到称扬的情况是事实，但另一方面，家族从多数来说终究要分家的情况就如同树若要成长的话就要分枝的情况一样，作为人类自然会采取的行动是被加以肯定的。"②

分家析产的过程充满着潜在的矛盾冲突。为了避免冲突，在进行家产分割时都必须邀请适当的第三者当作见证人，在他们的建议下协议财产的分割方法，并将商定的结果制作成文书。这种见证人的理想人选无疑是本族的族长或其他长辈。因为他们不仅对本族的族人和财务比较熟悉，而且可以利用个人威信使各方服从分割方案。为了防止日后可能发生的争执，一旦达成协议，就由在场作证的族人和中间人拟成一份分家文书（又称"分书""分家单""分关""关约""分契"等）。恰如日本学者滋贺秀三所说："中国人在完成重要的法律行为时，为了确定行为的成立及其内容、杜绝日后的纷争而采取的手段，经常是第三者的见证和文书的制作这两种，家产分割也不例外。"③下述清乾隆五年（1740 年）徽州胡立翔分关清单，就是在族人共同参与下成功解决分家纠纷的相关案例。

> 立分关清单胡立翔，身年七十有二，生有四子。长男光序，次男光度，三男光廉，四男光庸。俱已婚配各爨。身老染病，恐日后四人兄弟横争。自托族中，将承租并续置屋宇山场园地坦土并茶科竹山，四支拈阄均分。至于郭口周坑开有山坑乙（一）支，向与启第五端叔侄相共，伙计人众，兄弟四人不便管理。且度、庸二人向各有生意，将坑付与序、廉二人前去开挖管业。于序、廉二人名下扒与银陆拾两整，与度、庸二人相共，听自支持用，其坑并业等物，度、庸二人日后再不得争竞有分。身夫妇生养病死费用俱系序、廉二人承管，亦不得累及度、庸二人。自立清单之后，各宜遵守，勿得生端异说。如违，听送闻官以不孝论。今欲有凭，立此存照。
>
> 再批　身买有五保土地名关帝庙前田乙（一）号（一），计租拾伍秤小租四秤，不分，众存，永为标记。存照。屋后乙（一）条柿树下乙一块

① 参见黄宗智：《清代的法律、社会与文化：民法的表达与实践》，上海书店出版社 2007 年版，第 20~21 页。

② ［日］滋贺秀三：《中国家族法原理》，张建国、李力译，法律出版社 2003 年版，第 70~71 页。

③ ［日］滋贺秀三：《中国家族法原理》，张建国、李力译，法律出版社 2003 年版，第 71 页。

光度　阄得天字号房乙(一)间　茶科岭下乙(一)块

光廉　阄得人字号房乙(一)间　茶科弯里竹园

光庸　阄得和字号房乙(一)间　茶科

光序　阄得地字号房乙(一)间　茶科弯里竹园

所有树木存众,钱粮各人自纳存照。

落款(略)①

分家析产是族中大事。在涉及父母的赡养和财产的分割时,不可避免地会产生纠纷和矛盾。而这类纠纷主要由宗族内部成员自行解决。“分家被看成是应由宗族组织按常规惯行去处理的事务。根据我们所掌握的案件资料,清代法庭确实尽量把分家纠纷推给宗族组织去处理。”②

2. 婚姻纠纷。婚姻纠纷是分家析产纠纷之外的又一种最为常见的矛盾和纠纷。导致婚姻纠纷的原因很多,主要有娘家和婆家之间贫富的差别,丈夫对妻子丑陋的不满,丈夫的懒惰或挥霍,妻子的“出逃”等。明清时期,随着商品经济的发展,金钱关系和市场法则渗透到社会生活的各个角落,民间亦出现了女方或男方家长因嫌贫爱富而在子女订婚后将其改聘他人的现象,从而上演一曲曲悔婚纠纷,甚至致人丧命。例如,崇祯末年,悔婚生员方复,就因为“嫌贫致死女命”。③ 此类纠纷亦由宗族受理解决。同治十二年(1873 年)江苏武进《毗陵孙氏家乘·宗约》规定:“族中或有帷薄不修之妻妾,通族共知,而其夫昏懦,不能治者,众告于祠,公议以淫去之条,去之。其悍妒之妇,不孝翁姑,不敬夫子,不和妯娌,不顾子嗣,牝鸡司晨,而其夫孱弱不能制者,族众至其家,面为劝谕,讲明柔和顺从之妇道,令其改过自新。谕之三次不改,亦公议以不孝去、妒去、多言去之条告祠而出之。即命妇及巨室之女,亦不可留。”④清道光三十年(1850 年)十一月徽州祁门王方祥等劝和家庭民事纠纷和同约记载了因婚姻而引起的纠纷并得到解决的案例:

立议约合同太原邑文治裔孙王方宽、王方祥、王方志、王方谅等,原因在前情愿合移多载,今凭族戚以方祥四子远重立与亲弟方谅

---

① 王钰欣、周绍泉主编:《徽州千年契约文书(清、民国编)》(第 8 卷),花山文艺出版社 1991 年版,第 271 页。

② 黄宗智:《清代的法律、社会与文化:民法的表达与实践》,上海书店出版社 2007 年版,第 24 页。

③ 参见杨一凡、徐立志主编:《历代判例判牍》(第 5 册),中国社会科学出版社 2005 年版,第 213 页。

④ 孙方兴:《毗陵孙氏家乘·宗约》卷一,清同治十二年木活字版印本,第 6b~7a 页。

为嗣，至祖父登先之后柰年止。后因弟方谅有生心娶妻之意，未曾与兄商议，私自讨妻，既亦应债付胜，重家误(务)事繁，难以合伙。自列国之后，妻不安分守己，背夫逃走，只得收妻出舍，自开稿之后，幸□族戚相劝，合移同居，务要同心合意，不得背地娶讨。如有等情，凭族戚去责，竭力向前，不得以怠惰退缩。既有祖遗续置业产，四股均分，着谅补贴长孙，是以立议，馀则均分，不得私自肥囊。兄弟和睦，贰相好矣，彼此情愿，既往不咎。立此议约合同，永远为据。

道光三十年十一月二十二日　　立约合同人　王方宽(押)

王方祥(押)

王方志(押)

王方谅(押)

凭族戚　王荣华(押)

王凌云(押)

储绍贵(押)

朱万表(押)

储恒春(押)

储有聚(押)[①]

3. 继承纠纷。在一个没有亲生子嗣的家庭，继承会成为纷争的焦点。这种纠纷亦是宗族受理的范围。

按照明清法律规定，在宗族内部，嗣子的人选是根据服制亲疏远近来确定的，即亲等近的拥有比亲等远的获得立嗣的优先权。《大清律例·户律·户役·立嫡子违法》规定："无子者，许令同宗昭穆相当之侄承继，先尽同父周亲，次及大功、小功、缌麻。如俱无，方许择立远房及同姓为嗣。"[②]处于此种地位的继子被称为"应继子"。与之对应的是"爱继子"。《大清律例》对其给予认可："无子立嗣，若应继之人，平日先有嫌隙，则于昭穆相当亲族内，择贤择爱，听从其便。"[③]明清法律还进一步规定，即使应继子已经办理了过继手续，与嗣父母共同生活在一起，如果嗣父母对其不满意，仍可以将其辞退，另立其所喜欢的子侄辈。《大明律》规定："凡无子立嗣，除依律令外，若继子不得于所后之亲，听其告官别立。其或择立贤能

① 中国社会科学院历史研究所图书馆馆藏，馆藏号 116063011003。转引自春杨：《晚清乡土社会民事纠纷调解制度研究》，北京大学出版社 2009 年版，第 66 页。

② 《大清律例》，田涛、郑秦点校，法律出版社 1998 年版，第 179 页。

③ 《大清律例》，田涛、郑秦点校，法律出版社 1998 年版，第 179 页。

及所亲爱者，若于昭穆伦序不失，不许宗族指以次序告争，并官司受理。”①《大清律例》亦有同样的规定。

与此相关的一个重要问题就是寡妇的财产权。《大清律例》规定：“妇人夫亡无子守志者，合承夫分，须凭族长择昭穆相当之人继嗣。其改嫁者，夫家财产及原有妆奁，并听前夫之家为主。”②但在拥有大量财产，双方都不肯轻易放弃可期待利益的情况下，寡妇与夫家父系亲属之间的纠纷在所难免。

下述案例是在嘉庆七年（1285 年）曲阜孔氏族人之间发生的一场立嗣争继纠纷，最后在族人的调处下得以平息。

孔宪堡收状为遵批收领孔继洙霸产事

具收状族人孔宪堡

为遵批收领事。切族控孔继洙霸占田园一词，前蒙

宗主批，仰□协办。族长老爷立即全行交割清楚。今复蒙票仰公差赴乡交割，眼同公差并邻右韦灿荣、韦灿保丈量东园。但此园北至街中，西连胡同之路，共为四分，今继洙除去胡同，丈量仅有三分七厘零。伊既不照数交割，族只收三分七厘，其余不究。至于坡地十亩，于嘉庆五年十一月间族嗣高祖母张氏交族之时，除现地九亩三分外，有当出之虚地一亩五分，折实地七分，以足十亩之数。其当出之虚地，族曾卖与继洙七分，其余八分仍属当主耕种。不意继洙将族未卖之地八分，私自卖于张姓，至今未偿。兹蒙协办，族长面谕，并亲族东野绪询、孔继钦调处，言及约证亲族，虽系炳据，族仍当念族情。族即遵谕，将继洙欠族之虚地八分，亦不深究。所具收状是实。

附卷

嘉庆七年八月二十六日③

4. 族产纠纷。族产是宗族活动、宗族统治和宗族制度的物质基础。拥有大量族产是宗族繁荣和宗族制度巩固的一个重要表现和标志。族产包括宗族公产和族人私产。明清法律重点保护宗族公产，对侵犯宗族公产的行为从法律上予以惩治。《大明律·问刑条例》中的《户律·田宅·盗卖田宅条例》规定：“若子孙将公共祖坟山地，朦胧投献王府及内外官豪势要

① 《大明律》，怀效锋点校，法律出版社 1998 年版，第 369 页。

② 《大清律例》，田涛、郑秦点校，法律出版社 1998 年版，第 179 页。

③ 曲阜师范大学历史系：《曲阜孔府档案史料选编》（第三编《清代档案史料》第 1 册），齐鲁书社 1980 年版，第 459 页。

之家,私捏文契典卖者,投献之人,问发边卫永远充军,田地给还应得之人;及各寺观、坟山地归同宗亲属,各管业。其受投献家长,并管庄人,参究治罪。"①《大清律例·户律·田宅·盗卖田宅》也规定了相同内容。②

为了加强对宗族公产的管理,许多宗族都成立了由族长和各房长辈组成的专门机构,来处理涉及宗族公产的各种纠纷。为了防止宗族内部不肖子弟侵占公产,宗族一般规定田产必须出租给族外人,族人不得随意染指。例如,安徽歙县棠樾鲍氏宗族拥有1500多亩族田,将其中的500多亩承包给了外姓谢楚良。谢楚良出据甘结,并于官府注册备案。现将歙县《棠樾鲍氏宣忠堂支谱》卷十九《义田·宪示》内的甘结迻录如下:

> 东关二图册书谢楚良,今于与甘结事实,结得承管二十二都九图三甲鲍敦本户内收置各字号田亩,逐一按册确查,共收上实田五百三亩八分七厘五毫一丝,塘八亩五分九厘三丝五忽,俱系身家承管,并无遗漏税粮,日后不致勾通盗卖情势。如有遗漏串捏盗卖舞弊等情,愿甘治罪。所具甘结是实。
>
> 嘉庆十年五月　日　　　　具甘结册书　谢楚良(押)③

由于舞弊吞占族产不论在道义上、公私法律上,还是事实上,都是非正常的行为,所以各宗族普遍在族规、家训中严格禁止这种行为。例如,福建浦城房氏宗族的《宗规条款》强调:"设立祭田,祖宗享其血食,子孙沾其余沥,若不肖私行典卖,启衅肇端,欺宗灭祖,合族共攻以警效尤。"福建永安《余氏族谱》中也严禁吞灭祭产,"若恃强而乾没,明肥一己之私囊,或逞诈而暗吞,隐斩先人之血食,均属悖逆,俱宜创惩,侵蚀者咎由攸归,典鬻者罪不容恕"。④

至于族人私产,虽为各户所有,但如若出卖,则必须遵守传统族规的相关规定,否则会受到宗族的干预和限制。族人私产的处理一般遵循亲族先买的原则。"凡族人田宅如有卖者,先尽本房,次及族人。族人不买,然后卖与外姓。族人互相典卖,其价比外姓稍厚,不得用强轻夺,违者具告宗子,合众处分。如偷卖外姓,不通族人者,罚之。若有意先卖,破族人产者,以不孝不弟论。族人备价,责令赎回。"⑤如果族人不遵守此原则,就会

① 《大明律》,怀效锋点校,法律出版社1998年版,第371页。

② 《大清律例》,田涛、郑秦点校,法律出版社1998年版,第196页。

③ 赵华富:《徽州宗族研究》,安徽大学出版社2004年版,第337页。

④ 陈支平:《五百年来福建的家族与社会》,台北,扬智文化事业股份有限公司2004年版,第70页。

⑤ 安徽桐城《桐坡赵氏宗谱》卷首《家约》。

招致非议、强力干涉而引起纷争。

清道光二十五年(1845年)浙江山阴县张叶氏等绝卖萧抢笔据记载了一宗宗族公产处理不当而引起纠纷的典型案例。

立绝卖笔据张叶氏等,窃惟我七世祖养吾公,于老台门后进起造厅楼壹座,后边石萧墙围列。先年厅楼被风吹倒,将木料售价立议归入宗祠,议内曾经注明"石萧墙不许出卖"字样。今氏子永濂积欠道光贰拾及贰拾肆两年廿贰都壹图张聚户内陈粮钱拾余千。蒙县主音饬差押将及两月,无从设法完纳,不得已,妄生觊觎,令张肇恩雇石匠混拆萧墙。经族长查明,就近控蒙巡司拘究。氏等情极,恳求房族劝处理息,将石萧墙贰拾陆堵,出卖与族内大成会为业,当得价洋拾圆,洋价壹千叁百捌拾文。自卖之后,听凭族中堵列,以为老台门后进保障,不涉养吾公派下子孙之事。永不回赎,永不再找,永远杜绝。欲后有凭,立此绝卖笔据存照。

道光贰拾五年柒月　日　　　立绝卖笔据人　张雨苍室叶氏(押)

永槐室宋氏(押)

德培室王氏 宗燮(押)

国明(押)

见中赵如茂(押)

代笔张禄奇(押)①

5. 钱债纠纷。族人日常生活中因"钱债"而发生的纠纷亦是宗族解纷的范围。此类纠纷的频繁发生不仅反映在官府受理的案件上,而且存在于大量的契约文书中。有关官府受理的案件,黄岩诉讼档案78宗讼案中,属于钱债案件的计有21宗,约占总数的27%;在我国台湾地区淡新档案224件民事案件中,归于钱债类的纷争共有31件,约占总数的13.8%。在契约文书中,明代38件民间契约所反映的纠纷原因属于钱债纠纷的有2件,约占5.2%。② 下述清同治九年(1870年)八月徽州李相武等央劝字据就是记载了宗族解决族人钱债纠纷的过程。

立央请(劝)字人李相武同男佑韶连芳,孙久松情年泛水岁歉,堂弟永清退耕,今无银退给。父子商议无法设办,只得央请满弟元上、堂

① 张传玺主编:《中国历代契约会编考释》(下册),北京大学出版社1995年版,第1365~1366页。

② 韩秀桃:《明清民间纠纷的解决及其现代意义》,载何兵主编:《和谐社会与纠纷解决机制》,北京大学出版社2007年版,第106页。

弟云楼再三言劝胞弟世顺、正杰二人月佃已分关分，地名古塘湾田壹石以作备规银柒拾两整，以退给永清规银。今央请(劝)是实，日后世顺、正杰退耕无得异言，恐后无凭，立此央请(劝)字一纸，付世顺、云楼、正杰、元上收执为据。

计批添劝字三个

计批涂请字三个

凭　云楼、元上

凭族　佑正

克昌

久厚

久盈

久林

布云

同治九年八月二十日

李相武(押)

同男佑　韶连芳(押)

孙久松(立)[①]

6. 墓葬纠纷。墓葬纠纷大多数因侵越墓地、盗葬而起，亦与山界相连、地界不清有关。在此类纠纷的解决中，宗族组织扮演了重要角色。民间宗族历来重视风水，且有理论上的支持。理学家程颐即言："地之美者，则其神灵安，其子孙盛，若培用其根，而枝叶茂，理固然矣。地之恶者，则反是。然则曷谓地之美者？土色之光泽，草木之茂盛，乃其验也。父祖子孙同气，彼安则此安，彼危则此危，亦其理也。而拘忌者，或以择地之方位，决日之吉凶，不亦泥乎？甚者，不以奉先为计，而专以利后为虑，尤非孝子安厝之用心也。"[②]"宗族的风水实践主要施行于祖墓上，这不仅是闽南宗族文化的特点，也是华南宗族文化的普遍特点。"[③]这一特点亦适用于徽州宗族社会。

下述天顺三年(1459 年)郑德宽、郑德勋等立保护祖坟合同文约记载的是侵越坟地的纠纷。

① 中国社会科学院历史研究所图书馆馆藏，馆藏号 116080908003。转引自春杨：《晚清乡土社会民事纠纷调解制度研究》，北京大学出版社 2009 年版，第 84～85 页。

② (宋)程颐：《葬说》，载(明)冯琦：《经济类编》卷四十五《景印文渊阁四库全书》(第 960～962 册)，第 63 页。

③ 郭志超、林瑶棋主编：《闽南宗族社会》，福建人民出版社 2008 年版，第 183～184 页。

祁门县郑德宽与郑思广共有一块山地，山上葬有祖坟，郑德宽迁居此处后，侵越郑德勋的坟地，被郑思广状告到县。知县批，委托里老人等现场勘验。郑德宽不愿紊繁，情愿凭中人和亲眷立下保祖坟合同文约，以息争端。最后，在亲眷、比都老人、排年老人共 16 人的见证下，郑德宽、郑德勋、郑思广立下合同。如违，罚花银 20 两入官公用。①

下述万历十一年（1583 年）胡乞保立还文书记载的是关于因盗葬而引起的纠纷。

五都的胡乞保为洪姓的庄仆，其祖亦葬在洪姓的山上。万历十年，胡乞保未经房主的同意，自行将母柩盗葬于洪山上，洪主状告到县。胡乞保自知理亏，托里长出面说合，将柩扛移他处，并立下文约，称日后“子孙毋得私自盗葬，如违听自呈官理治”。②

下述万历十四年（1586 年）程五十、程钫等息讼合同即“竹岩公青龙山合同”记载的是因山界不清而引起的纠纷。

因程五十、程钫祖坟毗连山界，大风折断松木，两家都认为是自家的树木，双方告争到县。后经亲族相劝，两家都认为，本系一脉，应当劝谕息讼。于是，二家托中共同到山，三面勘明定界。并央中间人到县请求和息，埋石为界。最后在亲族人程招保、程梅龄、程大中、程登瀛、程良科等人的劝息下，双方立下息讼合同，埋石为界。二家保存合同，各收为照。③

7. 房屋纠纷。房屋纠纷主要是对祠屋、店铺等所有权的争夺而产生。此类纠纷的产生与当地宗族势力较强和店铺买卖比较频繁密切相关。下述是康熙三十二年（1693 年）至雍正四年（1726 年）下吴坊萧氏与大舍内萧氏为争丰禄祠一案，其实是同宗异族萧氏三代人之间的两次纠纷。

一次是大舍萧奕芳等于康熙三十二年（1693 年）的诉状和续状所叙原因引起：

续为冒祖匿踪、迅劈奸豪、恩全旧额事。宗枝原有定额，奸豪难以混冒，痛蚁鼻祖萧登仕，于宋季建立丰禄祠，寡僧焚香，历朝至今无异。惨遭豪恶萧辑生等，家藏金穴，铜臭青衿，欺蚁贫懦，顿起祸心，乘祠久坏，命工修整，恶思全吞，反将蚁祖冒为恶祖，竖立新梁，捏称恶祖系蚁

① 韩秀桃：《明清徽州的民间纠纷及其解决》，安徽大学出版社 2004 年版，第 50 页。
② 韩秀桃：《明清徽州的民间纠纷及其解决》，安徽大学出版社 2004 年版，第 56 页。
③ 韩秀桃：《明清徽州的民间纠纷及其解决》，安徽大学出版社 2004 年版，第 57 页。

祖嗣裔，旧梁私搬，萧以辉藏匿，意欲全吞灭迹。幸天不容奸，逢驾勘验，异冤得申不已，冒祖藏奸等事。

另一次是雍正二年(1724年)大舍内子孙控告下吴坊萧海宗劫祖宗像：

雍正二年七月，大舍内四房子孙，将丰禄祠登仕公装身像，有下吴坊武庠萧海宗，冒认登仕公他有分，要同出银，大舍内众云：我祖何要他出银？不意海宗无脸面，于雍正四年四月十七日夜手执利器，抢入本祠丰禄堂，将登仕公像劫去。吾祖即投练总张宣臣，禀明司主李，随禀县主周爷台前。①

从以上资料可以看出，下吴坊萧氏由于势力甚为强大，横行乡里，借机挑衅，蓄意侵占大舍内萧氏之宗祠的事实。

8. 重复卖地纠纷。在各类纠纷中，因重复买卖土地而产生的纠纷比例较大。按照明清时期的民间习惯，土地买卖一般分为两种：一种是卖者日后可以在一定条件下回赎或找价，这种买卖一般称为“活卖”；另一种被称为“绝卖”，即买卖成交后杜绝一切干系，在法权上一次性推收过割，实现权属的完全转移。无论是活卖还是绝卖，对当时的交易双方来说都是很明确的，但时间一长，尤其是在交易契约中没有注明是活卖还是绝卖，以及当事一方或一方子孙有意混乱活卖和绝卖，从而造成重复买卖，进而引起纷争和冲突。下面是因重复卖地而引起纠纷的几个案例。

宣德二年(1427年)祁门十四都解决重复典卖文书。

十四都得谢应祥等3兄弟于永乐二十年(1422年)将一号山地出卖给本都的谢则成。后来谢应祥的兄弟谢荣祥又将上述山地内一半卖给本都的谢希升。谢则成的儿子谢振安投告到本都的老人谢尹奋处，请求解决。理判老人谢希奋判谢荣祥退还价银，谢希升立下退契。见人有谢从政等5人，号押人有谢荣祥、谢应祥等5人。②

成化五年(1469年)祁门程济民程安民重立文契

十五都程济民兄弟将祖传之山卖予本都的郑仕美为业。成化四年(1468年)，郑厚将亡妻葬在同一号山上，被郑仕美状告到县。知县批，委托里老人现场勘验。程济民将卖山情形回复到县，郑厚也出据了洪熙元年(1425年)从程济民的叔祖程爽买受此号山的文契一纸。证明郑厚的买地行为在程济民卖山之前，是程济民重复卖山。最

---

① 《河南萧氏族谱》。

② 韩秀桃：《明清徽州的民间纠纷及其解决》，安徽大学出版社2004年版，第49页。

后，程济民、程安民兄弟重新立下文约，约定除山上祖坟外，皆听郑厚管业，并将此重立文书交给郑厚执照。①

(二)轻微刑事案件

宗族解决的轻微刑事纠纷主要有以下类型：

1. 骂詈。骂詈是中国封建社会一项独有的罪名。萌芽于秦代或更早，定型于汉代，并广泛应用于明清司法实践中。《大明律·刑律·骂詈》规定："凡骂人者，笞一十，互相骂者，各笞一十。""凡骂祖父、父母，及妻、妾骂夫之祖父母、父母者，并绞。"另有规定"骂尊长""妻妾骂夫期亲尊长""妻妾骂故夫父母""奴婢骂家长"等，计 8 条。《大清律例》亦有同样的规定。然而地方州县官员受理的案件中涉及骂詈罪的极少，《歙纪·纪谳语》记载的 155 个谳语中只有 1 例，"审得任月老，以卖药而招卖药之婿刘成经，现居其村。夫以旌人单姓而为赘，自宜辑和妻党，而乃欲与诸任齿通，俗之所恶也。天暮，经偶取任仲贵稻草，仲贵拳之，次日而月老之妻恶詈不已，经便以白捕捏控，然则奚以坦腹于任氏之家哉，稍惩"。② 而在宗族族谱里却有相应的规定："发冢、谋杀、蛊惑、威逼、奸淫、斗殴及骂者，各依律罚治。凡系绞斩以上罪当死者，处死；若有他人在内，俱送官。"③由此可以说明，此类轻微刑事纠纷大多数是由基层民间组织尤其是宗族组织来解决的。

2. 斗殴。斗殴同样是封建社会的一项罪名。《大明律·刑律·斗殴》规定："凡子孙，殴祖父母、父母，及妻、妾殴夫之祖父母、父母者，皆斩；杀者，皆凌迟处死；过失杀者，杖一百，流三千里；伤者，杖一百，徒三年。""凡同姓亲属相殴，虽五服已尽，而尊卑名分犹存者，尊长减凡门一等，卑幼加一等。至死者，并以凡人论。"《大清律例》规定了相同内容。同样，地方官员受理的案件中涉及斗殴罪名的案件也不多，《歙纪·纪谳语》中只有 5 例，涉及宗族关系的亦是 1 例。"审得姚宗明以市侩讼师更名良明纳吏，猴冠虎翼为暴，里中祖户有军民二差坊役，军居城，民居乡，以乡贴城，其来已久。兹军役轮明兄弟三人充值，乃恃强推诿，因亲兄宗舜理论，殴以木担。兄告无抵，复摭词妄击同宗在乡民户之姚沂、姚瀶，淋漓满纸，如呓如狂。族众姚浃、姚应奎等三具公鸣，亦以为津贴之议，二百余年相传世守，一旦欲悖祖违众，以逞己私。且其平日运捏造之筹，发打抢之纵，实繁有徒。乃

① 韩秀桃：《明清徽州的民间纠纷及其解决》，安徽大学出版社 2004 年版，第 50 页。

② (明)傅岩撰：《歙纪》，陈春秀点校，黄山书社 2007 年版，第 174 页。

③ 安徽桐城《桐坡赵氏宗谱》卷首《家约》。

一方之巨蠹,以故众口面攻。其殴父殴母虐弟诸不法,姑不具论,惟殴兄一节,亲舅江侍溪确证,逆伦犯分,律应徒究,并当褫斥,以惩败类,捏造废约追涂附卷,具招申详。"[①]此类纠纷亦大多数为宗族所解决。例如,安徽馆田李氏宗族规定:"同姓之亲操入室之戈,是祖宗之罪人也,被害者果有明证,投之祠堂,量其轻重,或责或罚,毋得宽贷。"[②]安徽桐城刘氏宗族亦规定:"今后不可恃刁执梗。事有不平,先投鸣宗长,集祠核论情实,从公劝解,毋许图害善良,欺侮寡弱。如有强梁不服,刁唆构衅,宗长即将情实送官惩治。"[③]安徽寿州龙氏宗族家规"戒凶横"条规定:"小心随出处,刚强事莫为。恃某势,挟某气,打伤人命才知悔。世事让三分,免把身家坠。重则偿抵轻则徒,森严法令常当畏。凡我族人,有恃强生事、好持凶器者,乃凶暴一流,及早不惩,必遭大祸。初犯,责二十;再犯,加等;三犯及与外姓斗殴,凭户长送官处治。"[④]歙县东门《许氏家规》关于勿斗殴的规定:"君子无所争,言其恭逊,不与人争;争固不可,而况斗殴以争乎?"黟县环山《余氏家规》也指明勿斗殴:"彼或强肆不服,事在得已,亦当容忍;其不得已,听判于官,勿得辄逞血气,怒詈斗殴,以伤和气。违者议罚。"于此可见,斗殴行为为族人所不齿。

3. 赌博。作为一种社会陋俗,赌博为历代法律所禁止,然久禁不绝。明清时期屡屡严申禁赌法律和条例,从重打击赌博犯罪行为。《大明律·刑律·杂犯·赌博》规定:"凡赌博财物者,皆杖八十,摊场钱物入官。其开张赌坊之人,同罪。止据见发为坐。职官加一等。若堵饮食者,勿论。"[⑤]《大清律例·刑律·杂犯·赌博》规定了相同内容。[⑥] 然而,国家法律和条例的执行与实施,在不同地区和不同背景之下,常常呈现出纷繁复杂的局面,官方受理的此类案件很少,《歙纪·纪谳语》中仅有1例。"审得许明道,以赌博告其子,并及七人。内分二人作证。临审止到三人,问其余,则云:'与子俱逃矣'。又云:'皆系吴君美开单'。是君美必相袒,何不细讯其住址乎?诡名无疑也。汪明瑞,酒家常市,向为呼庐辈所需。年终明道子永升以十五爆竹而勒其谢二钱,已奢矣,犹父子诬之,意在舍己以累人,刁棍之谋甚巧,明道既无义方,又驾虚控;明瑞麴蘖为累,失交匪人,均

① (明)傅岩撰:《歙纪》,陈春秀点校,黄山书社2007年版,第122页。

② 光绪《馆田李氏族谱·家法》。

③ 桐城《刘氏宗谱》卷一《家规》。

④ 安徽《寿州龙氏宗谱》卷一《家规》,光绪十六年本。转引自费成康:《中国的家法族规》,上海社会科学院出版社1998年版,第339页。

⑤ 《大明律》,怀效锋点校,法律出版社1998年版,第202页。

⑥ 《大清律例》,田涛、郑秦点校,法律出版社1998年版,第531页。

稍杖。”①而民间宗族族谱里多有此规定，如明万历年间，休宁范氏宗族内部某些家庭的尊长通过家训的方式告诫族人远离赌博：“通奉大夫昐云府君手书家训二章：……无好赌博，无好争讼，无酣声色，无惑异端。”②歙县金山洪氏宗族《家训》禁赌博条规定：“赌博一事，更关风化。素封子弟，忘其祖、父创业之艰，挥金如土，狼藉者饵诱，呼红喝绿，一掷千金，迷不知悟，及至倾家荡产，无聊底止，方知怨恨，殊不思不能谨于始，事后悔前非，其能济乎？犯此者，众共击之。”③清雍正年间，歙县潭渡黄氏规定：“至若不务生理，或搬斗是非，或酗酒赌博，或诓骗奸盗，或党恶匿名，一应违于礼法之事，当集众诫之。如屡诫不悛，呈公究治，不可姑容。”④强调对赌博之徒予以劝诫，对屡教不改者呈公究治，绝不纵容。婺源县董氏宗族族规家法严禁赌博规定：“聚赌成群，不分昼夜，坑族子弟，多陷其阱，为患酿祸，非细故也。族人佥议，捐赀请示申禁，各家父教其子，兄诫其弟，无得偶犯”，“凛遵恪守，各安本业”。敢行聚赌者和窝赌者，即行重罚，并绑缚万年台立柱示众，“决不经恕”。“或犯赌无力罚出者，叫街抽辱。”捉获聚赌、窝赌者，即行重偿。⑤ 福建《仙游陈氏大族谱》的《治家百言》亦说：“礼义出于富足，盗贼出于赌博。警戒后人：赌博是多毁命根，嘱子嘱孙勿沾边。沾了赌边祖业败，妻离子散苦连天。”⑥

4. 盗窃。盗窃也是一种刑事犯罪。明清法律都规定对盗窃行为予以严厉打击。《大明律·刑律·贼盗》规定：“凡窃盗已行而不得财，笞五十，免刺。但得财者，以一主为重，并脏论罪。为从者，各减一等。”“凡各居亲属，相盗财物者，期亲减凡人五等，大功减四等，小功减三等，缌麻减二等，五服之亲，减一等。并免刺。若行强盗者，尊长犯卑幼，亦各依上减罪。卑幼犯尊长，依凡人论。若有杀伤者，各依杀伤尊长、卑幼本律，从重论。”⑦《大清律例·刑律·贼盗》亦有同样规定。⑧ 由于盗窃行为既侵犯了个人财产，又侵犯了国家的社会经济秩序，故打击力度大于上述几种犯罪行为。《歙纪·纪谳语》中涉及盗窃案名的有 15 个（包括诬告）。“审得潘季圣，贫而无赖，取其母蚕筐，鬻于潘德明，贸时潘志先在侧，曾为评价。圣

---

① （明）傅岩撰：《歙纪》，陈春秀点校，黄山书社 2007 年版，第 131～132 页。

② 万历《休宁范氏族谱·谱祠·怡乐堂家规》。

③ 歙县《金山洪氏宗谱》卷一。

④ 雍正《歙县潭渡孝里黄氏族谱》卷四《潭渡孝里黄氏家训·教养》，清雍正九年刻本。

⑤ 婺源《董氏宗谱·禁赌小引》。

⑥ 陈百才：《仙游陈氏大族谱》卷二《祖训》。

⑦ 《大明律》，怀效锋点校，法律出版社 1998 年版，第 141～143 页。

⑧ 参见《大清律例》，田涛、郑秦点校，法律出版社 1998 年版，第 391 页、第 400 页。

兄季文忿其弟之私鬻也。诬明为盗,加入黄麦二石、夏衣三件,既无鹡鸰相周之情,又增雀鼠外壮之妄。讯时族潘仲元甚悉其故,犹诬盗不休。不友不睦兼之矣,与贪贱值之明并儆。"①因盗窃而发生的纠纷亦是宗族解纷的范围。安徽桐城《桐坡赵氏宗谱》卷首《家约》规定:"亲属相盗,已有律例,今后不必告官,具白祠堂责治,追赔财物,依律赎罪;……恐吓并欺诈取财者,情属可恶,比律加一等罚治之。"安徽寿州龙氏家规"戒盗窃"条规定:"朝廷法律严,先惩盗与贼。或强取,或偷窃,恶迹昭彰自作孽。多从赌博生,或为饥寒迫,皆因游手好闲来,那时犯法身无策。凡我族人,有爱人财物、阴行偷窃、败坏家门者,初犯责三十;再犯,凭户长、房长送官惩治,请枷祠内示众;三犯,重处。"②安徽泾口刘氏宗族规定:"子弟窃人财物,事主投之祠堂,罚其父兄。"③广东南海廖氏宗族规定:"入室偷窃财物,罟利鱼塘,偷盗猪牛田禾,赃数逾贯者,由主事禀官究治;赃数不及一贯或超过一贯但已退赔者,不告官府,族内罚停胙 3 年;偷窃园内瓜果、圈内鸡狗、晾晒衣物、池塘鱼虾等,罚停胙 1 年。"④毗陵长沟朱氏祠规也规定:"族中有为窃盗者,事发锁拿,重责四十板,逐出祠外。至为强盗者,赃真事确,合族公同打死。如失主首报到官,合族公举,决不宽饶。"⑤

5. 奸淫。奸淫妇女也是一种刑事犯罪。明清法律都规定对该犯罪行为给予重惩。《大明律·刑律·犯奸》规定:"凡和奸,杖八十;有夫,杖九十。刁奸,杖一百。强奸者,绞;未成者,杖一百,流三千里。奸幼女十二岁以下者,虽和,同强论。其和奸、刁奸者,男女同罪。"⑥《大明律·刑律·亲属相奸》规定:"凡奸同宗无服之亲及无服亲之妻者,各杖一百。若奸缌麻以上亲及缌麻以上亲之妻(谓内外有服之亲),若妻前夫之女及同母异父之姊妹者,各杖一百,徒三年。强者,斩。若奸从祖祖父母姑、从祖伯叔母姑、从父姊妹、母之姊妹及兄弟妻、兄弟子妻者,各绞;强者,斩。若奸父祖妾、伯叔母、姑、姊妹、子孙之妇、兄弟之女者,各斩。妾,各减一等;强者,绞(谓强奸亲属妾者该绞)。"⑦《大清律例·刑律·犯奸》亦有同样规定。⑧

---

① (明)傅岩撰:《歙纪》,陈春秀点校,黄山书社 2007 年版,第 144 页。

② 安徽《寿州龙氏宗谱》卷一《家规》,光绪十六年本。转引自费成康:《中国的家法族规》,上海社会科学院出版社 1998 年版,第 340 页。

③ 安徽《泾口刘氏宗谱》卷六《族规》。

④ 南海《廖维则堂家谱》卷一《家规》。

⑤ 《长沟朱氏宗谱》卷二《族范》《祠规》。转引自费成康:《中国的家法族规》,上海社会科学院出版社 1998 年版,第 296 页。

⑥ 《大明律》,怀效锋点校,法律出版社 1998 年版,第 197 页。

⑦ 《大明律》,怀效锋点校,法律出版社 1998 年版,第 198 页。

⑧ 参见《大清律例》,田涛、郑秦点校,法律出版社 1998 年版,第 521 页、第 524 页。

此类案件官方受理的很少,《歙纪·纪谳语》中涉及奸情的纠纷仅有1例。"审得黄社龙,土棍也。有淫妇徐氏者,先嫁夫程尚贵,生一子;再醮吴三老,日事鹑奔,三老不能制,致质子弃之而出。氏愈纵无忌。社龙与奸久,刁引至家。亡何狂,且意渐衰。氏亦欲辞去,托言归搬取什物。龙乃令婢重喜伴行,实恐其他适也。及氏与喜携装路过旧邻江天祐,倩其挑送,同至龙家。龙佯酌酒认亲,夜以达旦,既而鸣里,指天祐为奸拐,且串党黄香毛等胁祐写领,以为诬赖张本。岂有人在于室而祐又立领之理?欲盖弥彰,适足为龙罪左券耳。天祐鸣卑县,龙捏杀掳控害,指棍程泉为硬证,认氏为妻,然能掩徐氏之口耶?社龙以刁谋,与氏并拟。程泉、黄香毛党恶诬陷,天祐受倩招尤,各拟不应。徐氏断同前子过活,候吴三老回日完聚。"①此类案件亦是宗族族规调整的范围。安徽寿州龙氏宗族家规的"戒邪淫"条规定:"万恶淫为首,天道祸即随。坏人名,乱人闺,伤风败俗无穷极。我不淫人妇,人不淫我妻。行奸逞欲妄施为,暗中早犯天神忌。凡我族人,有贪好女色、肆行淫恶者,干天地鬼神之怒,分别责惩。犯宿娼者,罚戏一台;与人妻妾和奸,责二十;若坏人闺门、败人名节、及强奸等事,家法重责四十,复送官处治。"②绩溪宅坦村胡氏宗族祠规"奸淫"条规定:"人之有偶,不可乱也。乃有纵欲者流,名教不恤,坏族名风,破人节行,甚且中媾难言,新台有刺。此等人面兽行,或经投纸入祠,或经告奸有据,即行黜革。至若士耽固不可言,女耽犹不可说。见金夫而不有,乘垝垣而嘱迁,如此女流,亦不许进主,其娶宗妇及同姓者并加黜革。"③黜革即是革出祠堂,开除族籍,是宗族对触犯家法族规者的严厉惩处,族人一旦被开除族籍是其人生最大耻辱,无立于世矣。

二、宗族社会所涉纠纷的性质

针对上述各类纠纷,明清时期官方与民间根据不同的标准给予了不同的价值判断。官方皆把这些纠纷视为"细故""细事""小事""户婚田土钱债偷窃等案,自衙门内视之,皆细故也。"④例如,洪武三十一年(1398年)颁布的《教民榜文》规定:"今出令昭示天下:民间户婚、田土、斗殴相争一切小事,须要经由本里老人、里甲断决。若系奸、盗、诈伪、人命重事,方许赴

① (明)傅岩撰:《歙纪》,陈春秀点校,黄山书社2007年版,第126页。

② 安徽《寿州龙氏宗谱》卷一《家规》,光绪十六年本。转引自费成康:《中国的家法族规》,上海社会科学院出版社1998年版,第340页。

③ 绩溪《明经胡氏龙井派宗谱》卷首《明经胡氏龙井派祠规》。

④ (清)方大湜:《平平言》"勿忽细故"。转引自黄宗智:《清代的法律、社会与文化:民法的表达与实践》,上海书店出版社2007年版,第164页。

官陈告。是令出后,官吏敢有紊乱者,处以极刑。民人敢有紊乱者,家迁化外。”①《大清律例·刑律·诉讼》之“越诉”条例规定:“户婚、田土、钱债、斗殴、赌博等细事,即于事犯地方告理不得于原告所在住之州、县呈告。原籍之官,亦不得滥准行关;彼处之官,亦不得据关拘发;违者,分别议处。”②“军民约会词讼”条例规定:“凡各省理事厅员,除旗人犯命盗重案,仍照例会同州、县审理外,其余一切田土、户婚、债负细事,赴本州、县呈控审理。”③我国台湾地区《淡新档案》记载:同治九年(1870年),淡水分府发给族长陈宋器戳记一颗时,并谕:族中“如有细故,即排解息事”。④ 光绪十八年(1892年)七月十九日,台北府正堂陈晓谕说:“户婚、田土、钱债、口角细故,只许投告族长,公亲理处,理处不了,告官求断,永远不准差保人等收受投祠。”⑤《澎湖厅志》“劝民息讼告示”中亦规定:“凡有户婚、田土、钱债、口角、斗殴细故,实系理直者,不如邀同公亲……理处息事,既不伤和气,又不须花钱,毋得轻听讼师言语,动辄告状。”⑥由上可知,无论是国家法律制度抑或地方立法,均将前述民间纠纷视为“细故”,与之相对的命盗“重案”。由于明清时期在理论上不存在民事与刑事之明确划分,当时“凡借贷、田土、婚姻等案即(由门房)移送钱谷幕友;盗窃、殴打、赌博等即移送刑名幕友审阅”。⑦ 18世纪乾隆中叶的刑名专家王又槐还试图从概念和制度上对之加以判别,他说:“刑、钱交涉事件,每多分晰不清,以致竞争。夫刑、钱之分,须视其告者来意,为著何事?如意在争田房、索钱债、交易税契等类,内有一、二语牵涉斗殴无伤、赌博无据,以及别项不法之事,并干连坟山争继者,皆归钱谷。若告斗殴、奸伪、坟山争继、婚姻及有关纲常名教一切重事,词内有钱债应追、田产不清等类,应归刑名。”⑧由此,当时的民事纠纷被称为“钱谷”案件,轻微刑事案件被列入“刑名”案件。官方所言“细故”当是包括此处的“钱谷”案件和“刑名”案件。清初黄六鸿在《福惠全书》中对“细故”与“重案”的区别说得更加清楚:“报升(指升迁官职)之后,其人命盗逃重案,自应照常准理,其余雀角细事,以及户婚田土,或可片言剖决

① 刘海年、杨一凡:《中国珍稀法律典籍集成·乙编·第1册·洪武法律典籍》,科学出版社1994年版,第635页。

② 《大清律例》,田涛、郑秦点校,法律出版社1998年版,第476页。

③ 《大清律例》,田涛、郑秦点校,法律出版社1998年版,第492页。

④ 刘广安:《论明清的家法族规》,载《中国法学》1988年第1期。

⑤ 刘广安:《论明清的家法族规》,载《中国法学》1988年第1期。

⑥ 刘广安:《论明清的家法族规》,载《中国法学》1988年第1期。

⑦ 《新竹县志》,1957,4:307。转引自黄宗智:《清代的法律、社会与文化:民法的表达与实践》,上海书店出版社2007年版,第175页。

⑧ (清)王又槐:《办案要略》,华东政法学院语文教研室注译,群众出版社1987年版,第70页。

者，即与剖决；或有牵连，即批令乡地亲友从公处释。”[①]在封建统治者看来，“细故”与“重案”之间并无质的区别，它们同是对社会秩序及道德秩序的触犯，皆应受罚，差别只是受罚程度不同而已。这一区别直到清末变法修律、引进西方法律概念和术语之后方才舍弃，代之以民事与刑事之区分。

官方将社会纠纷视为“细故”说明了其对民众民事权利的漠视，这种态度决定了他们不愿意为民众处理民事纠纷，以各种理由拒不受理，阻隔此类纠纷进入诉讼程序。我们在现存的档案资料和县官判牍中常常见到这样的批语：“伤微事细，著遵堂谕自邀乡保查明处理复夺，勿轻涉讼”“起衅甚微，故着饬差协同乡保查明处理复夺，勿轻涉讼”“两造谊关一体，着邀族房、公亲妥为理处，毋遽兴讼”等。即令“间有准理后，亲邻调处，吁请息销者，两造既归辑睦，官府当予衿全，可息便息，亦宁人之道。断不可执持成见，必使终讼。”[②]官府已经受理的民事案件，宗族可以随时调处，撤回销案，官府均予以批准。

与官方态度形成鲜明对比的是，民间百姓却认为这些社会纠纷事关自己的切身利益，“自百姓视之，则厉害切己，故并不细”。[③] 因此，现实社会中存在着大量“细故”讼争，乃至明清时期形成“好讼”与“健讼”的局面。各种史料记载告诉我们，两宋以降全国很多地方都有百姓“好讼”的现象，南方地区表现得尤为突出。譬如，山西人好讼、四川人好讼、江西人好讼、徽州人好讼、湖南人好讼、广东人好讼、福建人好讼等。[④] 汪辉祖根据他1787年在湖南宁源县任上的经历，说在受理细事投诉之日，通常“法应准新词，每日不过十纸”。其用意是想强调新到词讼之少，但即使这样的数目，也足以让“细事”案件在州县官所听审的案件中占很大比重。[⑤] 由于明清时期的国法都明确赋予了宗族族长劝道风化的职责和调解户婚田土等民事纠纷的权力，肯定了宗族调解的合法性和优先权，如《大清会典事例》规定：“议准聚族而居，丁口众多者，准择族中有品望一人为族正……其间凡同氏谱之未通者，则官为通之，单丁只户不成族者，则附以大族……族长及宗族内头面人物对于劝道风化及户婚田土竞争之事有调处的权力。”[⑥]

---

① （清）黄六鸿：《福惠全书》卷三二《升迁部·简词讼》。

② （清）汪辉祖：《佐治药言·息讼》，徐明、文青点校，辽宁教育出版社1998年版，第6页。

③ （清）方大湜：《平平言》“勿忽细故”。转引自黄宗智：《清代的法律、社会与文化：民法的表达与实践》，上海书店出版社2007年版，第164页。

④ 参见徐忠明：《明清诉讼：官方的态度与民间的策略》，载《社会科学论坛》2004年第10期。

⑤ 参见黄宗智：《清代的法律、社会与文化：民法的表达与实践》，上海书店出版社2007年版，第164页。

⑥ 《大清会典事例》卷一四四。

而各地宗族的家法族规无一例外地都规定了祠堂族长对于族内民事纠纷和轻微刑事案件的优先裁决权,对于不先鸣族而擅入公庭者,宗族还有对其进行惩罚的权力。因此,宗族社会的民事纠纷及轻微的刑事案件不易报到官府,大多数都在宗族内部化解。由此也可以看出,宗族组织在解决民间社会纠纷中发挥了重大作用。

第二节　宗族社会所涉纠纷的场域

所谓"场域"(field),是法国布迪厄社会学中一个非常重要的概念。他从关系的角度对场域进行了界定,认为"各种场域都是关系的系统"。① "根据场域概念进行思考就是从关系的角度进行思考。"②因此,"从分析的角度来看,一个场域可以被定义为在各种位置之间存在的客观关系的一个网络,或一个构型。"③布迪厄认为:"我们可以把场域设想为一个空间,在这个空间里,场域的效果得以发挥,并且,由于这种效果的存在,对任何与这个空间有所关联的对象,都不能仅凭所研究对象的内在性质予以解释。场域的界限位于场域效果停止作用的地方。"④布迪厄的场域概念,不是一个地理概念,而是一个有内含力量的、有生气的、有潜力的客观存在的社会空间。若将民间纠纷的发生作为一个社会空间,就构成发生场域。那么,明清时期民间纠纷发生在什么样的社会场域呢?日本学者寺田浩明说:"明清时代的社会并非处于人们只要不做坏事,现存的秩序就可以照原样无限延续下去的静止状态。相反,那里呈现的是一幅变动不居的图景:因诸子均分的家产分割制度,家庭财产不断地化整为零;一个个孤立的家庭必须设法在此条件下维持家计或尽力争取上升,在它们之间随着其经济地位的沉浮,土地财产极为频繁地转移;人们为了谋求经济上或生活保障方面的相互帮助,还不得不与他人结成各种各样的社会性关系。"⑤这段话揭示了明清时期民间纠纷发生的社会场域即民间社会,其基本社会关系呈

① [法]皮埃尔·布迪厄、[美]华康德:《实践与反思:反思社会学导引》,李猛、李康译,中央编译出版社 1998 年版,第 145 页。

② [法]皮埃尔·布迪厄、[美]华康德:《实践与反思:反思社会学导引》,李猛、李康译,中央编译出版社 1998 年版,第 132 页。

③ [法]皮埃尔·布迪厄、[美]华康德:《实践与反思:反思社会学导引》,李猛、李康译,中央编译出版社 1998 年版,第 133~134 页。

④ [法]皮埃尔·布迪厄、[美]华康德:《实践与反思:反思社会学导引》,李猛、李康译,中央编译出版社 1998 年版,第 138 页。

⑤ [日]寺田浩明:《明清时期法秩序中"约"的性质》,载[日]滋贺秀三等:《明清时期的民事审判与民间契约》,王亚新等编译,法律出版社 1998 年版,第 140 页。

现纷繁复杂的局面。

一、宗族内部关系

中国传统社会的鲜明政治特征是重家族、宗族。传统中国社会最基本的组成细胞是家庭，家庭是一个共同生活和生产消费的经济活动单位，它完全基于血缘关系和尊卑长幼的伦常秩序而存在，具有极强的凝聚力和坚固性。家庭的组成没有利益关系，完全是基于血缘而牢牢结合在一起。家庭成员通过分家析产，经济职能的分离，使原来的家庭成员关系走向房分、宗支关系，再进一步则过渡到宗族关系。宗族是根据血缘关系的亲疏远近自发地聚集在一起有着共同利害关系的社会群体。"家族以'家'统族，宗族以'宗'统族，人们在聚族而居、各家各灶的基础上，通过'立宗收族'组成宗族。"①明清时期民间社会最基本的社会组织之一就是宗族组织，基本居住形态是聚族而居，每一个村落或社区几乎都是按照姓氏的不同构成的血缘共同体。明清时期宗族组织最显著的特征是族权的强化，族权已布满农村社会各个角落的众多宗族，成为仅次于政权的权力体系。明代后期，族权即已形成，及至清代则进一步强化，最终与封建政权相配合，起到基层政权的作用。明清时期宗族组织的基本结构是族—房—家，其中家庭是家族关系的载体，"在那里，以男性家长为核心，家庭成员们构成一个个'同居共财'的小家。这些家既是日常消费生活和财产归属的基本单位，同时也往往是进行生产经营的基本单位。大部分农地已经完全商品化（能够自由买卖），分别为一个个家庭所私有，在农地上的经营也常常已经把市场交易作为前提。超越这些小家庭的宗族、村落、行会等共同性的组织一般都很软弱且不稳定，所以社会秩序的实质性部分是由这些不得不单独谋生的一个个小小的家通过在彼此之间缔结契约关系来承担的。……这里出现的是一个由无数主体构成，且在他们之间充满了个别的不同利益主张和利益冲突的竞争社会。由此，主体间的纠纷自然会不断发生"。② 这种家庭纠纷很少通过诉讼途径解决，绝大部分纠纷都在宗族内部化解。但是各个宗族族谱少有记载此类纠纷解决过程的，究其原因，大概有二：一是族人之间的纷争被视为不光彩的事情。而族谱则一般都是隐恶扬善的，多记述可堪家族荣耀之事，对不光彩的事自然不予记载。二是民事纠纷被视为"细故"，只要不发展为刑事案件或有其他重大命患，家族随时处断，随时

① 张研：《试论清代的社区》，载《清史研究》1997年第2期。

② ［日］寺田浩明：《权利与冤抑：清代听讼和民众的民事法秩序》，载［日］滋贺秀三等：《明清时期的民事审判与民间契约》，王亚新等译，法律出版社1998年版，第192~193页。

化解,是不用文字记述的。但也有个别例外,有的家族将家族中发生的特别重大的案件记录下来,以告诫子孙,垂训后世。《休宁程氏讦讼案全集》即是一例。该案的大致情况是:程氏族人之间为山田使用,争讼多年,惊动官府,后来官府作了判决,并杖责了争执双方。程氏宗族为了垂训后世子孙,记录了全案过程。①

二、族外邻里关系

从文化属性上来看,中国古代社会应当属于农业文明的类型。熟人社会与农业文明相契合。在农业社会里,安土重迁和血缘关系导致了人际交往的长期性和连续性。② 在这样的熟人社会里,一个人生于斯,长于斯,每天都要相互面对,彼此知根知底。在这样的社会里,乡民们对邻里关系看得很重,民谚中的"千金买邻,八百买舍""远亲不如近邻,近邻不如对门"等,都充分表达了邻里之间那种休戚与共的关系。就连盗贼也为留下最后一块生活的落脚地而奉行"不吃窝边草"的准则。如此,维系与周围成员的和睦关系就十分重要,是人们和谐相处的基础,因而乡民们就特别注重这种关系的维护与修补。如果与他人之间的关系破裂不加弥合,裂痕就会一天天扩大愈加无法弥补,甚至演变为世代的仇怨。正如一位研究村落文化的学者所指出:"就像钱币的一面永远离不开另一面,由于世代居住在一起,人们之间联系过于紧密,有了隔阂也不可能一走了之,从此不再见面。村落文化的邻里之间又常常会形成一种经世的仇恨,这种仇恨能使人们从见面不理不睬,到明枪暗箭无所不用其极。"③因此,各宗族几乎都在家法族规中要求家人、族众对乡邻务必和睦宽容,缓急相济,有无相通,不以小忿而生嫌隙,不以微眚而致睚眦,不以言语之猜疑辄相诟谇,不以鸡犬之凌践动即参商。例如,黟县环山余氏宗族《余氏家规》规定:"邻里乡党,贵尚和睦,不可恃挟尚气,以启衅端。如或事尚辩疑,务宜揆之以理,曲果在己,即便谢过;如果彼曲,亦当以理谕之。彼或强肆不服,事在得已,亦当容忍;其不得已,听判于官,毋得辄逞血气,怒詈斗殴,以伤和气,违者议罚。"④休宁宣仁王氏宗族《宗规》"姻里当厚"条记载:"姻者族之亲,里者族之邻,远则情义相关,近则出户相见。宇宙茫茫,幸而聚集,亦是良缘,况

① 《休宁程氏讦讼案全集》,程子享集,存于北京图书馆。转引自刘广安:《家法族规与封建民事法律》,载《法律学习与研究》1988年第2期。

② 参见翟学伟:《人情、面子与权力的再生产》,北京大学出版社2005年版,第86页。

③ 李银河:《论村落文化》,载《中国社会科学》1993年第5期。

④ 黟县《环山余氏宗谱》卷一《余氏家规》。

童蒙时，或同里塾，或共嬉游，比之路人迥别。凡事皆当从厚，通有无，恤患难，一切皆以诚心和气遇之，即人负我，我必不可负人，久之人且感而化矣。若恃强凌弱，倚众暴寡，靠富欺贫，捏故占人田地、风水，侵山林疆界，放债行利，违例过三分息，滚骗敛怨，皆薄恶凶□，□道好还，尤急戒之。"[①]福建仙游陈氏宗族《家训条规》"和乡里"条规定："凡比闾相接，抵牾易生，人不论亲疏，姓无论同异，要皆以忠厚相待：毋饰智欺愚，毋倚强凌弱；淡言可以解纷，施德不必望报；人有不及，当以情恕，已有功劳，顾无伐施；乡里称为善良，闾党推为长厚：和之为益诚大矣。凡五族为乡，五州为党，睦姻任恤之教，由来久矣。故巨室耆年，乡党之望，膠庠髦士，比闾之英，宜以和辑休风，为一方表率。若睚眦凌兢，至屈辱公廷，何以安生业，而型子弟哉！"[②]福建南靖萧氏宗族《萧氏家规》"睦乡党"条规定："凡处乡党，当以古法，出入相友，守望相助，疾病相扶。乃若以强凌弱，以众暴寡，以富吞贫，横暴者以欺其善良，此后世之弊，最为可戒。或有非礼以加我者，则避逊之而勿较，其或不得已不得避，则国有常宪，不必私与之争。孟子所谓：行有不得者，反求诸已而已矣。"[③]福建黄氏宗族《家规小引》"睦乡邻"条规定："乡邻乃同乡共井之人，理应婚姻相亲，患难相顾，疾病相扶持，死茔相照应，水火盗贼相救护。毋因公忿构成大寡，以致败产倾家追悔何及。嗣后族众务宜卑以自牧，和以处众，各戒浇漓，共敦雍睦。"[④]在熟人社会里，"亲密的共同生活中各人互相依赖的地方是多方面和长期的，因之在授受之间无法一笔一笔地清算往回。亲密社群的团结性就依赖于各分子间都相互的拖欠着未了的人情。……亲密社群中既无法不互欠人情，也最怕'算账'。'算账''清算'等于绝交之谓，因为如果相互不欠人情，也就无需往来了。"[⑤]而诉讼便好比"算账""清算"，亦即彻底的对立与决裂。这种结果对任何一个生活在熟人社会中的个体来讲都是十分可怕的。而更为可怕的是，这种亲密关系的断裂所导致的不利后果可能并不仅仅体现在当事人本人身上，还可能进一步发展成为两个家族的世代仇恨，恰如美国学者罗伯特·F. 尤特所说："由于纠纷常扩及家族、村庄及行会，因此诉讼经常导致

---

① 《休宁宣仁王氏族谱·宗规》。

② 陈百才主编：《仙游陈氏大族谱·家训条规》，仙游陈氏文化研究会 2002 年编印，第 743~744 页。

③ 《萧氏族谱·萧氏家规》，1977 年重编本。

④ 黄善怡等纂修：《黄氏族谱·家规小引》，清光绪八年刻本。参见北京图书馆编：《北京图书馆藏家谱丛刊·闽粤(侨乡)卷第 6 册·黄氏族谱》，北京图书馆出版社 2000 年版，第 130 页。

⑤ 费孝通：《乡土中国　生育制度》，北京大学出版社 1998 年版，第 72~73 页。

争执者与其家庭之间多年怨恨关系的产生。”①由此，以民间调处的方式来化解乡邻间的纠纷就成为当时人们的最佳选择，而宗族组织在乡邻纠纷的解决中扮演了重要角色。

三、宗族与官府的关系

明清时期最基层的政权组织主要是州县。清人张望曾说：“天下之治始乎县，县之治本户令。”②清人万维翰亦云：“万事胚胎，皆在州县，至于府司院皆已定局面，只须核其情节，斟酌律例，补苴渗漏而已。”③作为最高统治者的乾隆皇帝也曾讲到：“各省州县与民最亲，凡大小案件，无不始终于州县衙门。”④作为最基层的国家政权机构，州县衙门与百姓生活联系最紧密，距离最近。正因如此，知州知县才常常被称为“父母官”“亲民官”。

然而，基层社会的普通百姓很少直接与官府发生关系，他们主要通过生活于其中的宗族组织与官府打交道。而宗族组织的二重性决定了其与官府之间的微妙而复杂的关系。宗族组织对族人的管理，一方面，要求族人用儒家的伦理规范约束自己的行为，处理宗族内部的人际关系，奉公守法，具有维护宗族及所在地社会秩序的性质；另一方面，宗族组织又要求族人把宗族的利益放在首位，绝对服从祠堂、族长、族法的要求，这又常常与其他宗族或集团发生矛盾和纠纷，甚至有违反国家规定的情形。有时宗族利益还会同政府发生冲突，具有控制和破坏地方社会秩序与违抗政权的性质。这两方面，在不同的时间和地方会有不同的侧重与表现。⑤ 一般而言，宗族与官府之间的关系主要体现在完粮当差和诉讼两个方面。

在完粮当差方面，各宗族一方面，要求族人要奉公守法，依期交纳钱粮。例如，绩溪华阳邵氏宗族《家规》“忠上”条要求宗族成员：“忠上之义，担爵食禄者，固所当然；若庶人不传质为臣，亦当随分报国，趋事输赋，罔敢或后，区区蝼蚁之忱，是即忠君之义。传曰：嫠不恤纬，而忧王室；野人献芹，犹念至尊”⑥作为宗族普通劳动者，忠于皇帝和封建国家的最重要表现就是老老实实地纳赋服役。侯官林氏家族的《家范》亦云：“居家百

① [美]罗伯特·F. 尤特：《中国法律纠纷的解决》，周红译，载《中外法学》1990年第2期。

② (清)张望：《乡治》，载(清)贺长龄等编：《清经世文编》卷二三《吏政·守令下》，中华书局1992年版，第36页。

③ (清)万维翰：《幕学举要》，载官箴书集成编纂委员会编：《官箴书集成》(第4册)，黄山书社1997年版，第732页。

④ 《清实录》(卷九)，中华书局1985年版，第467页。

⑤ 参见常建华：《试论乾隆朝治理宗族的政策与实践》，载《学术界》1990年第2期。

⑥ 绩溪《华阳邵氏宗谱》卷一八《家规》。

几用度俱可以节约，独维正之供必不可悠忽苟延，此决不能已之输。稍为掣肘挪移，则难于支补，而贻累无涯，故宁辍他务以输税赋，使门无追呼之吏，则饮食亦安，魂梦亦清，鸡犬亦宁。”[①]另一方面，为了保护本族的利益，宗族组织又通过对官府的某种程度上的对抗，使族人们有效地躲避了政府赋役征派和对人口、田地的清查。《永安余氏家谱》记载了该家族自明代以来所承担的赋税差徭始末，其中略云：“邑志明万历以前户口皆由增减，至四十年（西元一六一二年）邑令王公良臣详请上司每户额派十丁，不论故绝，永为定式。吾族祖里六甲，有祖余均美小名六七郎公，于洪武十一年（西元一三七八）为抽军事佥充正军。……律载人户以籍为定，军匠不许开户，故先朝只充六甲。自国朝不复勾军，康熙丙年（西元一八六六年）冬邑令袁植公以户粮过额，佥户丁余巘明充八甲黄显镇一半，辛亥（西元一六七一）春邑令陈公于逵复拨族中粮户同充户名余安隆，六八之分自此始矣”。[②] 于此可见，余氏家族自明代起至清代康熙年间，通族仅以一甲半花户输充政府的差役赋税。及至清代后期，余氏家族的人口已逾 2000 人，俨然永安一大巨族，然其向官府承担的各种赋税徭役仍是以清初一甲半的花户名称与之发生联系，整个家族的田地人丁均在这册的一甲半的地丁花户掩盖下，逃脱了官府的控制。更有甚者，在一些丁众势大、地方割据局面比较严重的宗族中，公然聚众抗粮殴差的现象也不断发生，以闽南的厦门同安、泉州晋江一带尤烈。宗族与官方之间虽然存在许多利益冲突和对抗，“但家族毕竟是中国大一统专制政体下的基层社会群体之一，完全的对抗是不可能的，家族无论在道义上，还是在现实中，都必须与官府统治保持一定的平衡和协调。……因为适当的对抗可给家族带来一定的地方权力和经济利益，而尖锐对抗的最终结果，则将导致本家族势力的覆灭”。[③] 例如，清末厦门同安县浒井乡张氏宗族的武装抗粮即遭致官府调集大兵会剿，“家长张京等并浒井乡张天禄等合具结状，限三日内将咸丰十年起至同治三年上欠完新旧粮谷照数全完，不敢逾延，即令粮书当面认明，届期兑收。并谕各该家长嗣后督促族众按年完粮，不得再来抗欠，倍干重咎，伊等均各唯唯，又据张天禄等送出余犯张有、张吉二名到案讯”。[④] 而与此同时

---

① 侯官《云程林氏家乘》卷一—《补辑家范》。

② 《永安余氏家谱·赋役志》。转引自陈支平：《五百年来福建的家族与社会》，台北，扬智文化事业股份有限公司 2004 年版，第 98～99 页。

③ 陈支平：《五百年来福建的家族与社会》，台北，扬智文化事业股份有限公司 2004 年版，第 104 页。

④ 程荣春：《桐轩案牍》（浒井乡抗粮拒捕一案，该家长悔罪完粮，指烧匪屋交出余犯押候，跟交正凶讯办由）。转引自陈支平：《五百年来福建的家族与社会》，台北，扬智文化事业股份有限公司 2004 年版，第 104～105 页。

欠粮拒纳的李、叶、陈诸姓,因未参与武装抗粮殴杀官差事件,他们拖欠拒交钱粮如故,官府对这些宗族毫无办法。宗族与官府之间的复杂微妙关系由此可见一斑。

在诉讼方面,明清时期宗族组织有了政府认可的某种自治权,族房长被赋予了审判族人的权力,宗族内的民事纠纷和轻微刑事案件均在族内了结,如若两造不服,方许诉至官府。清人张海珊说:"凡族必有长,而又择其齿德之优者,以为之副。凡劝道风化,以及户婚田土竞争之事,其长与副先听之,而事之大者,方许之官。"①因此,宗族社会里的百姓直接诉诸官府的案件并不多。福建武平县武北湘湖村的"德川公祠"的门柱上有这样一副对联:"瓜瓞义门昌世族,柏台仁里冠平川。"据传,该对联是武平县知县何近珠所书。一次,知县何近珠率兵丁前来湘湖村收税,而刘庆芹、刘庆芳兄弟两人是该村的"头脑公"(地方首领),何近珠与刘庆芹、刘庆芳兄弟俩商量征税问题,兄弟俩估计在湘湖村只能收到钱粮若干,而后来实际收到的钱粮与他俩估计的相差无几。何近珠怀疑其有诈,便准备带刘庆芹、刘庆芳回县城法办。刘庆芹、刘庆芳兄弟俩便设法叫妇女用尿布打兵丁,将知县和兵丁赶出湘湖地界。何近珠心想,好汉不吃眼前亏,你偌大一个村庄,总要来县衙门打官司,到时新账、老账一起算。但事情过去了 3 年多,湘湖村一直无人到县衙门打官司。何近珠十分奇怪,再次来到湘湖村,看到刘氏总祠设施和结构与县衙门相似始恍然大悟,原来湘湖村人的纠纷都是自行解决,祠堂就是宗族的审判堂。于是,他感慨万千地写下了这副对联。② 姑且不论故事情节是否可靠,但通过这个故事,可以大致窥见湘湖刘氏宗族依靠宗族内部力量解决纠纷之一斑。各地宗族也都对投诉于官府持鄙视态度,要求族人非到万不得已不得告官,以求"不劳官府而治"。一些巨族大户甚至标榜自己族睦事简,皆以"无字纸入官府"自诩。例如,安徽黟县《叶氏祖训家风》称:"族内偶有争端,必先凭劝谕处理,勿得遽兴词讼。前此我族无一字入公门者,历有年。……族中士庶以舞弄刀笔、出入公门为耻,非公事不见官长,或语及呈词讼事则忸怩不宁,诚恐开罪祖宗、有忝家风。"③一个巨家大族,数代下来,累年无讼于官府,可以看出宗族组织自行解决的矛盾纠纷有多少!然而,矛盾纠纷主要依靠宗族自

① (清)张海珊:《聚民论》,载(清)贺长龄等编:《清经世文编》卷二三《吏政·守令下》,中华书局 1992 年版,第 2~3 页。

② 参见刘大可:《论传统客家村落的纷争处理程序——闽西武北村落的田野调查研究》,载《民族研究》2003 年第 6 期。

③ 安徽黟县《难屏叶氏族谱》卷一《祖训家风》。

身力量来解决，并不意味着宗族成员就可以成为完全独立于国家权力控制之外的“化外之民”。事实上，即令是在宗族组织盛行、宗族自治程度较高的村落，国家权力偶尔亦能直接予以干预，从而发挥其统治职能。较为常见的就是乡民所说的“见官”“告官”等情况。此类案件大都发生在同村不同姓氏之间，纷争历经数年，公亲初步调解无效，且当事人的一方处于明显的弱势，最终弱者将对方告上官府。例如，徽州休宁县茗洲村吴氏宗族与朱、柯两姓人为祖上坟墓被侵占一事发生纠纷并申诉到官府。[①] 徽州府休宁县七都一图的村邻潘姓与余姓为一桩土地和庄仆买卖而进行了“六年三讼”的漫长的诉讼过程。[②] 广东南海县关氏宗族因斗峒马鞍山始祖坟被基头村伍道迈等人抢占而将其告到官府，又因魏公坑五世祖坟被石碣孔帝昭强占而将其告到官府，并将这些控案记录在族谱中。[③] 而官方对此类案件亦有记载，如巴县档案、宝坻档案、淡新档案和黄岩诉讼档案等。

上述三种关系同时存在于基层民间社会。在这三种社会关系中，家族或宗族是一切社会关系的核心和基础，其他的社会关系可谓家族或宗族关系的拟制与扩展。例如，在乡党之间，同一辈分的乡邻皆以兄弟相称，相差一个辈分的乡邻则是叔侄的拟制。超越乡党的朋友之间则是兄弟的扩展，所谓“四海之内，皆兄弟也”，延伸范围几乎没有什么限制。师生关系则是父子的拟制，“一日为师，终身为父”是也。在政治场域，君臣亦可比作父子，而州县官员则被称作“父母官”。所有这些关系，均系靠伦理道德来维持，所以梁漱溟先生把传统中国社会视为“伦理本位”的社会。[④] 上述各种社会关系就是明清时期民间纠纷发生的社会场域。

第三节　宗族社会所涉纠纷增多的原因分析

有人类社会就会有纠纷存在。清朝知县、学者崔述认为，纠纷和诉讼的产生是正当合理的，他说：“自有生民以来，莫不有讼。讼也者，事势之所

① 《茗洲吴氏家记》卷一二《杂记》。

② 参见韩秀桃：《〈不平鸣稿〉所见明末徽州的民间纠纷及其解决》，载《中国文化研究》2004 年第 3 期。

③ 广东南海《关氏族谱》附录。参见北京图书馆编：《北京图书馆藏家谱丛刊闽粤（侨乡）卷第 27 册·关氏族谱》，北京图书馆出版社 2000 年版，第 181～189 页。

④ 参见徐忠明：《传统中国乡民的法律意识与诉讼心态——以谚语为范围的文化史考察》，载《中国法学》2006 年第 6 期。

必趋,人情之所断不能免者也。”①各种史料和族谱的相关记载告诉我们,宋代以降全国各地很多地方出现百姓“好讼”的现象。及至明清时期,这种“好讼”的风气更是愈演愈烈,各种冲突、纠纷和诉讼空前突出,华南和江南地区“健讼”之风已经非常盛行,以致一些精英官僚哀叹世风浇漓、道德沦丧。明清时期民间纠纷增多的原因如下:

第一,社会经济的发展。人类社会产生、发展的基础是社会经济活动。与“长期停滞论”的说法相反,明清时期的中国经济有着相当可观的发展。在明清时期的500余年间,中国可耕地的拓展大抵与此前2000年间的成绩约略相当;棉花成为仅次于粮食的一个大而集中的种植项目,粮食与棉制品在全国贸易总额中占据最重要的地位;传统的工业亦有相当的发展,它依靠着一种广泛而分散的发展方式,提供了当时世界上1/3人口的工业产品需要。② 与这些经济活动相伴生的民事关系成为此期社会普遍存在的现象。民事关系最本质的特征是利益关系,因此,对利益的争夺必然导致民事纠纷的产生。事实上,我们从明清时期相关司法档案以及民间契约文书中,可以看出此期民事纠纷的普遍存在,在某些地区甚至成为社会纠纷的最主要构成部分。“民讼多山木、坟茔、嗣继。”③如表2-1所示,因民事纠纷引发的诉讼案件占到衙门诉讼案件总数的大半部分。

表2-1　清代顺天府宝坻县刑房自理案件原档分类统计④

内容	起止年代	卷号	卷数(卷)	件数(件)	所占比例(%)
诉讼案件总数			150	4269	100.0
民事诉讼小计			104	2946	69.0
其中:土地、地租案	乾隆—宣统	95-108	14	456	15.5
房屋、房基案	嘉庆—宣统	109-112	4	121	4.1
赌债案	嘉庆—宣统	113-120	8	226	7.7
婚姻案	嘉庆—宣统	161-173	13	187	6.3
过嗣、继承及其他家庭纠纷案	嘉庆—宣统	180-184	5	128	4.3
债务案	嘉庆—宣统	185-195	11	256	8.7
殴斗及其他纠纷案	嘉庆—宣统	197-245	49	1572	53.4

① (清)崔述:《无闻集》卷二《讼论》,载(清)崔述撰著:《崔东壁遗书》,上海古籍出版社1983年版,第701页。

② 参见高王凌:《明清时期的经济增长》,载《清史研究》1999年第4期。

③ 万历《祁门县志》卷四《风俗》。

④ 本表数据参见曹培:《清代州县民事诉讼初探》,载《中国法学》1984年第2期。

第二，人口的急剧增长。宋代以降，尤其是明清时期，中国人口急剧增长。综合各家可能是比较正确的人口数据概述如下：明代初期（14 世纪末叶），7000 万人以上；明代后期（1600 年），15 000 万人以上；清代初期（1682 年），7000 万～8000 万人；1700 年，9000 万～10 000 万人；1750 年，20 000 万人左右；1800 年，超过 30 000 万人；1850 年，40 000 万人以上。[①] 明清时期特别是清朝中国人口的巨大变动，不仅仅反映在数量的大幅增加上，而且也反映在人口的地区分布上。如表 2-2 所示，经济与人口的中心偏重于东部运河沿线省份，其中直隶、山东、安徽、江苏、浙江、江西、福建等省的人口占据全国人口的 2/3。安徽的徽州府一府六县自北宋宣和三年（1121 年）建制至民国初年，其行政区划与面积基本未变，但其人口却增加了 13 倍。北宋崇宁年间（1102～1106 年）有 16.7 万人，元朝至顺元年（1330 年）有 82.43 万人，明代洪武二十九年（1396 年）有 59.2 万人，明末约 80 万人，清代康熙五十年（1711 年）217.4 万人，乾隆七年（1742 年）220 万人，嘉庆年间（1796～1820 年）206.2 万人。[②] 明清时期是福建，特别是闽南向外移民的重要时期。尽管泉州人大量外徙，但道光时人口仍高达 300 万，户数是宋初的 6 倍。[③] 明清时期漳州人口也大量外迁，但伴随着移民的流入，尤其是客家人的迁入，从明弘治十五年（1502 年）至嘉靖三十一年（1552 年），漳州人口由 26 万增至 32 万，亦是一个跃升。[④] 随着人口的急剧增长，明清两朝大力鼓励开垦荒地，土地面积也有较大幅度的增加。据学者估计，清代耕地面积实际数量应在 10 亿亩以上。但是，耕地面积的增长速度大大低于人口的增长速度。按照人口平均耕地量，明后期时为 6.5 亩，清初期为 6.0 亩，中期为 2.5 亩，下降了 60%。[⑤] 这样，人口的快速增长导致了“人满为患，地不足养”的问题，与此相关的矛盾纠纷急剧增加。

表 2-2　明清两代的人口分布

	1393 年		1749 年		1851 年	
省份	人口（千人）	比重（%）	人口（千人）	比重（%）	人口（千人）	比重（%）
河北	1927	3.18	13 933	7.85	23 455	5.43

① 参见高王凌：《明清时期的中国人口》，载《清史研究》1994 年第 3 期。

② 参见陈会林：《地缘社会解纷机制研究——以中国明清两代为中心》，中国政法大学出版社 2009 年版，第 172～173 页。

③ 参见郭志超、林瑶棋主编：《闽南宗族社会》，福建人民出版社 2008 年版，第 42 页。

④ 参见郭志超、林瑶棋主编：《闽南宗族社会》，福建人民出版社 2008 年版，第 51～52 页。

⑤ 参见许涤新、吴承明主编：《中国资本主义发展史·第 1 卷·中国资本主义的萌芽》（第 2 版），人民出版社 2003 年版，第 203 页。

续表

	1393 年		1749 年		1851 年	
省份	人口(千人)	比重(%)	人口(千人)	比重(%)	人口(千人)	比重(%)
山东	5256	8.68	24 012	13.53	33 266	7.70
江苏	7616	12.57	20 972	11.82	44 303	10.26
安徽	3140	5.20	21 568	12.15	37 631	8.71
浙江	10 488	17.32	11 877	6.69	30 107	6.97
江西	8982	14.84	8428	4.75	24 516	5.68
福建	3917	6.47	7620	4.29	20 099	4.65
山西	4072	6.73	9509	5.36	15 693	3.63
河南	1913	3.16	12 848	7.24	23 928	5.54
陕西	2317	3.83	6734	3.79	12 010	2.78
甘肃			5710	3.21	15 440	3.58
四川	1467	2.42	2507	1.41	44 752	10.36
湖北	4703	7.77	7527	4.24	33 810	7.83
湖南			8672	4.89	20 648	4.78
广东	3008	4.97	6461	3.64	28 389	6.57
广西	1483	2.45	3688	2.03	7823	1.81
云南	259	0.43	1946	1.09	7403	1.71
贵州	—	—	3075	1.73	5436	1.26

资料来源:梁方仲:《中国历代户口、土地、田赋统计》,上海人民出版社 1980 年版,甲表 69、70、78、79、82、83。说明:本表只列入清代所谓 18 直省,以为比较之用,未列入东北、新疆等地。

第三,土地交易的日益频繁。明清时期,随着商品经济的发展,农业的商品化程度也日益增强,土地市场化的趋势日益加快,形成了大规模土地交易。宋代地权转移的速度正如辛弃疾词《最高楼》谓:“千年田换八百主。”及至明清时期,地权转移的速度更是有增无减。苏州有谚曰“百年田地转三家”。到了清朝嘉道之际,更是出现地权“十年之间,已易数主的情形”。[①] 明清时期,尤其是清代,素来“不得典卖”的宗族族田也进入交易市场。据学者考察,在清代广东土地买卖中,宗族是最大的买家,又是最大的卖家,而且往往是在宗族之间进行的。族田多因“阖族急用”,经全族人商

① 钱泳:《履园丛话》卷四。

议而出售。[①] 在福建省建阳县,陈盛韶《问俗录》有谓:“有一田而卖与两户,一田骨、一田皮者;有骨、皮俱卖者,田皮买卖并不与问骨主。骨系管业,皮亦系管业;骨有祖遗,皮亦有祖遗。”有些宗族甚至连族田轮值权也可以交易。族田所有权归宗族,而宗族成员拥有轮值年的经营权。也就是,在轮值年份里,成员拥有族田经营权及其收益。此时,有的成员将自己的轮值年经营权抵财富。轮值年一过,则无权经营,也无权抵押。[②] 随着小农家庭、地主家庭纷纷卷入田地买卖,地权交易出现零细化趋势。例如,明代安徽休西胡玄应家的地契抄件载明,从隆庆元年(1567 年)到崇祯十年(1637 年)70 年间,胡家共买进土地 110 笔,其中绝大多数是几分地以至几厘地,1 亩以上的只有 9 笔,最大的 1 笔不过 11.9 亩,这 110 笔合计纳税亩数仅有 44.875 亩,平均每次交易 0.4 亩,[③]足见交易是零星进行的。清代章邱县太和堂李家,从乾隆二十六年(1761 年)到咸丰十年(1860 年)整 100 间共买进土地 57 笔,计 260.38 亩,平均每笔 4.5 亩,最大的 1 笔不过 11.6 亩。[④] 族田也是如此,据《萧山朱家坛朱氏宗谱》的记载,萧山米氏自乾隆五十九年(1794 年)至咸丰九年(1840 年)增置的 32 处田地,每次增置绝大部分都是几分或一两亩地,最少的仅半分,最多的只有 3.8 亩。《练西黄氏宗谱》(卷 13)记载,江苏黄氏宗族在喜定、宝山、昆山拥有 616 亩多处田地,各县 80%~90% 都是三四亩以下的小块的田地,族田的零星分布,亦表明是通过零碎购买而得。当然,大面积的地权转让也不时可见,一次交易就达几十亩、几百亩乃至成千上万亩,大笔土地的购买者主要是一些权势豪门,往往是运用经济外强制干扰田地市场的正常运转才达致交易的。[⑤] 土地交易的频繁,围绕土地而展开的纠纷在明清时期也就十分普遍。

① 赵令扬、谭棣华:《清代珠江三角洲商品经济的发展与土地问题》,载叶显恩主编:《清代区域社会经济研究》,中华书局 1992 年版。

② 参见彭文宇:《清代福建田产典当研究》,载《中国经济史研究》1992 年第 3 期。

③ 参见许涤新、吴承明主编:《中国资本主义发展史 · 第 1 卷 · 中国资本主义的萌芽》,人民出版社 1985 年版,第 55 页。

④ 参见景苏、罗仑:《清代山东经营地主底社会性质》,山东人民出版社 1959 年版,第 51~52 页。

⑤ 参见李文治:《清代鸦片战争前的地租、商业资本、高利贷与农民生活》,载《经济研究》1956 年第 1 期。

第三章　明清时期宗族社会纠纷解决机制之构成

所谓纠纷解决机制，是指一个社会为解决纠纷而建立的由规则、制度、程序和机构（组织）及活动构成的系统，其构成要素主要包括：(1)纠纷解决机构（及人员，即解纷主体）；(2)纠纷解决的依据或规则（法律与社会规范）；(3)纠纷解决方式（协商和解、调解及裁决等）。① 具体到明清时期宗族社会纠纷解决机制，其构成要素主要包括纠纷解决机构及其人员（解纷主体）、纠纷解决的依据或规范（法律与社会规范）、纠纷解决的基本原则以及纠纷解决方式等。

第一节　宗族解纷的主体

纠纷解决机制构成的第一要素是解纷主体。那么传统中国宗族社会纠纷解决的主体是什么？这个解纷主体包括哪些人？这是我们研究传统中国宗族社会纠纷解决机制首先要弄清楚的问题。

传统中国宗族社会是一个由多重结构组成的宗法制社会。作为一种社会基层的组织系统，宗族内部结构以不同等级的区分为特征，费孝通先生称之为"差序格局"。宗族内部分层的标准主要是血缘的亲疏、辈分、资产、性别等，而血缘的亲疏和辈分的高低是宗族结构最主要的分层标志，换言之，宗族的血缘谱系本身就形成了一种组织结构。"事实上，在中国本土文化观念中，宗族就是一个共始祖的男性族群，明确的共祖谱系应该是一般意义上的宗族构成的基本条件。"②一般而言，传统中国的宗族由家（家庭）、房（门）、族（宗族）三个不同层次构成。家即是单个家庭，是一个宗族内最基本的活动单位，是一个同居共财的单位。一般的情形是始迁祖在一地定居，娶妻、结婚、生子，儿女成年后，经过分家析产，儿子们又组成一个新的家庭。房在宗族结构中是一个十分重要的层次，是指宗族因血缘世代的繁衍分裂中产生的房支。房"是宗族结构的重要支点，从纵的方向上，是父系血缘谱系世代延续的连接点；从横的方向上，是宗族血缘同一世代的

---

① 参见范愉：《纠纷解决的理论与实践》，清华大学出版社2007年版，第80~81页。

② 林济：《弗里德曼模式与中国宗族社会史研究》，载《史学理论研究》2003年第2期。

不同分支”。[①] 我国台湾地区学者陈其南在研究汉人家族系谱模式的过程中，指出：“‘房’的观念才是厘清汉人家族制度的关键。”[②]族是宗族的最高层次，是同一个男性祖先的众多后代的整体性指代。这种家、房、族三级宗法组织不是处于彼此间毫无联系的涣散状态，而是一个有机的联合体，它们之间是一种上下级之间的互相统属的关系。而这三级组织的首领，即家长、房长、族长，则构成宗族社会的解纷主体。此外，清代后期，特别是民国年间，一些宗族仿效西方议会制而成立了族会或族议会，并设立了常务机构——理事会；还有一些宗族依据西方分权的政治模式，成立了宗族的监事会、评议会等。它们亦构成了宗族社会的解纷主体。

一、家长

传统中国历代王朝均以家庭为直接统治对象，而不是以每个人为统治对象。因而历代统治者都很重视家庭问题、确认家长的至高无上权力。在一个个体家庭里，家长是家庭的代表，对内统辖家政，全权处理家内纠纷，平息家庭风波，保障家庭生产和生活的正常秩序；对外则代表家庭处理交往、交涉等事宜。“一家之中，大小事务，悉主于家长。”[③]即所谓“家无二主，尊无二上”。[④] 康熙四十一年（1702年），浙江会稽顾氏宗族制定的《家范》，其“重家长”条规定：“凡为家长，所以总治一家之务。……其下有事，事无大小必先禀，无得专行。”[⑤]

一般而言，家长的身份基于血缘或婚姻关系而确立，亦有父祖授命、由家族推举一人为家长，但无论是大家庭还是小家庭，均由年长辈高者担任。在一个只包括父母和子女两个世代的家庭，父亲是家长；在一个包括三个世代的家庭，祖父为家长。

家长在家庭中具有不可侵犯的至尊地位，享有教令权、财产权、主婚权等。云阳涂氏宗族特别强调家长的“教令权”，“子孙不听祖父母、父母教训，或奉养有差，应令入祠重责”。[⑥] “凡子侄有过，俱于朔望日告于祠堂，鸣鼓罚罪。轻罪初犯责十板，再犯二十，三犯三十；三年不改，斥出。”[⑦]对于违犯教令的子孙，明、清的法律虽然规定的刑罚较唐律宽容得多，但父

---

① 秦燕、胡红安：《清代以来的陕北宗族与社会变迁》，西北工业大学出版社2004年版，第68页。
② 陈其南：《家族与社会》，台北，联经出版事业股份有限公司2004年版，第129页。
③ 《新州叶氏家谱》第一本《修省斋公家规》。
④ 《礼记·坊记》。
⑤ 《顾氏族谱》卷二《家范》。
⑥ 《云阳涂氏族谱》卷一一《族范志》。
⑦ （明）霍韬：《霍渭崖家训》。

母并非绝对不得杀子孙,子孙有殴骂不孝的行为,被父母杀死,是可以免罪的。例如,“王起长子王潮栋恨弟王潮相不肯借钱,持刀赶砍。王起将王潮栋拉回,缚其两手,向其斥骂,王潮栋回骂。王起气忿莫遏,将王潮栋活埋。吉林将军照子孙违犯教令,父母非理殴杀律拟罪。刑部以子骂父,系罪犯应死之人,与故杀并未违犯教令之子不同,亦与非理殴杀违犯教令之子不同,依律勿论”。[①]

传统中国家庭实行的是共有财产制,家庭财产统由家长支配,禁止家属处分或动用家财。《礼记·曲礼》说:“父母存,不许友以死,不有私财。”《礼记·内则》曰:“子妇无私货,无私蓄,无私器,不敢私假,不敢私与。”根据《广西民事习惯报告书》的记载,在近代广西汉族家庭中,“凡未分析之家产,管理之权有归于家长一人之习惯”。[②]《大明法律全书》规定:“同居共财,熟非己有,但总摄于尊长,卑幼不得而自专也。”《清律辑注》亦规定:“一户以内所有地粮,家主为之;所有钱财,家长专之。”对于同居卑幼私自动用家财,历代法律皆规定了刑事处分。《大明律》卷第四《户律》一《户役》“卑幼私擅用财”规定:“凡同居卑幼不由尊长,私擅用本家财物者,二十贯笞二十,每二十贯加一等。罪止杖一百。”《大清律例》卷八《户律》一《户役》“卑幼私擅用财”规定:“凡同居卑幼,不由尊长,私擅用本家财物者,十两,笞二十,每十两加一等,罪止杖一百。”虽然卑幼对家长如何管理与处分家庭财产不得提出异议,但如果家长处分家庭共有财产侵犯了卑幼的个人利益时,卑幼则有反对的权利,法律亦对此作出了保障性规定:“若同居尊长,应分家财不均平者,罪亦如之。”[③]

家长财产权发展的极致,就是剥夺了子女的婚姻自主权。家长的意志是子孙婚姻成立或者撤销的决定性条件。因为婚姻的意义是“合两姓之好,上以事宗庙,而下以继后世也”。[④]《大明令》之《户令》规定:“凡嫁娶皆由祖父母、父母主婚。祖父母、父母俱无者,从余亲主婚。若夫亡携女适人者,其女从母主婚。”[⑤]《大清律例》卷十《户律》之《婚姻》亦规定:“嫁娶皆由祖父母、父母主婚,祖父母、父母俱无者,从余亲主婚。其夫亡携女适

---

① (清)祝庆祺、鲍书芸、潘文舫、何维楷:《刑案汇览(三)》卷四四《殴祖父母父母》,北京古籍出版社 2004 年版,第 1599 页。

② 《广西民事习惯报告书》,广西官书局清宣统三年编。转引自钱宗范、梁颖等:《广西各民族宗法制度研究》,广西师范大学出版社 1997 年版,第 114 页。

③ 《大明律》卷四《户律·户役》“卑幼私擅用财”;《大清律例》卷八《户律·户役》“卑幼私擅用财”。

④ 《礼记·昏义》。

⑤ 《大明律》,怀效锋点校,法律出版社 1998 年版,第 241 页。

人者，其女从母主婚。”①这些规定表明：家长有权根据自己的好恶决定为子娶媳，为女择婿。一旦子媳与翁婆发生了纠纷，家长又可以命令相爱甚深的子孙与媳妇离婚。婚姻的缔结与取消，与婚姻当事人本人关系不大，全由两姓两家的家长决定。

家长在家庭内具有绝对的权威，与此相适应，家长亦代表整个家庭承担着法律规定的义务。明、清律均规定，嫁娶违律，罪坐主婚之家长，当事人无罪；家人共同犯罪，不论谁为首谋，独坐家长，卑幼无罪；脱漏户口，完粮纳税违限，罪坐家长；服舍违式，丧葬违律，皆罪坐家长。如果一个家庭成员违规触法，干扰了正常的宗族秩序，不仅行为者本人要受到宗族法的惩罚，家长也会因其监护不力而受牵连。例如，浙江萧山《翔凤朱氏族谱》规定：“子孙贤否，关于父兄教训。……其有不肖子孙入于非类者，皆由父兄不能预禁之故。被族长觉察实情，赴祠禀告祖先，公议，将父兄议罚，其不肖者重罚。”②一些宗族甚至规定，家庭成员触犯族规，单独处罚其家长，行为者本人反而免受追究。例如，江苏梁津孙氏宗族规定：“祖、父不规教子孙及家长不约束奴仆、雇工，纵其为非，干犯尊长，凌辱众人，《祠规》议定责三十。”③于此可见，在家长制下，家长的权利与义务是统一的。

二、房长

房（门）是介于家和族之间的一级组织，也是对外联系和解决纠纷的单位。各房都有一个权威性的领袖，即房长。房长的产生实行合族“公推”，通常由辈分高、年龄长、德高望重的男性长辈担任。江西临川《孔氏支谱家规条例》中关于“立房长”规定：“房长以理一房之事，每房公举一位。本房子孙蕃庶，公举二位。亦必年高有德公正无私者为之。”④但有时房长并非老人，辈分高、家庭经济好、有一定的组织能力和管理能力者也可以担任房长。“公推族中殷实廉能者任之。”房长与族长、家长共同组成宗族的领导机构。

除了主持支祠的祠祭和墓祭、召开本房子弟会议、决定本房重要事务、监督或管理本房祠堂财务、教育本房子弟、代表本房参加宗族会议外，房长

① 《大清律例》，田涛、郑秦点校，法律出版社1998年版，第204页。

② 浙江萧山《翔凤朱氏族谱》卷二《家则》。转引自朱勇：《清代宗族法研究》，湖南教育出版社1987年版，第46页。

③ 江苏梁津《孙氏家乘》卷一《祠堂条规》。转引自朱勇：《清代宗族法研究》，湖南教育出版社1987年版，第46页。

④ 曲阜师范大学历史系：《曲阜孔府档案史料选编》（第三编《清代档案史料》第1册），齐鲁书社1980年版，第49~50页。

而决,其效力不下于法官。”①族长解纷的范围都是所谓的“鼠牙雀角”的纠纷,如族产纠纷、立嗣纠纷、分家析产纠纷、墓葬纠纷、家庭纠纷、生活纠纷、土地纠纷等。族长的解纷范围后有专论,此处从略。由于一个世家大族,数百人甚至数千人聚族而居,朝夕相处,各种纠纷时常发生,“强欺弱,众暴寡,富吞贫,恃尊凌弱,以少犯长,藐视族人而仇雠之”的现象势所难免”。② 特别是明朝中期商品经济繁荣和资本主义生产关系萌芽产生后,“风俗浇漓”,人与人之间“狼戾妒忌,恃强欺弱”“恃富欺贫,恃尊凌卑”“巧施奸伪,侮弄是非”的现象更为严重。③ 在宗族组织看来,首先应尽量避免族内纠纷。倘若一旦纠纷发生,“须听凭族长、房长及明理族属代为处分”。“勿言于异姓,勿讼于公庭,但告于房长,群往而理论之,原情而解释之,房长不能则投族长。若本宗有急难而勾引外人作祟者,群攻之。”④而对于族长来说,“凡遇族中有不平之事,悉为之处分排解,不致经官。如果秉公无偏,而顽梗者不尊,则鸣之于官处治之”。⑤ 凡族中较大纠纷,族长一旦作出裁决,双方都要立约,族长签字。例如,福建南安王氏宗族的《太原王氏家谱中》就记载着一则宗族内部的房宅地基纠纷及其经宗族处理后立下的合约。该合约云:

立合约本族王文顺公、王金保公二房嗣孙等。原有肖宅屋基一座,前近文顺公祖屋后龙,后近金保公子孙祖屋上手花台,有碍肩腋。有肖宅将此本屋一半出卖与金保公子孙为业,又一半出卖与文顺公子孙为业。为因两家争论墙基有碍两家风水,托得族长、亲识人等凭公理论,二家各体本族叔侄亲谊之情,即将老墙基做进当众理石起底为界。所有肖宅屋基二家俱有文约。今凭众议,本屋基只许荒废,余宅以为空坪,二家不得蓄木栽菜架屋,亦不许锄低担进,久后两家不得侵占等情,如有此色,许二家执约公论。今来二家甘心意允,各无反悔,欲后有凭,用立合约二纸,各执一纸,永远收执存照。所有屋基空地从文顺公祖屋后花台墙旁路起量,至金保公花台肩腋理石条止,共计五文八尺,计高五尺五寸,石条横二丈二石宽批照。

康熙癸丑十二年二月　日

---

① 瞿同祖:《中国法律与中国社会》,中华书局2003年版,第24页。

② 《重修古歙东门许氏宗谱》卷八《许氏家规》。

③ 歙县《泽富王氏宗谱·宗规》。

④ 南安《太原王氏家谱》。转引自苏黎明:《泉州家族文化》,中国言实出版社2000年版,第150页。

⑤ 《重修古歙东门许氏宗谱》卷八《许氏家规》。

立合约王文顺王金保子孙　一彪　用予　宜详　周候
族长子住　子谟　亲识杨步元　杨丽如　待字人　赞生①

族长不仅有权处理宗族内部的纠纷，而且在解决族际纠纷乃至族际械斗中也发挥了巨大作用。宗族不是孤立存在的，同一个地域内不可能只有一个宗族。每一个宗族在与外族交往的过程中，形成自己的对外关系网络。同一地域的宗族与宗族之间，当其宗族利益基本一致时，为了共同的利益，它们往往和睦相处，甚至联合起来。此时，族长的作用就是充当协调者的角色。例如，明代嘉靖、万历年间，闽南沿海一带倭寇猖獗，各个宗族为了保家卫族，经常联合起来，遇有贼警，相互呼应，相互救援，以保障地方的共同安全。"凡数十家聚为一堡、砦垒相望、雉堞相连，每一警报则鼓锋喧闹……提兵一呼，扬旗授甲，云合响应。"②在社会比较安定的情况下，同一区域的不同宗族为了共同的利益和维持宗族之间的平衡关系，往往达成一定的谅解和规约，从而和睦相处、乡里平安。这种由各个宗族族长、士绅们牵头制定的乡规民约，无疑比起封建官府的里甲、保甲制度更能够协调地方上各个宗族之间的关系。

宗族之间发生纠纷时，族长又成为宗族的代言人，出面与之交涉处理。某些纠纷在双方族长的共同调解下得以化解，如光绪华安县仙都乡陈、林二姓族人的水圳纠纷就是在"公亲家长"的调解下得到顺利解决的，并立下契约。现摘录如下：

立换字人豪洮与仲通公派下等，为平圳圳水滋嫌一事，蒙公亲子狗、万意，延请两保公亲家长出位调理评判，全港圳水改收流入豪洮右边厝下水窟，转流入田培苗，不得分散，将洮向豪昌、隆盖置买两片茶畬，判换仲通公派下等栽插杉松竹木，又将豪捧承管茶畬一片，判换豪洮掌管，又昌畬内判付新开横路一条。至公至夷，相得相益，俾春风于两面，复和气于一团，凭公人立出换字一样两纸，各执存照。

光绪十六年庚寅闰二月　日　　　　公亲人　前坑黄雪
霞林林卉
云山汤和春
大坪林集福
吉土陈吉生

① 苏黎明：《泉州家族文化》，中国言实出版社2000年版，第151页。
② 嘉庆《云霄厅志》卷八《兵防志》。

立字人　豪洮[①]

宗族之间的矛盾和纷争激化到不可调和的时候,武装械斗势所难免。此时,族长们的作用同样重要。无论出于何种原因,在宗族声望和利益受到损害时,宗族总是不惜以武力去抢回面子,或是争夺固有利益。在这种情况下,族长又具有统率权,他以族田族产为经济后盾,统率族人实施救助守御,发动、组织和督促族众进行对抗。发现懦弱不前者,依据族规加以惩处;对于那些表现突出者则予以褒奖;对在械斗中被打死者,则对其家属负责安抚照料。明清时期,特别是清代,在宗族组织盛行的福建、广东、广西、江西等省区,不断发生宗族间的武装械斗,其中尤以福建的漳州、泉州和广东的惠州、潮州等地最为频仍。宗族间的对抗械斗,"固然对社会的发展起着了许多不良的影响,反映了家族制度的愚昧性和落后性,然而,它对于加强家族内部的团结,维护家族对于地方社会的控制权,却有着强烈的现实效果"。[②]

由于族长的权力极大,因而不少宗族对防止族长权力的滥用作出了限制,规定宗族组织机构成员和族长必须接受全体族人的监督,如不称职可以撤换改选。如交河李氏宗族规定:"不许恃族长名声,做事不端、处事不公,以致家法紊乱",族长如"行诣有愧,触犯规条,合族齐集,公讨其罪,如稍有改悔,聊示薄惩,以警其后,不然则削去族长名字,永远不许再立"。[③]安徽桐城麻溪姚氏宗族规约亦明确规定,房长"倘公事怠惰,处事徇情,族众查确,会齐公所,将房长革退;若更有受贿之弊,加之责罚"。[④]

总之,"凡宗族中……间有是非争论,必先告家长,继以分长,终之族长。如未投鸣,遽行告官者,严加责罚"。[⑤] 家长、房长和族长构成明清时期宗族社会纠纷解决的主体。

四、理事会或评议会

清代后期,特别是民国年间,随着西方文明的传入,一些受西方文化影响的宗族尊长纷纷仿效西方议会制来改造宗族机构,成立了族会或族议

① 陈支平:《五百年来福建的家族与社会》,台北,扬智文化事业股份有限公司2004年版,第120页。

② 陈支平:《五百年来福建的家族与社会》,台北,扬智文化事业股份有限公司2004年版,第127~128页。

③ 《交河李氏族谱·谱例》。

④ 安徽桐城《麻溪姚氏家谱·家规》。

⑤ 安徽旌德《彭城刘氏礼村世谱·家规》。

会。成年的族人是当然的族议会会员，如浙江宁波《鄞西柱史台章氏旅沪同总会规章》第16条规定："凡祖乡祠下旅沪同宗，及宁、绍同族，年在十六以上，品行端方，操业正当，而有志合群保乡者，均可入会。"①福建安溪刘氏宗族《若乾家族会章程》第4条规定："凡本房人年满二十岁者，均为本会会员。"②但是，如果族人犯有严重的过失，或者是触犯了国家法律，这一族权就会被剥夺。"会员入会之后，如查有品行不端，或于本会名誉利益有所妨碍者，得由总务部报告会长，经常会通过后，函知本人，一律取消。"③

族议会是宗族的最高权力机构，有权决定宗族的大事，包括订立族规。例如，福建安溪刘氏宗族《若乾家族会章程》第2条规定："本会以处理本房公共事项，促进家族进步为目的。"④浙江宁波《鄞西柱史台章氏旅沪同总会规章》第3条规定："本会以固结团体，整顿祖乡，联络族谊，保护公益为宗旨。"⑤族议会要通过一项议案，一般需要有半数以上会员出席会议，并在表决时得到半数以上与会者的赞同。如果某一项议案牵涉到某一尊长，该尊长应该退席回避。族议会还成立了宗族的常务机构——理事会，处理族议会的日常事务，理事会理事由族议会或户长大会选举产生。福建安溪刘氏宗族《若乾家族会章程》第5条规定："本会设理事七人，并互选常务理事一人，组成理事会，办理本会日常事务。"⑥江西婺邑双杉王氏宗族还组织了"祠务委员会"，设主席、常务委员等。到1937年又改设理事会，掌管族内事务。宣统年间，浙江《姚江云柯柴氏宗规》规定，宗族设立"主任族长""族长"与"董事"，"顾惟董事、族长统率族人。除刑伤故犯、未曾婚娶不得立外，宜择董事"；董事"须选贤达者为之。若子孙不能象贤，毋得承袭"。⑦ 湘西《武陵郭氏公定规约》第1章第1款规定："本族设理事会，办理关于伦常、祠产、祭吊及约载之一切事项，有随时议处并代表对外参加一切公共组织，如署名、诉愿、送惩之权。理事会定额七名，其人

① 《鄞西高桥章氏宗谱》卷四《鄞西柱史台章氏旅沪同总会规章》，1934年本。转引自费成康：《中国的家法族规》，上海社会科学院出版社1998年版，第412页。

② 刘氏《若干家族会纪录·若干家族会章程》，安溪县档案馆，卷宗第209号。转引自陈支平：《五百年来福建的家族与社会》，台北，扬智文化事业股份有限公司2004年版，第89页。

③ 《鄞西高桥章氏宗谱》卷四《鄞西柱史台章氏旅沪同总会规章》，1934年本。转引自费成康：《中国的家法族规》，上海社会科学院出版社1998年版，第416页。

④ 刘氏《若干家族会纪录·若干家族会章程》，安溪县档案馆，卷宗第209号。转引自陈支平：《五百年来福建的家族与社会》，台北，扬智文化事业股份有限公司2004年版，第89页。

⑤ 浙江宁波《鄞西高桥章氏宗谱》卷四《鄞西柱史台章氏旅沪同总会规章》，1934年本。转引自费成康：《中国的家法族规》，上海社会科学院出版社1998年版，第416页。

⑥ 刘氏《若干家族会纪录·若干家族会章程》，安溪县档案馆，卷宗第209号。转引自陈支平：《五百年来福建的家族与社会》，台北，扬智文化事业股份有限公司2004年版，第89页。

⑦ 参见程维荣：《中国近代宗族制度》，学林出版社2008年版，第209页。

选以品行端正、学识优长者合格,但素无不正当行为之人亦为合格。"①有的宗族还依据西方分权原则,选举产生宗族的监事会、评议会等,其中监事会有监察理事会工作、核算公用账目、随时提出质问及弹劾不良分子之权。例如,湘西《武陵郭氏公定规约》第1章第6款规定:"本族设监事会,办理补助理事会推行本约之一切事项,有考察理事会之办事及核算公用账目、随时提出质问及弹劾不良分子之权。"②评议会则专门裁断族内的各种纠纷和案件。《武陵郭氏公定规约》第6章"弭纷争"详细规定了评议会的职能及其裁决纠纷之程序,现逐录如下:

本约为弭息一姓内部之争端,图谋减轻双方之损失起见,特规定办法于左。

评议程序

一、本办法称当事人为声请人、被声请人。

一、凡族内遇有一切争执,该当事人应于衅起一日内,以口头详叙事实报明理事长。如认为必要解决时,预签定洞达明理、负有族望之理事三人至五人为评议人,关系人为当然人。上项评议人,族、房理事及监事均得被签。

一、前项评议签定后,由族理事长确定日时,说明事由,先期通告之。评议人不得无故不到。

一、评议会以族理事长为评议长,如族理事长遇有应回避时,临时公推一人为本一案之评议长。

一、祠内设评议席(以长形方桌为宜),评议长首坐,各评议人分坐两旁,声请人、被声请人分东西坐于距议席五尺之下,关系人坐于距议席五尺之两旁。初由理事长指唤声请人陈叙事实,叙毕再唤被声请人陈叙事实。双方陈叙以简而明为宜。

一、评议人如听清双方陈叙后,开始讨论。讨论详明,随即提出主张,以备决定。

一、前项主张之意见,以取得各评议人三分之二以上同意为决定。如同时有两主张时,则征求其他评议人,以得赞同多者为决定。声请人、被声请人除备评议之咨询外,对于讨论事实不得参言。如提出主张时,尤不得出首强争。但事实如有遗漏,得起立声明再补叙之。

---

① 《武陵郭氏续修族谱》卷首上《公定规约》,1947年本。转引自费成康:《中国的家法族规》,上海社会科学院出版社1998年版,第420页。

② 《武陵郭氏续修族谱》卷首上《公定规约》,1947年本。转引自费成康:《中国的家法族规》,上海社会科学院出版社1998年版,第420页。

一、关系人除备评议咨询外，对于赞同主张，无参加权。

一、决定主张后，由评议长对双方宣示理由，分别执行。

一、所有本日食用各费，或责成一方面负担，或指定双方分担，概由评议人连同决定之评议要旨。

一、纷争系包民事、刑事而言，评议人直以推事、检事之大权操于一手，应如何加意考虑、讨论、綦详，以期达到无枉无纵之正的。

一、评议人负有教、戒、罚之全权，应以勤劳、明察、慈惠之本，能阐扬行政司法之主旨，无党、无偏、互励、互戒，以期将事了楚。

一、评议人应立于双方公共之立场，平情静气，明咨暗忖，不使事实有丝毫之不明。设地处身，反复审察，以询出远因而将其症结剔除，以取得双方信仰、咸服之结果。①

由上可知，这些“家族会”“族议会”实际上是一种新型的家族自治、自我管理的形式，而“章程”“规章”“规约”等则是当时的一些自治摒弃了旧式的家法族规，仿效西方议会制而订立的体现近代民主观念的家法族规。根据这些新型的家法族规，理事会、评议会等具有解纷的职能。如“子弟有不务正业、恒日游荡惯行、参入赌场歹类、玩视伦纪、专作一切违反政令之行为者，理事会应提出警告制止。制止不遵，得由理事长传唤宗祠、宣示其行为后，处一月以上之工役，或径送充兵役”；“送惩与呈诉之文件，理事长均应署名”。② 因此，作为一种集体形态，“理事会”“评议会”等亦构成宗族社会的解纷主体。

第二节　宗族解纷的规范依据

人类社会的纠纷解决机制自古以来就是多元化的，由此解决纠纷的依据亦呈现多元化的特征。早在 20 世纪 60 年代，美国汉学家曹文彦就提出：“在纠纷解决中，首先依据的是情（human sentiment），其次是理（reason），最后才是法（law），这是中国人民自古以来的传统。”③当代法国著名比较法学家勒内·达维德亦说：“中国人尊重的传统是，解决争端首先

---

① 《武陵郭氏续修族谱》卷首上《公定规约》，1947 年本。转引自费成康：《中国的家法族规》，上海社会科学院出版社 1998 年版，第 426~427 页。本段引用中的序号原文如此。

② 《武陵郭氏续修族谱》卷首上《公定规约》，1947 年本。转引自费成康：《中国的家法族规》，上海社会科学院出版社 1998 年版，第 423 页。

③ ［日］滋贺秀三等：《明清时期的民事审判与民间契约》，王亚新等编译，法律出版社 1998 年版，第 24 页。

必须考虑'情',其次是'礼',然后是'理',只有最后才诉诸'法'。"①明清时期宗族社会解纷的依据亦是多元的。

一、国家法律

(一)皇帝的诏旨、圣谕

明清时期,最高统治者皇帝发布了诸多诏旨、圣谕,这些诏旨、圣谕构成宗族解决纠纷的最高准则和基本依据。

明太祖朱元璋在洪武三十年(1397 年)九月曾颁布"上谕六条",即"孝顺父母,尊敬长上;和睦乡里,教训子孙;各安生理,毋作非为。"②

洪武三十一年(1398 年)四月,明太祖为处理民间细微纷争,减少民间词讼,特命户部制定和颁布了《教民榜文》,对老人、里甲长理断民讼和其他乡村事务等方面都作了具体而详尽的规定:

(前言)今出令昭示天下:民间户婚、田土、斗殴相争一切小事,须要经由本里老人、里甲断决,若系奸、盗、诈伪、人命重事,方许赴官陈告,是令出后,官吏敢有紊乱者,处以极刑。民人敢有紊乱者,家迁化外。

第一条　民间户婚、田土、斗殴、相争一切小事,不许辄便告官,务要经由本管里甲、老人理断。若不经由者,不问虚实,先将告人杖断六十,仍发回里甲、老人理断。

第二条　老人、里甲与邻里人民,住居相接田土相邻,平日是非善恶,无不知晓。凡民有陈诉者,即须会议,从公剖断。许用竹篦荆条,量情决打。

……

第四条　老人理词讼,不问曾朝觐、未曾朝觐,但年五十之上,平日在乡有德行、有见识、众所敬服者,俱令剖绝事务,辨别是非。有年虽高大,见识短浅,不能辨别是非者,亦置老人之列,但不剖决事务。

……

第六条　老人、里甲剖决词讼,本以便益官府,其不才官吏,敢有生事罗织者,罪之。

第七条　老人有犯罪责……若有犯重者,亦须会审明白,具由送所在有司,解送京来,不许有司擅自拿问。若有司擅自拿问,许老人具

① [法]勒内·达维德:《当代主要法律体系》,漆竹生译,上海译文出版社 1984 年版,第 486 页。
② 《清朝文献通考》卷二一《职役》。

由来奏,罪及有司。①

清朝开国君主顺治皇帝重申明太祖"上谕六条",康熙皇帝在六条的基础上又颁发"上谕十六条",即:

敦孝悌以重人伦,笃宗族以昭雍睦;
和乡党以息争讼,重农桑以足衣食;
尚节俭以惜财用,隆学校以端士风;
黜异端以崇正习,讲法律以教愚顽;
明礼让以厚风俗,务本业以立民志;
训子弟以禁非为,息诬告以全良善;
诫窝逃以免株连,完钱粮以省催科;
联保甲以弭盗贼,解仇忿以重身命。②

康熙的"上谕十六条"与朱元璋的"上谕六条"和《教民榜文》的内容极其类似,有异曲同工之妙,二者成为明清时期宗族解纷的总的法律依据。明清时期,各个宗族的家法族规,虽则各具特点,繁简不一,但其基本内容和精神实质则是大体一致的,即将上述"上谕"直接抄录于家法族规之中。例如,明代高攀龙把明太祖朱元璋的"上谕六条"抄录于本族家训之中,声称:"人失学不读书者,但守太祖高皇帝圣谕方言:'孝顺父母,尊敬长上,和睦乡里,教训子孙,各安生理,无作非为'时时在心上转一过,口中念一过,胜于诵经,自然生长善根,消沉罪过。"③安徽《潜阳呈氏宗谱》亦载,康熙三十九年(1700年),"录御制十六训于前者,欲子孙共遵圣论也"。而安徽桐城苍基《王氏宗谱》,不仅将"圣谕六条"原文抄录于谱,甚至连"圣谕六条"的注解也都一一敬录。

(二)基本法典

法律是"定分止争"的准则与工具。国家基本法律始终是国家解决纠纷的最基本依据,亦是宗族社会解决纠纷的重要依据。明清时期的基本法典主要是《大明律》和《大清律例》,二者的大部分内容基本相同,所谓"大清律即大明律改名也"。④《大明律》和《大清律例》有关解纷方面的内容主要有:

---

① 刘海年、杨一凡总主编:《中国珍稀法律典籍集成・乙编・第一册・洪武法律典籍》,科学出版社1994年版,第635~636页。

② 《古今图书集成・明伦汇编・交谊典》。

③ (明)高攀龙:《高氏家训》。

④ (明)谈迁:《北游录・记闻》。

1. 伦理道德。封建社会讲究伦常,重视道德关系。明清时期法律维护以父权家长制为中心的伦理道德关系的重要方面,就是维护家长对以土地为主要内容的财产权的控制。明清法律均规定,父母在,子孙不得别籍异财。违反规定,别籍异财者,受到法律追究。只有在特殊情况下,经父母允许,子孙可以析产,但不得别籍。至于家庭其他方面的关系,如分家析产、立嗣继承和婚姻嫁娶等亦都有具体规定。例如,“告争家财田产,但系五年以上,并虽未及五年,验有亲族写立分书已定,出卖文约是实者,断令照旧管业,不许重分再赎。告词立案不行”。“无子者,许令同宗昭穆相当之侄承继,先尽同父周亲,次及大功、小功、缌麻。如俱无,方许择立远房及同姓为嗣。”“凡男女订婚之初……务要两家明白通知,各从所愿,写立婚书,依礼娶嫁。”“嫁娶皆由祖父母、父母主婚,祖父母、父母俱无者,从余亲主婚。”①

2. 生产秩序。明清时期法律对土地关系的稳定和工商业的正常运转有诸多规定,鼓励百姓各务本业,保障正常交易安全。根据法律规定,百姓官吏不得隐瞒盗卖田粮,“凡欺隐田粮脱漏版籍者,一亩至五亩,笞四十,每五亩加一等,罪止杖一百。其田入官。所隐税粮,依数征纳”。“凡盗卖换易及冒认,若虚钱实契典卖及侵占他人田宅者,田一亩,屋一间以下,笞五十,每田五亩屋三间,加一等,罪止杖八十,徒二年。系官者,各加二等。”明清时期法律还对民间买卖田产行为作出了规定,如“卖产立有绝卖文契,并未注有‘找贴’字样者,概不准贴赎。如契未载‘绝卖’字样,或注定年限回赎者,并听回赎”。② 法律对纳粮、匿税、仓库管理、违禁取利,把持行市、私立牙行埠头等都有具体规定。

3. 社会治安。明清时期法律关于这方面的规定较多,此处仅以基层社会最常见、最普遍的影响社会治安的斗殴、骂詈行为为例。法律从封建等级特权出发,严禁斗殴、骂詈,并且规定了对此行为的理断原则,即尊卑之间偏重维护尊长,良贱之间偏重维护良贵。例如,规定:“凡奴婢殴良人者,加凡人一等。至笃疾者,绞;死者,斩。其良人殴伤他人奴婢者,减凡人一等,若死及故杀者,绞。”“凡奴婢殴家长者,皆斩;杀者,皆凌迟处死;过失杀者,绞;伤者,杖一百,流三千里。……若家长及家长之期亲,若外祖父母,殴雇工人,非折伤,勿论;至折伤以上,减凡人三等;因而致死者,杖一百,徒三年;故杀者,绞。”“凡奴婢骂家长者,绞。骂家长之期亲及外祖父

① 《大明律·户律》《大清律例·户律》。

② 《大明律·户律》《大清律例·户律》。

母者,杖八十,徒二年;大功,杖八十;小功,杖七十;缌麻,杖六十。""凡骂缌麻兄姊,笞五十;小功,杖六十;大功,杖七十;尊属各加一等。若骂兄姊者,杖一百;伯叔父母、姑、外祖父母,各加一等。"①

4. 解纷程序。明清时期法律严禁"户婚、田土、钱债、斗殴、赌博等细事"不经乡里解决而直告官府。《大明律·刑律·诉讼》规定:"凡军民词讼,皆须自下而上陈告。若越本管官司,辄赴上司称诉者,笞五十。若迎车驾及击登闻鼓申诉,而不实者,杖一百;事重者,从重论;得实者,免罪。""凡教唆词讼及为人作词状增减情罪诬告人者,与犯人同罪。若受雇诬告人者,与自诬告同。受财者,计赃以枉法从重论。"《大清律例·刑律·诉讼》亦有相同的规定。

二、家法族规

"家法族规是家族和宗族内部共同制定的或由祖先遗留的要求族人必须遵守和实行的行为规范,它具有约束宗族成员的效力。家法族规成为乡土社会民事纠纷调解的重要依据之一,凡涉及家事、族事的纠纷主要是依据家法族规来调解,它往往比国家制定法起着更深入和更广泛的作用。"②

家法族规的内容非常广泛,涵盖了婚姻家庭、伦常等级秩序、财产关系、祭祀、善良风俗与习惯、违法犯罪及惩罚等社会生活的全部内容。现择其要者分述如下:

(一)伦常等级秩序

尊卑长幼、嫡庶亲疏,具有不同伦常身份的族人,按照家法族规具有不同的地位。安徽泾川《万氏宗谱·家规》载:"尊卑者,分之所秩也,凡分属父兄伯叔,皆谓之尊;子孙弟侄,皆曰之卑。"而"卑不得欺尊,少不得凌长,疏不得问亲,小不得加大"则是调整家族伦常关系的基本原则。如果宗族内部发生了矛盾和纠纷,那么伦常身份就起着非常重要的作用。一般而言,对尊长处罚较轻,而对卑幼则处罚较重。对于亲属之间的相犯,国家法律主要根据血缘关系的亲疏远近而区别处理,但若按照"准五服以治罪"原则,五服之外不为亲,如有侵犯,即以普通犯罪来处理。但是家法族规则扩大了尊卑长幼关系的范围,凡是同族之人,"纵五世亲尽,相去似远,然自祖宗视之,犹似一人之所分",③也必须遵守家法族规规定的伦常秩序。

在伦常关系中,尊长具有特殊地位。各个宗族的家法族规都强调了

---

① 《大明律·刑律》《大清律例·刑律》。

② 春杨:《晚清乡土社会民事纠纷调解制度研究》,北京大学出版社2009年版,第202~203页。

③ 山西灵石《何氏族谱》卷七《家训》。

"尊尊",赋予尊长种种特权。其中规定了尊长对子女的教令权。诸如云阳涂氏族谱卷十一中规定:"子孙不听祖父母、父母教训,或奉养有差,应令入祠重责。"安徽龙溪《俞氏宗谱·家规》亦规定:"子孙受上叱责,不论是非,非但俯首默受,勿得分理。"家法族规基于"君君臣臣、父父子子"的封建宗法伦理观念设定的血缘等级差别,强化了族人对宗族和君主的认同。

(二)家庭伦理

家和万事兴。为了建立宗族内部的和谐秩序、维持家庭成员之间的和睦关系,很多家法族规都规定了家庭伦理方面的内容,强调"孝悌"。"百善孝为先"。孝既包括子孙孝顺祖父母、父母等人,也包括媳妇孝顺公婆和祖公婆等人。由此,强调"天下无不是的父母","二十四孝"甚至倡导"割股疗疾""卧冰求鱼"等愚孝。对于孝子贤孙加以褒奖,对于不肖子孙加以惩罚。媳妇如果顶撞翁姑或祖翁姑,会以"忤逆"之名被休回娘家。父母在世子孙别籍异财,是为不孝。例如,湘潭周氏家规规定,父母尚在以及有兄弟还未成年时就分居各食,除了仍令他们与父母兄弟同居外,还要给予责罚。① 浦阳渤海季氏宗谱则规定,子孙如私置产业、私积财货,就将这些钱财充作族产。②

不仅如此,很多家法族规还强调兄友弟悌,兄弟之间要和睦、友爱。因为"发祥之家"都起于兄弟间的雍睦,而"乖戾之族"都由于兄弟间的争斗。"兄必友而鲜倨傲之形,弟必恭而无亵慢之态。"父亲去世时,家中若有未成年的弟弟,哥哥就不得与他分家。到兄弟都完婚后,兄弟们在分家时也不得争长议短,以致骨肉相残,而应该静听近房尊长及族望、族贤从公分派。兄弟间的关系是否和睦在很大程度上以妯娌间的关系为基础。所谓"兄弟以天合者也,妯娌以人合者也。""天合"的同胞手足"易笃友于","人合"的异姓妇女容易发生摩擦与矛盾。一旦妯娌反目,必然影响兄弟间的关系,故很多家法族规都倡导"合妯娌"。

(三)财产关系

家法族规规定的财产关系以家族利益至上为原则。宗族中的财产按其性质分为两种:一是族人私产,二是宗族公产。对于两种族产,家法族规分别加以调整,但几乎所有宗族都规定了买进不卖出的单向原则。子孙有"永远保守"族产的责任和义务,即令是声言要典卖族产,亦被视为不肖子孙。对于族人私产,宗族一般不予干涉,但对族人私产尤其是大宗财产的

① 湘潭《潭邑周氏五休族谱》卷首上《家规》,1938 年本。

② 《浦阳渤海季氏宗谱》卷一,1917 年本。

处分权设定了一定的限制，如房屋地产，同姓宗亲拥有先买权。而对于宗族公产，家法族规亦给予特殊保护，禁止族人对族产的侵占。为此，不少宗族规定，各种族田一概不许本族人承租，而必须租给外姓人耕种，否则，宗族就收回已租出的土地。至于盗卖族中祭产、祀田等宗族产业的族人，更是要追究和惩处。之所以如此规定，主要是出于维护本宗族的利益。

（四）和睦乡邻

俗话说："远亲不如近邻。"不少家法族规要求家人、族众对乡邻要和睦宽容，缓急相济，有无相通，不以小忿而生嫌隙，不以微眚而致睚眦，不以言语之猜疑而相诟谇，不以鸡犬之陵践动即参商。如果"子孙有不遵祖训，横行不法，害及邻里亲族者"，尊长们应"共训责之。不改，送官究治"。[①] 福建《仙游陈氏大族谱》之《祖训·家训条规》亦载："凡比间相接，抵牾易生，人不论亲疏，姓无论同异，要皆以忠厚相待：毋饰智欺愚，毋恃强凌弱；淡言可以解纷，施德不必望报；人有不及，常以情恕，己有功劳，愿无伐施；乡里称为善良，闾党推为长厚：和之为益诚大矣。凡五族为乡，五州为党，睦姻任恤之教，由来久矣。故巨室耆年，乡党之望，膠庠髦士，比闾之英，宜以和辑休风，为一方表率。若睚眦凌兢，至屈辱公廷，何以安生业，而型子弟哉！"[②]

（五）规避词讼

"衙门八字开，有理无钱莫进来""一字入公门，九牛拔不出"。词讼非但费时费力，而且所费不赀，弄得不好两败俱伤，直至倾家荡产；如果败诉，还要接受官府责罚。而诉讼本身不符合儒家"无讼"之理想。因此，很多家法族规都有"戒词讼""息争讼"等规定。族内发生的民事纠纷乃至轻微刑事案件，均不得擅自告官。即使是与邻里乡人发生冲突后，亦不得贸然兴讼，而应该首先谋求在衙门以外进行调解，以期能妥善地私了。例如，《仙游陈氏大族谱》之《祖训·家训条规》（15）"息争讼"规定："族中兄弟，偶有争端，宜请通族处断，公议是非，依议重责，如有不遵，始致鸣官。苟因田土细事，擅便结控法庭，非惟自取玷辱，抑且贻芙宗支，其何以为美裹巨族乎？当反加责。族中公叔子侄，各宜严气正性，秉公自处，遇族有事，折难纠纷，方为正直；如要恃备逞奸，咬唆词讼，欺痴呆而害忠良，即为

① 浙江宁波《甬上卢氏敬睦堂宗谱》卷一《宗约》，1947 年本。

② 陈百才主编：《仙游陈氏大族谱·家训条规》，仙游陈氏文化研究会 2002 年编印，第 743～744 页。

不法之徒,举族当声其罪,重究不恕。"①《湘阴狄氏家谱》亦规定,凡遇事端自应从中解释,不得播弄是非。倘有不肖子弟惯唆惯怂,滋扰乡邻,一经家长闻知,带祠立予重惩。②

三、伦理人情

伦理一词最早见于《礼记・乐记》:"乐者,通伦理者也。"伦理在此当为人伦之理。作为宗族解决纠纷依据的伦理是以儒家思想为核心的伦理纲常,即"礼"。《礼记》云:"纷争诉讼,非礼不决。"③"儒家伦理道德在调解纠纷的过程中所起的作用有时比法律大得多,能在更广泛的领域内整合社会关系,促进社会稳定与发展。"④

儒家伦理所维护的是以血缘关系为纽带的身份等级秩序。在国家政治和社会生活中,以身份的贵贱来确定等级,而身份贵贱与财富多少是相关的。在宗族内部,辈分的高低决定身份等级的高低,辈分越高,等级越高,反之等级越低。因此,纠纷一旦发生,解决纠纷首先考虑的不是如何"断罪须引律例",而是"父子之亲""君臣之义"以及相关的宗族亲谊。《礼记・王制》强调:"凡听五刑之讼,必原父子之亲,立君臣之义以权之。"清人在《牧令书辑要》中亦云:"凡关宗族亲谊,必须问明是何称谓,系何服制。"更有甚者,在事实的是非曲直尚未查清之前,便以伦理关系决断,如事关兄弟、叔侄的争讼,则依兄尊弟卑、叔尊侄卑的伦理原则进行判决。对宗族内部纠纷的处罚上呈现两种趋势,经济类纠纷处罚较轻,即使有人蛇蝎为心,鬼蜮其行,玩法欺官,只要他已经俯首无词,自愿认罚,就免其革究。如此做的目的在于全其骨肉之谊,促使家庭和睦。与此相对,卑亲属侵犯尊亲属的处罚就相当严格。卑亲属告尊亲属,即使情况属实,也要受到惩罚,更不用说诬告了。很多家法族规中都规定了"明礼让"的内容:"五方风气不同,人情好尚各异,圣人制礼以齐之;故大而冠、婚、丧祭、朝、庙、享,小而日用饮食,酬酢往来,皆有礼以行乎其间。苟于此不明,则尊卑无序,上下无等,何以善族而成风乎?此制礼之讲宜急焉。训族惟礼,行礼惟让;让者礼之本也。使徒事繁文,无实意以将,则礼适为文饰矣。惟以让为本父母有真爱,兄弟有真敬,朋友有真信,夫妇有唱随,亲族有款洽。书曰:

---

① 陈百才主编:《仙游陈氏大族谱・家训条规》,仙游陈氏文化研究会 2002 年编印,第 743~744 页。

② 《湘阴狄氏家谱》卷五《家规》,1938 年本。

③ 《礼记・曲礼》。

④ 春杨:《晚清乡土社会民事纠纷调解制度研究》,北京大学出版社 2009 年版,第 195 页。

‘谦受益,满招损’。比物此志也夫!”[①]

人情,原本是指人的天然的和自发的情感,是人之常情和性情。“何谓人情?喜,怒,哀,惧,爱,恶,欲,七者弗学而能。”“故人情者,圣王之田也,修礼以耕之,陈义以种之,讲学以耨之,本仁以聚之,播乐以安之。”[②]但随着儒家学派对伦理的渐行重视,传统中国社会所讲的人情已不再是指人的本能感情,而是一种与“理”即“礼”逐渐结合的规范化、制度化的“情理”,它着眼于社会普遍认同的常理常情。日本著名学者滋贺秀三通过对大量明清案件的深入研究,对“情理”提出了自己的理解和见解,他说:“所谓‘情理’,简单说来就是‘常识性正义衡平感觉’。这里不得不暂且借用‘正义衡平’这一在西洋已经成熟的概念。但什么被感觉为正义的,什么被感觉为衡平的呢?当然其内容在中国和西洋必然是不同的东西……概言之,比起西洋人来,中国人的观念更顾及人的全部与整体。也即是说,中国人具有不把争议的标的孤立起来看而将对立的双方——有时进而涉及周围的人——的社会关系加以全面和总体考察的倾向;而且中国人还喜欢相对的思维方式,倾向于从对立双方的任何一侧都多少分配和承受一点损失或痛苦中找出均衡点来,等等。这些说法大概是可以成立的。因此,所谓‘情理’,正确说应该就是中国型的正义衡平感觉。无论如何,所谓情理是深藏于各人心中的感觉而不具有实定性,但它却引导听讼者的判断。”[③]另一位日本学者寺田浩明亦指出:“所谓‘情理’,尽管构成了地方官处理民事纠纷的基本准则,但却不是对于万人都同样适用的客观规范。‘情理’尤其是‘情’不过是地方官意图权威性地解决纠纷时给自己提出的一般要求或规范性的心理感受而已。所以,实际作出的裁定总是根据具体情况而呈现出千差万别的状态。但‘情理’其实要求的也就是不作‘一刀切’或整齐划一的处理,每一个案件都有其特有的内容细节,而审判官的判断随这种具体状况千变万化毋宁说正是‘情理’这种基准所期待的结果。”[④]

传统中国社会解决纠纷的总的原则和方法就是“动之以情”“晓之以理”。所谓“动之以情”(汪辉祖称之为“调处以情”),就是用亲情、用人情去打动纠纷双方当事人,使之忘却纠纷的是非曲直,进而达到“息事宁人”

---

① 陈百才主编:《仙游陈氏大族谱》,仙游陈氏文化研究会2002年编印,第742页。

② 《礼记·礼运》。

③ [日]滋贺秀三等:《明清时期的民事审判与民间契约》,王亚新等译,法律出版社1998年版,第13~14页。

④ [日]滋贺秀三等:《明清时期的民事审判与民间契约》,王亚新等译,法律出版社1998年版,第123~124页。

的目的。由于传统中国社会实乃“熟人社会”,“亲情”“人情”充斥于各种人际关系之中,故“动之以情”解决纠纷往往最为奏效。所谓“晓之以理”,就是用儒家纲常伦理来进行劝导,使纠纷双方当事人“重义轻利”甚至“见义忘利”,从而不再为财货“细故”而相争讼,以达“道德教化”、安分守己之目的。①

上述伦理人情亦是宗族解纷的主要依据,许多家法族规中都规定了此项内容。例如,《盘谷新七公家训》中的“敦伦理”规定:“仁民爱物,固大道所必周;而饬纪敦伦,尤当务之为急。故谋国则当尽忠,事亲则当尽孝;夫和而义,妻柔而正,兄爱而友,弟敬而顺;以及忠告善道之忱,睦婣任恤之行,均无可忽。倘一端偶缺,即不得为完人,尚其勉旃。”“笃宗谊”中规定:“恩莫重于一本,谊莫切于宗支。《诗》称:‘凡今之人,莫如兄弟’。世乃有视兄弟不如友,生同宗不如外戚,薄其所厚,厚其所薄,情理未得其平,周道亲亲,族人其念诸。”②

四、风俗习惯

“民俗习惯是在一定地域或特定人群范围内自发形成,为人们普遍认可和反复践行,具有一定社会强制力的行为规则。在中国这个乡土社会中,民俗习惯经过长期的时间积累和文化沉淀,包含着合乎民意的情理,符合某个人群的共同意志,为人们所信守和遵行,它对社会交往和社会秩序起着不可忽视的规范作用。正因如此,民俗习惯在现实生活中往往能成为制定法的有益补充,相应地其在司法中的运用也就成为必然。”③风俗习惯也是明清时期宗族组织解纷的重要依据。

“十里不同风,百里不同俗。”“风俗之殊,厥与政通,阴阳寒暑之所布藻,山川燥湿之所融结,五土异宜,此系于天者也。上导之则为风,下被之则为俗,此从乎人者也。”④风俗是指各地不尽相同的风土人情。清朝明吏汪辉祖在《佐治药言》中如是说:“幕之为学,读律尚已,其运用之妙,尤在善体人情。盖各处风俗往往不同,必须虚心体问,就其俗尚所宜,随时调剂,然后傅以律令,则上下协助,官声得著,幕望自隆。若一味我行我法,或

---

① 参见胡旭晟、夏新华:《中国调解传统研究——一种文化的透视》,载《河南省政法管理干部学院学报》2000 年第 4 期。

② 《盘谷高氏贵六公房谱》不分卷,1938 年本。转引自费成康:《中国的家法族规》,上海社会科学院出版社 1998 年版,第 264 页、第 268 页。

③ 徐清宇、周永军:《民俗习惯在司法中的运行条件及障碍消除》,载《中国法学》2008 年第 2 期。

④ 胡朴安编著:《中华全国风俗志》(上编),河北人民出版社 1986 年版,第 114 页。

且怨集谤生。古云:‘利不百不兴,弊不百不除。’真阅历语,不可不念也。”[①]随后他在《学治臆说》中又说:“人情俗尚,各处不同。入国问禁,为吏亦然。初到官时,不可师心判事,盖所判不协,议论持之,于后用力较难。每听一事,须与堂下稠人广众中择传老成数人,体问风俗,然后折中剖断,自然情法兼到。一日解一事,则百日可解百事。不数月诸事了然。不惟理事中肯,亦令下如流水乎。”[②]清朝另一位县令邱煌亦说:“但风俗不惟南北异其宜,今昔之情形亦随时迁易。必须酌量变通之。庶免胶执之弊。”[③]由此可见,要想最终解决纠纷,就一定不能仅凭个人的主观臆断,还应该充分考虑到当地的风土人情、风俗习惯。唯有如此,才能真正化解纠纷,做到“情理两平”。

然而,风俗有善有恶。有时为了平息争端,人们可能会容忍一些当地的陋俗、恶俗。对此,滋贺秀三教授的论述不可谓不精当,他说:“更重要的事实是,‘体问风俗’或‘就俗尚之所宜’并不意味着对当地流行的任何习惯都无条件地加以肯定并在其范围内进行审判,地方官常常站在普遍的正统的立场上对一定地域的风习作出评价。有时他会认为是陋习,有时会作为恶习加以否定。但即使作出这样的否定性评价,对陋习、恶习,地方官在处理结果中仍然多少可能会保持一定的理解或同情。在这种情况下,起作用的往往是‘不强人所难’的所谓‘情’的要求。”[④]诚然,这种容忍并非没有限度。当官方认为这种陋习或恶俗的存在破坏了更高的价值理念——情理的时候,那么,基于这种陋习或恶俗所作的行为就是无效的。

习惯在宗族社会纠纷解决中亦占有重要地位。恩格斯曾精辟地指出,在氏族社会里,“一切争端和纠纷,都由当事人的全体即氏族或部落来解决,或者由各个氏族相互解决;……一切问题,都由当事人自己解决,在大多数情况下,历来的习俗就把一切调整好了”。[⑤] 勒内·达维德认为,中国古代“自汉朝以来,历代虽制订过许多法典,但都只包括行政方面或刑事方面的条款;民事方面往往只限于规定因触犯习惯准则而受到刑事制裁的

① (清)汪辉祖撰:《佐治药言·须体俗情》,徐明、文青点校,辽宁教育出版社1998年版,第15页。

② (清)汪辉祖撰:《学治臆说·初任须体问风俗》,徐明、文青点校,辽宁教育出版社1998年版,第49~50页。

③ [日]滋贺秀三等:《明清时期的民事审判与民间契约》,王亚新等译,法律出版社1998年版,第68页。

④ [日]滋贺秀三等:《明清时期的民事审判与民间契约》,王亚新等译,法律出版社1998年版,第71页。

⑤ 《马克思恩格斯选集》(第4卷),人民出版社1972年版,第92~93页。

有关条款”。[①] 所以到明清时期，“家族组织处理民间纠纷主要靠业已形成的形形色色的习惯规则”。[②] 如为了保证宗族经济基础的牢固，许多宗族习惯规定族田只能单向流动，即买进而不卖出。“如有将祭田私卖者，合族控官告祖，人则不许入祠，名则不列宗谱。”[③]

宗族习惯还严厉禁止盗窃和赌博行为。例如，明经胡氏宗族规定：“天地之间，物各有主，乃有不轨之徒，临财起意，纳履瓜田，见利生心；整冠李下，鼠盗狗偷，此等匪人宜加惩戒。如盗瓜、菜、稻草、麦秆之属，罚银五钱；盗五谷、薪木、塘鱼之属，罚银三两，如公堂演戏示禁。其穿窬夜盗者，捉获有据，即行黜革。”[④]类似的习惯条款几乎散见于每个宗族的族规之中。

当然，“尽管习惯规则与法律有时存在着冲突和矛盾，但从整个社会秩序来看……在清代乡土社会国家法律对习惯仍处于一种主导和支配的地位”。[⑤] “国家有能力将民间自治及其规范纳入其统治秩序，因此，这种集权与自治的协调，乃是中国古代社会调整的重要特征之一，也是其得以长期延续的内在合理性所在。”[⑥]

第三节　宗族解纷的基本原则

所谓原则，是指事物的基本准则或是规律，其在事物的发展、变化之中起到基础性和主导性的作用。一般而言，原则多表现为抽象性的规定，其内容比较模糊，它多反映的是一个社会中特定的思想观念和基本精神。为保证纠纷解决机制功能的发挥，明清时期宗族组织在解决纠纷过程中遵循了某种基本原则，这些原则集中反映出该种解纷机制的基本精神。这些原则主要有道德教化原则、息事宁人原则和忍让共存原则。

一、道德教化原则

道德教化就是推行儒家之纲常礼教，以德化人，息讼止争。历代统治者均将道德教化置于治国安邦、长治久安的首要地位，明清时期尤为重视。清康熙帝在制定“圣谕十六条”时曾言：“朕惟至治之世，不以法令为亟，而

① ［法］勒内·达维德：《当代主要法律体系》，漆竹生译，上海译文出版社 1984 年版，第 489 页。
② 春杨：《晚清乡土社会民事纠纷调解制度研究》，北京大学出版社 2009 年版，第 216 页。
③ 《民国浦槭高路季氏宗谱》卷一《谱训》。
④ 《安徽明经胡氏龙井派宗谱·祠规》。
⑤ 春杨：《晚清乡土社会民事纠纷调解制度研究》，北京大学出版社 2009 年版，第 216 页。
⑥ 参见范愉：《试论民间社会规范与国家法的统一适用》，载谢晖、陈金钊主持：《民间法》（第 1 卷），山东人民出版社 2002 年版，第 81～82 页。

以教化为先。其时人心醇良，风俗朴厚，刑措不用，比屋可封，长治久安，茂登上理。盖法令禁于一时，而教化维于可久，若徒将法令，而教化不先，是舍本而务末也。"①雍正皇帝继承其父之风，在《钦颁州县事宜》中要求："州县为民之父母，上之宣朝廷之德化，以易俗移风；次之奉朝廷之法令，以劝善惩恶。听讼者所以行法令而施劝惩者也，明是非，剖曲直，锄豪强，安良懦，使善者从风而向化，恶者革面而洗心，则听讼以驯至无讼，法令行而德化亦兴之，俱行矣。"②为了达到教化民众之目的，清代在全国普遍设立乡约，借以宣讲道德，达到化导人心的目的，"每讲读毕，讲约与在事人及首领绅衿长老各举某人行某孝行，某弟做某善事，拯救某人患难，周恤某人贫苦，或妇人女子某为节，某为烈，俱要实迹，公同开载劝善簿内"，"如某人行忤逆不孝，某人行某悖乱不悌，作某恶事，欺凌某人，强占某人财物，及奸宄不法事，俱要实迹，公同开载纠恶簿内"。③

道德教化原则不唯国家法令所重视，亦是明清时期宗族组织在解决各种纠纷的过程中所遵循的一个最重要的原则。宗族组织在解决族内外各种纠纷过程中，常常对纠纷当事人进行道德方面的劝导、说教，促使纠纷当事人自愿放弃利益的争夺或者作出某些让步，从而化解纠纷。"人有争讼，必谕以理，启其良心，俾悟而止。"④中国传统法律文化通常把各种争讼与个人的道德相联系，认为人与人之间因为物质利益而发生纠纷甚至引起诉讼，其原因在于个人道德品质的堕落。根据这一观点，凡道德修养较高的人在处理与利益相关的纠纷时，往往均能够做到大度处之，而不会去计较那些蝇头小利，更不会因为这些微利而与他人发生冲突，甚至诉讼至官府。而只有那些道德修养低下的小人才会因为蝇头小利而与他人斤斤计较，甚至不惜发生冲突。清人裕谦在任巡抚时曾专作《饰发戒讼说檄》晓谕百姓：好讼争斗的人背离了为人之"五常"，"人既好讼，则居心刻薄，非仁也；事理失宜，非义也；挟怨忿争，非礼也；倾资荡产，非智也；欺诈百出，非信也"。⑤ 正是基于道德教化这一原则，中华先人在解决纠纷的过程中通常都是对纠纷当事人进行道德方面的规劝，使他们意识到争利行为的可耻性，从而促使其良心自觉、自省、自责，进而达到化解纠纷之目的。在他们看来，此种解决纠纷的方法始能真正达到正本清源、消除纷争之目的。

---

① 《清圣祖实录》卷三四，康熙九年冬十月初一日上谕。转引自吴吉远：《清代地方政府的司法职能研究》，中国社会科学出版社 1998 年版，第 102~103 页。

② （清）田文镜：《钦颁州县事宜·听断》。

③ （清）黄六鸿：《福惠全书》卷二五《教养部》。

④ 《金华黄先生文集·叶府君碑》。

⑤ （清）裕谦：《饰发戒讼说檄》。

朱熹的教化思想是明清时期宗族组织进行道德教化的指导思想。朱熹传承和发展了儒家传统的人伦思想,建立了一套比较系统的伦理观,其核心主张是“三纲五常”及其与之相适应的“孝悌”“忠恕”“节烈”等道德和行为规范。朱熹把这一系列道德规范提升至“理”的高度,认为“理便是仁义礼智”,[①]“举天下之事,莫不有理,臣之事君便有忠之理,子之事父便有孝之理……行之动便有恭之理,言之发便有忠之理”。[②] 在朱熹看来,理是无处不在的,各种社会关系,各种行为规范,虽其内容与表现形式各不相同,但它们都贯穿着同一个“天理”。在此,朱熹旨在阐明现实的社会规范都是天理的体现,它是先于社会、先于现实社会生活的。因此,人们只有不折不扣地遵守理,才能呈现和谐安定的社会生活状态,而这种理想的状态叫作“和”。他说:“物物有个分别,如君君、臣臣、父父、子子。至君得其所以为君,臣得其所以为臣,父得其所以为父,子得其所以为子,各得其利,便是和。若臣处君位,安得和乎?”又说:“男正乎外,女正乎内,直是内外有辨。君尊于上,臣恭于下,尊卑大小,截然不犯,似若不和之甚,然使之各得其宜,则其和也。”[③]朱熹伦理观的中心议题是论证封建伦理道德“源于天理”“根乎人心”,是人所共有,绝对合理的。他认为“三纲”是天理之“张”,“五常”是天理之“纪”,“皆此理之流行,无所施而不在”。[④] 朱熹认为,三纲五常等是“天理”体现于社会规范的当然产物,是永恒不变的协调社会关系的妙药,“盖三纲五常,天理民彝之大节,而治道之根本也”。[⑤] 故此,人们恪守纲常名教,就是遵循天理;反之,如果亵渎纲常名教,便是违犯天理。朱熹伦理观是各地宗族制定族规和祖训的最重要的理论依据,而由其亲自编订的《家礼》则更是各个宗族活动的指南性经典。清代末年以前,绝大多数宗族的家法族规就是以族长为核心的宗族集团在“合乎礼教”“注重教化”“符合国法”[⑥]的原则下制定的。在符合国法的前提下,宗族组织高度重视儒家伦理道德并将其具体化为规条,对族人教而化之,促使族人能够修身、齐家,进而提高宗族的凝聚力和竞争力,保护和维护宗族的现成秩序。例如,安徽汪氏宗族在其族规中记载:“君子惧其族之将圮也,思有以维持安全之,于是作家规,以垂范于厥宗。规凡四类,敦孝悌者首之,崇礼义者次之,勤职业又次之,息词讼终焉。夫孝悌者,百行之本也;

---

① (宋)黎靖德:《朱子语类》卷三,台北,中正书局1982年版。
② (宋)黎靖德:《朱子语类》卷六四,台北,中正书局1982年版。
③ (宋)黎靖德:《朱子语类》卷六八,台北,中正书局1982年版。
④ (宋)朱熹:《朱文公文集》卷七〇《读大纪》,上海商务印书馆1999年版。
⑤ (宋)朱熹:《朱文公文集》卷一四《戊申延和奏札》,上海商务印书馆1999年版。
⑥ 费成康:《中国的家法族规》,上海社会科学院出版社1998年版,第132页。

礼义者，行之大端也；职业者，生人之务也；词讼者，颠覆之阶也。是故敦本所以崇德也，勤职所以广业也，息讼所以厚俗也。崇德、业广、俗厚，家其弗延乎？”①在新儒学的影响和道德教化的侵染下，很多徽州人均以儒家的伦理道德来指导自己的日常行为。《新安黄氏会通宗谱·集成会通谱叙》记载说：“盖人伦不明，宗法废弛，民俗颓弊甚矣。幸而皇宋诞膺景运，五星聚奎。于是吾郡朱夫子者出，阐六经之幽奥，开万古之群蒙，复祖三代之制，酌古准今，著为《家礼》，以扶植世教。其所以正名分，别尊卑，敬宗睦族之道，亲亲长长之义，灿然具载。而欧、苏二子亦尝作为家谱，以统族属。由是海内之士，闻其风而兴起焉者，莫不家有祠，以祀其先祖，族有谱，以别其尊卑。”福建各地宗族亦非常注重伦理道德的教化，并将其载入家法族规之中。福建仙游余氏《家训十二则》之《亲兄弟》载：“人间兄弟行，同胞之至爱，如手如足矣！雍睦斯为贵，弟当恭兄长，兄宜亲其弟，倘因一时隙，惟念手足情，骨肉共参商，莫计纤毫利。小岔废懿亲，宗族共含羞。愿我后来人，相好毋相泪。”②福建黄氏宗族《家规小引》之“戒兴讼”条规定：“讼非美德。易曰：讼则终凶，法网之自投，犹后而废时失业败产倾家已先之矣！世人毋因小忿动辄兴讼，以致身刑家破。昔人云：横逆之加可以情恕。又云：忍得一时之气，解得百日之忧。况健讼者法必惩，各宜安分守己，怀刑畏法。”③

当宗族成员发生纠纷时，各个宗族的家法族规亦是通过道德教化的方式，强调族人要体念同族之情、手足之情，捐弃前嫌、化解纠纷，以全族谊。清代咸丰二年（1852年）发生在徽州休宁的一则事例，就是依据“兄弟之大伦”，化解纠纷，使兄弟重归于好，以全族谊的成功案例。

清代咸丰二年（1852年）徽州休宁方镇洪、方镇顺等立遵劝和睦字据④。

立遵劝和睦字人方镇洪、方镇顺等兹因于道光三十年九月间，堂兄方灶玄与族叔方时院一时忿怒，将院子冒手误伤致命。玄知理斥情亏，浼中登门央求劝解，愿出衣衾棺椁，斋醮超度，应该承值共用所费资财银钱四百五十两之数。不料玄家资稀微，尽作银钱不足三十余两

① 安徽《汪氏统宗正脉·汪氏族规》。

② 福建《仙游渡尾余氏族谱》。

③ 黄善怡等纂修：《黄氏族谱·家规小引》，清光绪八年刻本。参见北京图书馆编：《北京图书馆藏家谱丛刊闽粤（侨乡）卷第6册·黄氏族谱》，北京图书馆出版社2000年版，第132～133页。

④ 田涛：《徽州地区民间纠纷调解契约初步研究》，载《法治论丛》（上海政法学院学报）2009年第1期。

之数,其余无所出处。以致拖累亲房,各自量力愿出,再若不敷支用,镇洪与镇顺二人面说对半承值,两相无异。不料本月间须要归还罗添右先银钱二十两之帐项,须要二人派出,是以口角。因为前后支收不清多寡者,三百余文之数,借一为末之小事而伤兄弟之大伦,是以邻居邀集苦劝,但将前后之事一应说明,二各自愿遵劝,永无生端,其有不愿者,将本收回,应该洪、顺二人派出无辞。亦有不愿收者,各曰本德也。自立之后,务要各守安分,切莫缘木求鱼,二各心平气和,永无反悔。若有悖墨反悔者,干罚银钱拾两以备酒酌公论无异。恐后无凭,立此遵劝和睦字一样两纸,各取一纸,永远为据。

计开出钱例名于后

方时绣同智六、智七三人产业、房步并会本,共计钱一百八十三千文　时桂出钱七千文　时杜出钱三千一百四十五文

方美章公出钱九百七十五文　时胜出钱一千四百六十二文　时游出钱二千五百廿文　上有出钱十五千二百文

方社灶公会出钱二十五千二百文　镇湏出钱九百七十五文　灶高出钱五千文　仍余不敷,镇洪、镇顺二人均派

咸丰二年六月　日　　立遵劝和睦字人方镇洪(押)镇顺(押)

凭中　　方同书等(押)

依口代书人　　方锦云(押)

二、息事宁人原则

“息事宁人”一语出自《后汉书·章帝纪》中。东汉章帝元和二年(公元85年),章帝诏三公曰:“其令有司,罪非殊死且勿案验,及吏人条书相告不得听受,冀以息事宁人。”①其意为:命令解纷机关,凡不是死罪案件,暂时不要审理;凡是官民起诉的纠纷案件,一律不得受理。这样做的目的就是为了息事宁人。“息事宁人”的实质是“和为贵,权为次”,“天时不如地利,地利不如人和”,②即追求人际关系的和谐,而不是权利主张的实现。

作为一项传统中国社会民事纠纷处理的重要原则,“息事宁人”成为官民处理民事纠纷乃至一些轻微刑事案件的基准。从人类社会生存和发展的角度来看,纠纷是人类社会的常态。然而,纠纷的出现并不必然意味着“善”,当然也并不必然意味着“恶”。一方面,各种纠纷的出现与激化必

① 《后汉书·章帝纪》。

② 《孟子·公孙丑下》。

然会对既存社会秩序产生一定的破坏作用，对人类社会的生活产生重要影响；另一方面，各种纠纷又是人类社会不断向前进步和发展的推动力。然而，“对于中国人来说，和谐的便是好的。这并非单纯的审美意识，而是他们关于人生、社会、自然乃至宇宙的最高理想。当然，也是他们解决一切纷争的出发点。懂得这一点就可以明白，为什么中国人生来就嫌恶法律。”① 在这种以和谐为核心的思想的影响下，历朝各代的统治者、思想家都把“谋闭而不兴，盗窃乱贼而不作，故外户而不闭”②的和谐、安宁、平静的社会秩序作为自己的理想和奋斗的目标，而把各类纠纷视为对这种和谐状态和秩序的破坏。一旦发生了纠纷，人们往往采取的态度及对策就是尽可能地将纠纷平息下去，争取大事化小，小事化了，哪怕明显的有失公平乃至曲解律意。“息事宁人”思想体现在法律方面就是对诉讼地位和作用的轻视，大力提倡“无讼”“息讼”，不仅国家的律典条例中明文规定有“息讼”，而且各级官吏更是身体力行，均以和解息讼为能事。根据嘉庆十五年（1810 年）顺天府宝坻县资料，州县自理的田地、户产、婚姻、钱债、偷窃、斗殴等民事案件共 191 起，其中以调解和息结案的 184 起，占案件总数的 80%以上。③ 所以，有学者指出：“不论是官方审判还是民间调处，其追求的目标均是一种平静、祥和的状态，追求社会的稳定与平静。至于对被侵犯权利的维护与保障并不是解决纷争的首选目的。”④

中国传统文化中的义利观亦使得历朝各代的统治者不重视各种民事纠纷的化解。儒家学派创始人孔子有言曰：“君子喻于义，小人喻于利”，君子与小人之区别在于如何对待“义”与“利”。及至宋明时期，理学更是将“义”与“利”之区别推至极致。如此，造成了中国传统文化对讲求、追逐“利”的行为的鄙视。事实上，民间纠纷所涉及的内容恰恰主要是民众日常生活中的“田宅细故”“鼠牙雀角”，而这些纠纷的实质就是关乎民众物质利益即“利”的得失问题。故此，人们为这些“蝇头小利”而不断争夺的行为也就自然而然地被传统文化意识所否定。这种态度使得传统中国社会在处理各种民事纠纷时不是以界定、划清纠纷当事人之间的利益、评判纠纷当事人的是非曲直为出发点，而是以平息纠纷、恢复秩序为目标。正如有学者所指出的：“在传统的民间社会生活中，国家法律和民间习俗共

---

① 梁治平、齐海滨等：《新波斯人信札：变化中的法观念》，贵州人民出版社 1988 年版，第 146 页。

② 《礼记·礼运》。

③ 参见郑秦：《清代司法审判制度研究》，湖南教育出版社 1988 年版，第 208 页。

④ 左卫民、辛国清、周洪波：《中国传统社会纠纷解决机制研究论纲（下）——以明清为契入点》，载《西南民族大学学报》（人文社会科学版）2004 年第 1 期。

同控制和约束着乡民的行为。……传统司法的制度设计的主要目标是'解决问题',而不是'分配权利';其制度的终极价值取向是'实现和谐',而不是'分清是非'。就官府来讲,除非一些命盗重案,否则官府对待民间纠纷的基本态度都是'不告不理';就民间来说,官方的消极态度事实上'鼓励'了民间通过私力的方式来解决彼此之间的纠纷。"①

综上可知,"息事宁人"原则是传统中国社会处理纠纷的基本态度,无论是官府衙门还是民间社会在解决纠纷时均以平息纠纷、化解矛盾为唯一的、最高的追求,而不论在这个过程中所采取的手段和方式是否对错。

明清时期宗族组织在解纷过程中亦始终遵循"息事宁人"原则,很多冲突和纠纷在本族宗亲的协调下得以息止,并通过订立相关和息合同以化解纠纷。例如:

> 立禁约合同人长房程瓘、程玘、程瑗等;第三房程万宗、程万卷、程璐、程佶等,今因祖遗坟山一片,土名大充口。弘治年间祖妣吴氏淑安人葬于其上,前后左右蓄养松木肆拾五根,永远护坟之庇,子孙历来守法,不敢拚卖。本年九月初一日暮,有第二房瑶、大郎不禀众知,私自盗拚,登上砍斫。守山人报知,众行理阻。岂瑶拗众要只得曲从。众谕余木听分。惟来龙坟顶上切近荫木一十贰根,命脉相干,必要存留。瑶又强执不允,尽行出拚与程柱砍斫。长、三房瓘、璐等泣思二百余年伴祖巨木,生死相依,岂忍一旦戕之斤斧,使山灵憾摇,龙脉有伤,亡魂不安,生人难保。只得将前山瓘、璐房阄得己木与拚人对换。第二房惟有应龙、豸、蛟兄弟共分得己木一根,亦愿存留,仍共一十二根永远护坟。自此禁约之后,子孙毋许效尤,私自盗砍。痛思祖宗培养于前,子孙斩伐于后,不孝滔天,罪莫大矣。如有此等,执此经公以不孝论,决不轻贷。禁约合同二张,长、三房各执为规,以做将来,各相遵守无违。庶祖魂永安,子孙大幸。恐后无凭,立此为照。
>
> 万历三十一年九月初四日　立禁约合同人长房:程瓘、程瑗、程玘
>
> 三房:程璐、万宗、程佶、万卷
>
> 二房:应龙②

纠纷当事人所持有的态度也是宗族社会纠纷解决中尽量息事的重要

① 韩秀桃:《明清民间纠纷解决及其现代意义——以徽州法律文书为中心》,载何兵主编:《和谐社会与纠纷解决机制》,北京大学出版社 2007 年版,第 135 页。

② 《休宁程氏置产簿》,载王钰欣、周绍泉主编:《徽州千年契约文书:宋·元·明编》(第 10 卷),花山文艺出版社 1991 年影印版,第 346 页。

原因。下列嘉庆二十年(1817 年)闽清县典田凑断契签订当事人即持此种态度。

> 立凑断契陈焕彩同堂兄焕文,原祖上阄分有民田数号,坐产闽清县六都李厝炳地方,土名水井垅里门前洋蔴崊等处。共受种二拾柒斗伍升,年載租谷叁仟陆百陆拾肆斛,折米壹拾陆石肆斗捌升伍合。经曾祖鼎手于乾隆贰拾年间典与谢处为业。得讫价银壹佰柒拾两纹广。嗣于乾隆贰拾捌间经曾祖手又向谢处凑出纹广银肆拾两。乾隆叁拾肆年间经曾祖手又向谢处借出制钱陆仟文。乾隆叁拾捌年间经父诸绅即梅官同祖母罗氏叔祖母蒋氏又向谢处凑出制钱陆仟文。乾隆叁拾叁年间经祖道起同叔祖道谋,又向谢处尽出制钱肆仟文。先后典凑借共得过价银贰佰叁拾两纹广,钱壹拾陆仟文。时价已经过浮,本不可凑,奈因彩等葬柩无资,托友再向谢处凑断出制钱壹拾肆仟文,其钱即日收足,其田听从谢家永远管业。陈家向后永不得言凑言赎以及别生枝节。但此田系彩兄弟自己祖遗物业,与别房伯叔兄弟侄无干,如有来历不明系彩同文出头抵当。至伯祖道亨早故无嗣,向后如有子孙再出言凑言赎,亦系彩同文抵当,俱与谢无涉。今欲有凭,立凑断乙纸为照。
>
> 嘉庆贰拾年肆月　日　　　　立凑断契陈焕彩　(花押)
>
> 同兄焕文　(花押)
>
> 中友何逢源　(花押)
>
> 在见族伯华实　(花押)①

根据当时国家法律,对陈家曾祖鼎典与谢家的民田,谢家完全不必一补再补。然而,谢家为了避免“别生枝节”,又念及陈焕彩等葬柩无资,还是采取了一补再补的方式以尽快平息彼此的纠纷。

由上可以看出,“息事宁人”原则就是以平息纠纷、化解矛盾、恢复原有秩序为目标,为了达到这样的目标,解纷者往往无视纠纷当事人本身的是非对错,而是以“和稀泥”的方式对当事人双方各打“五十板”,以期尽快平息纠纷。清人汪辉祖对此曾有论述:“勤于听断,善已。然有不必过分皂白可归和睦者,则莫如亲友之调处。盖听断以法,而调处以情。法则泾渭不可不分,情则是非不妨稍借。埋直者既通亲友之情,义曲者可免公庭之

① 福建师范大学历史系:《明清福建经济契约文书选辑》,人民出版社 1997 年版,第 281~282 页。

法,调人之所以设于周管也。或自矜明察,不准息销,似非安人之道。"①虽然这种纠纷化解原则在某种程度上和一定范围内能够达到平息纷争之目的,但是它却常常是以牺牲是非对错为代价的。如遇一方当事人刁蛮强势、无理取闹,则这种纠纷解决方式又会助长该当事人的嚣张气焰,滋生新的事端和纠纷。

三、妥协忍让原则

所谓妥协忍让原则就是指在纠纷解决过程中,解纷主体采取劝解或者提出一个妥协方案的方式,促使纠纷当事人在放弃自己的一部分利益要求的情况下实现纠纷的平息,从而恢复当事人之间原有的人际关系。妥协忍让原则无外乎两种情形:一是以牺牲纠纷当事人一方的利益来确保另一方当事人的利益得以实现,从而化解纠纷;二是在纠纷双方当事人争夺的利益中寻找一个平衡点,促使双方当事人各自放弃一部分利益而使双方的整体利益要求都得到某种程度的满足,从而解决彼此间的纠纷。而要想使纠纷双方当事人就利益争议的焦点达成妥协,从而化解纠纷,关键在于双方当事人能否在所主张、争夺的利益上有所忍让。从明清时期宗族组织解纷的实践来看,在纠纷解决的整个过程中妥协忍让原则一直被当作基本原则而得以遵循和运用。

作为宗族社会解纷的重要原则,妥协忍让原则受到一定社会条件的制约和思想观念的影响。众所周知,明清时期社会的基本结构依然是一个自给自足的小农经济社会,一家一户构成一个经济单位,而聚族而居的村庄则是一个相对封闭的社会。在这样的小社会里,人口相对固定而少有流动,绝大多数人终其一生也就生活在这样的村庄中,与外界鲜有交流和沟通。生活环境的这种封闭性和独立性使得生活于其中的人际关系上带有浓厚血缘性和严格等级性的特征。此外,传统中国社会聚族而居的生活状态使得村落的成员之间均具有或亲或疏的血缘关系,从而形成了一个相对封闭的熟人社会,这就使得人与人之间的和谐关系对每个人来讲都至关重要。在此社会环境下,任何一方的利益要求都必然与他人发生密切联系,每个人实际上都是一张巨大网上的一点,他的任何行为都必须考虑到同他联系密切的其他社会成员,特别是在发生利益上的冲突时,如果当事人只是主张自己的利益而丝毫不顾他人的利益,那么"熟人社会"的这种

---

① (清)汪辉祖撰:《学治臆说·断案不如息案》,徐明、文青点校,辽宁教育出版社 1998 年版,第 54 页。

和谐的人际关系就无从维系，因此，解决纠纷的最好方式是在不损害自己的根本利益的前提下，考量他人的相关利益，适当地做出一些让步，从而使自己与对方在相关利益上达到均衡。

妥协忍让原则亦深受中国传统文化中的“中庸”之道处世哲学的重要影响。“中庸”的本意是指不偏不倚，无过无不及，恰如其分的“中行”。《中庸》云：“天命之谓性，率性之谓道，修道之谓教。道也者，不可须臾离也。可离非道也，是故君子戒慎乎其所不睹，恐惧乎其所不闻。莫显乎微，故君子慎其独也。喜怒哀乐之未发谓之中，发而皆中节谓之和，中也者，天下之大本也；和也者，天下之大道也。致中和，天地位焉，万物育焉。”在传统中国社会，中庸之道被视为处理人际关系的基本准则，它要求人们在处事的时候坚持“中道”，不要过甚的态度，人与人之间应该处于和谐、平衡的状态，每一方都不要片面突出而压倒另一方，双方的发展都有适当的限度而不致破坏均衡。这就是传统中国“中庸”之道的真谛所在。中庸之道的处世哲学反映在纠纷处理方面，就是要求纠纷当事人之间应该相互体谅，不要过分执着于自身的利益要求。对有理的一方来讲，不要得理不饶人，处处紧逼，主张自己利益要求时应该考虑到对方的实际状况做到适可而止；对理亏的一方来讲，则是要尽快向对方道歉，赔付对方的损失，在双方相互让步的情况下恢复原有的、和谐的人际关系。因此，中庸作为一种调和矛盾的准则，就是凡事不要过分，要在两个极端之间保持中立，以实现和谐局面的维持，从而化解纠纷。

各地宗族非常重视族内人际关系的和睦，都在家法族规中列有“睦族”“戒争讼”等之类的规定，竭力劝导族众遇到争讼，要以忍为上。例如，明朝万历年间，婺源江氏宗族要求族人“横逆之来，当虚怀忍让。或产业相争，口角相仇，祠正副会同门首，公道处分，或毕情劝释，不许竟烦官府，力逞刁奸”。[①] 安徽寿州龙氏宗族家规之“戒争讼”条规定：“是非有定论，何必到公廷。不管输，不管赢，银钱虚费先忧闷。忍了暂时气，免得破家门。若凭健讼以为能，结仇种怨多遗恨。”[②]徽州黟县环山余氏宗族《余氏家规》规定：“邻里乡党，贵尚和睦，不可恃挟尚气，以启衅端。如当以理谕之。彼或强肆不服，事在得已，亦当容忍；其不得已，听判于官，毋得辄逞血气，怒詈斗殴，以伤和气。违者议罚。”[③]江苏晋陵莫氏族规劝谕其族众曰：“忍为刃心，横逆逼来，如白刃刺心，最为难受。忍耐三分，纷争自息。

① 万历《溪南江氏家谱·祠规》。

② 安徽《寿州龙氏宗谱》卷一《家规》，光绪十六年本。

③ 黟县《环山余氏宗谱》卷一。

自古英雄豪杰未有不从忍而兴,因不忍而败者。"①明朝万历江苏海安虎墩崔氏宗族族戒之"戒健讼"规定:"人不得其平则鸣,是讼非得已也。但奸玩之徒,以舞文弄法为奇,教唆起灭,服计扛帮,舌骗官府,揹害良民,终致倾家荡产,亏体辱亲,凡我族人切宜深戒。遇有小忿,自合容忍,或于户婚、田土一切垂情,在本户但当诉之族长,听其公处。如与他姓争讼,亦当存心忠厚,听人和解,不得偏护阴谋,以长子弟之恶。"②清代常州唐氏宗族的宗规规定:"族姓虽繁,以祖宗规之,总属一体,即有小气,各应忍气息争。若大事难容,亦须禀明公局,候管年人出单集议。"③福建《上虞雁埠章氏宗谱》之"戒争讼"亦规定:"好争非君子之道。争之不已,则必致讼,讼岂必胜哉?且讼者之辞,多鲜实情,最足坏人心术。费财破家,何益之有?凡事宜忍宜让,不必争讼。纵有外侮,亦宜静以制动。公道既明,自然可寝。若以非礼讼人,尤为不可。故《易》讼卦,终讼受服,而尤有终朝三褫之戒。"④

不仅本族内发生纠纷时,宗族要求族人以和为贵,忍让为先,而且在本族与外族发生纠纷时,如果是无关紧要之事,宗族亦要求族人谦逊礼让。例如,嘉庆年间,徽州歙县十六都丰乐水芝河一段的雷堨,附近有三个村庄。由于雷堨与胡姓一块地内的旧围墙相邻,每逢三个村庄的人"挑堨做工",对雷堨进行修整,难免有"损动畔脚"的事,"胡姓虑墙颓卸",每每引起口舌。为免"村邻结怨",临河值司管堨人程景贤"邀同三村管堨商议",认为"息事为贵"。于是凭各村族长、保长等作中,出面清理公查。结果看明旧围墙离雷堨中间尚隔有路。遂订立合同,规定以后"不论何分何祠支裔,值司开挑,不复再生事端"。⑤ 又如,明朝万历年间福建泉州城内林氏家族与唐氏家族的宅基之争。林氏家族的林欲栋、林欲楫兄弟先后登进士第,林欲栋迁工部尚书,林欲楫任礼部尚书,故称"兄弟两尚书",高官显赫。时泉州一唐姓任地方官,兴建府第与二尚书家毗邻,为一墙基两家发生争执,二尚书家族派人上京告急,要尚书老爷修书责成地方官处理好争端。二尚书倒显得宽宏大度,并不以势压人,只于回函中写一首诗:"千里修书为一墙,让他三尺亦何妨。万里长城今犹在,不见当年秦始皇。"接

① 《江苏晋陵莫氏族谱·族规》,载《宗谱的研究》资料篇。转引自雷家宏:《北宋至晚清民间争讼解决方式的文化考察》,载《船山学刊》2003年第4期。

② (明)崔希圣:《虎墩崔氏族谱·族戒》,万历刻本。转引自李文治、江太新:《中国宗法宗族制和族田义庄》,社会科学文献出版社2000年版,第293页。

③ 民国《毗陵唐氏族谱·宗规》。

④ 福建《上虞雁埠章氏宗谱》卷一四《家训二十四则》,1925年本。

⑤ 《嘉庆十三年歙县程景贤等立合同》。转引自陈柯云:《明清徽州宗族对乡村统治的加强》,载《中国史研究》1995年第3期。

信后,二尚书家主动退让三尺。唐家见尚书胸怀宽广,谦逊礼让,也让地三尺。两家礼让,让出一条六尺巷,即今位于泉州市文化宫东侧的“礼让巷”。[①] 由是可知,“在那些乡规民约得到长期执行的地方,大姓巨族在操纵、控制地方事务的同时,一般也能顾及到其他小姓的利益,俾能和谐相处”。“我们不能想象一个长期存在大姓欺凌小姓现象的乡族共同体,其道德和法律准则,能够得到切实的遵守和永久的执行。”[②]

从上述两则事例我们可以看出,宗族组织在解决纠纷过程中,实际上就是采取妥协忍让、息事为贵的原则进行处理的。正如有学者所指出:“民间调解制度所最关心的是在一个朝夕相处、紧密组织起来的社区内维护族人和邻里之间和睦的关系。它的主要方法是妥协互让,一般也考虑到法律和社区的是非观念。当遇到不涉及法律或道德标准的纠纷时,如家庭和邻里为细故而争吵,调解人的主要目标就是通过妥协来平息争执。”[③]而“村民们最为关切的是通过妥协来维护相互间的友善关系,因为大家不得不生活在一个朝夕相处的封闭的社群之中”。[④]

第四节　宗族解纷的主要方式

纠纷解决是通过特定的方式和程序解决纠纷和冲突、恢复社会平衡和秩序的活动和过程。[⑤] 纠纷的解决实际上是一个化解矛盾和纠纷的过程,而不同的矛盾和纠纷应该采取不同的解决方式。“同样的纠纷因处理方法的不同,既可能导致当事者之间的社会关系不可挽回地彻底破裂,也可能消除敌对情绪和感情上的疙瘩,使当事者恢复友好的社会关系,和好如初。”[⑥]明清时期宗族社会在解决纠纷过程中,并不总是选择单一的解决纠纷方式,而是注重多元纠纷解决方式的综合运用。宗族社会纠纷解决方式主要有以下几种。

---

① 参见苏黎明:《泉州家族文化》,中国言实出版社 2000 年版,第 164 页。

② 陈支平:《五百年来福建的家族与社会》,台北,扬智文化事业股份有限公司 2004 年版,第 118~119 页。

③ 黄宗智:《清代的法律、社会与文化:民法的表达与实践》,上海书店出版社 2007 年版,第 51 页。

④ 黄宗智:《清代的法律、社会与文化:民法的表达与实践》,上海书店出版社 2007 年版,第 55 页。

⑤ 参见范愉:《非诉讼程序(ADR)教程》,中国人民大学出版社 2002 年版,第 5 页。

⑥ [日]棚濑孝雄:《纠纷的解决与审判制度》,王亚新译,中国政法大学出版社 2004 年版,第 29 页。

谕,眼同订界,写立合同文约,照画图上尺寸至秋间七月内改造厨屋取路,日后二家通同听自往来,不得闭塞,自立合同文约之后子孙毋得异言,今恐无凭,立此合同文约二纸,各收一纸为照。

乾隆元年三月二十一日　立合同文约人:康肇苏弟侄、肇佐伯侄、大樑兄弟、肇芬兄弟

族中见:康恩典、士俊、万铨、肇相

代笔:侄世英、淑昊[1]

在一些地方,调处方法还适用于族际之间纠纷的解决。一些宗族在族谱中规定了与外姓争执纠纷时的解决途径。例如,光绪十四年(1888年),西林岑氏宗族规定:"若与他姓有争,除事情重大始禀官公断,倘止户婚田土、闲气小忿,无论屈在本族、屈在他姓,亦以延请族党委屈调停于和息。"[2]又如,光绪年间,华安县仙都乡陈、林二姓族人为了水圳发生纠纷,最后由乡族里"公亲家长"调解成功,并订立换字契约。兹将该契约迻录如下:

立换字人豪洮与仲通公派下等,为□圳圳水滋嫌一事,蒙公亲子狗、万意延请两保公亲家长出为调理冰判,全港圳水改收流入豪洮右边厝下水窟,转流入田培苗,不得分散,将洮向豪昌、隆盖置买两片茶畬,判换仲通公派下等栽插杉树竹木,又将豪捧承管茶畬一片,判换豪洮掌管,又昌畬内判付新开横路一条。至公至夷,相得益彰,俾春风于两面,复和气于一团,凭公人立出换字一样两纸,各执存炤。

光绪十六年庚寅闰二月　日　公亲人:前坑黄　櫅

霞林林　孬

云山汤和春

大坪林集福

吉土陈吉生

立换字人:豪　洮[3]

宗族调处意见一旦成立,即具有强制性效力。正如有学者所言:"毫无疑问,这种由地方乡族'公亲'所调解成立的契约,具有同政府法律一样重

---

① 《祁门十三都康氏文书》,安徽大学徽学研究特藏室藏。转引自刘道胜:《明清徽州宗族文书研究》,安徽人民出版社2008年版,第310页。

② 广西西林《岑氏族谱》卷三《祖训》。

③ 契约影印件,藏厦门大学历史研究所。转引自陈支平:《五百年来福建的家族与社会》,台北,扬智文化事业股份有限公司2004年版,第120页。

要的权威性，其实用效率甚至比政府法律有过之而无不及。"①

二、裁断

明清时期宗族社会纠纷解决中的裁断实际上就是民间仲裁。"仲裁也称'公断'，在中国历史上就常使用'公断'二字，而称'仲裁'，则是近代的事。"②而"所谓仲裁，是指根据双方当事人的合意，由第三者对双方当事人之间发生的纠纷所涉及的是非和权利义务，进行公正评判并作出对双方当事人都有约束力的结论的一种解决纠纷的方式。"③仲裁与调解被视为"类法律形式"的纠纷解决手段，或者是介于冲突主体自决、和解与法院诉讼的中间解纷形式。二者的共同特征是解决纠纷中第三者的出现；二者的差别在于：在仲裁案件中，第三者的任务在于劝导纠纷主体消除对抗，提出冲突权益的处置和补偿办法，或者对之作出裁决，而调解在许多场合下并不需要对冲突是非作出严格而明确的判定，调解所追求的更主要是冲突权益的处置及补偿结果。④

明朝中叶之后，随着宗族势力的日益扩大，一些巨家大族逐渐控制了乡村的司法仲裁权，它们都在家法族规中规定，如若族内发生纠纷、争执时，由宗族族长、房长等主持裁断成为解决纠纷、争执的首要的必经程序。族人不经宗族，不得径自向官府投诉，亦不得自行解决，而要听宗族裁判。徽州祁门县二十都文堂陈氏"家法"规定："各户或有争竞事故，先须投明本户约正副理论。如不听，然后具投众约正副秉公和释。不得辄讼公庭，伤和破家。若有恃其才力，强梗不遵理处者，本户长转呈究治。"⑤文堂陈氏建立的乡约，属于宗族性乡约，因而乡约规条与家法族规合二为一。如果宗族内有人发生争执纠纷，先要向本户所属门、房系统建立的乡约负责人——约正、约副报告，由他们仲裁处理。如果解决不了，再投诉至全族系统建立的乡约负责人——众约正、众约副那里，由他们作出仲裁。由此可见，乡里族人之间的纠纷、争执，主要由宗族处理解决。当出现那些"强梗不遵理处者"，宗族无法解决时，才允许投官，且要由户长（家长）出面，不许自行投官。福建永定县邵氏宗族的《祠规》也规定，族人遇有争

---

① 陈支平：《五百年来福建的家族与社会》，台北，扬智文化事业股份有限公司 2004 年版，第 120 页。

② 谭兵主编：《中国仲裁制度研究》，法律出版社 1995 年版，第 1 页。

③ 谭兵主编：《中国仲裁制度的改革与完善》，人民出版社 2005 年版，第 2 页。

④ 参见顾培东：《社会冲突与诉讼机制》（修订版），法律出版社 2004 年版，第 35~37 页。

⑤ 《陈氏文堂乡约家法》。转引自陈柯云：《明清徽州宗族对乡村统治的加强》，载《中国史研究》1995 年第 3 期。

论，诉之族中，不能理而后鸣之官，“如有径赴呈词者，即为目无尊长，先与议处，而后评其是非”。① 浦城李氏家族的族约亦规定：“睦族和邻乃安身保家之道……但有酗酒争斗毁骂尊长，及因事争辩者，俱先禀告族长，听与各房公直人处断平息。如有不告族长辄行赴官告理，及族长处断已明，逞刁不服者，族长各房公直人即备情连名呈官处治。”②

族房长对户婚、财产继承和土地等纠纷拥有仲裁权。族房长裁决的依据是家法族规。在裁决的过程中，要主持公道，不可有偏袒。“为族房长者，不得徇情偏袒以致成讼，或不遵议构讼，族房长将事之颠末，直陈于官，以俟公断。如此宗族和睦，而讼端或可息。勉之，戒之。”③

对某些较大的纠纷，族长一旦作出裁决，双方还要立约，族长签字。例如，福建南安王氏宗族的《太原王氏家谱中》就记载着一则宗族内部的房宅地基纠纷及其经宗族处理后立下的合约。该合约云：

> 立合约本族王文顺公、王金保公二房嗣孙等。原有肖宅屋基一座，前近文顺公祖屋后龙，后近金保公子孙祖屋上手花台，有碍肩腋。有肖宅将此本屋一半出卖与金保公子孙为业，又一半出卖与文顺公子孙为业。为因两家争论墙基有碍两家风水，托得族长、亲识人等凭公理论，二家各体本族叔侄亲谊之情，即将老墙基做进当众理石起底为界。所有肖宅屋基二家俱有文约。今凭众议，本屋基只许荒废，余宅以为空坪，二家不得蓄木栽菜架屋，亦不许锄低担进，如有此色，许二家执约公论。今来二家甘心意允，各无反悔，欲后有凭，用立合约二纸，各执一纸，永远收执存照。所有屋基空地从文顺公祖屋后花台墙旁路起量，至金保公花台肩腋理石条止，共计五文八尺，计高五尺五寸，石条横二丈二石宽批照。
>
> 康熙癸丑十二年二月　日
>
> 立合约王文顺王金保子孙　一彪　用予　宜详　周候
>
> 族长子住子谟　亲识杨步元　杨丽如　待字人　赞生④

这是一起经由族长主持，族亲（“亲识”）参与的“凭公理论”，纠纷双方接受仲裁，以协议了结纷争，形成民间法律文书的“合约”。

诸如此类的纠纷，一旦族长或房长作出裁决，纠纷双方当事人一般都

---

① 光绪《永定邵氏族谱》卷首《祠规》。

② 《湖茫李氏三宗谱》卷九《族约》。

③ 《桃源庄氏族谱》，载苏黎明：《泉州家族文化》，中国言实出版社2000年版，第150页。

④ 苏黎明：《泉州家族文化》，中国言实出版社2000年版，第151页。

会接受。如果不接受，一些势力强盛的宗族就迫令纠纷当事人绝对服从。如果他们企图抗拒，就会受到更严重的惩罚。例如，潞城邓氏宗族的《家规》规定，事主“倘若不服”宗族的裁断，族长、族众可“鸣鼓共攻”，将他们“解祠治责”。① 而一些族权较弱的宗族，其族人如不服族中裁断，通常可以上告官府，或可以再向宗族上诉。虽然有些宗族在族人上控官府后不再介入这些纠纷，但为了维护宗族裁断的权威性，便会积极干预，甚至在家族法规中明文规定，宗族将参与诉讼，以维护宗族原来的裁断。而那些允许族人在不服房长裁断时可向族中申诉的宗族，也往往对申诉作某种限制，以免纠纷当事人动辄不服裁断，与尊长纠缠不休。例如，余姚江南徐氏宗族规定，在房长剖断兄弟间的纠纷后，如有一造不服，房长可请族长等一起来裁断。不过，族长等便要对两造“不问是非，各笞数十”。鉴于此，除非有莫大冤屈，纠纷当事人绝不会轻易上诉，以免白白挨上数十板子。②

三、送官究治

所谓送官究治，就是将宗族内不能裁决或者不服宗族内裁决的纠纷争执直接移送官府来惩治的纠纷解决方式。当然，送官究治的纠纷争执是有一定范围的，“词讼息结极美事，然唯户、婚、田土及角殴小事则可，若关系诬告、命盗、赌博、风化及卑幼犯尊等事皆须穷惩，不可轻易准息”。③

不孝之罪是国家法规定的重罪，也是家法族规规定的重罪。《孝经·五刑》曰：“五刑之属三千，而罪莫大于不孝。”自隋唐以降，历朝各代均将不孝定为十恶之一。而各个宗族的家法族规对不孝行为也规定了严厉的惩罚。例如，徽州歙县《许氏家规》规定：“今后于不孝不悌者，众执于祠，切责之，痛治之，庶几惩以往之愆，图将来之善。昔为盗跖，而今亦可为尧舜之徒矣。其或久而不悛、恶不可贷者，众鸣于公，以正其罪。”④安徽寿州龙氏宗族的《家规》规定：“凡我族人，有不孝父母、肆行忤逆者，乃人伦大变，法所当诛。初犯，责三十；再犯，责四十；三犯，户长与父母将本人送官重处。若触犯祖父、祖母与伯、叔婶母及兄嫂等，分别责惩，概不宽待。”⑤湘阴狄氏宗族家规规定：“父母之恩，昊天罔极。如有忤逆不孝

---

① 《潞城邓氏宗谱》卷一《家规》，1918年本。

② 《余姚江南徐氏宗谱》卷一《宗范》，1916年本。

③ 《入幕须知·幕学举要·总论》，光绪壬辰十八年浙江书局刻。

④ 《重修古歙东门许氏宗谱》卷一。

⑤ 安徽《寿州龙氏宗谱》卷一《家规》，光绪十六年本。转引自费成康：《中国的家法族规》，上海社会科学院出版社1998年版，第339页。

报，亦赶逐出村，不许在族坏法。”①武陵郭氏公定规约关于风化之败坏部分规定：“子弟因人格堕落而发现窃人财物之罪刑，或伙人盗窃，甚之藏匿窃犯于私室，经查询认实者，处体刑一百或送官究处。”②

宗族组织不仅不能解决上述刑事案件，就连一些民事纠纷他们也无能为力。例如，清雍正九年(公元1731年)，徽州祁门伊坑倪氏建本堂支丁倪起聪等盗篡祖坟墓穴案，宗族即无法解决，不得不“鸣官惩治”，最后订立《祁门倪氏立齐心合同文书》如下：

立齐心合同文书珍公秩下崇本、贞一、建本、雍睦、世德、继善、乐善、遗安、合一九祠人等，因建本祠秩下倪起聪等突于本月十二日夜，在珍公祖坟左臂盗篡一穴，寔系大逆灭祖，理合当诛，为此众议鸣官惩治。所有费用，公议照各祠老幼人丁均出，不得累及出身，并控告有名之人；或费不足，将祀田变易，亦无异说。再，出身在官，并敷合□之人，皆不得借端退缩，徇私推诿。如有退缩推诿等情，准□□论，仍行众罚，永不给胙。恐后人心不一，立此合同文书九纸，各收一纸存照。

众议：每丁暂出九色银三分。

雍正九年十一月十四日

立齐心合同文书

崇本祠　思朋等　押
贞一祠　思增等　押
建本祠　国录等　押
雍睦祠　国璋等　押
世德祠　宗通等　押
继善祠　国宾等　押
乐善祠　起聪等　押
遗安祠　国衍等　押
合一祠　国禧等　押

(各祠出身并任事敷费人名、画押从略)③

① 《崇祯十一年胡义和堂本族人等立文书》。转引自陈柯云：《明清徽州宗族对乡村统治的加强》，载《中国史研究》1995年第3期。

② 《武陵郭氏续修族谱》卷首上《公定规约》，1947年本。转引自费成康：《中国的家法族规》，上海社会科学院出版社1998年版，第422页。

③ 赵华富：《徽州宗族研究》，安徽大学出版社2004年版，第423~424页。

明嘉靖十四年(1535年),福建南靖县和溪也发生一起因认为墓地风水于已不利而自毁祖墓的事件。黄氏宗族二房派下的六世孙黄乔迁因嫌二代孟昌祖考妣坟"房分有亏,往上杭哄贼,诈言冢内有宝物,将棺夜开发起破碎",后来"被众送官究治"。[①]

送官究治实际上就是将宗族社会的解纷权转移至官府。而官府的裁断会直接关系到争讼双方当事人的利益。如果官府判决公正,则争讼双方当事人自会心悦诚服地接受裁决,和息争端。反之,如果官府受贿袒护,上下其手,那么就会埋下祸根,使争讼无休止地延续下去,"两造争衡,贿多者直,贿少者曲。且胥吏证佐非财不联,舟车食用非财不给,前讼未已,后讼复兴"。[②] 鉴于此,各个宗族才会不厌其烦地告诫其族众三思而行,"慎勿好讼"。甚至对健讼者亦送官究治。安徽寿州龙氏宗族族规"戒争讼"条规定:"凡我族人,有好为兴讼、出入公廷者,乃健讼之徒。若与本族构讼,凭户长分别责惩。其与外人争讼,除万不得已外,依恃刀笔人作词者,户长指名,送官究治。"[③]

四、神判

所谓神判,是神明裁判或神意裁判的简称,又称神断、神裁、天罚或巫术裁判等。"其特点是在发生偷盗或其他财物争执纠纷以及通奸等类行为,失主或受害人对被嫌者提出指控但未掌握真凭实据,而被嫌者断然否认自己有所控之不义行为,清浊难分的情况下,试图通过一种超自然的力量——以神的意志去鉴别是非真伪。"[④]日本学者棚濑孝雄把这种"神判"称为"非合理的决定过程"。他说,神判是"把决定委诸于偶然的情况或者非人力所能控制的自然现象的场面。以抽签来决胜负,或者把手放进开水看有无烫伤来决定是非曲直等方法,都属这种类型。在那里,虽然决定者个人的随意性很少,也不存在追究决定者个人责任的余地,但规范性还未成为问题。这种类型作为使决定正当化的方法属于一种极端的事例。在决定不受人们理性支配的意义上,这种决定方法可称为'非合理的决定过程'"。[⑤] 美国学者罗伯茨则提出了一个极为有趣的假说:"神判只是在存

---

① 南靖和溪《黄氏家谱(龙湖祠)》,手抄本。

② 《古今图书集成·职方典》卷七一五《常州府部》。

③ 安徽《寿州龙氏宗谱》卷一《家规》,光绪十六年本。转引自费成康:《中国的家法族规》,上海社会科学院出版社1998年版,第341页。

④ 张冠梓:《初民的审判——神判》,载《东南文化》2003年第9期。

⑤ [日]棚濑孝雄:《纠纷的解决与审判制度》,王亚新译,中国政法大学出版社2004年版,第15页。

在微弱权威的社会才可能看到，当权力强大到能够强制一切决定时，神判也就消失了。”①

明清时期各地宗族的家法族规中都有神明裁判的相应规定。例如，福建浦城陈氏宗族的族规规定：“卑幼不循理法诬控尊长者，祭祖事毕即于神前经各房秉公指摘，扑责示惩。”②该宗族的家规“孝于亲”条规定：“礼曰：万物本乎天，人本乎祖，亲者身之本也。苟无亲，何有身，不孝是无亲也，无亲何以为人？则去禽兽也不远矣！克孝不过尽吾分内事耳，天以之而通，神以之而感，人以之为则效且获厚报。人不克孝，天地绝之，鬼神祸之，人类弃之，中夜自思必有无地可容之愧。吾族有克尽孝道无忝所生者，钦崇之，褒扬之，表异于众，树之风声。倘有不孝是闻屏之远方离其妻子没身不复。”③福州通贤龚氏宗族的《祠堂条例》规定：“记功过，示劝惩也。常人不能无所劝而为善，无所惩而不为恶，故有功必记，有过必书。积功十次，虽白丁亦当以孝义从祀，庶有所感发而敦本睦族焉。积过至十次，虽有前程亦当以干犯名义斥黜，庶有所警惧而不为恶。何谓义？如入孝出悌，秉仁好义，为祖宗修墓兴祠，为族属抚恤孤寡之类是也。何谓过？如卖墓地，典祭业，逞凶健讼，欺凌孤寡，以及使酒滋事，不安本分，皆是也。卖墓地，典祭业为大过，有一于此，必当绝之。至于倡优隶卒奴仆窃盗斯玷祖辱宗之甚者，不惟绝其往来，并当于谱中除其名字。传曰：善善欲长，故必久必录之，恶恶欲短，故有过或宥之。自甲申以前勿论，自乙酉年为始，愿宗族共勉之。褒贬一秉于至公，是非务存于核实，执笔者慎之。如有偏私任意雌黄者，则祖宗在天之灵鉴之，雷神殛之。”④徽州宗族的家法族规也有敬神盟誓的规定，如歙县虹梁程氏宗族于每年算账之日，要求“四司匣一同敬神盟誓，以示无私”。⑤ 徽州府祁门县六都善和里程氏仁山门东房派的家法族规《窦山公家议》也规定，每年“祭毕，仍设神坛于月台，管理

---

① John M. Roberts, “Oaths, Autonomic Ordeals, and Power”, *American Anthropologist* 67, 6(1965) p.208.

② 陈模等纂：《浦城陈氏家谱·族规》，民国六年集贤堂活字本。参见北京图书馆编：《北京图书馆藏家谱丛刊闽粤（侨乡）卷第16册·浦城陈氏家谱》，北京图书馆出版社2000年版，第42页。

③ 陈模等纂：《浦城陈氏家谱·族规》，民国六年集贤堂活字本。参见北京图书馆编：《北京图书馆藏家谱丛刊闽粤（侨乡）卷第16册·浦城陈氏家谱》，北京图书馆出版社2000年版，第50页。

④ 龚葆琛纂修：《福州通贤龚氏支谱》卷三，清光绪九年刻本。参见北京图书馆编：《北京图书馆藏家谱丛刊闽粤（侨乡）卷第18册·福州通贤龚氏支谱》，北京图书馆出版社2000年版，第328～329页。

⑤ 《歙县虹梁村程氏德卿公匣规条》。

五人跪读誓状讫，接管五人剪牲歃血，以一其心，庶怀私者皆有所警矣。誓毕，每房家长一人同家众，将当年手册查果无弊，家长酌众议于功最款下，书其多寡有无收匣，复将接管手册应值人名，令其亲书押号付领承管。或查出有弊，及接管非时，交代不明者，家长同家众即时举罚”。①

不唯如此，各地宗族文书文本中也记载有神明裁判纠纷的案例。例如，乾隆二年（1737年），徽州汪维榛、汪天龙叔侄之间因田土之争讦告至县，其族长、族众不忍坐视并出面调处，叔侄于“县城隍庙对神一一理楚”而化解了彼此纠纷。后县主亦以“准依众议”而了结此案。其文书如下：

立批约字人汪维榛、汪天龙父维□，为因承祖分受之业各有阄书为凭。内因汪维榛于向年遭回禄，以致各业不知其细，难以心明。今因化字号屋业土名新斤又小斤坦住基致控堂侄汪天龙，及至阅明阄书以致明白。其时竟在审期将至。因有族长并族众不忍坐视，即在县城隍庙对神一一理楚。蒙亲族公议，再批均分字号业给与汪维榛，以同堂叔侄之和睦，以致二各心平。于九月初八日蒙县主悬牌示审，又加赵主堂谕准依众议。仍着族长汪环海、族众汪元朗等立将汪维榛控告汪天龙一案情由遵照堂谕理处明白。今汪天龙协同二房，以今公众理议依处明白。今汪天龙后恐支下子孙不知皂白，再生事端争讼，即以欺祖之罪论之。一样合同二纸各执一纸永远存照。

合同一样二纸各执一永远存照

乾隆二年十一月　日

立批字合同人：汪维榛（押）、汪天龙（押）

凭族人：汪环海、汪元朗、汪建周、汪声如、汪玉进

凭亲人：胡五德、鲍御明、赵际云

代笔：鲍位公②

有些合同文书在签立时甚至将盟誓写入文本之中，如下例：

立兴祠合同文约大观公秩下启愣等，今因乾隆二十一年三月二十八日在皇净坞标坟，公议将与祭祀一十四人胙食之资六钱正，作本轮流领本生利，周年硬充九七足银六钱积聚以作后日置产立业之费，以兴祀胙，一轮周后，再行生效，自兴之后，各宜齐心协力，以为昌大之基，如有不愿充利者，永远不得入分，祖前立誓，如有用私苟且，侵蚀本

① （明）程昌撰：《窦山公家议校注》卷一，周绍泉、赵亚光校注，黄山书社1993年版，第13页。

② 《乾隆二年汪维榛等立合同》，黄山学院图书馆藏。转引自刘道胜：《明清徽州宗族文书研究》，安徽人民出版社2008年版，第113页。

岩阿峻折,灵软有崎岖之危,若临穴斗沮,英魄虚人。上之安,要须无竞,始利窀穸。公然余言,黄亦亟止。少焉,三氏之族百许人轰阒余廨,余出成案视之,乃谢而退。"[①]"邻家必严不相容"与其说是有形的土地,毋宁说是背后所代表的风水意义。陈懋仁深知民间社会对风水的重视,因此如果答应让黄氏将先人的遗体埋葬在该地的话,势必会引发三氏子孙的不满与抗议,使黄氏先人的灵魂不得安宁。他认为,必须寻找一处不会因为风水而引起争夺的地方,才能真正解决问题。这个意见得到官府和黄氏后裔的认同,遂将此事暂搁,另觅他处来安葬黄氏先人,果不其然,三氏在听到黄氏有意安葬于此时,因为担心自家风水遭到破坏,马上动员族人到陈懋仁住处进行抗议,直到陈氏将此案的结论出示给三氏族人知晓后,才化解了一场可能发生的纷争。清末吴增的《泉俗激刺篇·风水》云:"迷信为之害,风水最谬祸最大。……相去千百丈,彼此不相让,小则启狱讼,大则持械相打仗。不知此俑创始,谬说害人有如此。焉得国民进步多,不凭地理凭天理。"[②]

族人受欺就是宗族受辱,宗族要为面子而抗争,这就是宗族观念逻辑,亦是"细故"酿成族斗之大祸的缘故。福建仙游《薛氏族谱》曾记载该族与庄姓的争斗互控,就是由于"体面攸关"。该族谱云:"乾隆五十五年,因五房尔总、长房淑芹与枫衙土豪庄工互争田收斗殴,工先就枫亭司主呈验……图丢我族脸色……旁观咸称:庄四姐有此势力,薛家畏缩不敢到案,必有罪,等语。我族有识者闻此恶言,抱公愤而认大谊,谓事虽尔总、淑芹两家与工争水起祸,而案浪至此,倘失足于一时,则遗臭于千载,体面攸关,公议以欠租呈诉。……斯时庄工父子抱头泣恳,凭伊所控持刀拥门,率众扛殴,放火烧寮,阻耕害课等恶究办,县主不依押出取其欠租,遵依甘结备案。族人喜跃回归,庄工丢脸难堪。……我族大快于心。"[③]

宗族械斗的另一个起因是宗族之间对地方权益的争夺,特别是对经济利益的争夺。"在中国财产私有权缺乏应有的法律保障的情况下,利用家族的力量来占夺土地、山场、滩涂便成了一种很有效的手段。"[④]为了获得更多的生产资源和活动空间,一些宗族大多采用实力占领的方式。在闽南地区,这种习俗一直持续到明清时期以至民国时期。宗族组织在经济利益

---

① (明)陈懋仁:《泉南杂志》卷上,载(清)曹溶辑:《学海类编》(第10册),江苏广陵刻印社1994年版,第15~16页。

② 泉州市民政局、泉州志编纂委员会办公室编:《泉州旧风俗资料汇编》,1985年印,第121页。

③ 《枫溪薛氏族谱》。

④ 陈支平:《五百年来福建的家族与社会》,台北,扬智文化事业股份有限公司2004年版,第123页。

上的争夺不可避免地与其他宗族进行摩擦、对抗乃至械斗。另外，“割据性的家族制度具有很强的排他性，特别是为了争夺地方社会的控制权，家族与家族之间，乡族与乡族之间相互欺凌、相互对抗的情况也处处可见。”① 例如，兴化地区，“为巨族、为小姓、为强房、为弱房……仙游小姓畏大姓甚于畏官。其畏之奈何？一朝之忿，呼者四应，直到剑及寝门，车及浦胥之势”。② 又如，漳州地区，“强凌弱，众暴寡，福建下四府皆然。诏安小族附近大族，田园种植，须得大族人为看管，方保无虞。其利或十而取一，或十三而取一，名曰包总。否则强抢偷窃，敢怒不敢言”。③

无论是出于意气面子，抑或出于经济利益，宗族与外族的抗争、械斗，都使得族人感觉到宗族组织对于自身安全和权益的庇护，感受到宗族存在对于自身存在的必要性。因此一旦族人与外族发生冲突，举族就会齐心协力，一致对外，如云：“乃通族之羞，非一人私愤，其公费等钱，除养子孙外，照依派盐丁数均出，如有恃顽不出者，公众同取。”④“事关通族，将历年所积羡余公动公用，不敷就族上、中、下丁协鸠济公；或族人罹外侮者，公同出力，若分心异视，通族摒弃之……能捍大患，御大侮，保全子姓，通族倚重祀之，显有功也。”⑤这种通族“共御外侮”的观念，有时候会非理性地将族际之间的个人纷争激化为族际之间的群体械斗。械斗的规模大小各异，小者两族相斗，大者数村、数十村的同姓联络起来与仇家互斗，还有众多异姓小家族联合起来同欺压自己的强大家族互斗的。械斗的幕后指挥者和操纵者，均是族长、房长、族绅，械斗一般都有精心的策划和准备，并且有严密的组织。参加械斗的族人，大多是自愿的，他们参加械斗是出于对血缘和情感的认同；也有被胁迫而参加械斗的。准备械斗的家族订有苛刻、严酷的戒条，不出战或不积极参战要受到严厉的处罚，直至被开除出家族。⑥ 所以有研究者指出：“凡有家族制度的地方，必有家族械斗；哪里的家族制度盛行，哪里的家族械斗就特别严重。”⑦

宗族械斗非但没有解决原来的纠纷，甚至有进一步深化矛盾纠纷的可

① 陈支平：《五百年来福建的家族与社会》，台北，扬智文化事业股份有限公司 2004 年版，第 121 页。

② 陈盛韶：《问俗录》卷三《仙游县》，书目文献出版社 1983 年版，第 30 页。

③ 陈盛韶：《问俗录》卷四《诏安县》，书目文献出版社 1983 年版，第 85 页。

④ 晋江《浔海施氏族谱》天部《族约》。转引自陈支平：《五百年来福建的家族与社会》，台北，扬智文化事业股份有限公司 2003 年版，第 128 页。

⑤ 惠安《骆氏族谱》附记《倡义立字稿》。

⑥ 有关清代闽南的宗族械斗，参见附录“清代闽南宗族械斗表”。

⑦ 徐扬杰：《宋明家族制度史论》，中华书局 1995 年版，第 196 页。

能。明朝嘉靖年间云霄同知薛凝度说:“械斗最为漳泉恶习,而其械斗之风,半由地方官有以酿成之也。雀角鼠牙,其始不过两言而决。乃怠缓者既不能早为清理,而不肖者更得赃鬻狱,颠倒而失其平。官府之公道不昭,百姓之私怨日积,弱者泣饮吞声,强者乃攘臂呼群,列械而争先报逞矣!漳泉积习,盖非一朝一夕之故焉,乃地方官不以械斗为地方之祸端,而转以械斗为官府之利薮,利其犯法而后逼其行贿。故虽可以禁止之械斗,文武衙门坐视不救,以待其成。而后率兵役到乡,不拘正凶,而逼勒富户派出兵费差费,盈千累万。不从则延烧遍强,玉石俱焚。富户不得已敛钱送官,求安买静死亲亦得钱息讼。……且虽械斗,而官府仅派富户出钱,而凶犯之可以不拿到案也,而械斗乃不畏官府矣!遂不可止矣!此实云霄民不畏官,而械斗之所由来也。”①

官府的态度如是,那么宗族自身的态度又是如何呢?对宗族来说,是非对错已经不是双方关注的重点了,族人不被欺负、侵犯,进而不使宗族的荣誉、权益受损,才是他们采取群体行动的关键点。正如有学者所言:“械斗的本身,从来就不是为了解决问题,对宗族来说,本身荣誉的维持,远比化解纷争更为重要。因此,在械斗的过程中,如何压制对方,以显现己方势力的强大,成为最重要的指导原则。这不仅有关荣誉,还代表对地方资源的控制权与领导权的争夺。也因为目的不在解决争议,使双方的间隙与恩怨更形扩大,造成械斗不已的局面。”②

由于械斗代价太高,太过残酷,也不能最终解决纷争,正如闽南俗话所言的“打不出头”,因此,绝大多数宗族械斗最后又重新回到调解阶段,经由地方乡绅的调处而和息了事。例如,清代同安马巷一带:“民皆聚族而居,习尚器凌,以强欺弱,以众暴寡,睚眦之仇,动辄列械互斗。……地方官员下乡查办,明知其敝于斗案,完结之后,其命案不得不以缉凶了事。甚者需造累年斗杀,并不报官为之清理,只得延请公正绅耆往为调处,则计两造所伤人命,照数准抵,多则赏以银钱,名曰赔补,每名多则百余千,少亦数十串。其钱或出于本乡之匀摊,或出公亲之赔垫。……愚民无不以斗为乐,踊跃从事,转辗报复,数世不休,性命伤残,死而无悔。(马巷)厅属弹丸之地,查历年斗案共有三十余起,每起百十名至数十名不等。经年累月,愈积愈多,思欲逐案清理完,属无从措手,此械斗之难治也。”③当然,并不是不同宗族个人之间、家族之间的纷争都会导致宗族纷争乃至械斗。由

---

① 嘉庆《云霄厅志》卷二《学校》。

② 陈启钟:《明清闽南宗族意识的构建与强化》,厦门大学出版社 2009 年版,第 125 页。

③ 程荣春:《桐轩案牍》(马巷厅任内)。

一些小事引起的族际纷争，通过族长之间的沟通，以及公亲、乡族组织的调解，常常可以达到息事宁人的效果，有的个人甚至以宽阔的胸襟，消弭纷争，达成谅解。例如，清同治十年（1871 年），晋江谢庄杨氏家族葛州房的杨兆洗、杨绍时等人，与同乡的林秋菊因建造房屋伤及祖坟“风水”问题而发生冲突，杨氏请本房房长杨久出面调解，最后在杨久的调解下双方立下了一份合同，其全文如下：

> 葛州乡林秋菊与杨兆洗、杨绍时，二姓虽系同居，各分疆界居住。杨氏有祖坟文义公墓在交界之所，因秋菊就西南畔合起瓦屋一造在西南畔墓边，二姓世代和好，加以姻亲，是以相议同请诸公两姓耆老，公举就此东畔北角闪缺无碍祖坟，其余厝东边现有龙眼三株并宅地一片不得开剥栽插树木，公订合约为凭。两处空地不许起盖迫近祖坟，各无生端异言，各守本分决无食言，空口无凭立约为照，各执一纸收存，此系两愿各无反悔。
>
> 同治十年五月①

由上而观，教育可化愚顽，良风可敦和谐，减少乃至革除宗族械斗的“教化”说，确有深刻的道理。“和气始能生瑞气，书声方可振家声。”②余以为然。

① 《印塘杨氏族谱》。转引自苏黎明：《泉州家族文化》，中国言实出版社 2000 年版，第 67 页。

② 漳州市氏族渊源研究会、地方志编纂委员会编：《漳州氏族源流汇编》（第 1 辑），1992 年版，第 112 页。

衅，宗长即将情实送官惩治。”①江苏海安虎墩崔氏《族戒》“戒赌博”条规定：“赌博之为害不小，倾家产、坏心术、丧行止，甚则为盗为非，以致割恩伤爱。子弟一或犯此，未有不摧残破败者，前途覆辙，历历可数。凡我族人，务各守分，毋贪他人财产自贻伊戚，一有不遵约束者，许众呈之族长，痛治其罪，仍将摊场财物入祠公用，父兄故纵者并罪之。”②

（二）“鸣告”的限制

“鸣告”是启动宗族司法程序的前提，亦是族人寻求族内救济的必须途径。但“鸣告”的提出亦有一定的限制：

第一，“亲告乃坐”制度。这主要是对于近亲属之间发生的相盗等侵害行为，少数宗族实行该制度，即对近亲属之间的相盗行为，宗族尊长即便发现或察觉，一般也不过问，只有受害者本人亲自向宗族投诉，宗族才会立案查处。③ 例如，安徽桐城赵氏《家约》第 22 条规定：“亲属相盗……须被盗之亲具告方坐。”④“亲告乃坐”制度是“鸣告”制度的特殊和例外情形，大概类似于现代刑事诉讼制度中针对某些特类案件的“不告不理”制度。宗族之所以规定此制度，主要是基于近亲之间“血浓于水”的亲情，希望这种发生于近亲之间的微小财产纠葛能在亲情中得以消融，避免了亲情的破裂，也能起到维护宗族内部、家庭内部的和睦，符合儒家“亲亲”原则。

第二，禀祠为必经程序。族人提起“鸣告”仅限族内，不得随意越过宗族，将纠纷尤其是民事纠纷上诉官府。之所以作出如此限制，其原因不仅仅在于上告官府和衙门即藐视族权，有损宗族尊长的权威，更在于贸然越过宗族上诉于官府和衙门会辱及祖宗。若遇朝廷官员刚正清廉尚好，若遇到腐败、势利之徒，不仅因为在公堂之上长跪受审，辱及祖宗，而且很可能会累及整个宗族遭受经济或其他方面的重大损失。而将这些纠纷解决在宗族内部，就可以避免这种屈辱和损失。即使是严重的违法行为，且必然受罚，与其受辱于官府衙门，还不如受责于祖宗。因此，如果族人将族内的纠纷和争端尤其是民事纠纷，擅自越过宗族告至官府，便是犯了藐祖欺族之罪，不论理曲理直，均要受到宗族的严厉责罚。例如，江阴钟究黄氏祠规规定，族人不经过宗族而擅自告官者要重责三十，“以示蔑祖宗之罪”，然后再论事之曲直。⑤ 江苏润城章氏宗族规定，族众有争议事，须到祠堂由户

---

① 安徽桐城《刘氏宗谱》卷一《家规》。

② 江苏海安《虎墩崔氏族谱·族戒》。

③ 参见费成康：《中国的家法族规》，上海社会科学院出版社 1998 年版，第 132 页。

④ 安徽桐城《桐陂赵氏宗谱》卷首《家约》。

⑤ 《江阴钟究黄氏宗谱》卷一《祠规》，1947 年本。

长判处，“倘不经祠处断竟自讦讼者，公具一呈，鸣鼓攻之。虽有理亦不与之分剖也”。[①] 江西南昌魏氏宗族也规定，族内纷争，“不得径往府县诳告滋蔓，如不经投族而妄告官府者，先罚银一两入祠，方依理公断”。[②]

第三，禁止诬告。为了限制恶意诬告，中国历朝各代的国家法律都规定了“诬告反坐”的原则，对故意捏造事实陷害其他善良之人，按其所诬陷的罪名对诬告者进行处罚。为了预防仇家恶意诬告或豪强仗势欺人，以致善良蒙冤，不少宗族仿照国家制定法都订有“诬陷反坐”的条规，以保障善良者的合法权益及家法族规的威信。例如，镇海汤氏宗族规定，族人如“挟恩怨，怀爱憎，以颠倒黑白”，“应当咎以反坐，以彰家法之宜平，而昭人心之欲正”。[③] 汀龙黄氏宗族还强调要惩罚诬告族人的尊长，规定，值年的房长如“别有微嫌，所指不实，亦应反坐”。[④] 湖南宁乡熊氏祠规规定：“家长偏爱，误听唆耸，因细故即架忤逆情重鸣族者，理应分别照坐。念属尊长，叱退勿论。其余诬鸣者，俱照所诬本事，减一等反坐。”[⑤]徽州绩溪华阳邵氏宗族规定：“族中以强欺弱，倚众暴寡，恃尊凌卑，以幼犯长，靠富欺贫，捏故占产，诬人名节，挑弄是非，唆讼滋事，盗窃损物，以及一切犯法违理不平之事，凡此恶习最为大害，准被害者禀祠，亟应会众研究。实则由祠示罚，令向祖前焚香谢罪，酌量情节轻重，轻则罚洋五元，重则二十元充公。如所禀属虚，即照此例反坐，以惩诬害。倘不受罚，由祠呈官究治，庶得稍挽敝风，免玷祖先。”[⑥]

第四，鸣告内容的限制。很多宗族规定，在祠堂祭祀之后，族众聚首一堂，讨论宗族的大事，族人不得于此时为鸡毛蒜皮的私人小事在堂上“投诉争闹”。而在平时，族人亦不得为小事动辄惊动族中尊长，能够互相协商解决的要尽量地相互通融。若非急如星火，更不许昏夜申诉。同时，族人也不能动辄以“灭伦”等字眼耸人听闻，夸大事实，将小事说成大事。如有违反者，均要受到宗族的相应惩罚。

(三)“鸣告”的受理

在传统中国，绝大多数宗族都实行属人管辖原则。无论族人身处何地，都要受到宗族法规的约束和影响，宗族法规如同甩不掉的影子，紧紧地尾随着他们，即使他们远在异国他乡，只要他们触犯了家法族规，被宗族尊

① 道光江苏润城《全城章氏宗谱》卷一《祠规》。
② 南昌《豫章黄城魏氏宗谱》卷一一《宗式》。
③ 《镇海汤氏宗谱》卷一，1936年本。
④ 《汀龙黄氏族谱》卷一《四修祠规》。
⑤ 湖南《宁乡熊氏续修族谱》卷八《祠规》，光绪十年本。
⑥ 绩溪华阳《邵氏宗谱》卷首《新增祠规》，清光绪三十三年刻本。

长发现,同样会受到相应的惩处。例如,江西福安县三舍刘氏宗族规定:"族中或畏宗祠严肃,籍从戎边境,行商他省,循迹为非,皆家教所不及。其父兄房长,宜预禀明存案,俟其归家,送官究办。"①与此同时,少数宗族法规兼有属地管辖的效力。一家之中,除了属于家主的奴婢等人之外,有些为家庭子女雇请的教书先生有时也在一定程度上受到家法族规的约束。在聚族而居的宗族中,其宗族族规在聚居地中通常具有属地管辖的效力。例如,有些村落甚至连成一片的若干村落均为一个宗族所创建,这些宗族有时便会作出在本族聚居地不准居住外姓人的规定,还有些宗族对进入其聚居地的外姓人同样实施或部分实施本族的家法族规。例如,随母改嫁而来的"拖油瓶"必须遵守继父所属的家法族规,否则就会被驱赶出去。除此之外,那些在宗族聚居地开设店铺的业主,也同样必须遵守该宗族的有关族规,否则,亦会受到相应的处罚,甚至被驱赶。于此可见,那些实行属人兼属地管辖的宗族通常具有很强的势力,能够对本地实行有效的管辖,而那些势力弱小的宗族则通常只能实行属人管辖。在宗族社会内部,族人的"鸣告"即是根据属人管辖兼属地管辖原则而提出的。

族人"鸣告"提出后,"鸣告"的受理形式因宗族规模大小不等而各异。在一些规模较小的宗族里,族中尊长或其他负有监察职责的人员如果发现族人有违法行为,可以直接向族长、族正举告。当事人如有不平之事,亦可径直向族长等检举。由于各个宗族均有"禁止族人直接鸣官"之规定,所以只要有"鸣告"即受理。而在一些规模较大的宗族里,受理"鸣告"的层级相对复杂,一般分为两个层级,即以房长为首的房为受理鸣告的第一层级和以族长或族正为首的族为受理鸣告的第二层级。族人遇事应首先向房长等人举告或投诉,由他们来裁断。如当事人对房长裁决不服,方可向宗族这一层级上诉。还有一些宗族根据违法犯规的状况来规定族人向哪一层级投诉。例如,夏口汪氏族规规定,如发现族人对祖父母或父母等直系尊亲忤逆不孝,可直接向宗族鸣告。如果是对伯叔或族中长辈凶横无礼,应先报告族中长老;如果情节严重,则可直接报请族众公议处置。例如,豫章黄城魏氏宗族规定,族人如有"混账小事",不先请本房房长剖决,就通鸣合族绅衿,"希图借势压服懦弱者",便要予以"公罚"。② 在通常情况下,这种"鸣告"只要在程序上不违反"由房而族"的规定,宗族首领都必须受理。

---

① 江西福安《三舍刘氏七修族谱》卷三〇《彝训》,民国三十三年,木活字本。

② 《豫章黄城魏氏宗谱》卷一一《宗式》,乾隆四十五年本。转引自费成康:《中国的家法族规》,上海社会科学院出版社1998年版,第133页。

族人在向宗族投诉时，一般只需诉说受害不平的情形即可。但也有少数宗族仿效国法，要求递交正式的书面文件。例如，江苏省润城章氏宗族规定："有事诉祠，用全柬一个，上书'禀启'二字，内诉原因。启到三日，值年即传唤族众到祠，户长上坐，户评旁列，其伸理不平者各陈实情，或是或非，悉听处分。"①安徽合肥邢氏宗族的《家规》规定："凡族中有事，必具呈禀于户长，户长协同宗正批示：某日训审。"②浙江山阴州山吴氏宗族亦规定："各支卑幼因事争辩者，本支之长即为处分，如有不明，词禀祠中，贴付宗使唤知。"③与国家的诉讼不同的是，宗族内的投诉通常不需要支付任何费用。

二、解纷场所

宗族成员发生纠纷被鸣告后，其理曲理直，是否违反家法族规，应该给予何种惩罚，都需要经过一定的程序，经宗族尊长审查后才能作出裁决。

宗族进行审讯、裁断的主要场所一般选定为本宗族的祠堂。"在祠堂这一神圣空间，祖灵渺不可寻，而宗族组织的领导层却可在祖灵栖所行使实在的世俗权威。这里是宗族领导层的议事厅，也是宗族私法的法庭。"④我们在各地宗族族规中经常看到这样的记载："犯，拿赴祠堂重责"；"诲之不悛，拿赴祠堂重责"；"子孙违犯教令及不肖事，族人告之，于祠堂以声其罪。"宗族之所以选择祠堂作为解纷的场所，除了祠堂场所宽阔且位置一般位于宗族中央，便于宗族成员聚集外，更重要的是祠堂是祖宗的灵栖之场所。在祖宗神灵面前进行裁判，仿佛祖宗也在堂上听审，作出的最终裁决似乎理所当然地代表了祖宗的意志，得到祖宗的认可。由于在"祠堂"这种场所作出的裁决在宗族内部通常具有更高的公信力，故此，各宗族用以祭祀祖先的祠堂又都成为审判有过之族人的"公堂"，有些宗族直称祠堂为"家公堂"。

当然，宗族祠堂乃宗族的神圣处所，一般不得轻易搅扰其安宁肃穆。如果族人所犯仅为很细微的过失，不需要给予重大责罚，斥责即可，目击此事或知悉此情形的宗族尊长无须与他人商议，亦不需要前往宗祠，可以自行决定对其进行当面教育和训斥。

由上可见，宗族内部解纷的场所因纠纷的大小和性质不同而各有区别。

---

① 道光江苏润城《全城章氏宗谱》卷一《祠规》。

② 安徽合肥《邢氏宗谱》卷一《家规》。

③ 浙江山阴州山《吴氏宗谱·家法》。

④ 郭志超、林瑶棋主编：《闽南宗族社会》，福建人民出版社2008年版，第70页。

三、纠纷的审理

当族人有重大纠纷时，宗族族长一般不能独断专行，而须经族中多数人协商共议。宗族内部对于重大纷争的审查与裁断，大体上可分为两种模式：

1. 尊长合议制。宗族成员犯有较重过失，出现较大纠纷，依据宗族法可能会予以较重责罚的，由族中年岁较高、德高望重的尊长，在祠堂内一起审讯，并共同作出裁断。例如，山阴华舍赵氏宗族准许族人将不孝不悌、凌辱尊长、欺辱孤寡、不务正业、霸占田产者扭送宗祠，由族长、房长等会同族中执事进行会审，然后决定是否依据家法族规来加以惩处。① 又如，徽州休宁商山吴氏宗族规定："本族支派四房，间有愚昧，不思一本之义，或立各门之私，几有一言一动，辄便恃强欺弱、倚众暴寡、必以取胜为荣，诚上不体祖宗垂裕之心，下不念子孙绥和之意，岂有识见者之所为哉！今后倘有此等事情，宗正副会族长公同酌议，分别是非曲直，责备本门之贤者，务使和释宁靖，不谙事少年以退。"②

2. 族众群议制。宗族成员犯有较重过失、出现较大纠纷时，族中尊长们也不能自行裁断，而须将族众召集至宗祠中来，由族众共同协商决定。即使是有些族长在宗族中拥有极高的威望和权势，如果对违反家法族规者处以出族的重罚时，通常也须经族众集合协商决议后才能作出最终决定。例如，映雪堂孙氏家法规定："族中子弟倘有游手好闲、不务正业、流入贼匪，其房长务须预为惩责。或于族内一经捉获，与外姓捆拿交族，其房长鸣集族总、各房长等，公同议处，迫令其父兄伯叔至亲人等举手，筑、溺两便。此等子孙玷辱宗祖，决不可容。""赌局、烟馆坏俗之原，花鼓、灯戏诲淫之具。此等浇风，均宜禁革。着各房长清查报族，公同处罚，不得推诿，亦不得徇碍优容。倘其房长知而不报，除斥革外，另行处罚。"③

在正式进行审查和裁断之前，族长或族正一般要先查清纠纷当事人是否到场。只有在双方均已到场的情形下，审理程序才正式启动。接到通知的纠纷当事人必须准时到堂候审。如经数次传讯，依然置若罔闻，则族长等可据此认为有关当事人理亏心虚，并作出对其不利的裁判，还可以因当

① 《山阴华舍赵氏宗谱》卷首《家规》，光绪十年本。转引自费成康：《中国的家法族规》，上海社会科学院出版社1998年版，第137页。

② 休宁商山《吴氏宗法规条》，明抄本。

③ 湖南《映雪堂孙氏续修族谱》卷首下《家法补略》，光绪二十七年本。转引自费成康：《中国的家法族规》，上海社会科学院出版社1998年版，第363~364页。

事人藐视祖宗而另外给予相应地责罚。例如,安徽桐城柳峰朱氏宗族规定,被告“自应一唤即到”。如果确实有事外出,准予在下次祭祀之日裁断。如若“仍唤不到”,不仅说明他“情虚”,而且表明其“藐视族决”,因而要予以革胙一年之罚,并按照原告投诉的情节进行“公断”。[①] 此种情形类似现代诉讼制度中的“缺席审判”。宗族之所以作如此规定,其用意均在于能有效地确保纠纷当事人到场,保障纠纷审理的顺利进行,维护家法族规的威信。

对于某些纠纷,纠纷当事人必须到场,如不到场则审理就无法进行。因此,有些家法族规规定了“强制到场”制度。即由房长强行押送或派族壮、族丁充任衙役的角色,负责将其拘捕并押解至宗族祠堂。族规中常有这类记载:“如故犯,拿赴祠堂重责”;“姑诲之,不悛,拿赴祠堂重责”。[②]

至于审理的程序和规程,一些宗族仿效官府衙门。审理开始正式开始后,族长或族正于祠堂正中处就座,房长等其他族中尊长则分坐族长左右,俨然官家升堂问罪。例如,安徽合肥邢氏宗族规定:“至日原告设公案笔砚,户长同宗正上座,各房长左右座。两造对质毕,静听户长宗正剖决,或责或罚,各宜凛遵,违者公究。”[③]如果实行的是“族众群议制”,到场的族人则位居两侧,没有明显的位次。例如,湘乡七星谭氏的祠规对于如何进行“祠堂公质”作了形象的规定:祠堂公质,礼法必严。户长、族尊坐于上之中偏,族中兄弟子侄。序以昭穆,东西列坐,人多两层、三层,公同静听。原、被告跪着陈述,不得抢白。凡处断,但听户长、族尊吩示,无论原、被告及列坐的族众均不得喧哗咆哮。族众中“或有未言可参者,须俟户长等吩示后方可徐进一说,不许众口哓哓,违者将予以处罚”。[④]

在审理过程中,当事人分次陈述,不得相互抢白或打断。由于宗族社会实行“亲亲不相容隐”原则,故对于当事人的陈述或行为,族中任何目击或知情者均有作证的责任和义务。在审理过程中,如果需要有关直系亲属出场作证或提供担保的,这些族人亦应准时到场。若无故推脱或藏匿不出,亦会受到议处。

对于证据,通常包括人证和物证。关于证据的效力及优先性,并没有相应的规定,一般在于宗族尊长的自由裁量。但是,对不孝、忤逆等重

---

① 安徽《桐城柳峰朱氏宗谱》卷一《宗规》,同治十二年本。

② 福建《官林李氏宗谱》。转引自苏黎明:《泉州家族文化》,中国言实出版社2000年版,第152页。

③ 安徽合肥《邢氏宗谱》卷一《家规》。

④ 《湘乡七星谭氏五修族谱》卷二《祠规》,1944年本。

罪，则需合族人之力共同证实，才能认定。例如，吴中叶氏宗约规定，如告子弟不孝父母，大宗子需集其近亲，“讯之果无异辞”，才予以处罚。[①] 江苏洞庭安严氏遇有父母指控其子“大不孝”的事件时，族长须“阖族查明，均无异词”，才可鸣告官府。[②] 由于宗族内部亲属血缘利害关系错综复杂，族人之间相互包庇、隐瞒自不可避免，因此，与国家司法制度中比较完善的证据制度相比，宗族社会的证据制度难免显得简易粗陋。

四、纠纷的裁决

（一）裁决原则

经过宗族审理，查明真相、证据确凿，或经过全体宗族成员表决无异议，族中尊长便可依据宗族的家法族规等，对纠纷作出最终的裁决。宗族对纠纷的裁决遵循以下三个原则：

1.“亲亲不相容隐”原则

源于孔子“父为子隐，子为父隐，直在其中矣”的思想，自西汉以降，历朝各代的法律都有允许亲属“容隐”的条款，即至亲相互包庇犯罪不会受到国法的惩罚。例如，《大明律·名例律》规定：“凡同居，若大功以上亲，及外祖父母、外孙、妻之父母、女婿，若孙之妇、夫之兄弟，及兄弟妻，有罪相为容隐；奴婢、雇工人，为家长隐者，皆勿论。若漏泄其事，及通报消息，致令罪人隐匿逃避者，亦不坐。其小功以下相容隐，及漏泄其事者，减凡人三等，无服之亲减一等。若犯谋叛以上者，不用此律。”[③]《大清律例·名例律》亦规定：“凡同居，若大功以上亲，及外祖父母、外孙、妻之父母、女婿，若孙之妇、夫之兄弟，及兄弟妻，有罪，相为容隐；奴婢、雇工人，为家长隐者，皆勿论。”[④]有些朝代的国法甚至规定检举父母、祖父母及丈夫等人是以卑犯尊，要予以重罚。

与国家法律相反，宗族法皆舍弃了“亲亲相容隐”原则。在宗族内部，族人之间，更不必说家人之间，都有或近或疏的血缘亲属关系，如果宗族内部同样实行“亲亲相容隐”，那么大量的违反家法族规的行为将无人举告，家法族规就会形同虚设或者遭到破坏，宗族内部的秩序无从维系。故此，大多数宗族都实行“亲亲不相容隐”原则，不准许“亲亲相容隐”，不允许至亲相互隐瞒包庇违反家法族规的行为，对那些知情不报的直系亲

① 《吴中叶氏族谱》卷一下《宗约》，宣统三年本。

② 江苏洞庭安《严氏六修族谱》卷一〇《族规》，1931 年本。

③ 《大明律》，怀效锋点校，法律出版社 1998 年版，第 18 页。

④ 《大清律例》，田涛、郑秦点校，法律出版社 1998 年版，第 120~121 页。

属，特别是包庇有过错的子孙的祖父、父亲，也要一并予以惩罚。例如，清朝康熙年间，浙江绍兴吴氏宗族规定："尊长宜严率子弟，各务生理，毋得纵容赌博，如有犯者，不分亲疏长幼，即便具首以凭责罚。知而不举，罪并及之……卑幼非礼干犯各支尊长，而其父见代为辩饰者，罚。"①再如，山阴州山吴氏宗族规定，如族人违反家法族规，本支房长"容隐"，就并罚房长；子孙得罪祖、父，而祖、父"容隐"，就要"并罚祖、父"。②

国家法律上的"亲亲相容隐"与宗族家法族规上的"亲亲不相容隐"实际上并不矛盾。国家法律允许"亲亲相容隐"的范围仅限于除"谋反、谋叛、谋大逆"等危害皇权、政权犯罪以外的其他普通犯罪。亲亲相容隐，不许告官，实际上就是放权于宗族自己解决，避免了国家法律扰乱宗法秩序的矛盾，也体现了国家法律对族法的支持。而族法实行"亲亲不相容隐"，要求族人知罪举报并非告官，而是向宗族尊长举报，施行族规之处罚。由此，国家法律与宗族家法族规中的这两项原则实质上是殊途同归，也体现了宗族法对国家法的补充。

2. 公平、公正原则

司法的公平、公正是法律精神的内在要求。然而，出于统治利益的需要，传统中国的国家法律未能充分体现和贯彻这一要求。自三国两晋南北朝时期开始，"八议"之条入律，对那些违反法律的权贵予以减免相应的刑罚，即"议亲、议故、议贤、议能、议功、议贵、议勤、议宾"。此外，朝廷中的官员还可以官品来折抵相应的责罚。而对于那些在皇朝建立和巩固中立下丰功伟绩的勋臣，历朝各代的君主还颁发了所谓"丹书铁券"，规定勋臣及其子孙可以豁免死刑若干次。

与国法相比，作为"准法律"形态的家法族规对公平、公正原则体现得要充分一些。家法族规中没有国家法律中的"议亲""议故""议贵"等之类的条款，即使是长房嫡系子孙，只要触犯了家法族规，亦不能减免责罚。例如，湘阴狄氏宗族家规规定："纵容子弟，不严约束，行凶帮恶，置若罔闻，一经犯事，势必连累族人，惹出无穷麻烦。犯此者除将子弟重惩外，并罚其父兄之教不先。"③宗族之所以没有做出"议亲""议贵"等特权法规定，主要原因在于在宗族内部，无论是哪房子孙，不论其贫富贵贱，嫡出庶出，均为同一祖宗的后代，在祖宗及代表祖宗威严的家法族规面前并无亲疏贵贱之分，族人在家法族规面前基本上是平等的。

---

① 浙江绍兴《吴氏宗谱·族规》。

② 浙江山阴州山《吴氏宗谱》第三部《家法续编》，1924年本。

③ 《湘阴狄氏家谱》卷五《家规》，1938年本。

宗族成员虽有尊卑长幼的区别,族规也一般规定了卑幼者与尊长者发生冲突时,卑幼者不得顶撞尊长者,否则,将会受到责罚。例如,徽州歙县东门许氏宗族家规规定,对族长"有抗违故犯者,执而笞之"。[①] 歙县潭渡黄氏宗族家训规定:"卑幼不得抵抗尊长,其出言不逊制行悖戾者,会众诲之,诲之不悛,则惩之。"[②]徽州绩溪上川明经胡氏宗族祠规规定:"凡派下子孙,有恃强逞暴无礼于其亲长者,革出,毋许入祠。"[③]当然,如果尊长者确有过失,同样会受到相应的惩罚。例如,晋江张氏家乘规定:"子孙固当竭力奉尊长,为尊长者,不可挟此自尊,攘拳奋臂,忿言秽语,使人无所容身,殆非教养之道,若有过,反复谕戒,甚不得已,会众棰之。"[④]有些宗族的族规虽然是由某个族长主持订立,但他们也很难袒护某房而歧视另一房,这是因为族规须由全体族人的接受和墨守方能产生效力。如果家法族规中存在明显的不公平和不公正,那么这种家法族规很难为各房族人所接受,族长的地位和威信亦将会受到相应的影响。由此可见,公平性和公正性是家法族规在宗族内部获得公信力并得以顺利实施的基本要求。

3. 允许类推原则

纵观传统中国历朝各代的国法,在司法审判中,如遇成文法规定不明,均允许类推适用。例如,《大明律·名例律》"断罪无正条"规定:"凡律令该载不尽事理,若断罪而无正条者,引律比附"。[⑤]《大清律例》亦有类似规定。相对于条文浩繁的国家制定法,家法族规则要简略得多,更不可能一一列举出哪些是家法族规要禁止和惩罚的行为。因此,在发现家法族规中并无明文规定而又确实危害家庭或宗族的行为时,要制止和制裁这样的行为,族内尊长们势必只能依据国家制定法与家法族规中相近的条款来进行类推。有些制定得比较科学和完善的族规还对此作出了明确规定。例如,姚江古将坛俞氏宗族规定,遇有《宗约》中未有条款或有条款而"其中情理未尽"的事件,宗族"临时当以义起",即根据国法、族规及情理来加以类推;如有人"视为约外之法,而不遵不信""决重罚不恕"。[⑥]

(二)纠纷的裁决

对于族长或族正如何进行裁决,不同的宗族有不同的规定。根据解纷

---

① 《重修古歙东门许氏宗谱》卷八《许氏家规》。

② 歙县《潭渡孝里黄氏族谱》卷四《家训》。

③ 绩溪《上川明经胡氏宗谱》下卷《新定祠规二十四条》。

④ 晋江鉴湖《张氏家乘》。

⑤ 《大明律》,怀效锋点校,法律出版社 1998 年版,第 23 页。

⑥ 《姚江古将坛俞氏宗谱》卷首《宗约》,光绪二十四年本。转引自费成康:《中国的家法族规》,上海社会科学院出版社 1998 年版,第 142~143 页。

的对象不同，进行不同的裁决。

1. 普通纷争的裁决

对于普通纷争如何进行处理，各个宗族的家法族规上均有具体规定，纠纷的裁决主要采取以下三种模式：

（1）严格准则主义。即对于确实违反了家法族规的宗族成员，必须严格按照家法族规的相关规定来处理，族长、族正等此时几乎没有自由裁量的空间。在一些家法族规中，对于违反族规哪一条款，应予以何种方式、何种程度的处罚以及累犯如何加重处罚，有无减轻或减免情节等，均有明确的规定，族长、族正等宗族尊长只需要“对号入座”即可。例如，徽州黟县环山余氏宗族《余氏家规》规定：“间有悍妻傲妇蔑视舅姑恣意忤逆者，家长呼至中堂，舅姑上坐，责令长跪，诲谕省改。再犯从重扑罚，三犯令夫出之。如纵容，坐以不孝例论。”①再如，徽州祁门县环砂村养山碑刻载：“纵火烧山者，罚戏一台，仍要追赔本价；挖桩脑者，无问松杉杂植，罚戏一台；采薪带取松杉二木，并烧炭故毁，无问干湿，概在禁内。违禁者，罚戏一台。”②

（2）相对准则主义。即对于违反家法族规的各种情形，如何进行责罚，责罚的力度如何，家法族规一般都有相应的规定。但是，族长或族正等宗族尊长亦有较大的自由裁量权，此为大多数宗族的通行做法。在这些宗族的族规中，仅有对违犯者给予何种惩罚，甚至仅有要给予惩罚之规定，至于其他则无明示。在此情况下，族长、族正等族中尊长往往既要决定给予何种处罚，还要决定惩罚的力度，族中尊长们的裁决具有较大的随意性和自主性。例如，徽州歙县东门许氏宗族规定：“其或强欺弱、众暴寡、富吞贫、恃尊凌卑、以少犯长、藐视族人而仇之，非吾之所敢知也。族长正、副而知此，愿秉是非之公。”③这里许氏家规规定对严重破坏族内社会秩序的人，交由正副族长秉公严惩，至于处以何种惩罚，给予何种力度的惩罚等则未明示，可由族长自由裁量决定。

（3）自由裁量主义。即家法族规中仅有各种行为规范，并没有规定对违规者如何处罚。在此情形下，族长、族正等族中尊长具有很大的自由裁量权，甚至族长、族正等可以独断专行，个人或者少数几个人可就某纠纷作出最终裁决。例如，徽州休宁商山吴氏宗族族规规定：“若富欺贫、强凌弱、众暴寡、邪害正，此皆欺蔑祖宗、败坏风俗之辈。各支倘有此等恶人，虽被

① 黟县《环山余氏宗谱》卷一《余氏家规》。

② 赵华富：《徽州宗族研究》，安徽大学出版社 2004 年版，第 399 页。

③ 《重修古歙东门许氏宗谱》卷八《许氏家规》，清乾隆二年（1737）刻本。

兄;出嫁后罚其夫或子。例如,休宁《茗洲吴氏家典·家规》规定:“妇女宜恪守家规,一切看牌嬉戏之具,宜严禁之。违者,罪家长。”湖南宁乡熊氏祠规规定:“妇女入寺烧香及游荡看戏,大干律例,将家长责四十,着该夫、父、兄严责妇、女、妹。”①徽州歙县潭渡黄氏宗族规定:“风化肇自闺门,各堂子姓当以四德三从之道训其妇,使之安详恭敬,俭约操持。奉舅姑以孝,事丈夫以礼,待娣姒以和,抚子女以慈,内职宜勤,女红勿怠,服饰勿事华靡,饮食莫思饕餮,毋搬斗是非,毋凌厉婢妾,并不得出村游戏,如观剧玩灯,朝山看花之类,倘有不教,罚及其夫。”②湖北夏口汪氏宗族亦规定:“妇人不孝忤逆、悍泼凶恶者,责及其夫或房长,无夫者责其子。”③

(2)对奴仆的裁决。严格地讲,宗族内部的奴婢、雇工人等均非宗族成员,但宗族的家法族规实行的是属人管辖兼属地管辖原则,奴婢、雇工人等亦受家法族规的约束。在宗族社会里,奴婢、雇工人等也没有独立的人格,如果他们违犯了家法族规,其主人亦受其累。虽然在家庭或宗族里,奴婢有过,只罚本人。但也有些宗族规定,如果主人庇护、纵容奴婢等也要受罚。例如,徽州绩溪明经胡氏宗族祠规规定:“下不干上,贱不替贵,古之例也。然间有主弱仆强、主懦仆悍者,呈其忿戾,不顾统尊,或至骂詈相加,甚且拳掌殴辱,虽非犯其本主,然以祖宗一体之例揆之,是则凌其本主也。族下如有此婢仆,投明祠首;祠首即唤入祠内,重责示惩,仍令其叩首谢罪。倘本主不达大义,护短姑息,阖族鸣鼓攻之,正名分也。”④歙县东门许氏宗族族规“制御仆从”条规定:“苏子曰:‘家有主母,豪奴悍仆不敢与弱子抗。’族人既众,而仆从必多。主微弱而仆骄悍,往往有之;有之而不能自治者,声诸众以治之。其或犯上者,罪不容于死。其见他房之主,坐则必起。少有犯者,痛加责治,仍遣叩首谢于所犯之家,毋得宽纵,以启效尤。仆不率者,重其罪;主姑息者,罪其主。此君子小人之大分,不可不正也,慎毋忽。”⑤休宁商山吴氏宗族规定:“主仆分严,徽称美俗。近来各乡巨室之仆,每每侵渔富,赎身出屋,越礼犯分、抗僭无比,自今即当预为之防。倘有此等,宗正、副访出,将赎身之物追入祠中公用,仍拘原仆,听宗正责罚。或

① 湖南《宁乡熊氏续修族谱》卷八《祠规》,光绪十年本。转引自费成康:《中国的家法族规》,上海社会科学院出版社1998年版,第328页。

② 徽州歙县《潭渡孝里黄氏族谱》卷四《黄氏家训》。

③ 湖北《夏口汪氏宗谱》卷一,1928年本。转引自费成康:《中国的家法族规》,上海社会科学院出版社1998年版,第143页。

④ 绩溪《明经胡氏龙井派宗谱》卷首《明经胡氏龙井派祠规》。

⑤ 《重修古歙城东许氏世谱》卷七《许氏家规》。

有豪奴凶恶,抗忤主辈,有伤大体,宗正、副即行拘入祠中,从重责罚。"①黟县环山余氏宗族家规"御僮仆"条规定:"家下奴仆,无所统率,致多恣肆。不论各房远近,分作十班,择伶俐十人长之。其长一年一易,俱要系腰,以别贵贱。有呼即至,有令即行。如有违抗主命,侵害各家山场、及在外饮酒生事、并自相詈殴者,其长禀于家主,重治,以警其余。"②

由上可见,针对特殊主体的特殊裁决和责罚,在某种程度上是一定范围的罪责"株连",这应该说是家法族规贯彻的"罪责自负"原则的一个例外。

4. 宗族纠纷裁决的特性分析

如前所述,宗族社会的解纷过程,从"鸣告"至审理再到裁决,均有一整套自我满足的体系,尤其是纠纷裁决的作出及其施加于宗族成员潜意识的一种不可抗拒性,更是显示出宗族纠纷机制有别于国家司法的独特机理,表现了中国古代纠纷解决机制的特有内涵。

(1)宗族裁决具有"确定性"。"确定性",就是某种"存在性"或"不可更改性"。通常而言,一项裁决所具有的确定性,直接源于裁决所依据之规则的确定性。如国家司法判决之所以具有确定性,这与国家法律的确定性和不可随意更改性有着紧密联系。在宗族解纷机制中,某项裁决一旦作出,除非认定之事实确有错误,并具有确凿之证据,不得更改。宗族纠纷裁决的这一属性,亦是源于其所依据之家法族规的确定性和不得随意更改性,亦即"准法律性"。为了维护宗族裁决的严肃性,江苏梁津孙氏宗族规定:"尊长公议已定,而族中有恃舌剑唇枪,混淆是非、颠倒成案者,责三十,罚银两入祠祀祖。"③

(2)宗族裁决具有"即判力"。"即判力",是指某项裁决作出后,对裁判者、被裁判者及其他不特定之人所具有的约束力。宗族裁决一旦作出,在宗族内部便产生无可争辩的即判力,且这种即判力有一整套机制予以保障。首先,宗族社会解纷机制以家法族规为依据和规则指向的,而这些家法族规是由全体宗族成员公议制定,是经过全体族众认可和墨守的。这些家法族规在制定过程中,往往融入了时代的和宗族的最高理念,如"仁""义""礼""智""信"等。因此,宗族依据家法族规而作出的各项裁决理所当然地体现了这些准则的精神和理念,实质上,正是这些内涵其中的精神和理念最终保障了裁决的权威性和即判力。其次,宗族裁决的即判力

① 徽州休宁《商山吴氏宗法规条》。

② 徽州黟县《环山余氏宗谱》卷一《余氏家规》。

③ 江苏《梁津孙氏家乘》卷一《祠堂规条》,民国八年(1919年)崇礼堂木活字本。

还有独特的程序保障。例如,宗族对违犯家法族规的族人的审理,一般选在宗族祠堂中进行,最终的裁决也是在宗族祠堂里的祖宗面前作出的,得到祖宗神灵的默许和支持,因此,族人对祖宗所赞同的裁决如有异议,便是对祖宗的藐视和不敬。很显然,宗族在解决纠纷过程中所使用的"宗祠审讯法"带有强烈的心理暗示和制约色彩。它从人们灵魂深处着手进行规制,这要比单纯的机械的威压管制有效得多。此外,"族众群议制"的审判模式也对宗族裁决的即判力有着不可忽视的保障作用。

(3)宗族裁决具有执行性。这是指宗族裁决一作出,即可付诸执行。执行性是恢复和保障宗族内部秩序稳定、和谐的重要环节,是具有实际意义的一步。如果裁决不具执行性,那么,依据家法族规作出的各项裁决便成为空中楼阁、镜花水月,为其规则指向的家法族规亦成为一纸空文。

当然,对于宗族裁决,也有某些纠纷当事人确感冤枉,执意不服。对此,各个宗族的做法各异。那些势力强大的宗族迫令当事人绝对服从,如果当事人不服裁决、拒不执行,就会受到罚银、斥责、鸣官乃至出族等更为严厉的责罚。而有的宗族则允许不服裁决的当事人可以请求再议或者将争端提交官府。即便如此,宗族的尊长仍然会采取措施,竭力避免诉讼至官府。一方面,宗族尊长常常以证人的身份争取出庭,向官府提供不利于诉讼提起人的证据,以期官府对宗族原判的支持,进而"掷纸"销案;另一方面,宗族尊长也向官府提起反诉,要求官府对不服宗族裁决的当事人治以违反教令罪或对尊长不尊罪。如此,不服宗族裁决而投诉官府的族人陷自己于极为不利的地位,众叛亲离,几乎全体族人都站到自己的对立面,其结果是使当事人不得不放弃诉诸官府的想法,无条件接受和执行宗族的裁决。

五、裁决的执行

宗族裁决作出后,通常会立即执行。宗族裁决的执行也形成了一整套独特的机制。

(一)执行原则

1. 罪责自负原则。在中国古代社会里,国家法律适用过程中,通常规定有"犯罪连坐"原则。"连坐"又称"缘坐""从坐"等,是指本人无罪,而受他人犯罪之牵连而入罪。例如,《大明律·刑律》规定:"凡谋反,及大逆,但共谋者,不分首从,皆凌迟处死。祖父、父、子、孙、兄弟及同居之人,不分异姓,及伯叔父、兄弟之子,不限籍之异同,年十六以上,不论笃疾、废疾,皆斩。其十五以下,及母、女、妻、妾、姊妹,若子之妻妾,给付功臣之家为奴。财产入官。若女许嫁已定，归其夫；子孙过房与人及聘妻未成者，俱不追坐。知情故纵隐藏者，斩。"①《大清律例·刑律》亦有同样规定。②

与国家法律规定不同，家法族规中则实行"罪责自负"原则。宗族中的某一族人违反了家法族规，通常由其一人承担应受之责罚，与他人无干系。宗族成员不可能因为出了不肖子孙受到牵连而遭受惩罚。在大多数宗族里，即便父兄犯过受到削谱的严厉惩罚，甚至被宗族处死，其家人和亲属往往也不会受到任何牵连。例如，江苏江都李氏宗族规定："有十恶大逆者，必削其名，以示讥贬"，"至其子孙，若贤则当录之。盖不以其父之恶及其孥，亦不以一人之故灭族之一支"。③ 诚然，在特定情况下，也有极少数宗族订有株连家庭成员的条规。只不过这种株连通常限于极小的范围内，并不累及其他近亲。如妇女和仆婢违反了家法族规，不仅会责罚其本人，一般还会罚及家长或家主，以惩其管教不严之过。被株连者所受到的惩罚，通常是一起禁入祠堂、谱牒除名及罚停其他一些族权等，最严重的莫过于被驱逐出去，但无论如何也不会被株连处死。家法族规之所以对"株连"作如此严格之限制，是宗族内部错综复杂的血缘亲属关系使然。

2. 有服加等原则。自魏晋时期的《泰始律》始，中国古代司法便开启了"峻礼教之防，准五服以制罪"之先河，主张对九族之内的亲属间相犯，要根据"五服"所表示的亲疏远近关系来定罪量刑。服制愈近，对以尊犯卑者的处罚愈轻，对以卑犯尊者处罚愈重；服制愈远，则与此相反。传统中国的家法族规继承了这一原则，同样的过错，会因为受害者亲等的不同而受到不同的惩罚。例如，山阴华舍赵氏宗族规定，凌辱有服的尊长、孤寡，就加等处罚。④ 余姚兰风沈氏宗族规定："殴辱尊长，亦必视其亲疏名分，分别议罪。"⑤

3. 累犯加重原则。"累犯加重"原则在古今中外的法典中都得到了贯彻，如《唐律疏议·名例律》规定："诸犯罪已发及已配而更为罪者，各重其事。""已发者，谓已被告言；及已配者，谓犯徒已配，而更为笞罪以上者，各重其后犯之事而累科之。"这一古老的法律原则在家法族规中亦同样得到体现。一般而言，对于初次违反家法族规的子孙，族中尊长通常在严加教

---

① 《大明律》，怀效锋点校，法律出版社1998年版，第134页。

② 《大清律例》，田涛、郑秦点校，法律出版社1998年版，第365页。

③ 江苏《江都李氏族谱》卷一《凡例》，民国九年(1920年)木活字本。

④ 《山阴华舍赵氏宗谱》卷一《家规》，光绪十年本。

⑤ 《余姚兰风沈氏家谱》卷之首《宗规》，光绪二十三年本。转引自费成康：《中国的家法族规》，上海社会科学院出版社1998年版，第142页。

些宗族甚至规定,可以打死在祖宗墓地盗葬或开矿之人。

5. 僻远之处以及深潭、江河等处。此为处死族人的刑场,主要执行活埋、溺毙、丢开等刑罚。

(四)执行方式

由于地缘因素及风俗人情的差异,各地对犯过族人的责罚亦各不相同,特色各异,我们可以将其归纳为精神罚、身体罚、财产罚和生命罚4类。

1. 精神罚。精神罚主要是对受罚者的人格、名誉、资格等进行一定程度的贬抑,使其遭受精神上和道义上的谴责,从而产生一种内心约束力,以预防其再犯,以期收到以儆效尤之效的惩罚方式,包括训诫罚、耻辱罚、资格罚等。下面仅以训诫罚和资格罚为例对精神罚加以阐述。

(1)训诫罚。一般用于较轻的过失。它不触及身体皮肉,亦不涉及财物,而是使过失者受到十分严厉的、精神方面的谴责,从而使其产生一种内心的约束。主要有"叱责""警告""立誓""罚祭"4种方式。

①叱责。这是一种集责骂与教训为一体的惩罚方式,大多用于轻微的过失,如晚辈与年幼的长辈之间称兄道弟之类的事情等。此种惩罚方式在一定程度上包含着羞辱的成分。例如,剡溪朱氏宗族规定,对于赌博、无赖以及违反礼法的子孙,族中尊长首先应会族众于祠堂,"声其过,以羞之"。[①]

②警告。这种惩罚方式主要是重申禁止性规范以防再犯,基本上都用于较轻的过失,如饮胙时因醉酒而肆意谩骂族人。对此,除了处以三次不准入宴之罚外,还要发出布告,"条陈事由",以示警告。

③立誓。这是一种责令犯有某些过失的宗族成员发誓,保证从今往后洗心革面,不再重犯的惩罚方式,一般适用于违反礼法的行为。例如,武陵张氏宗族规定,儿子对父母、媳妇对公婆有忤逆行为,特别是肆口谩骂,直至演成对斗局面者,就要责令他们在父母或公婆面前跪求宽恕,并立誓不再重犯。导致兄弟互殴的兄长,以及什物之争而最终殴伤尊长的卑幼,均须在宗祠的神龛前下跪叩头,发誓不再重犯。[②]

④罚祭。这是指罚令有过失者在宗祠中或祖宗墓前进行祭祀,一般适用于对祖宗的某些不敬行为。这种祭祀不同于例行的宗族祭祀,而是一种要受罚者在祖宗面前反思、认错的惩罚方式。例如,新河周氏宗族对于饮胙时因酒生事者,或者在平时肆言无忌、忤逆尊长者,以及在宗祠堆放物件

① 《剡溪朱氏宗谱》卷一《家规》,同治七年本。

② 《武陵张氏续修族谱》卷首《公定规约》,1947年本。转引自张海瀛等主编:《中华族谱集成》(张氏谱卷),巴蜀书社1995年版。

或私许他姓暂存货物者，都要罚令在宗祠中祭祖。还有一些宗族对于盗砍祖墓荫木者，罚其祭墓，就地向祖宗请罪。①

(2)资格罚。这是指以剥夺犯过族人在宗族中的相关权利和相应资格为主要内容的惩罚方式，使受罚者遭受精神和人格方面的惩创，从而产生一种自我改过的内心压力。主要有“斥革”“革胙”“罚停”“革谱”“出族”等5种。

①斥革。这主要是指剥夺受罚者担任某些宗族职务、享有某些族权的惩罚。例如，庄桥舒氏宗族规定，对欺压子孙并又怙恶不悛的宗长，各房长和衣冠人物可予以黜废。②

②革胙。这是指违反家法族规的族人，会被革除在祭祀后领取胙肉等食物的权利；同时，行为不轨的族人也会受到不得入席饮胙之罚。例如，甬上卢氏宗族规定：“当祭而不与祭，祭而不具礼服，或临席喧哗，及酒后滋事者，不得饮胙。”关于其次数，少则一次，多则数年，甚至有终身革胙。③

③罚停。这种惩罚方式主要存在于建有义庄的宗族，对违反某些族规的族人，宗族会给予短期或长期甚至终身停发月米、棉花以及族费等惩罚。例如，唐山张氏的义庄章程规定，族人凡生儿女在满月后即应到义庄报明司事，详细注册；如果他们夭折，即应及时注销。如有人“希图冒领”或“报孩顶替”，就将“全家月米一律罚停，永不准给”。④

④革谱。这是指革去犯过族人在族谱上之名字的惩罚方式，一般针对比较严重的过错和行为。在宗谱上削去有过失者的名字，通常意味着不再承认他们是宗族成员，因而在革谱的同时，受罚者还会被剥夺族内的其他权利。对过失特别严重者，有些宗族甚至将其子孙后代永远削谱。

⑤出族。这是将犯过族人驱逐出族的惩罚方式，一般针对过错特别严重者，尤其是严重违反“礼教”，有伤风化的行为。同时，出族通常还伴随着“革谱”之罚，因而“出族”之罚通常包含较之于“革谱”更多的内容，如受罚者不仅生时不许入祠，不再享有任何族权，而且死后也不得入葬宗族的墓地。例如，兰风魏氏宗族规定，对同姓为婚，以及弟娶孀嫂、兄收弟媳者，即“革出族外，永不收复”。⑤“出族”通常有“暂时出族”和“永远出族”之分。

---

① 《新河周氏宗谱》卷一—《世德堂规约》，光绪二十七年本。

② 《庄桥舒氏宗谱》卷首《宗规》，1928年本。

③ 《甬上卢氏敬睦堂宗谱》卷一《宗约》，1947年本。

④ 《唐山张氏宗谱》卷一—《义庄奏定条规》，宣统三年本。转引自张海瀛等主编：《中华族谱集成》（张氏谱卷），巴蜀书社1995年版。

⑤ 《余姚兰风魏氏宗谱》卷四《宗规》，宣统二年本。

2. 身体罚。身体罚是指使犯过族人的身体遭受一定程度之痛苦，以惩其过和以儆效尤的惩罚方式。其主要是受国家制定法规定之影响，因此在执行方式、方法上均与国法之规定尤为接近，一般包括“罚跪”“掌嘴”“杖责”“枷号”“礅锁”等。在此不赘述。

3. 财产罚。这是通过部分或者全部剥夺犯过族人之财产或使其遭受一定之经济损失，以惩其过并以儆效尤的惩罚方式，一般针对宗族内部的侵犯财产的违规行为。主要有“罚银”“罚物”“赔偿”“充公”等方式。

(1)罚银。这是指勒令犯过者在一定期限内交纳一定数目银钱至宗族的惩罚方式，是一种较为常见的惩罚方式。例如，虞东蒋山夏氏宗族法规定，对于在宗祠内搓草绞索或在祠前木栏上拴牲畜者，罚钱400；在祠内寄放竹木砖瓦等杂物者，罚钱600；在祠内堆放稻麦豆干等物者，罚钱800；在祠内放置犁耙车具等农具者，罚钱1000；在祠内堆积肥料等物，或让工匠在祠中做工、歇息者，罚钱1200；在祠内赌博者，每人罚钱2400。①

(2)罚物。这实际上是“罚银”的一种补充和变通惩罚方式，一般依据各自的特殊情况和所居地区的习俗。通常包括罚修宗祠，罚买祭祖的香烛、供品；罚刻祖基的碑牌；罚修宗谱；罚请酒席；罚请戏班唱戏等。例如，兰风魏氏宗族法规定：“对于未经宗族公断，而将族内争端擅自告诸官府者，不论其是非曲直，先罚戏一台。”②

(3)赔偿。这是责令犯过族人对造成之损失进行弥补和补偿的惩罚方式，其目的在于恢复已成之损害。族人损坏族中公产，滥用宗祠、义庄经费等，通常都要赔偿，直至加倍赔偿。例如，董庄李氏宗族规定，“管理宗祠祭器及钱谷而监守自盗者，倍罚；玩忽失察者，照数赔还。”③

(4)充公。这里是指将个人私有财产收归公有，对于族人擅自放入宗祠的杂物，有些宗族会将它们充公。例如，兰风沈氏宗族规定，宗祠中“如有堆积农具，即将是物充公”。④ 由于中国古代家庭内部实行“同居共产制”，因此，被罚充公的财产通常亦是家庭之共产。

4. 生命罚。这是指终结犯过族人之生命的惩罚方式，是所有责罚中最为严重者。自秦代以来，历朝各代的统治者都未将“终结生命权”授予宗族，因此，宗族处死族人，是于国法所不合的。故而，明文订有可以处死族

---

① 《虞东蒋山夏氏宗谱》卷一《公立禁单》，宣统元年本。

② 《余姚兰风魏氏宗谱》卷四《宗规》，宣统二年本。

③ 《董庄李氏宗谱》卷一《宗规》1914年本。转引自张海瀛等主编：《中华族谱集成》(李氏谱卷)，巴蜀书社1995年版。

④ 《余姚兰风沈氏家谱》卷之首《宗规》，光绪二十三年本。

人的宗族法是极为少数的,毕竟"人命关天"。宗族内部处死族人的方式主要有"自尽""溺毙""活埋"等。

(1)自尽。这是指迫使犯有严重罪过的族人自杀的惩罚方式。在一些名门望族中,妇女的"淫乱"行为一旦被发现,出于家丑不可外扬的考虑,通常勒令她们自尽。例如,明初的曹端在《家规辑要》中写道,给不贞的妇女以绳、刀,令其在畜栏中自尽。①

(2)溺毙。这是指将罪过极其严重者系上大石头,扔入水中淹死的惩罚方式。例如,沩宁何氏宗族规定,对于犯有盗窃、严重忤逆等行为的族人便要"溺毙示惩"。② 居住在江河或大海附近的宗族,往往采用沉江或沉海的办法。

(3)活埋。这是指将罪应处死者放入深坑中活埋至死的惩罚方式,一般适用于缺水,没有水泊的区域。例如,益阳孙氏宗族法规定,对忤逆不孝、流入匪类的族人,"筑、溺两便",即可活埋或溺毙。③

综观上述执行方式我们发现,与国法中之刑罚方式不同,宗族裁决执行方式基本上没有涉及残害肢体的肉刑,即使是处死,亦要保留全尸。究其原因,应该是与儒家"身体发肤,受之父母,不敢毁伤,孝之始也"④之观念有着密不可分的关联。毕竟宗族之内,皆为一脉,同宗所出。即使罪过,亦仍然要尽量避免毁伤受罚之人的发肤,否则,施罚之人便会有不孝之嫌。可见,中国古代之传统精神在宗族法中尽得体现。

第二节 宗族社会解纷成败的主要影响因素

"纠纷解决机制都是在一定的社会环境和条件下运行的,包括文化和传统以及社会主体的法律意识在内的社会环境,对纠纷解决至关重要。"⑤宗族社会的纠纷解决同样受到诸多主客观因素的制约和影响。我们认为,明清时期宗族解纷的成败主要受以下几个方面因素的制约和影响。

一、纠纷的复杂程度

从纠纷解决的角度来看,纠纷本身的复杂程度如何,对于纠纷的解决

---

① 参见费成康:《中国的家法族规》,上海社会科学院出版社 1998 年版,第 116 页。

② 《沩宁王氏族谱》卷首《祠规》,1921 年本。

③ 《映雪堂孙氏续修族谱》卷首下《家法补略》,光绪二十七年本。

④ 《孝经 · 开宗明义》。

⑤ 范愉:《纠纷解决的理论与实践》,清华大学出版社 2007 年版,第 82 页。

是一个非常重要的影响因素。一般而言，纠纷内容相对简单解决起来就会相对容易；反之，如果纠纷内容错综复杂，那么解决起来就会比较困难。这样的规律对明清时期宗族社会的纠纷解决同样适用。从明清时期的有关宗族的各类文书、契约中，我们可以明显地发现，纠纷内容复杂与否对宗族社会纠纷解决能否取得成功是一个十分重要的影响因素。相对而言，宗族能够解决的纠纷基本上都是族内相对简单的纠纷，而对那些复杂的纠纷来说，宗族就无能为力，不能奏效。如前所述，明清时期宗族解纷的范围主要涉及大量的民事纠纷，也包括诸多轻微的刑事案件，甚至包括过失致人死亡的命案。其中诸多民事纠纷当事人之间的民事关系比较简单，引发纠纷的事实比较清晰，此类纠纷通过族长或族亲的斡旋、劝解，一般都可以获得成功解决，如分家析产纠纷、继承纠纷、婚姻纠纷、田宅纠纷、民间借贷纠纷等。一旦民事纠纷涉及当事人比较多，且引发纠纷的事实比较复杂，则宗族纠纷解决机制很难奏效。例如，有关田地的民事纠纷基本上都是属于比较复杂的纠纷。随着经济的发展、人口的激增，使得人均耕地占有量急剧下降。由于田地在传统农业社会中具有特殊、重要的地位，涉及田地交易的除买卖双方当事人之外，往往还要涉及其他社会成员，这些成员的加入使得普通的田地买卖关系变得复杂起来。因此，为了避免本族土地流入外姓手中，不少地方的宗族族规规定，卖地先尽亲族，只有亲族不要时方可售予外姓；若是田地所有者没有事先询问亲族而直接把田地出卖给外姓，亲族人往往就会对该项田地交易提出异议并主张该项交易无效。此外，还有一些亲族本无意购买该田地，只是借此作为要挟、刁难的借口。例如，合肥邢氏《家规》规定："族中有变卖祖居产业或坟山毗连之房屋田地者，宜先尽亲房、本族，而后外人。若挟私怀隙，故卖外人、拖累本族者，勒罚赎回，仍议减价。"①安徽桐城赵氏宗族亦规定："凡族人田宅如有卖者，先尽本房，次及族人。族人不买，然后卖与外姓。族人互相典买，其价比外姓稍厚，不得用强轻夺，违者具告宗子，合众处分。如偷卖外姓，不通族人知者，罚之。若有意先卖，破族人产者，以不孝不弟论。族人备价，责令赎回。"②如此使得单纯的民事交易关系变得复杂起来。为了预防事后发生纠纷，很多宗族在田地买卖契约上皆加上了"先问亲房伯叔兄弟人等，各不承受"字样，例如：

康熙五十九年龙溪县陈益卖田契

① 安徽合肥《邢氏宗谱》卷一《家规》。
② 安徽桐城《桐陂赵氏宗谱》卷首《家约》。

立卖契人陈益,承父有私置水田乙丘,受种子壹斗伍升,坐落土名后边,东至张家田,南北俱至王家田,西至李家田。又水田乙丘,受种子壹斗伍升,坐落土名许垅里,东至溪,西北俱至本家田,南至本家园,并带溪水坏井一口灌注,共载折实田亩壹亩壹分叁厘,四至俱明白为界。今因乏银费用,情愿将田尽根出卖。先尽问族亲人等不愿承交,外托中引就李宅出头承买,三面言议,着下时价银伍拾肆两伍钱广。其银即日凭中交讫,其田即付银主前去招佃耕种,永为祖业,不敢阻当。此田果系承父明买物业,并无典借他人财物为碍不明。如有不明,卖主抵挡,不干银主之事。日后不敢言及取赎洗找契尾等弊。此系二比甘愿,各无反悔。今欲有凭,立卖契乙纸,付执存照。

一后边二丘上手登带别项,难以开折。再照。

一许垅一丘上手契书缴连因迁移失落,日后寻出,不堪行用。再照。

为中人李公叔 (花押)

为中人陈 溥 (花押)

知见人母李氏收银 (花押)

康熙伍拾玖年拾贰月 日 立卖契人陈 益 (花押)①

亲房本族不仅在田产买卖关系中享有优先权,而且在田产典当关系中亦同样享有优先权。例如:

同治十三年南平县叶汝彬当山契

立当茶业契字人叶汝彬,自置得有茶山壹大片,坐落本乡上垱,土名四山。即目上至仑顶,下至地磡,左至友松茶山,右至友松茶山为界。今来具出四至明白。且彬今因缺钱应用,托中说谕,情愿即将前茶山召当。未立契之日,先问亲房伯叔兄弟人等,各不承受,后方立契出当与族内叶友镳侄孙边承当为业。当日同中三面言议,定时值土风契价铜钱叁拾仟文足,无伸无扣,成契之日一顿现钱交收足讫,不少只文。系是正行交易,并无货物准折债负之类,以及逼勒贪吞等情,亦无重叠典当他人财物之弊。自当之后,约定递年冬成之日,还纳息钱叁仟陆佰文足,务要年清年款,不敢少欠只文。如有欠少,前茶山任凭钱主另租他人采摘,且彬不敢阻挡生端异说等情。所有上手来历不明,不管承当之事,出当者自要出头抵挡料理明白。至于上手批字因有相连,难以拆缴,后来寻出不得行用。向后备办原价取赎,并息钱照

① 福建师范大学历史系:《明清福建经济契约文书选辑》,人民出版社 1997 年版,第 21~22 页。

算认还，钱契两相交付，毋得留字刁难。系是先言后定，二家甘允，各无反悔。今欲有凭，敂立当茶业契字一纸为照。

今交得当茶山契价铜钱叁拾仟文足，无伸无扣收讫。再照。

同治甲戌拾叁年拾贰月　日　　立当茶当契字人叶汝彬　（花押）

说谕叔祖叶鹏翎　（花押）

在见侄孙叶友松　（花押）

代笔弟弟叶学聚　（花押）①

明清时期民事纠纷复杂程度的另外一个表现则是民事纠纷时常掺杂着暴力，甚至是人为地将民事纠纷转化为带有一定刑事性质的纠纷，从而使得这些纠纷解决起来相当困难。明清时期，徽州“绩（溪）之民情，素非刁健，谚有‘横打官司直耕田’，即此可见世风之变。口角微嫌，本民事也，而架为刑事；钱土细故，可遵断也，而故违判断”。② 而“闽俗聚族而居，桀骜不驯，偶遇口角细故，动辄竞争。至事之大者，即鸣锣揭榜，纠集族众，齐赴祠堂，订期某日与某家械斗，或公议，或拈阄阄定抵命人数。待斗成命案，则以次认抵，言明无悔。届期，则彼此统众持枪执棍，互相争杀，让（酿）成人命者，不一而足。此风通省皆有，而汀漳泉及台湾尤甚”。③ 一旦普通民事纠纷被人为地加入暴力或带有刑事性质之后，纠纷的程度也就随之发生变化，此时适用宗族内部调解纠纷的方式就很难奏效。特别是宗族组织介入之后，原本简单的民事纠纷变得复杂起来，甚至酿成旷日持久的宗族之间的对立、冲突。那些聚族而居的宗族为了维护宗族的“面子”，一般会主动介入族人的民事纠纷，集合通族力量与对方打官司，步步升级，层层上控，不惜采取宗族械斗、武力冲突的方式来维护宗族的利益。

二、纠纷当事人自身因素

对宗族社会纠纷解决机制的运行产生重要影响的第二个因素是纠纷当事人自身。所有的纠纷都是发生在具体的纠纷当事人之间，因此，纠纷能否得以顺利解决自然与纠纷当事人自身的诸多因素密切相关。一般而言，在各种纠纷中，当事人是纠纷的主导因素，从纠纷的发生、解决方式的选择、解决结果的确定及履行，几乎都取决于当事人，因此他们（一方或各方）的社会经济地位、个人能力、心理以及理性程度等都对纠纷解决过程与

---

① 福建师范大学历史系：《明清福建经济契约文书选辑》，人民出版社 1997 年版，第 624～625 页。

② （清）刘汝骥：《陶甓公牍》卷一二《法制科・绩溪民情之习惯》。

③ （清）德福：《闽政领要》卷中《民风好尚》。

结果至关重要。① 具体而言，在明清时期宗族社会里影响纠纷解决的纠纷当事人自身因素主要有以下几个方面：

1. 纠纷当事人之间的身份地位关系对宗族社会的纠纷能否解决具有重要影响。明清时期宗族社会纠纷解决方式是以调解为主的多元化纠纷解决模式，而纠纷调解方式实际上就是通过当事人之间的协商，互相妥协、退让，最终实现纠纷的解决。因此，在纠纷解决过程中当事人之间的身份地位就显得十分关键。一般来讲，如果纠纷当事人之间的身份地位大致相当，纠纷调处的成功率就比较高；如果纠纷当事人之间的身份地位相差悬殊时，则纠纷调处的成功率就比较低。因为在中国传统社会里，人是被分成若干等级的，处于不同等级的人拥有各自相应的社会经济地位。当不同社会经济地位的人之间发生纠纷时，拥有较高社会经济地位的一方常常凭借自己的身份地位或是欺压对方，或是对调处人不屑一顾。在此种情况下，宗族调处很难取得成功。很多族谱中都记载有相关的一系列控案，实际上就是身份地位之不同而引起的。例如，福建惠安县张坂骆氏宗族，于明代崇祯年间与杨氏宗族互控占夺坟山，合族公举"生员骆廷梅、日高、日唔、日异、日泰……往县而控"。② 嘉庆年间福建晋江薛氏宗族与郑氏宗族之间互控占夺坟山，薛氏宗族公举举人薛龙光为主控人，而郑氏宗族亦公推举人郑和钧与之对控。③ 所以黄宗智先生认为："当纠纷双方的权力地位大致相当时，调解妥协最为有效；但是对于恃强凌弱，它就显得无能为力。"④

2. 纠纷当事人的亲疏关系是影响宗族纠纷解决是否成功的另一重要因素。如前所述，明清乡土社会是一个熟人社会，在这个独特的乡村环境之中，所有的个人和家庭都有或近或远的血缘姻亲关系，构成一张张看不见的关系网，其中最重要的社会关系是血缘关系、地缘关系。维持良好的人际关系是生活在这个社会中的人们所必须的条件。一旦发生纠纷，如果当事人具有较近的血缘关系，他们往往会念及血缘、同宗的情感，从维护家族或宗族整体利益的大局着想，"以全族谊""以全亲谊""以全和气"，通过各自做出一定程度的妥协、让步，使得纠纷得以平息下来。在此种情况下，宗族调处解决纠纷比较有效，宗族社会的纠纷大多数是通过此种方式

① 参见范愉：《纠纷解决的理论与实践》，清华大学出版社 2007 年版，第 79 页。

② 惠安《骆氏族谱·大事记》。

③ 泉州《薛氏族谱》卷一四《育墓山控案稿》。

④ 黄宗智：《清代的法律、社会与文化：民法的表达与实践》，上海书店出版社 2007 年版，第 57 页。

得到解决的。徽州和闽南很多和息合同(又称息讼合同)反映了这一事实。如下产业纠纷就是在族长等人的劝息下化解的。“其批契因明富恶心狼蠹,私自暗地串托强中汪敬茂、黄圣全暗许二人大钱六千文,一同霸占毁界,明富狼心将界打碎,霸占地通河,明华看势难恃,将地让他,记鸾说地旧岁拈阄为定,批契订界,各管之业,其地万不能让与明富,理论相争不服,蒙族长明松、族叔大俊相劝,蒙二位劝和,身遵依二位调言,除正屋扒清,将余地又再批明,各遵批契管业。”[①]如果纠纷当事人之间的关系比较疏远,他们考虑更多的是各自的利益而不是纠纷的解决,此种情况下很难使其妥协、让步,宗族调处解决纠纷也就难以办到。下面是同一姓氏的宗族组织针对异姓侵扰而签订的赴讼合同:

立束心合同文约美一公祠秩下人等,原十一世祖妣三孺人迁葬本都十保四十二号清丈墓地,一清大观均业。历今两朝标管无异,旧腊突被罗源胡姓在妣墓左侧侵葬一穴,仅隔二丈许,合族登山勘明,比立束心文约,斟酌妥议章程理论,鸣官究理,所需费用照依表一、表四公祠对半均认,议立出身之人,务宜有始有终,不得推故怠却,所有费用文内有名之人分头应办,不得□累出身之人,亦不得滥费,如有等情,祖先不佑,今欲有凭,立此束心合同文约三纸,各门收领一纸存据。

皇清道光七年三月初七日　　　　立束心合同文约:美一公祠

表一公祠:启发等

表四公祠:发九等[②]

由上可见,纠纷当事人亲疏远近的关系直接影响了彼此纠纷的解决。

3. 纠纷当事人对纠纷解决所持有的态度是影响宗族纠纷解决是否成功的又一重要因素。纠纷当事人对纠纷解决的态度以及选择何种纠纷解决方式,对宗族社会的纠纷解决能否成功有着重要影响。就宗族调处而言,纠纷当事人对待纠纷的解决态度无外乎两种:一种是纠纷各方当事人都希望通过宗族调处使纠纷尽快得以平息,从而恢复社会正常秩序;另一种是纠纷当事人的一方或各方对纠纷的解决与否并不在乎,有些当事人甚至希望纠纷继续存在下去或者进一步激化、升级,以便从中渔利。对待纠纷解决的不同态度决定了纠纷当事人在纠纷解决过程中所采取的立场和

---

① 《嘉庆祁门凌氏立合同文约誊契簿》,载王钰欣、周绍泉:《徽州千年契约文书(清民国编)》(第11卷),花山文艺出版社1991年影印版,第206页。

② 《康义祠置产簿》,南京大学历史系资料室藏。转引自刘道胜:《明清徽州宗族文书研究》,安徽人民出版社2008年版,第282~283页。

策略亦各异。就第一种对待纠纷的态度来说，一旦发生纠纷，纠纷当事人就会采取积极主动的策略去化解纠纷，再有调处人的积极斡旋，一方当事人赔礼道歉而另一方也乐意接受，或是双方当事人各让一步从而找到解决纠纷的平衡点，彼此的纷争很容易平息下去。泉州丁氏回族宗谱记载的一份契约文书就说明了这一问题。

王助王保立合约字

立合约字人五都内宅乡王保、王助等，因与丁府给批土名坐在后山狗崆下瓦坟一堆，坐癸向丁，在丁坟龙身右畔，批约不得混侵致伤。此月堆土侵伤丁坟龙身，丁府闻知，即欲控究。助等兄弟知礼曲央亲谢尊舅、侄王启运到府求情，愿将此土堆挨闪，不敢迫近山脊其明堂砂水，亦不敢高大开展。业蒙冰释，助等兄弟感情，愿将丁府山界前去栽插松柏，遮荫风水，仍相帮照管，以谢其恩。此系甘愿，立约字照。

康熙四十六年十一月　日　　　　立约字：王助、王保

代书知见：侄王启运、谢尊舅①

但若是第二种对待纠纷解决的态度，由于一方纠纷当事人或各方纠纷当事人本无通过调处解决纠纷之意愿，因此在纠纷解决过程中往往“各执其事”，互不相让，如是宗族无法化解其矛盾纠纷。有的纠纷当事人为了达到其所期望的各种目的，甚至“驾词叼讼”，采取诉讼的方式。自明末以来，民间就有“种肥田不如告瘦状”之谣。徽州民风素有“或因口角微嫌而架弥天大谎，或因睚眦小忿而捏无影之词”。② 而“南省刁黠最多，无情之辞每出意想之外，据实陈告者不过十之二三”。③ 对于持有这种心态的当事人来讲，宗族调处这种纠纷解决方式根本起不了作用。

三、解纷主体的因素

影响宗族社会纠纷解决能否成功的第三个重要因素是主持、担负纠纷解决任务的解纷主体。纠纷解决是一个动态的过程。“从过程性来说，纠纷解决是指纠纷主体为了化解矛盾或消除纷争而自行协商或者在第三者参与下进行调解、仲裁或诉讼的过程。”④在这个过程中，解纷主体所具有的个人威望、解纷技巧对纠纷的解决具有非常重要的作用。

---

① 庄景辉编校：《陈埭丁氏回族宗谱》，绿叶教育出版社1996年版，第266页。

② （清）吴宏：《纸上经纶》卷五《禁健讼》。

③ （清）万维翰：《幕学举要·总论》。

④ 赵旭东：《纠纷与纠纷解决原论——从成因到理念的深度分析》，北京大学出版社2009年版，第57页。

1. 解纷主体的个人威望。在纠纷解决过程中,解纷主体所扮演的角色可以是帮助纠纷当事人在弄清纠纷事实的基础上,使纠纷当事人形成平息纠纷的合意;亦可以是直接向纠纷当事人提出自己对该纠纷的看法并提出解决方案;还可以是向顽固的纠纷当事人施加某种影响使其妥协,化解纠纷。无论解纷主体扮演什么样的角色,就纠纷结果而言,如果解纷主体在当地社会拥有较高的社会威望,为纠纷当事人所敬重,由他主持的纠纷解决成功率就较高;反之,如果解纷主体不具有较高的社会威望,或者说根本没威望,则由其主持纠纷解决难以取得成功。在明清乡土社会里,所谓解纷主体的社会威望主要是指由解纷主体的社会地位、道德品质等所形成的一种他人对其的社会评价。一般来讲,一个人是否拥有社会威望以及其拥有的社会威望的高低主要与这些具体因素有关,即是经济实力如何;功名的高低;人际关系网络广狭;"面子"的大小;处理问题的方式等。如果一个人具备了这些条件,那就可以说他在这个社会中具有较高的威望,由其主持、参与的纠纷解决就容易获得成功;反之,如果一个人不具备上述条件或者不完全具备上述条件,则他的社会威望就较低或没有社会威望,由其主持、参与的纠纷解决就难以取得成功。"在所有民间调处类型中,宗族、家族的族长、族老等族内尊亲属主持的民间调处的成功率可以说是最高的,而个中缘由主要就是因为族长、族老等拥有较高的族内地位。"①随着明朝后期宗族的组织化、制度化,族长成为宗族的最高领导者,故清人说:"今俗专重族长。"②明清时期徽州和闽南一些谱牒资料显示:各个宗族在选择族长、房长时非常重视其"齿德"俱尊,即辈高、年长又有德行者。族长是宗族规约的首席执行者,其德其能,关系到宗族的兴衰和族众的命运,因此公廉干练、持重安详的长者,方适合担任族长。唯有深孚众望者,方可肩负敬宗收族的使命。有些宗族甚至将族长唯德才是举原则写进族规。例如,合肥《邢氏家规》规定:"户长者,一户之人尊之为长,必才德兼优始克胜任。……房长者,分理各房之事,乃一房之领袖也,须廉洁有能干者方可议。"③桐城刘氏宗族也要求"齿德尊隆、持公正者"方可出任户长。④ 福建南靖县书洋乡五更寮陈氏宗族族规第 1 条"择家长":"择家长,良秉政,国家为之兴隆;正人规族,宗派为之整肃。事虽大小,所系均

---

① 胡谦:《清代民事纠纷的民间调处研究》,中国政法大学 2007 年博士学位论文,第 131 页。

② 《清朝经世文编》卷六〇《礼正·答陈仲虎杂论祭礼书》。转引自常建华撰:《宗族志》,上海人民出版社 1998 年版,第 193 页。

③ 安徽合肥《邢氏宗谱》卷一《家规》。

④ 安徽桐城《刘氏宗谱》卷一《家规》。

也。……近世滋伪，人心不古……吾族当择其端正有德者为族长，选其醇笃谨守者为房长。”可见，大多数宗族在选择本族管理成员时考虑的标准是：品德、辈分、齿数、能力、财力及文化水平。唯有如此，各个族长、房长才能做到“才足以断事，德足以服众”。当然，在现实生活中，族长、房长们要树立自己的权威声望，也必须注意约束自己的行为，不能无所顾忌，胡作非为，否则，族众也不会服气。福建泉州民间宗族族谱中记载不少为宗族组织所推崇的族长。例如，福建泉州《紫云黄氏家谱》云：“荣好公……兄弟三人，式好无尤，竭力奉亲先意承颜，事上接下，肃雍和睦。一庭之内，有古唐虞风矣。其持己也端方，其待人也宽恕，孝友施于有政，乡邻仰其风规。凡在族党中有忿争不息者，公虽不假以辞色，然闻公至而辄止，则有讼结公廷者，公亦以理喻之，使无终讼。人人敬服，感戴其德。由是一乡之中，闻风向慕，守法奉公，敦孝悌，勤田力，井里睦，相友相助，至今其里又称仁里焉，殆公其首倡之。”同书又载：“荣如公……公起治家政措置有方，二三十年间月溢岁增，顿形腴润。援例授成均太学构屋宇，造书斋延师课读，书声不辍，约计置田地三百亩，山场一百数十号，获资不下万金。而公之所以丰殖者，商贾不劳，惟是敦朴俭务精勤，不汲汲以贪营，只循循于节次，不啻行其祖无事焉。公艰于息嗣，有胞侄四人抚如己子，与弟同居至老无闲言。”①正是大多数宗族族长、房长具有良好的品德和能力，才赢得族人的敬服，拥有较高的威望，由他们主持族内纠纷解决也很容易为族众所接受。但也有少数族长、房长利用手中的权力，营私舞弊，欺压族人，甚至与官府联系，上下其手，侵渔宗族公产。这些行为不仅使得族长、房长在族众当中颜面扫地、毫无威信，而且为家法族规所不允许，如安徽馆田李氏家法规定，族长处理族务，“倘有挟私受贿、故意武断者，众共非之”；对于阖族产业，“倘敢侵蚀，加倍议罚归公，如有不遵议者，即作不孝论”。② 麻溪姚氏宗族也规定，房长“倘公事怠惰，处事徇情，族众查确，会齐公所，将房长革退；若更有受贿之弊，加之责罚”。③ 福建浦城房氏宗族规定：“尊长果有玷缺，或欺祖侵蚀，人人得而直言，是又不拘于分也。”④连城张氏宗族的族规亦云：“族内晚辈无故得罪房族长，一经六房核实，罚伊不敢，若倚恃年老辈

① 参见苏黎明：《泉州家族文化》，中国言实出版社2000年版，第161页。

② 安徽《馆田李氏宗谱·家法》。转引自朱勇：《清代宗族法研究》，湖南教育出版社1987年版，第70页。

③ 安徽桐城《麻溪姚氏家谱·家规》。转引自朱勇：《清代宗族法研究》，湖南教育出版社1987年版，第70~71页。

④ 《闽浦房氏族谱》卷一《宗规》。转引自陈支平：《五百年来福建的家族与社会》，台北，扬智文化事业股份有限公司2003年版，第92页。

尊……捏词刁诈者,不在此例。”①这些族中尊长不可能拥有社会威望,也无法得到其他社会成员的尊重。

2. 解纷主体的解纷技巧。除了具有较高的社会威望,解纷主体还应该具备较强的纠纷处理技巧,即根据纠纷的具体内容、纠纷当事人的具体情况采取不同的纠纷解决方式,提出恰当的解纷方案。在纠纷解决过程中,解纷主体或是循循善诱,以情理相劝;或是对固执的纠纷当事人施加压力,促使其做出一定程度的让步;或是牺牲自己的某种利益,实现纠纷的平息。以下两个纠纷的成功案例就是上述纠纷处理技巧的运用。

清咸丰九年山阴县高宗华等经营族产合同议单

立合同议单房长高宗华、宗富等,缘有山邑祖遗不字号柴山壹爿,坐落前梅茅蓬山。今因族再侄敬安为先人下葬此山,是以华等邀集各房公议,情愿将祖遗不字号清源观后池山上迁壹亩出推与再侄处造。今敬安愿将自置不字号土名箮箕背山念亩推入茅蓬祖山内,以作公产。此系三面公议,两相允协,各无异言。自议之后,任凭收除管业、开掘营造,凡我各房子孙毋得滋扰阻指(止)。恐后无凭,立出合同议单壹样两纸,各执一纸。永远存照。

再批:敬安所置之山系本族良坤、良锦出卖,今归,茅蓬祖山内,原契当交族房收执。并照。

咸丰九年十月　日　　　允议　高宗华(押)

宗富(押)

良元(押)

良珠(押)

良清(押)

良茅(押)

良岳(押)

茂德(押)

良坤(押)

良锦(押)

见议族长　之英(押)

中　周巨川(押)

高德恒(押)

德常(押)

---

① 连城《新泉张氏族谱》卷之首《族规条款》。

代笔　高宗贵(押)①

该合同议单是在"三面公议,两相允协,各无异言"的情形下签订的,记载了咸丰九年(1859年)山阴县高氏宗族联合处理族产纠纷的全过程,反映了高氏宗族为了保全族产而团结合作的精神。高氏宗族有一片祖上传下来的被称为"不字号柴山"的公产,族人高敬安想在山内安葬先人,族内有人提出异议。房长高宗华、高宗富等在族长高之英的主持下"邀集各房公议",经三方协商最终达成一个解决方案:高宗华将自己所有的"不字号清源观后池山"内的土地迁出一亩让给侄子高敬安安葬先人,高敬安则把"不字号土名筲箕背山"一亩拿出来归入茅蓬山以作公产。房长高宗华从宗族利益出发,以牺牲自我利益为代价,既成全了高敬安的孝心,又保护了公产的完整,使这场族产纠纷得以顺利地解决。

乾隆三十六年丁焕新、庄奕奇互控坟山和息稿

具禀人五都总约监生林聪禧,同举人张源仁、丁毓英、丁湘江,贡生庄化玉、庄拔英等,为调处两愿肯恩准销案事。缘丁焕新、庄奕奇二比互控坟山等,因均蒙核案批司勘查详报。禧等忝系二比姻亲,仰体仁宪爱民无讼,同公亲丁毓英、庄化玉等调处,劝丁以庄既葬之祖坟称授受有据,听其相安;劝庄以坟前水沟填移别向,勿冲丁坟,其余各依旧管掌。兹各允愿合取具两边遵依缴粘,叩乞大老爷恩准销案,以全亲谊,使免终讼,金紫蝉联。叩。乾隆三十六年十一月二十日禀县主徐,批"既经处明,赴该巡司衙门递息详销可也。遵依并发"。具遵依人丁焕新:"今当大老爷台下,遵得新以占筑等事具控庄修等一案,兹听公亲林聪禧等调处,俱各允愿冰释,合具遵依是实。"具遵依人庄奕奇:"今当大老爷台下,遵得奇以勒噬等事,具控丁焕新一案,兹听公亲林聪禧等调处,俱各允愿冰释,合具遵依是实。"

乾隆三十六年十一月二十日②

该案缘于丁焕新、庄奕奇二比互控坟山,姻亲监生林聪禧同公亲丁毓英、庄化玉等进行了调处,他们本着"以全亲谊,使免终讼"的大局,对纠纷双方进行了劝导,"劝丁以庄既葬之祖坟称授受有据,听其相安""劝庄以坟前水沟填移别向,勿冲丁坟"。经过劝解,纠纷双方均接受"公亲林聪禧等调处""各允愿冰释",并签订了和息稿,而公亲林聪禧等人则向官府提

---

① 张传玺主编:《中国历代契约会编考释》(下册),北京大学出版社1995年版,第1597页。

② 庄景辉编校:《陈埭丁氏回族宗谱》,绿叶教育出版社1996年版,第260页。

出了销案,从而化解了这场民事纠纷。

由上可知,解纷主体运用处理纠纷的技巧是否得当对纠纷的解决具有重要影响,正是由于解纷主体运用了正确的纠纷处理技巧才使上述两起民事纠纷得以成功解决。

四、官府对纠纷的处理态度

总体而言,民事纠纷历来不是明清时期官方关注的重点,大量的民事纠纷都是通过民间途径解决的,而其中绝大部分纠纷又是通过宗族社会纠纷解决机制解决的。虽然民事纠纷不是官府关注的重点,但这并不意味着官府对民事纠纷完全袖手旁观,不闻不问。正如有学者所说:“在大多数人眼里,在传统时代的绝大多数时间里,国家政权一般只延伸到县一级,乡村基本上处于一种自治的状态……其实,这种说法至少在某些场合的运用中,多少有点含混不清的意味,国家只在县一级设立衙门,常驻国家正式官员,并不意味着国家对于县以下的社会政治就不闻不问,实际上政权的触角还是会伸到下面,县太爷也会下乡走走,而胥吏下乡则是一种正常的业务,由于这些胥吏人数众多,而且频繁地在乡间露面,从某种意义上说,对于农民而言,他们体现着官府在乡村的存在。另外,审理诉讼实际上也是对农村政事的一种干预,而且乡村也一直存在有管事的人员,甚至有政权机构,只不过这些机构和人员在绝大多数情况下不吃‘皇粮’而已。”①事实上,官府对宗族社会纠纷解决能否成功有着重要的影响作用,有时甚至是决定性作用。其具体影响表现在如下几个方面:

1. 官府对家法族规的批准和确认使得宗族社会据以解决纠纷的规范获得合法性和权威性。明清时期宗族以家法族规来调处宗族社会的矛盾和纷争是合法的,得到了官府的认可,因为很多宗族的家法族规是经过官府的批准和确认的。国有国法,而家法族规乃一家一族之私法,并无权威性,一些刁顽的族人无视族规,常常违犯,如此宗族的秩序就难以维系。不少宗族逐渐认识到只有取得官府的认可和支持,家法族规才具有合法性、权威性。因此,很多宗族族长等利用特殊的身份地位,向官府请求,县给告示或颁给批文,从而使家法族规取得了合法性和权威性。例如,隆庆年间徽州祁门文堂程氏宗族的《文堂乡约家法》,就是“聚通族父老会议,闻官

① 张鸣:《乡村社会权力和文化结构的变迁(1903~1953)》,陕西人民出版社 2008 年版,第 13 页。

请申禁约”而被祁门知县所批准确认的。① 因此，在文堂程氏宗族内，《文堂乡约家法》对调处民事纠纷与诉讼具有无可争议的法律效力。徽州朱氏宗族的《朱氏祠志》披露了朱氏祠立家规，其中的《县给告示》亦是朱氏乡绅请求官府颁给的，令朱氏族人“务宜遵守家规”，从而使朱氏家规取得了合法性和权威性。《朱氏祠志·县给告示》全文如下：

直隶徽州府歙县，为恳申祠规，赐示遵守事。据二十一都五图约正朱文谟同族长朱明景等连名具呈前事，呈称：本家子侄丁多不一，恐有不务生理、横暴乡曲、不孝不悌、忤尊长、违禁、赌博、酗饮、嫖荡、斗打、争讼等情，祠立家规，犯者必戒。恐有刁顽违约，不服家规诫罚，仍肆强暴，不行改正，虑恐成风，后同族长粘连祠规呈叩天台，伏乞垂恩，准申祠规，赐印赐示、刻匾、张挂，以儆效尤，概族遵守等情。据此，拟合给示严禁。为此示仰朱姓通族人等知悉，务宜遵守家规，取有违约不遵者，许约正族长等指名呈来，以凭究处，以不孝罪论，决不轻恕，特谕。

右仰知悉

（全印）

万历二十六年八月十八日给

告示县押②

不仅如此，为了加强对乡村社会的控制和统治效力，不少官府还直接、切实地支持尊长们执行家法族规。例如，明代嘉靖时《休宁刘氏族谱》记载：“（族人）或有不肖，变易祭规，盗卖田地，集众具告府县俯鉴微情，赐扶家法。”③又如，清代道光五年（1825 年），在香山麦氏某些子弟不服宗族裁断而向县衙呈控时，县令周某非但没有惩罚宗族尊长，反而惩罚了呈控者，并发布谕示，明确地支持宗族的裁断权：族人“倘敢不遵族议，妄行构讼，许族衿老轻者革胙，重则家责或禀赴，本县定从严究处，决不姑宽”。④再如，我国台湾地区《淡新档案》记载：官府直接授权于族、房长对族众行使惩治权，对“不法”之徒，“叠害族亲”之人，“尔等既为族、房长，尽可以家

① 转引自卞利：《明代徽州的民事纠纷与民事诉讼》，载《历史研究》2000 年第 1 期。

② 参见张海鹏、王廷元：《明清徽商资料选编》，黄山书社 1985 年版，第 32～33 页。

③ 嘉靖《休宁邑前刘氏族谱》。转引自刘广安：《论明清的家法族规》，载《中国法学》1988 年第 1 期。

④ 《榄溪麦氏族谱》卷一《族规》，光绪十九年本。转引自费成康：《中国的家法族规》，上海社会科学院出版社 1998 年版，第 173～174 页。

法处治，奚庸存案”。“邀同族长处明，治以家法可也。”[①]受到官府肯定和支持后的家法族规对族人具有普遍的法律效力，使得宗族调处纠纷具有合法性和权威性。

2. 官府对民事诉讼案件的处理对纠纷当事人的立场、态度产生重要影响。宗族对其解决不了的纠纷一般会送官究治，而一旦纠纷当事人将纠纷诉至衙门，官府对纠纷的处理态度直接影响到纠纷当事人的立场和态度。“这时双方都得考虑自己是否处在可据理力争的地位，假如要正式堂审的话，县官会作出怎样的判断。他们还得权衡得失，辩诉和其他呈词，都得交纳正规费用；传唤证人及每次升堂也要交费。……此外，还有招待或打发衙役、吏胥、乡保的费用；如果要到县衙候审的话，还要准备食宿盘缠。”因此，“讼争双方可能只因畏怯堂审，而自行平息争吵。……比较常见的情况是，打官司会促使亲友邻里加劲调解”。[②] 按照明清时期民事诉讼的一般程序，州县官员往往会在纠纷当事人的诉状上批示其对该纠纷的看法，“这对亲友邻里的调解努力要起很大的影响。知县在批词上所表现出的任何不悦、疑惑或者倾向，都预示堂审会有怎样的结局，因而影响到当事人在调解中所持的态度”。“对于一个道理不全在己方的原告来说，县官的意见会促使他们作出让步，进而达成和解。”“如果县官的反应对原被两造都不利，那么双方均会觉得有必须要平息讼争。”[③]我们在明清时期的宗族文书中可以看到如此情况：一旦民事纠纷案件被官府受理，原本坚持己见、拒不妥协的纠纷双方当事人很快转变了立场，并在族人的积极劝息下最终达成和解，立下文约。例如：

明崇祯十年二月二十日祁门十西都谢村谢时来、谢三善等立息讼合同

立公议息讼合同谢时来、谢三善等，今因土名言坑□培山乙号，承祖五大房分为仁、义、礼、智、信五勾，各管各业。讫后因人众，契卖不全，各照买契管业无异。旧年九月，因砍木口角，致谢时来为群伙盗砍事，状告仆人周春兴等。春兴为捉生替死事诉谢应互，应互亦为唆仆蔓害事赴诉。当蒙县主樊爷行拘一干人证研审，洪天龙刑法间，乱称谢三善、应贞、丫头、应积四人在案。犹恐奉票拘审，有失族义，今凭亲

① 参见刘广安：《论明清的家法族规》，载《中国法学》1988年第1期。

② 黄宗智：《清代的法律、社会与文化：民法的表达与实践》，上海书店出版社2007年版，第101页。

③ 黄宗智：《清代的法律、社会与文化：民法的表达与实践》，上海书店出版社2007年版，第102~103页。

族劝谕，插血盟神，两各输服。切念同堂一脉，不愿讦讼。此后，谢时来毋得催禀，谢三善亦毋得私行告理。倘奉樊爷票拘，着仰约族老公言回报，二家不许妄言办别。自立之后，各宜遵文，二家俱不得生奸异议等情。如违，甘罚白银五两，入官公用。所有在山大小苗木，一听业人蓄养，再不许私自入山砍斫。如砍木一根，听自遵文之人赍文告理。今恐无凭，立此合同一样二纸，各执乙纸，遵守为照。

崇祯十年二月廿日

立议约合同人：谢时来（押）谢三善（押）谢应祯（押）

谢应积（押）谢丫头（押）

劝谕乡约：谢孟善（押）

族老：谢起凤（押）谢可成（押）谢泰运（押）

谢应元（押）谢启龙（押）

亲人：康可祥（押）谢光福（押）

依口代笔：亲人方国仁（押）①

从上述诉讼劝息合同文约可以看出，这场诉讼是因为盗砍树木而起，诉讼双方当事人本是同族一脉，这种诉讼既伤族谊，又影响村内团结。在此情况下，宗族的族老、乡约等出面调解和息也就成为理所当然的事情。最后诉讼双方在本族乡约谢孟善和族老谢起凤、谢可成、谢泰运、谢应元、谢启龙，以及亲人康可祥和谢光福等的劝息下达成和解，正所谓“凭亲族劝谕，插血盟神，两各输服。切念同堂一脉，不愿讦讼”。设想如果官府没有受理此纠纷的话，纠纷当事人未必可能做出如此决定，从而化解纠纷。

又如，下面发生在明嘉靖年间的族内诉讼，就是在二家叔兄“省谕”下，两造思系“共祖一脉”，最终和息结讼的。

十三都康萱、康大，为因互争土名胡家坑蜜口坞山木，二家讦告到官。□□□二家托凭户叔康广、兄康介等到所查看。……今凭二家叔兄省谕，共祖一脉，情义为重，将现砍木山仍遵清新等卖契为准。……自议之后，各毋异词，如有不遵者，听遵守之人告理，甘罚银一两入官公用，仍依此文为始。今恐无凭，立此合同为照。②

由上可知，具禀告官是宗族社会纠纷当事人万不得已的解纷方式，需

① 《明崇祯十年二月二十日祁门十西都谢村谢时来、谢三善等立息讼合同》。转引自卞利：《明清时期徽州的宗族公约研究》，载《中国农史》2009 年第 3 期。

② 王钰欣、周绍泉：《徽州千年契约文书（宋元明编）》（第 5 卷），花山文艺出版社 1991 年影印版，第 264 页。

要耗费纠纷当事人双方大量的人力和财力。因此，在族内纷争过程中，当双方纠纷一旦被诉至官府，往往私底下寻求和解的努力也就开始了。正如美国学者黄宗智所言："清代社会，遇到纠纷，第一步就是亲邻调解。调解不成，才会有一方的当事人诉上法庭'打官司'。但是，进入官府，并不意味着亲邻调解就此停止。相反，他们会更积极地试图解决问题。"①

3. 官府处理宗族械斗的态度使得宗族之间的械斗不止。如前所述，宗族械斗是宗族社会解决纠纷的最激烈的方式。对于宗族械斗，地方官抱着"诉之而不知，号之而不理，曰吾以息讼云尔"②的态度。这种态度使人民有纷争时诉之于官，也无法获得解决，唯有私下自行报仇。更有甚者，官衙还利用械斗之后验尸的机会，向尸亲勒索额外的费用，以中饱私囊。与此同时，又借着尸亲的控告向被控告的富户勒索钱财，并强迫尸属接受官府的调处与决定。如此一来，导致其感到未获公平合理的补偿，因而怀恨在心，久久不能释怀，只要一有冲突，械斗就会再起。正如乾隆十八年(1753年)福建巡抚陈弘谋所言："通省命案，起于械斗者居多，漳、泉二府尤甚。……揆其所以纠斗之故，多因有事告官，不即审理，或审而不断，或断而不公。有理者负屈难伸，无理者益肆刁横。再告知亦无益，计惟纠人相斗，可以逞强泄忿。及至械斗事发，地方官心存回护，代为掩饰，止将命案拟抵，不肯究出主谋首祸之人，附和行凶者，亦多删减开释，不加严惩。势豪、恶棍竟为法所不加，遂无所顾忌，械斗之风实由于此。"③械斗不止，宗族原有的纠纷无法得以解决。应该说，宗族械斗是纠纷解决最不成功、代价最高的一种纠纷解决方式。

正如任何一项社会制度要发挥其功能必然受到诸多社会因素的影响、制约一样，宗族解纷的成败亦必然受到现实社会因素的影响。虽然明清社会地域广阔，宗族组织的势力在南北方相去甚远，不同地域纠纷的特征也千差万别，因此，宗族解纷成败的影响因素亦可能不尽相同。当然，我们在强调影响宗族解纷成败因素差异性、多样性的同时，也应该看到诸多复杂因素当中那些对宗族解纷成败具有最重要、最基本影响因素，即纠纷的复杂程度、当事人的自身因素、解纷主体的因素、官方处理纠纷的态度等，而其中纠纷当事人的自身因素和解纷主体的因素至关重要。

---

① 黄宗智：《清代的法律、社会与文化：民法的表达与实践》，上海书店出版社2007年版，第7页。

② (清)袁枚：《答门生王礼圻问作令书》，载(清)贺长龄、魏源等：《清经世文编》卷二一《吏政·守令上》，中华书局1992年版，第26页。

③ 《宫中档乾隆朝奏折》(第5辑)，乾隆十八年四月二十四日福建巡抚陈弘谋奏折，台北"故宫博物院"1982年版，第163页。

第三节　宗族社会纠纷解决机制运行的实效

一个社会的纠纷解决机制运作状况直接决定着纠纷当事人对纠纷解决途径的选择利用，也决定着社会纠纷解决的总体效果。那么，明清时期宗族社会纠纷解决机制的解纷效果如何呢？总体来看，宗族社会纠纷解决机制在平抑宗族纠纷、维护乡土社会秩序等方面发挥了不可替代的作用，但也存在一定的局限性。

一、宗族解纷的积极作用

由于明清时期中国民间社会纠纷急剧增多，以致有学者认为明清中国已经成为"诉讼爆炸"的社会。① 有纠纷就需要化解纠纷。大量的事实表明，宗族社会纠纷解决机制对民间纠纷的解决、乡土社会秩序的稳定具有无可替代的作用。

（一）维护或恢复族内族际宗法关系、稳定基层社会秩序

"纠纷不仅是个人之间的行为，也是一种社会现象。纠纷是与秩序相对应的范畴，纠纷的发生意味着一定范围内的协调均衡状态或秩序被打破。"②一个宗族犹如一个小社会。在这个社会里，由个人至家至房至族形成了一个个金字塔似的结构形式，其内部并存着家内人际关系、房族内人际关系，族际间人际关系。如何化解宗族社会的各种纠纷，是稳定基层社会秩序的关键所在。而宗族社会纠纷解决机制在这方面具有不可抹杀的积极作用。宗族组织在解纷的过程中，以教育为主导，教育与惩治相结合。遍查所有宗族谱牒，几乎都有明确的家训，大力倡导"敬祖宗""孝父母""睦兄弟"，而禁止"乱伦常""犯尊长""相忿争"等行为。徽州歙县金山洪氏宗族《家训》"敦伦纪"条规定："孝为百行之先，孝弟乃为仁之本。故人能立身行道，显亲扬名，此固孝之大者；即不然，服劳奉养，昏定晨省，以无忝所生，亦不失为人子。若夫兄弟，同气连枝者也，当相友爱，式好无尤。至于夫妇，乃人伦之始，男正外，女正内，无敢反目，皆居家之首务也。吾族

① 参见徐忠明：《传统中国乡民的法律意识与诉讼心态——以谚语为范围的文化史考察》，载《中国法学》2006 年第 6 期；［日］夫马进：《讼师秘本〈萧曹遗笔〉的出现》，载杨一凡总主编：《中国法制史考证》（丙编第 4 卷），中国社会科学出版社 2003 年版，第 490 页；［日］寺田浩明：《中国清代的民事诉讼与"法之构筑"——以〈淡新档案〉的一个事例作为素材》，载易继明主编：《私法》（第 3 辑・第 3 卷），北京大学出版社 2004 年版，第 306 页。

② 范愉：《纠纷解决的理论与实践》，清华大学出版社 2007 年版，第 70 页。

勉乎哉!”[①]有的宗族还于宗祠中设立“劝善簿”,以加强对族众进行教育。“族内有孝子顺孙、义夫节妇及有隐德异行者,列为一等;务本力穑、勤俭于家,为第二等;能迁善改过、不得罪乡党宗族者,为第三等。每月朔,告庙毕,即书之《善录》。族有违规扑罚者,随事轻重,每月朔,告庙毕,即书之《记过簿》。其有勇于服善而能改,复书《劝善录》,以美之。”[②]然而,“梧槚之林,不能无棫棘矣”。偌大的一个宗族,“多者千余人,少亦不下数百”,总会有少数不肖者不听教训,“任意阻挠,以行其私”,破坏家法族规。对此,宗族组织采取惩罚的手段进行调整。如有家务事相争,家长便“会集本家亲众,议论是非,分别曲直,以公处分”。[③] 对那些无视家长权威,遽兴讼断,则“以不遵家法治之”。而有些宗族规定,凡是涉及户婚田土,买卖继承,犯奸盗窃,伤害斗殴等方面的案件,均得先由宗族处断,不得轻易告官。如不经过报族而妄告官府,先罚银后公断,有的还只罚不断。还有的宗族,族人犯有过失,族长可以开祠责罚,重者可以处死,如福建建宁县巧洋孔氏宗族把族长有权处死族人写进了族规:“宗族循良者固多,而不率者亦不少。书曰:戒之用威。忤逆父母,凌辱尊长,及纵容妻妾辱骂祖父母、父母,一经闻族,开祠笞责三十,甚,革胙除派。至大反常,死处,不必禀呈,致累官长。大盗,亦家法处死。”[④]宗族组织这种教育与惩罚相结合的解纷方法,其目的是维护宗族内部的宗法秩序。为达此目的,宗族尊长解纷时甚至不惜牺牲真正的权利归属。如长辈与晚辈之间出现的轻度伤害案件,宗族尊长解纷的主旨不是去追究具体的加害人,而是采取直接判定晚辈赔偿或补偿的方式。兄弟与孀妇之间发生关于房屋等财产权利的纠纷,族中尊长往往劝导兄弟将财产让给孀妇,以体现“矜恤孤寡”等。

在处理族际之间的冲突乃至械斗方面,一些宗族也能从稳定基层社会秩序的大局出发,以宽阔的胸襟,消弭纷争,达成息事宁人之效果。例如,光绪年间华安县仙都乡陈、林两姓族人为水圳纠纷即由乡族里的“公亲家长”进行调解,使纠纷得以顺利解决,并立下和解契约:

立换字人豪洮与仲通公派下等,为平圳圳水滋嫌一事,蒙公亲子狗、万意,延请两保公亲家长出位调理评判,全港圳水改收流入豪洮右边厝下水窟,转流入田培苗,不得分散,将洮向豪昌、隆盖置买两片茶

---

① 歙县《金山洪氏宗谱》卷一《家训》。

② 黟县《环山余氏宗谱》卷一《余氏家规》。

③ 《光绪旌德任氏宗谱·家范》。

④ 曲阜师范大学历史系:《曲阜孔府档案史料选编》(第三编《清代档案史料》第一册),齐鲁书社1980年版,第26页。

畬，判换仲通公派下等栽插杉松竹木，又将豪捧承管茶畬一片，判换豪洮掌管，又昌畬内判付新开横路一条。至公至夷，相得相益，俾春风于两面，复和气于一团，凭公人立出换字一样两纸，各执存照。

光绪十六年庚寅闰二月　日　　　　公亲人　前坑黄雪

霞林林卉

云山汤和春

大坪林集福

吉土陈吉生

立字人　豪洮①

不仅如此，有的有政治地位的巨族大姓亦能顾及其他小姓的利益，俾之和谐相处，有的巨族大姓禁止欺凌小姓就是大姓协调小姓利益的一种体现。例如，清朝名臣、福建安溪人李光地曾劝诫其族人，不得恃强凌弱，横行乡里，所谓"维桑与梓，古人必恭，巷路乡邻，熟非亲串？侮老犯上，谓之鸱鸮；贪利夺食，谓之虎狼。吾等老老尚在，必不尔容"。② 有的宗族还在家法族规中要求和睦乡里，严禁械斗。例如，徽州黟县环山余氏宗族族规规定："迩来盛族大姓，恃强相尚，少因睚眦之忿，遂各集众斗打，兴讼求胜，风俗恶簿，莫此为甚，而殒命灭门，多由此也。族众务宜痛惩，毋相仿效，以保身家。其有子弟三五成群、讥此赛彼、甘靡荡造端生事者，族众不许干预外，仍各重罚，以警其余。其有轻听肤诉望风鼓众者，一例重罚。"③岭南冼氏宗族祠规亦规定："粤俗强悍，辄因小故械斗。吾族岂宜有此。倘自恃人强，日事斗狠，此等悍俗，实足贻宗族之忧。应该将该房摈出祠外，与第一条办法同（应将该房削其族谱，永远不准入祠，其房底银两一概充公——引者注）。"④由此可见，并非所有的家法族规都为宗族械斗推波助澜，"只有在民风悍狠和吏治腐败的情况下，宗族才会长出伤害他族的尖牙利爪。宗族与械斗没有必然的关系"。⑤

由于宗族组织纠纷解决机制在广阔的基层社会有效地解决了大量的族内纠纷，甚至族际争端和械斗，从而为基层社会秩序的稳定提供了可靠的保证和基础。

---

① 陈支平：《五百年来福建的家族与社会》，台北，扬智文化事业股份有限公司 2004 年版，第 120 页。

② （清）李光地：《榕村别集》卷五《戒子孙》。

③ 黟县《环山余氏宗谱》卷一《余氏家规》。

④ 《岭南冼氏宗谱》卷一《族规》，宣统二年本。转引自费成康：《中国的家法族规》，上海社会科学院出版社 1998 年版，第 370~371 页。

⑤ 郭志超、林瑶棋主编：《闽南宗族社会》，福建人民出版社 2008 年版，第 234 页。

（二）预防纠纷的发生

宗族社会纠纷解决机制的功能虽然主要体现于纠纷发生后如何化解矛盾，解决纠纷，但它同时也具有预防纠纷发生的功能。宗族纠纷解决机制的这一功能主要体现在以下几个方面：

1. 宣传家法族规的工作贯穿于纠纷解决的全过程。为了预防纠纷发生，促使族众知法守法，依据家法族规的规定办事，按照家法族规的要求做人，宗族统治者非常重视家法族规的宣传工作，定期在祠堂宣讲家法族规。例如，徽州黟县环山余氏宗族规定："每岁正旦，拜谒祖考。团拜已毕，男左女右分班，站立已定，击鼓九声，令善言子弟面上正言，朗诵训诫。……腊祭，至饮福时，亦行此礼。其有无故不出者，家长议罚。"①绩溪县华阳邵氏宗族《新增祠规》亦载曰："祠规者，所以整齐一族之法也。然徒法不能以自行，宜仿王孟箕《宗约仪节》，每季定期由斯文、族长督率子弟赴祠，择读书少年善讲解者一人，将祠规宣讲一遍，并讲解训俗遗规一二条。"②不仅如此，有些宗族为了防止族众违犯家法族规，还将家法族规"缮列粉牌，悬挂祠内"。例如，休宁查氏宗族族规记载："家规数则，特书大牌，悬于骏惠堂后。当日莫不凛遵，外内肃然。"③

纠纷发生后，宗族又将解纷的场所设置在宗族祠堂，宗族祠堂成了宗族法庭。很多族规常常有这样的记载："轻者唤至祠堂教育、训斥；重者执至祠堂，当众笞杖、罚跪"；"违者，洞开祠堂大门，执至祠堂，依据情节轻重，或训斥教育，或烧香罚跪"；"犯，拿赴祠堂责"；"诲之不悛，拿赴祠堂重责"；"子孙违犯教令及不肖事，族人告之，于祠堂以声其罪"等。而对那些严重违犯家法族规的族人则革出祠堂。我们的祖先，非常重视族籍，视族籍为生命。革出祠堂，开除族籍，是人生最大耻辱，无立于世矣。因此，革出祠堂是宗族对触犯家法族规者的严厉惩处。例如，徽州休宁江村洪氏宗族规定："入主（钱）分上中下三等，上等一两，中等六钱，下等三钱。其银入匣，预存为修葺（祠堂）之资。该祠首查明交下，毋得侵渔。违例者，逐出"；"各祖墓土地，不许不肖者盗卖丝毫。其上蓄养荫木，不许擅伐。虽有枯树，亦听其自倒。其既倒之树，收取入众公用。违者逐出祠堂，仍行呈处"；"去裔有不忠不孝、淫败类，及婚姻庆吊与奴隶辈相侍伍者，一概逐出。"④宗族之所以把解纷场所设在祠堂，除了在祖先灵栖的神圣空间行使

① 黟县《环山余氏宗谱》卷一《余氏家规》。
② 绩溪《华阳邵氏宗谱》卷首《新增祠规》。
③ 《休宁查氏肇禋祠事便览》卷一《家规十五则》。
④ 休宁《江村洪氏家谱》卷一四《祠规》。

实在的世俗权威外，一个重要的原因就在于宣传宗族的家法族规。族长在审理族人之间的各种纠纷时，一般会把纠纷当事人召集至祠堂，让他们陈述事实情节，界定错误的性质以及处罚的标准，并当众予以宣布。族长在处理纠纷时，一般也允许族众旁听，借以教育族人。族长依据家法族规对纠纷作出裁决后，其实施也主要在祠堂里进行，如杖责、罚款等。实际上，族长审理纠纷和裁决纠纷的过程，就是适用和宣传家法族规的过程。

2. 纠纷处理契约的签订有效地预防、阻止纠纷的再次发生。明清时期民间纠纷处理之后往往会签订一份契约，尤其是在民事纠纷解决之后。诸如"今欲有凭，立字为据"；"今欲有凭，立据字乙纸为照"；"此后不得生端异言。空口无凭，立此合约存照"等。这些契据不仅是纠纷解决成果的肯定，而且对日后再次发生纠纷规定了明确的解决办法和违约者所应承担的责任。例如：

清咸丰三年福州贤友等债务处理合约

立据字叔祖贤友，前捷侄手有钱债缠绊，友亦有理纳捷阄分下租谷，因至亲，中间两相抵角，以致年久各执一角，兹请公人妥议，凡捷前手所有借欠钱米等项，未知有无票据各字样，即友前年所积欠租谷若干，公派两相对抵，两家向后各无反悔生端异说。其捷阄分下租谷年载柒拾伍斤，原有总佃夹带，不必另承佃字，自今公人妥议之后，友递年应纳阄分下租谷柒拾伍斤，送厝门秤交收，不得欠少。今欲有凭，立据字乙纸为照。

咸丰叁年正月　日　　　　立据字叔祖贤友　（花押）
公人侄宏敏　（花押）
侄孙本谘　（花押）
本周　（花押）
代字侄宏安　（花押）①

又如：

清雍正四年徽州休宁吕应珪墓地民事纠纷批字

立批字吕应珪，身缘曾祖母程氏死后无地安放，借本族叔吕久蕃宙字三千一百十九号山地安放。后因年久朽烂，承族叔吕久蕃将此穴赠身埋葬，今念族弟吕其玉等将此号山地尽行卖与何宅为业，身理应起棺让地，因央中求何宅，承何宅念及埋葬年久，不要身起举。日后两

① 福建师范大学历史系：《明清福建经济契约文书选辑》，人民出版社1997年版，第792页。

姓毋得生端异说。今欲有凭,立此批字为照。

雍正四年十一月　日　　　　　　　　立批字　吕应珪(押)

凭中　吕其玉(押)

吕子亮(押)

吕玉成(押)①

这份调解书虽然不是在出现纠纷以后对平息纠纷的调解,而是在可能引起争议的情况下预先作出的互相承诺,因此使用了"批字",但我们可以从中发现徽州地区民事调解类的私约,具有先见和预防的功能。

二、宗族解纷的不足与局限

俗谚云:"尺有所短,寸有所长。"任何制度都有其适用的范围,一旦超出这个范围,那么该制度所具有的功能就难以得到正常发挥。尽管在平抑纠纷、维护乡土社会秩序的稳定方面发挥了积极的作用,但宗族社会的纠纷解决机制仍然存在一定的不足和局限性,具体表现如下:

(一)裁决的执行

对于一种纠纷解决机制而言,除了能够成功化解矛盾和纠纷之外,还要确保纠纷解决结果的执行及实现。如果一项纠纷解决机制无法保证其解纷结果的实现,那么这种纠纷解决机制的作用、价值将大打折扣。具体到明清时期宗族社会纠纷解决机制,其解纷结果能否得到执行,有赖于宗族家法族规的保障、解纷主体即宗族尊长的威望以及纠纷当事人的个人信誉。然而,大量的宗族谱牒资料表明,除了个别宗族通过订立族规对某些纠纷解决结果给予一定保障之外,大部分宗族纠纷解决的结果并不具备强制执行的性质,其法律上的效力受到一定的限制。例如,黄岩诉讼档案中第13号案件,即光绪四年(1878年)浙江黄岩彭正汉与彭利富因为吃用水塘发生的纠纷,即说明了这一点。"汉有与彭利富即老五、彭钦蘭等公共吃水小塘一口。其先汉与彭利富同方居住,均以是塘为吃水,本无争执。奈富等迁住东江河地方,原不便在是塘吃水。讵利富游手好闲,因向汉借钱不遂,藉本年春夏间田禾缺水,富藉父有田一丘致将汉吃水塘车干。汉以救苗为要,恳留些少食用,不允。无奈向别方恳讨吃水。刻虽亢晴多日,而田间未尽缺水。富等又至吃水塘车戽,要将吃水车干。汉以水塘伊亦有分,田间缺水,固听车戽,亦须留剩半塘以备吃用。不想富等因自他住不在

① 田涛:《徽州地区民间纠纷调解契约初步研究》,载《法治论丛》(上海政法学院学报)2009年第1期。

是塘吃水,强要将水塘车干,汉向劝止,反被詈骂,汉因其凶锋莫可乡迩,即诉房族,理以半塘之上悉听车戽,半塘以下留作食用等语。无如富等又藉救苗为词,即以水塘伊既有分,无论满塘半塘均要车干,恃强寻衅。汉若向阻,恐滋事端。汉诉族人又复无济",只得向县衙起诉。[①] 于此可见,对那些恃刁要横且无视社会舆论的纠纷当事人,解纷主体所能做的只是晓以利害的规劝,舍此无任何办法来保障对不服从者采取强制措施。

至于宗族尊长的个人威望,随着明清中国社会经济商品化潮流、人口流动的加快、宗族分化加速等多种社会因素的影响,不少地方的宗族组织对族人约束、管理的作用在不断削弱,宗族尊长自身威望亦在不断下降,从而其解纷的能力也在降低。例如,光绪四年(1878 年)浙江黄岩阮仙培与阮宗标的纠纷中,官府批令由族人进行调处,但当事人阮宗标(阮仙培的侄子)却"目无尊长,不惟匿簿不算,尤敢出言不逊,逞强咆哮,有心吞噬"。[②] 这个案件从一个侧面反映出宗族解纷能力的降低,宗族尊长已经不能有效地对族人的行为进行约束和干预。正如有学者所指出:在宗族纠纷解决过程中,"族众并非超然于地方群体的中立性机构,其容易受到当事人施加的压力影响,其调解过程与实现的效果、调节的公正性具有很大的随机性与不可预测性。这是导致当事人屡经族众调解之后仍然强烈要求官府给予裁决的重要原因"。[③]

纠纷当事人的个人信誉也直接影响到纠纷解决结果的执行效力。"尽管有合约或盟约,第三者提示的规范总得当事者或参加盟约的人们事实上也按照此规范行事才真正发生效力,且这种效力随他们共有此规范的状态解体而消失。"[④]纠纷虽然暂时被平息下去,但这并不意味着纠纷当事人从心理上接受、认可了这种解决结果,而是有可能考虑到寻求其他解纷方式的成本太高,不得已而屈就这种解纷方式,因此纠纷解决订立下的合约在当事人心中并不被视为具有当然约束效力。而当一方当事人对纠纷裁决置若罔闻时,另一方当事人只有向官府提起诉讼。这也可能是明清中国不少地区存在"健讼"风气的原因所在。

---

① 参见田涛等主编:《黄岩诉讼档案及调查报告》(上卷·黄岩诉讼档案),法律出版社 2004 年版,第 252~253 页。

② 田涛等主编:《黄岩诉讼档案及调查报告》(上卷·黄岩诉讼档案),法律出版社 2004 年版,第 264~265 页。

③ 邓建鹏:《健讼与息讼——中国传统诉讼文化的矛盾解析》,载《清华法学》2004 年第 1 期。

④ [日]寺田浩明:《明清时期法秩序中"约"的性质》,载[日]滋贺秀三等:《明清时期的民事审判与民间契约》,王亚新等编译,法律出版社 1998 年版,第 178 页。

（二）纠纷当事人合法权利的保护

如前所述，封建伦理道德内容在宗族的家法族规中占有极大篇幅，宗族的家法族规实质上就是将封建伦理道德法规化，变成人们必须遵守的带有强制性的行为规范。族众违犯了这些伦理道德规定，不仅要受到社会舆论的谴责，而且还要受到宗族家法族规的惩处。宗族解纷的过程实际上也是封建伦理道德的宣传过程。在这个过程中，解纷主体关注更多的是封建伦理道德即"忠""孝""节""义""礼""名分"等的说教，如几乎所有徽州宗族都把封建皇帝的"圣谕"作为制定家法族规的纲领，把家法族规视为"圣谕"的注脚。他们认为，封建皇帝的"圣谕""包尽作人道理，凡为忠臣，为孝子、为顺孙，为圣世良民，皆由此出，一切贤愚皆通此义，只因逡巡，不加遵守，故自陷于过恶。祖宗在上，岂忍使子孙辈坐此。"①歙县东门许氏宗族规定："不孝不悌者，众执于祠，切责之，痛治之，庶几惩已往之愆，图将来之善。昔为盗跖，而今亦可为尧舜之徒矣。其或久而不悛、恶不可贷者，众鸣于公，以正典刑。"②不仅如此，妇女在家法族规上不具有独立的人格地位，她们不能独立与人签订民事契约，在与人发生纠纷时一般也不罚及其本人，未出嫁罪家长，出嫁后罚及其夫，无夫罚及其子。再者，宗族在解纷过程中注重矛盾的化解、纠纷的平息，而对纠纷的事实和纠纷当事人的权利和法律责任则缺乏应有的观照。他们"着重寻找能够说服当事人接受的妥协方案，而不是强调达成基于公正要求的协议，使得最有势力的一方可以左右局势。"③如此，则不利于人们权利意识的健康发展。"古代中国人法律意识淡薄，特别是农民的法律意识更为淡薄，这是一个不争的事实。究其原因，其中一个重要的因素就是长期的家族法诉讼带来的恶果。"④

（三）解决纠纷的技巧

总体来说，明清时期宗族社会解决纠纷的技巧是有用的，但其本身还是存在一些不足之处。有时候，那些应邀进行调解的人为了从中获利，或为了名声，或为了钱财，竟然有意挑起事端，使得纠纷当事人之间的分歧常常为此而增加。"说和"似乎并不总是符合当时的实际情况。从下面清代一起遗产纠纷案中我们可以看出所谓"说和者"的真实目的所在：

> 该案已经历了 12 天激烈的争议。为调解这件事，所召集的"说和

① 《休宁宣仁王氏族谱·宗规》。

② 《重修古歙城东许氏世谱》卷七《许氏家规》。

③ [英]S. 斯普林克尔：《清代法制导论——从社会学角度加以分析》，张守东译，中国政法大学出版社 2000 年版，第 149 页。

④ 李交发：《中国诉讼法史》，中国检察出版社 2002 年版，第 327 页。

者”达到38位，其中有许多人都有功名。他们与当事人家庭的几位成员发生了争执，动了肝火，还大打出手。说和者遭到辱骂，他们打了有过错的长子（即提出继承遗产的那个人）的儿子，以示报复。这就为刚刚以宴席结束的争议增添了新的难题。①

更有甚者，一些宗族族长为了抢占风水、山林，不是息事宁人、平息纠纷，而是动用宗族族产去打官司，狡黠之徒借机谋利，其结果造成刁讼之风不息，诉讼案件频繁，宗族之间的矛盾更加复杂，解决矛盾纠纷的难度更大。在打官司的过程中，如果钱物不足，就向子户收敛，妖言惑众，“愚民溺于习俗，乐于辅助，故其费日集而多，其风日踵而盛”。② 因此，某些宗族尊长在解决民事纠纷的不当行为，不仅不利于纠纷的顺利调处，而且加重了官府的负担和乡族之间的矛盾，一定程度上成为地方政府难以处理的头疼的事情。还有一些宗族为了争夺祠产利益而不惜械斗。研究南方械斗的郎擎霄总结说：“因欲侵吞或霸占祖尝，致本族间起衅，经年不休。近世犯罪学者每谓‘财富为犯罪之原因’，斯言盖信而有征矣。”③由于宗族械斗的目的不在于解决争议，维护自身的荣誉远比化解纠纷更为重要，使械斗双方的间隙与恩怨更加扩大，造成械斗不已的局面。

---

① ［英］S. 斯普林克尔：《清代法制导论——从社会学角度加以分析》，张守东译，中国政法大学出版社2000年版，第149页。

② （清）辅德：《请禁祠宇流弊疏》，载贺长龄、魏源等编：《清经世文编》（中册·卷五八），中华书局1992年版，第1482页。

③ 郎擎霄：《中国南方械斗之原因及其组织》，载《东方杂志》1933年第19期。转引自冯尔康：《18世纪以来中国家族的现代转向》，上海人民出版社2005年版，第61页。

第五章　明清时期宗族社会纠纷解决机制与国家司法

纠纷是人类社会无处不在的社会现象。因此，纠纷出现后，如何去尽快地、妥善地化解纠纷也就成为我们所必须关注的基本问题。就明清社会纠纷解决而言，国家司法解纷和社会解纷构成当时解决社会纠纷的两种最主要方式。由于社会本身有宗族社会、地缘社会、业缘社会、信缘社会和江湖社会等之分，所以社会解纷的主体亦是多元的，其中宗族社会是其多元解纷主体中最为重要的解纷主体。当纠纷发生后，纠纷当事人即可在宗族社会解纷和国家司法解纷两种方式之间选择。在宗族社会解纷与国家司法解纷之间，纠纷的解决类型可能会出现以下几种情形：第一，纠纷当事人直接寻求宗族化解纠纷并取得成功；第二，纠纷当事人首先寻求宗族解纷但未获成功，于是诉至官府，经审判解决纠纷；第三，纠纷当事人首先寻求宗族解纷但未获成功，遂诉至官府而官府判令再由民间调处；第四，纠纷当事人首先寻求宗族解纷但未获成功，遂诉至官府，在官府作出判决之前宗族解纷成功；第五，纠纷当事人直接诉至官府，将纠纷提交官府，经审判解决。由此可见，宗族社会纠纷与国家司法纠纷之间呈现出相互交织的复杂关系。那么宗族社会纠纷与国家司法纠纷之间究竟是何种关系？在纠纷解决中它们各自扮演的角色如何？两种解纷方式在性质方面、作用机理方面有着怎样的联系？这些就是本章要探讨的主要问题。

第一节　宗族社会纠纷解决机制与国家司法之关系

总体来看，明清时期宗族社会纠纷解决机制与国家司法解纷之间的相互关系是分工与合作的关系。从分工方面来看，国家司法主要解决“命盗重案”，宗族组织主要解决“田宅细故”“鼠牙雀角”。“就官府来讲，除非一些命盗重案，否则官府对待任何民间纠纷的基本态度都是‘不告不理’；就民间来说，官方的消极态度事实上‘鼓励’了民间通过私力的方式来解决彼此之间的纠纷。”①当然，这种分工并不意味着二者之间存在对立，正好

① 韩秀桃：《明清民间纠纷的解决及其现代意义》，载何兵主编：《和谐社会与纠纷解决机制》，北京大学出版社2007年版，第135页。

相反，它意味着二者之间相互配合，共同维护封建社会秩序。众所周知，明清中国国家统治体系一如秦汉以降的历朝各代，并未将其触角向下延伸至基层的乡土社会，因此对于基层乡土社会生产、生活等细枝末节问题，国家法律并没有也不可能做出细致、完备的规定。而“乡里社会独特的地域属性，包括自然环境、人文条件等方面，又决定了其主体的习惯意识、宗族意识和村落意识远远高于国家意识。同样，乡民们对王法的遵从亦远不如对风俗习惯规则的依赖和对宗族伦理条规的依靠。这一状况，表现在民间社会纠纷的解决过程中，便是基层民众更愿意遵从那些自己所认可的一种建立在‘私情’基础上的秩序逻辑”。①只有乡土社会内部解决不了，才会“送官究办”。再者，鉴于国家司法资源的有限性，官府没有精力也不可能对基层乡土社会中大量的民事纠纷逐一进行审理，这就使得官府必然需要某种其他途径来实现对社会纠纷解决的转移，由此而出现州县衙门的“官批民调”。正是在这种民间社会和官府衙门对民事纠纷解决方式途径的需求下，宗族社会解纷与国家司法纠纷之间相互影响、相互配合的关系得以形成。明清时期官方与宗族社会在社会纠纷解决过程中表现出来的这种相互关系，正如有的学者所指出的那样：“在一定意义上说，法律就是在特定时空下的特定规则，这些规则的制定，是通过小地方的习俗惯例与大的社会环境中的原则、政策和国家法律之间长期的互动来实现的。这样的互动表现在具体的纠纷解决中，就应当是一个运用多项原则来做出决策的过程。如此一来，其中就隐含着一个法律多元的过程。可以说，在一起民间纠纷的解决过程中看到国家法律以及其他权力关系对纠纷解决的多方位、多层次的影响。”②

一、宗族社会纠纷解决机制是国家司法的“前置程序”

从总体上说，明清时期宗族社会纠纷的解决途径是“先民间解决后见官”的程序，亦即宗族社会纠纷解决机制成为国家司法解纷的“前置程序”。明代中国，“明太祖朱元璋钦定的《教民榜文》是明代诉讼的基本规范，历朝屡加申明。按其规定，户婚、田土、斗殴等诉讼，乡诉讼是必经的程序，不得直接告官。乡诉讼由里甲老人审理，不服者可以告官”。③而清代中国，虽然国家法律并未像明初那样明确规定宗族社会解纷就是民事诉讼

① 韩秀桃：《明清徽州的民间纠纷及其解决》，安徽大学出版社2004年版，第304页。

② 赵旭东：《权力与公正——乡土社会的纠纷解决与权威多元》，天津古籍出版社2003年版，第7页。

③ 尤韶华：《明代司法初考》，厦门大学出版社1998年版，第64页。

的“前置程序”，但从清代大量的档案资料和宗族文书来看，州县官员对宗族社会纠纷解决机制的倚重倾向还是十分明显的。我们从黄岩诉讼档案中可以看出，黄岩知县对民间解纷的依赖，几乎所有起诉至衙门的民事案件都要求纠纷当事人自行邀族众进行调处，对那些起诉前已经民间调处而未成功的民事纠纷，官府的处理方法仍然是批示“仍邀原理之林兰友等，妥为调停息事”“再邀族众劝令听理”“应再邀同妥理”“着再邀理清楚可也”“着仍自邀理可也”等，如黄岩诉讼档案中的第 6 号、第 13 号、第 25 号、第 46 号、第 49 号等即是如此。因此，宗族社会纠纷解决机制事实上成为官府受理该案件的前置程序。因为在官府看来，“民间调解优先，只要它没有越出法律所容许的范围。……因此，知县他们通常优先接受邻里族人息事宁人的调解办法。公堂审断是在民间调解失败后才进行的”。[①]

明清时期官方将宗族社会纠纷解决机制置于国家司法解纷的“前置程序”的方式有很多，主要有以下两点：

第一，国家法律上的强制性规定。明初《教民榜文》第 1 条规定：“民间户婚、田土、斗殴、相争一切小事，不许辄便告官，务要经由本管里甲、老人理断。若不经由者，不问虚实，先将告人杖断六十，仍发回里甲、老人理断。”[②]清代国家制定法也明确赋予宗族族长以调解户婚、田土等民事纠纷的权力及劝道风化的职责，从而肯定了宗族解纷的优先权和合法性。例如，《大清会典事例》规定：“议准聚族而居，丁口众多者，准择族中有品望一人为族正……其间凡同氏谱之未通者，则官为通之，单丁只户不成族者，则附以大族……族长及宗族内头面人物对于劝道风化及户婚田土竞争之事有调处的权力。”[③]

第二，家法族规的规定。明清中国几乎所有的宗族都在家法族规中赋予了宗族对于内部民事纠纷和轻微刑事案件的优先裁决权，对于族人不先鸣族而擅自诉至官府者，宗族还有对其进行惩罚的权力。例如，安徽合肥邢氏《家规》规定了纠纷解决的严格程序：“凡族中有事，必具呈禀于户长，户长协宗正批示，某日训审。原被两造及正先至祠侍候。至日原告设公案笔砚，户长同宗正上座，各房长左右座。两造对质毕，静听户长宗正剖决，或罚或责，各宜禀遵，违者公究。”[④]安徽桐城祝氏宗族亦规定：“族众有

---

① 黄宗智：《清代的法律、社会与文化：民法的表达与实践》，上海书店出版社 2007 年版，第 110 页。

② 刘海年、杨一凡：《中国珍稀法律典籍集成·乙编·第 1 册·洪武法律典籍》，科学出版社 1994 年版，第 635~636 页。

③ 《大清会典事例》卷一四四。

④ 安徽合肥《邢氏宗谱》卷一《家规》。

竞争者,必先鸣户尊、房长理处,不得遽兴讼端,倘有倚分逼挟持符欺弱及遇事挑唆者,除户长禀首外,家规惩治。"①又如《义门王氏族谱》规定:"凡有事,忍耐为先。古人云:与其得直与官府,不若两平于乡曲之为愈也。乡曲有事两平而解胜于到官多矣,况宗族乎?……三大分下各有小分,各有分长所以统率子弟一应事务,若子弟有不守宗规者先从各分长自行训诫,不改则告于族以处治,若分长与子弟同犯及隐庇子弟之过知而不告者,听族长宗直纠举议罚。"②再如福建连城张氏宗族的族规亦云:"族内或有产业相争等项,俱要先鸣私房处服,如有未睦,方许经六房公论,倘不闻族而径到官者,定以家法重惩,更有恃强行凶聚众斗殴者,攻其罪具结鸣官重究。"③浦城李氏家族的族约规定:"睦族和邻乃安身保家之道……但有酗酒争斗毁骂尊长,及因事争辩者,俱先禀告族长,听与各房公直人处断平息。如有不告族长辄行赴官告理,及族长处断已明,逞刁不服者,族长各房公直人即备情连名呈官处治。"④福建永定县邵氏家族的《祠规》规定:族人遇有争论,诉之族中,不能理而后鸣之官,"如有径赴呈词者,即为目无尊长,先与议处,而后评其是非。"⑤

宗族的家法族规之所以规定解纷的优先权,主要缘于文化因素。宗族社会讲究"家丑不可外扬",以免辱没家门,给宗族脸上抹黑。宗族内部的纠纷,应在族内自行解决。"果有不平,会族评其曲直,免扰官司。若无甚利害,则幼当让长,卑当让尊,各相含忍,勿致争斗,以取不义之名,为人耻笑。昔夷齐让国,寿及让死,国与死且可让,况区区土地金帛乎?且财物有命,不可强求。明理者,其细思之"。⑥ 宗族对于纠纷解决的优先权使宗族社会纠纷解决机制成为国家司法的"前置程序"。

明清时期官方将宗族社会纠纷解决机制置于国家司法解纷的"前置程序"的重要成效之一就是减轻了司法解纷的压力。正如有学者所说:"宗族对于司法的优先权,很容易被放大为宗族可以在司法体制内专行独断。其实,国家只是将那些鸡零狗碎的诉讼和案件的审理权交给宗族,至少让宗族社会中发生的诉讼和案件先由宗族组织过滤一道,不必事无巨细,全

① 安徽桐城《祝氏宗谱》卷一《家规》。

② 《义门王氏族谱》"约禁开后",清光绪二十九年(1903年),活字本。

③ 连城《新泉张氏族谱》卷首《族规条款》。

④ 福建浦城《湖茫李氏三族谱》卷九《族约》。

⑤ 光绪《永定邵氏世谱》卷首《祠规》。

⑥ 永春《桃源蓬莱巷乡梁氏族谱》。转引自苏黎明:《泉州家族文化》,中国言实出版社2000年版,第147页。

部移交官府。"①

二、国家司法是宗族社会纠纷解决机制的后盾和保障

作为明清时期社会纠纷解决的最重要方式之一,宗族社会纠纷解决机制虽为官府和广大民众所倚重,但这并不意味着它就是一种完全独立的、与国家司法具有完全相同地位的纠纷解决方式。虽然宗族社会纠纷解决机制与国家司法在解纷范围上存在一定的分工,但是主持解纷的宗族组织及族长、族正等族中尊长并不具有独立于国家权力之外的权力。大量的民事纠纷调处的失败说明这种不具有强制性权力为后盾的解纷方式,无法取得与国家司法相同的地位。清代官方对待宗族法由打击到支持再到合流而放任的态度说明宗族社会纠纷解决机制始终会受制于国家权力而无法独立于国家司法制度之外。因此,国家司法始终是宗族社会纠纷解决机制的后盾和保障。具体表现如下:

第一,官府对家法族规的批准。宗族组织据以解决纠纷的最主要依据是家法族规。但家法族规的法律效力有限,为了使本族的家法族规更具权威性和强制力,很多宗族在制定出家法族规之后往往直接送请官府批准,以寻求官府的支持和保护。"切思国有律法所以整饬朝纲,家有规条所以约束户众。故子弟之率不谨,由父兄之教不先。生等秉性庸愚,忝理尔事,聚居山陬僻壤,当兹族众丁繁,贤良自守者固多,桀骜不驯者间有。欲求整齐,须仗金示,爰开条例,呈请家规,仰叩王章,俯临弹压。生纵愚懦,敢生狎玩之心,户众见闻,莫起非分之念,俾人心归正,永为尧舜之民,庶家政肃清,聊助循良之治"。② 对于宗族申请批准的家法族规,官府衙门审查后认为与国家法律没有相冲突,往往直接予以批准,从而确保了家法族规与国家法律的一致性。如明万历十六年(1589年)湖南长沙县知县批复檀山陈氏宗族家训:"万历十六年三月十六日,呈验蒙长沙县知县骆批,详观族约,宜家化俗之心,再阅奏疏,崇本重源之念,此乡先生之贤者也。仰户首照依条款,一一举行,如有户丁抗违,许指明具呈,以凭惩究,付照"。③ 又如,根据上述宗族的呈文及宗族法的原文,桐城县令作了这样的批示:"祝姓户族人等知悉,尔等务须入孝出弟、崇俭饬华、秀读朴耕。安分守业,听从户尊长等,开列规条,共相遵守。如有不遵约束者,许该户长据

① 郭志超、林瑶棋主编:《闽南宗族社会》,福建人民出版社2008年版,第165页。

② 安徽桐城《祝氏宗谱》卷一《家规》。

③ 明万历《陈氏族谱·家训》。

实指名赴县具禀，以凭惩治，各宜凛遵毋违。”①再如，安徽合肥杨氏宗族，于乾隆二十九年(1764 年)建好祠堂，旋修宗谱，立有规条，并置祭产，然而“习俗移人”，该族“间有不孝子弟，将谱所列之规条，竟弁髦视之”，甚至以少犯长，以卑犯尊，未能合族睦宗。嘉庆十五年(1810 年)，该族生员数人赴县呈请祠规，知县于同年批复，要求“杨氏户、族人等知悉：嗣后务遵祠规，父训其子，兄戒其弟，如敢不遵，许该族户、祠长等指名禀县，以凭究治，决不宽贷，各宜凛遵毋违，特示”。② 嘉庆十六年(1811 年)该族将知县条示祠规刻石勒碑，以约束族人。

第二，官府对族长的委任授权。明清时期尤其是清代，为了弥补保甲制的不足，统治者极力推行族正制。根据清代《户部则例》载：“凡聚族而居、丁口众多者，准择族中有品望者一人，立为族正，该族良莠责令察举。”③这是国家法律对于宗族设立族长的规定。族长是一个宗族中身份地位和威望最高的族中尊长，亦是宗族社会纠纷的解纷主体。但族长要将这种权威延伸至乡土社会中去，尚需官府对其进行授权，以便在宗族以外的环境下继续行使其权威作用。官府通过宗族尊长实现对宗族社会的管理和治理，而宗族尊长则有赖于官府的授权和保护来行使对宗族社会的管理权，从而形成一种自上而下的权力沟通。官府通过对族长发给“委牌”即委任状的形式对族长进行授权，确定族长的一系列的权利与义务。如雍正六年(1728 年)徽州府歙县正堂发给汪氏宗族族正汪文周的委牌：

> 奉旨严饬州县设立族正案。当经出示饬行公议遴举去后，今据二十五都一族正县认前来，据此合给委牌。为此牌给族长汪文周前去，即便遵照先行。奉旨事理族内之中，不时稽查. 如有素不务业，游手好闲，为非匪类及行踪诡秘不法之徒，许尔族正据实指名赴县首报，以凭严拿究治。倘有容隐徇情不首，事发之日与保甲等一体连坐。该族正务遵功令稽查，不得借端生事扰民，察出致干未便，均毋故违，须至牌者。④

从州县官员发给族正的“委牌”这一事实可以看出，经过民间“遴选”的族正只有通过官方的委任，方可得到认可并获得“法定权威”。

---

① 安徽桐城《祝氏宗谱》卷一《家规》。

② 《弘农杨氏宗谱》卷首《杨氏字谱碑序》《宗谱碑记》。

③ 清《户部则例》卷三《保甲》。

④ 该委牌由田涛先生采自徽州歙县并收藏，原件为木版雕印单张。转引自田涛：《徽州地区民间纠纷调解契约初步研究》，载《法治论丛》2009 年第 1 期。

不仅如此，州县官员还可以直接对族长下达“县谕”，要求族长对解纷情况进行书面汇报。如近期在安徽歙县发现的清代光绪年间“知县敦请族长调处法律纠纷”的空白格式批文，一方面直接说明了官方对宗族调处纠纷的倚重，另一方面也说明了官方是民间宗族解纷的后盾和保障。现将该批文逐录如下：

“……为此谕仰该______知悉此事，尔如能出为排解，俾两造息讼，最为上策。此谕仍交地保缴销，若不能息讼，即由该族长告知被告，令其于__月__日午前到城，本(衙)每日于未初坐堂，洞开大门，该原被告上堂面禀，即为讯结。……此因该族长素来公正，言足服人，帮饬传知，并非以官役相待，亦不烦亲带来城，不过一举足、一启口之劳。想该族长必能题本□□爱民如子之意，共助其成，实有厚望……”①

第三，宗族社会的“送官究治”。明清时期，虽然国家法律和家法族规都赋予宗族解纷的优先权，而宗族则要求族内纠纷自行解决，但是遇有宗族内部解决不了的重大纠纷，宗族还是将其送官究治，几乎所有的家法族规都有此规定。如徽州歙县东门许氏宗族《许氏家规》“送官惩治”条记载：“今之所谓良民，不老官府而治也。盖其以善自淑，以时输赋，与世相安于无事，而又奚恶之可惩哉！彼不为良民，而身犯罪戾，不应以下，吾得训而戒之，原而宥之也。其不率教训，不守家法，自不应以上，情不可恕，法不可贷，是不免于经公也。芟夷稂莠，以植嘉谷，竟送官司，以正国法，是可容一毫私意于其间乎？是可徇一人之私轻贷而不举乎？”②歙县《潭渡孝里黄氏家训》亦规定：宗族子弟“不得引进娼优，讴词献伎，以娱宾客；并不得好勇斗狠，及与打降闯将匪类等往来。不得沉迷酒色，妄肆费用，以致亏折赀本。至若不务生理，或搬斗是非，或酗酒赌博，或诓骗奸盗，或党恶匿名，一应违于理法之事，当众诫之。如屡诫不悛，呈公究治，不可姑容。”③福建晋江县施氏家族的《族约》也规定：“士农工商，各宜勤俭……设有不肖子弟弃生业，结匪类，开设赌场，放头网利，致诱子弟破家辱身，殊可痛恨，以后族房长稔知放赌账目，不许取讨，仍令族众赴大宗祠戒饬，令其改过自新，不改者送官究治，除稂莠也。”④

“送官究治”不仅具有程序法的意义，而且其本身也是一种实体意义

① 该批文由田涛先生采自徽州歙县并收藏，原件为木版雕印单张。转引自田涛：《徽州地区民间纠纷调解契约初步研究》，载《法治论丛》2009年第1期。

② 《重修古歙城东许氏世谱》卷七《许氏家规》。

③ 歙县《潭渡孝里黄氏族谱》卷四《黄氏家训》。

④ 晋江《浔海施氏族谱》天部《浔海施氏族约》。

的惩罚。对那些既违犯家法族规又违犯国家法律的族人，或者不服宗族裁决的纠纷当事人，宗族族长将其送交官府，由官府来惩办，并且很多族长运用自己威望和族产来影响官府，要求官府给予惩罚，这既保证了宗族社会解纷的严肃性，又将宗族社会纠纷解决机制与国家司法两套解纷系统连接起来，使得国家司法成为宗族社会纠纷解决机制的坚强后盾。

三、宗族社会纠纷解决机制与国家司法的差异与冲突

虽然明清时期宗族社会纠纷解决机制与国家司法之间有着非常密切的联系，但二者之间仍然存在较大的差异和冲突。

（一）宗族社会纠纷解决机制与国家司法的差异

宗族社会纠纷解决机制与国家司法之差异，除了它们分别代表民间社会和国家来解决纠纷之外，还表现在以下几个方面：

1. 解纷主体的差异

明清时期宗族组织的解纷主体主要是宗族的族长、房长等族中尊长。虽然他们在处理宗族社会纠纷时也会与官府发生联系，如在“送官究治”“官批民调”等环节中难免与官府打交道，但他们不属于官役，而是民间领袖和乡村权威，他们解决纠纷的有效性主要在于他们的品德和能力赢得了族人的敬服。在明清闽南宗族中，族长、房长都是公推的而不是世袭的。“在专制集权的封建社会，宗族社会既以尊卑有序为主导，又以有限民主为兼行，这的确是耐人寻味的。”①而明清时期国家司法中的裁判官则是朝廷命官，如知州为从五品官员，知县为正七品官员。“州县官听理其辖区内所有案件，既有民事也有刑事。他不只是一个审判者。他不仅主持庭审和作出判决，还主持勘查和讯问及缉捕罪犯。用现代眼光来看，他的职责包括法官、检察官、警长、验尸官的职责。”②明清州县官在审理判决案件的同时，有时也亲自调解纠纷，但这种调解是“诉讼内调解”，因其身份是官方的。那思陆所著《清代州县衙门审判制度》一书中辑录了三则清代州县官调解纠纷的典型案例，即《袁枚调处某人以先孕后嫁讼其妇翁一案》《郑板桥调处富室赖婚一案》《邹岱东调处弟兄争磨一案》。三个案例中调处人袁枚、郑板桥、邹岱东分别是乾隆年间江苏省江宁县上元县县令、山东省莱州府潍县县令和直隶州天津府天津县知县，均为朝廷命官。

---

① 郭志超、林瑶棋主编：《闽南宗族社会》，福建人民出版社2008年版，第142~143页。

② 瞿同祖：《清代地方政府》，范忠信、晏锋译，法律出版社2005年版，第193页。

2. 规范适用上的差异

明清时期宗族社会解纷与国家司法解纷所适用的规范在某种程度上说有一定的共同点,如都适用国家法律,都注重情理。但是,如果细究起来,我们可以看出二者解纷时在规范的适用上还是存在较大差异的。宗族社会解纷的主要依据是家法族规,即宗族制定的约束和教化族人的宗族法规,其内容十分庞杂,核心内容是敬宗收族,其他如财产继承、婚姻纠纷、禁盗禁赌、山林管理等,也因各个宗族的不同情况有所偏重。有些在地方上具有一定影响力的宗族,在族规中还制定有乡规民约,以规范本族和制约参加合约的同乡里其他宗族,如福建安溪湖头《李氏族谱》中就载有清代大学士李光地为当地乡族规定的《同里公约》。在解决纠纷过程中,族谊、面子等往往也成为宗族考虑的主要因素。而国家司法则主要依据国家法律,州县官在庭审时必须严格依法断案,否则以出入人罪论处。例如,《大明律·刑律·断狱》"断罪引律令"条规定:"凡断罪皆须具引律令。违者,笞三十。……其特旨断罪,临时处治不为定律者,不得引比为律。若辄引比,致罪有出入者,以故失论。"①《大清律例·刑律·断狱》"断罪引律令"条亦有类似规定。② 而《大明律·刑律·断狱》"官司出入人罪"条规定:"凡官司故出入人罪,全出全入者,以全罪论。若增轻作重,减重作轻,以所增减论。至死者,坐以死罪。若断罪失于入者,各减三等,失于出者,各减五等。"③《大清律例·刑律·断狱》"官司出入人罪"条亦是如此规定。④ 而"在由国家审理的民事纠纷中,'民间法'的作用(特别是'宗族法'或所谓'陋习')则是极其有限的,通常会让位于律法和礼教(理)。诉讼中的调解原则上以法律为依据,但由于民事领域缺少可以直接作为审判依据的法律规范,以及这类纠纷的特殊性,地方官在实际办案中通常更注重情、理与'法'的协调适用,而很少援引地方性社会规范。一般而言,理具有一定的普遍性,而民间的社会规范则具有较大的特殊性和地方性。前者可以作为纠纷解决的规范或基准,而后者只能作为事实或证据采信;当二者发生冲突时,地方官通常是维护具有普遍性的情理,而斥地方规范而'弊俗'、不予适用。由此可见,官府调解与民间调解在规范的适用上存在着较大的差距。官府调解,一方面,与判决同样以维护国家权力为宗旨;另一方面,在缺少法律规范的情况下,地方官在纠纷解决中,以'理'作为基

① 《大明律》,怀效锋点校,法律出版社1998年版,第221页。
② 《大清律例》,田涛、郑秦点校,法律出版社1998年版,第595页。
③ 《大明律》,怀效锋点校,法律出版社1998年版,第218页。
④ 参见《大清律例》,田涛、郑秦点校,法律出版社1998年版,第579页。

本法源或法律原则，根据其自由裁量（‘情’）对具体案件做出具体处理。”①

3. 解纷效力的差异

有无强制力，是法律规范与道德规范在作用方式上的基本区别。明清时期宗族作为民间组织的最重要的组成部分，有法定的解纷权，其调处结果官方一般也是认可和尊重的，但宗族社会解纷效力仅有民间强制力。明初《教民榜文》虽将宗族社会纠纷解决机制置于告官的前置程序，但并未赋予其解纷结果的法律强制执行力。我们从黄岩诉讼档案中州县官对案件的批示来看，“如果当事人对调处结果拒不执行，可能导致‘提究’的后果。但是‘提究’的含义似应理解为案件将正式进入官方处理程序，而非导致官府强制执行家族调处的后果”。② 因此，“家族调解虽然十分普遍，但是调处的结果并无法律效力”。③ 宗族组织在解决纠纷的过程中将社会评价的道德原则予以了极度的发展。宗族是一个较为庞大的宗法血缘关系网络，在这个网络上，以祖父子孙的尊卑层次为经，以支房相别的亲疏序列作纬，每个成员皆有自己的特定地位，但会受到上下左右的交叉牵制。家法族规对宗族成员言行举止上的各种要求与规范，既可被视为社会组织要求内部成员必须履行的群体义务，亦可被看成后代子孙对先祖应尽的道德责任。而宗族成员对族内其他任何人实施财产或人身方面的侵害行为，均直接或间接地涉及同宗亲属，从而破坏宗法社会的联结纽带——伦常关系。因此，该侵害行为必然要受到道德的谴责。而家法族规常常以祖宗名义制定，一些宗族族规更是直接冠上“祖训遗规”的名称。族内成员违犯家法族规，即是对祖宗意志的背叛，具有违背人伦的“逆子”之嫌。而在宗族社会的道德评价中，“不孝”行为则属于不可宽恕的大恶之一。宗族组织把法律规范的“硬性强制力”与道德评价的“软性强制力”揉合一炉，使二者交叉渗透融合，对宗族成员形成“内外夹攻”，这正是家法族规在方法上不同于国家法律，但却能够更加有效地约束宗族成员、稳定社会秩序的奥秘所在。与宗族社会解纷效力不同，国家司法解纷，无论是司法判决还是诉讼内调解，都具有国家强制执行力。国家司法虽然也力主教化，通过道德评价系统形成“软性强制力”来作用于被司法者，但此种道德教化通常仅限于未涉及国家法律之将然之时，一旦某种行为触及法律，尤

---

① 范愉：《纠纷解决的理论与实践》，清华大学出版社 2007 年版，第 601 页。

② 程洁：《从黄岩诉讼档案看清代基层调处的适用》，载田涛等主编：《黄岩诉讼档案及调查报告》（下卷 · 黄岩调查报告），法律出版社 2004 年版，第 211 页。

③ 程洁：《从黄岩诉讼档案看清代基层调处的适用》，载田涛等主编：《黄岩诉讼档案及调查报告》（下卷 · 黄岩调查报告），法律出版社 2004 年版，第 210 页。

其是刑事犯罪,刑罚之威杀便占据了主导地位。因此,正如有学者所指出那样:“基层调处既不是司法程序中的一个部分,也不能形成与司法程序相抗衡的之外的纠纷解决机制。”①

4. 救济途径的差异

传统中国司法机关的权力历来受到限制,对于不属于审判权限内的案件,官员必须逐级上报,如果擅自越权审判就会受到惩罚。对于死刑案件,历朝各代政权都非常重视,程序上要求呈报刑部核准,再经过大理寺或都察院会谳,最后呈请皇帝勾决。不服从地方州县官判决的纠纷当事人可以层层上诉,直至赴京告御状。例如,在清代,不服州县官判决的当事人可以向知府、巡抚、总督衙门上诉,甚至可以诉至京师。但在宗族内部,族中尊长的裁决权却没有什么特别限制,他们既可以决定记过、罚跪、杖责等较轻的处罚,也可以裁决削谱、驱逐等很重的处罚,乃至可以处死族人。他们作出的裁决基本都得到了实施。一般而言,一些较轻的处罚由本房、本支尊长裁定即可,无须报请族长批准。而家长或族长作出的裁断,即使有驱逐族人等重罚也无须复核。甚至对于处死族人的惩罚,有些家族也规定得十分草率。例如,徐公举与侄女徐照英通奸,经徐照英之母、叔捉获捆缚,投明族长徐添荣送官究治。徐公举在途求释,不允,遂说,送官族长亦无颜面,徐添荣以其败坏门户,忿激之下,喝令徐添寿将徐公举推溺毙命。②有的宗族规定,不服本房房长、本支尊长裁断的族人,可以向宗族上诉。但有的宗族规定,要向宗族上诉就要先受到某种惩罚。或者上诉成功可以免受惩罚,上诉失败就会被视为“擅投大宗,希图刁翻”而受到宗族更重的惩处。③ 还有部分宗族虽然规定不服宗族裁断可投诉官府,但宗族势力会尽力维护族中尊长的裁断,向官府提供不利于上诉者的证词、证物,使其败诉。宗族作出处死族人的决定,不给被处死者上诉的机会,甚至迫使其亲属同意,即使是冤死族人都得不到救济。

5. 惩处方式的差异

传统中国的国家法律确立了“五刑”体系的刑罚方式,即笞、杖、徒、流、死五种刑罚,刑罚方式较为单一。而家法族规规定的刑罚方法则是花样迭出,根据费成康先生的总结,宗族的惩罚方式主要有警戒、羞辱、财产、

① 程洁:《从黄岩诉讼档案看清代基层调处的适用》,载田涛等主编:《黄岩诉讼档案及调查报告》(下卷·黄岩调查报告),法律出版社 2004 年版,第 210 页。

② (清)祝庆祺等编:《刑案汇览三编》(二),北京古籍出版社 2004 年版,第 970 页。

③ 《潘氏典堂族谱》卷一《家规》,1924 年本。

身体、资格、自由等六类。① 其中警戒类和羞辱类的惩罚方式，如罚跪、押游、共攻等，从未进入国家法律。而财产类的多数惩罚，诸如罚修宗祠、罚买祭祖用品、罚戏等，亦不可能成为国家的刑罚。而国家法律中一直保留族刑，即灭族，包括灭三族、灭九族等，理所当然不会为宗族所采用。家法族规中的笞、杖罚虽然与国家刑罚体系中笞、杖刑同名，但执行方式却有很大差别。

不仅如此，对那些国家法律和家法族规都要惩罚的行为，惩罚的轻重程度也不一。通常情况下，国家法律惩罚更重些，而家法族规则以教化、劝导为主。对那些偶尔有盗窃行为的不肖子孙，家法族规多规定处以笞、杖、革谱等处罚。例如，徽州绩溪《明经胡氏龙井派祠规》“贼匪条”规定：“天地之间，物各有主。乃有不轨之徒，临财起意；纳履瓜田，见利生心；整冠李下，鼠窃狗偷。此等匪人，宜加惩戒。如盗瓜菜、稻草、麦秆之属，罚银五钱；五谷、薪木、塘鱼之属，罚银三钱，入公堂演戏示禁。其穿窬夜窃者，捉获有据，即行黜革。”②而《大清律例·刑律·贼盗中·窃盗》则规定：“凡窃盗，已行而不得财，笞五十，免刺；但得财，以一主为重，并赃论罪。为从者，各减一等。初犯，并于右小臂膊上刺‘窃盗’二字。再犯，刺左小臂膊。三犯者，绞。以曾经刺字为坐。掏摸者罪同。”“一两以下，杖六十；……五十两，杖六十，徒一年；……一百两，杖一百，流二千里；……一百二十两以上，绞。三犯，不论赃数，绞。”③对于不肖子孙，家法族规通常处以杖责等，而《大清律例·刑律·斗殴下·殴祖父母父母》规定：“凡子孙殴祖父母、父母，及妻妾殴夫之祖父母、父母者，皆斩。杀者，皆凌迟处死。过失杀者，杖一百、流三千里；伤者，杖一百、徒三年。”④也许正因如此，很多家法族规规定，不肖子孙如果屡教不改，就要将他们送交官府，依法惩治。

与此相反，有些行为国家法律予以严惩，而家法族规却予以容忍。例如，对居丧嫁娶行为，《大明律·户律·婚姻·居丧嫁娶》规定：“凡居父母及夫丧，而身自嫁娶者，杖一百。若男子居丧娶妾，妻、女嫁人为妾者，各减二等。若命妇夫亡，再嫁者，罪亦如之，追夺并离异。”⑤但很多宗族仅把这种居丧嫁娶行为视为违反丧礼，处以很轻的刑罚，而有些宗族甚至还允许在父母死后七天或一个月内突击结婚。对于异姓继承行为，《大明律·户

① 参见费成康：《中国的家法族规》，上海社会科学院出版社 1998 年版，第 106~119 页。

② 绩溪《明经胡氏龙井派宗谱》卷首《明经胡氏龙井派祠规》。

③ 《大清律例》，田涛、郑秦点校，法律出版社 1998 年版，第 391~392 页。

④ 《大清律例》，田涛、郑秦点校，法律出版社 1998 年版，第 463 页。

⑤ 《大明律》，怀效锋点校，法律出版社 1998 年版，第 61 页。

第二节　两个解纷系统的链接与“第三领域”

明清中国社会纠纷解决机制体系中,宗族社会纠纷解决机制与国家司法两个子系统,其作用与功能是有所区别的,在一定意义上说是不可替代的。那么,这两个子系统是如何链接的呢?是否存在链接两个解纷系统的“第三领域”?

一、宗族社会纠纷解决机制与国家司法的链接

“国家无意用系统的成文法调整民事关系,也没有建立起通过判例或习惯法收集等确认民间社会规范的法律机制。……在民事纠纷解决中,国家审判权和民间自治权分工明确,把民间调处作为基本和必经的程序,允许地方权威根据民间社会规范进行调处,地方官员在其执政期间,通常会尽力维护与地方乡绅和宗族的和谐关系。但同时,国家保持了审判权的独占和至上地位,民众在不服民间调处时,或者在纠纷涉及宗族之间、乡土社区之外的时候,可以径向官府告状,直至层层上告,抵达京城。”①而对那些告到州县官那里的案子,如州县官认为非至关重大之事,往往又下转宗族尊长和里正处理。由此可见,在宗族社会纠纷解决机制与国家司法之间存在一个有机的内在的链接机制或双向互动机制,其表现形式主要是“送官究治”和“官批民调”。

(一)“送官究治”

如前所述,“送官究治”不仅具有程序法的意义,而且其本身也是一种实体意义的惩罚。对那些既违犯家法族规又违犯国家法律的族人,或者不服宗族裁决的纠纷当事人,宗族族长将其送交官府,由官府来惩办,从而保证了宗族社会解纷的严肃性。

祖先的茔墓不仅仅是祖先灵魂之藏所,也是宗族实力和地位的象征,因此宗族对祖墓和坟山的保护非常重视。为了防止盗卖、盗葬宗族坟地,协力保坟,采取议立合同的方式来统合族众。下列护坟保产合同即是:

> 立议合同李宗德、宗厚、宗荣、宗礼、宗义五大房支下等。为因祖业三保长州等处伙佃庄基向系本祠全业……今诚恐族众繁衍,人心不一,且兼鼎革之秋,契墨虑有遗略,不便查考。今公众协议,将各房伙佃文书契墨概入本祠,其递年交纳常贮及应工等事,悉照各房分籍管

---

① 范愉:《纠纷解决的理论与实践》,清华大学出版社2007年版,第600~601页。

业。为此共立合文陆张,送官请印,勒碑永为恪守。倘日后有不肖子孙复蹈故辙,本族即时鸣众,擒压送官,以灭祖不孝治罪。除令取赎外,其本支既不顾祖即行削除,不许入祠。本族或有不肖子孙贪利为中者,照盗卖之人一体重惩,仍永遵此文为准。所立合文一样六张每房各收一张,仍存一张贮祠匣为照。

顺治九年十月十五日　　立议合同人宗德房支下:(良春等8人)

宗厚房支下:(大喜等7人)

宗荣房支下:(与茂等47人)

宗礼房支下:(华生等10人)

宗义房支下:(大海等3人)①

侵厝对宗族而言是一种重要的犯罪,一般要"送官究治"。例如,下列同心赴讼合同即是一例:

立束心合同文约一世祖秩下光旦等,原始迁祖唐大司马义成公卜葬浮北引京都,土名陈瑞坞,厥后裔族蕃衍,分迁七门,惟体公派下十三世祖向迁清谭历居无异,亦望近居坟墓不时照应。讵伊秩下桂兄弟于旧岁十月间于墓左侧侵厝一所,仅隔数□,业经族众向理迁移,桂等竟梗顽不依,不思一脉传流,昧良侵害,狼毒为心,罪同不孝。他尤倚顽不服,是以合族七门秩下等会议送官惩治,所有出身人,各门公议能者无辞,如费用若干,俱照七门派出,永无悔异,自今以后,凡我族人毋得外视,各宜尽心为祖,今恐无凭,立此束心合同文约七纸各收一纸存照。

大清嘉庆十四年四月初二日　立束心合同文约一世祖秩下:光旦等

碧桃:宗法;

曲屋:振北等;

礼屋:从铎等;

板石:世态等;

板溪:启臻等;

康村:有麒等;

樟源:启揖等②

① 顺治九年李宗德等立保产合同。参见王钰欣、周绍泉:《徽州千年契约文书(清民国编)》(第1卷),花山文艺出版社1991年影印版,第38页。

② 《康义祠置产簿》,南京大学历史系资料室藏。转引自刘道胜:《明清徽州宗族文书研究》,安徽人民出版社2008年版,第281页。

由上可知，宗族在解决纠纷过程中，“送官究治”被作为一种惩罚方式来使纠纷双方当事人妥协。有时是为了使一方当事人屈从自己的条件，用呈状投诉的方式吓唬另一方当事人；有时是为了把官府的观点带到纠纷解决中来而采取送官究治的策略，使纠纷当事人接受自己的条件。告官之后，官府对于此案的判决就会对宗族自身建设具有重要意义，通常情况下宗族组织会将此类成案录入族谱，以为后世遵循之依据。例如，清同治四年(1866年)，安徽桐城齐氏宗族在《宗谱凡例》中规定：“坟山或者与人争讼，经府县审结卷案，以及亲友和息立有议约合同者，俱载谱中，以为铁案。”[①]又如，乾隆五十六年(1792年)，安徽高塘王氏宗族筹修宗谱，族人之间对于该族前世一支派的源流发生意见分歧。同年12月，诉讼入官。次年9月，县衙最后裁决。王氏宗族将该案件的处理过程记录文件，包括原诉状、再诉状、各次禀文、书证、证人证言以及前后两任县令韩某与吴某共11份批文，尽数纳入新修宗谱中。[②] 无疑，这对宗族社会纠纷解决机制的完善具有重要作用。

(二)“官批民调”

“官批民调”，是指州县官接到诉状后，认为情节轻微，不值得传讯；或事关亲族邻里关系，不便公开传讯；或发现原告所控不实或情节支离，往往将案件批转给亲族、乡里等理处，最后仍以民间调处的方式解决纠纷的情形。日本学者高见泽磨指出：“在清(应为清末法制变革——引者注)以前的中国，除了由州县等地方官衙进行审批外，官员受理诉讼之后，对当事人作出批示，[③]让地缘、血缘、同业等组织来解决，在当事人和解之场合，允许撤诉。”[④]

明清中国的“民事诉讼是按三个不同阶段进行的。头一个阶段从告状开始，到县官作出初步反应为止。接着是正式堂审之前的一个阶段，在此期间，衙门与诉讼当事人以及可能的调解人之间，通常发生不少接触。最后阶段是正式堂讯，县官通常会作出明确的裁决。三个阶段各有其特征，先是官方的初步反应，接着是官方与民间的互动，最后是官方判决。中间阶段可长可短，短的只有数天，长的可达数月，乃至数年”。[⑤] “官批民调”主要是发生在第一阶段。

---

① 安徽桐城《齐氏宗谱》卷二《重修宗谱凡例》。

② 参见安徽高塘《鸿村王氏家谱·附录案卷》。

③ 上级在下级报上来的公文上面写上意见做出批示。——作者原注。

④ [日]高见泽磨：《现代中国的纠纷与法》，何勤华等译，法律出版社2003年版，第13页。

⑤ 黄宗智：《清代的法律、社会与文化：民法的表达与实践》，上海书店出版社2007年版，第92页。

明清时期民间社会纠纷急剧增多，这一时期中国已经是一个“诉讼爆炸”的社会。[①] 以我们今天之眼光来看，这些诉至州县衙门去处理的纠纷大多数是民事案件和轻微的刑事案件。由于州县衙门是行政兼理司法，知州、知县要处理州县的所有事务，再加上实行异地为官，州县官对当地情况并不熟悉，因此他们在接到原告的状词之后，首先要在状词上面作出是否受理的意见或批示。受理即“准告”，不受理即“不准告”，不受理说明理由即“批驳”。这种“批词”非常重要，其用意在于促成庭外调处，避免堂审。清人汪辉祖云：“一词到官，不惟具状人盛气望准，凡讼师差房，无不乐于有事。一经批驳，群起而谋抵其隙，批语稍未中肯，非增原告之冤，即壮被告之胆，图省事而转酿事矣。夫人命奸盗及棍徒肆横，原非常有之事，一切口角争斗，类皆户婚细故，两造非亲则故，非族则邻，情深累世，衅起一时，本无不解之仇，第摘其词中要害，酌理准情，剀切谕导，使弱者心平，强者气沮，自有亲邻调处。与其息于准理之后，费入差房，何如晓于具状之初，谊全姻睦。”[②]所以，州县官既须明了法律条文，又要洞悉道德与情理。正如清代刑名专家王又槐所云：“批发呈词，要能揣度人情物理，觉察奸刁诈伪，明大义、谙律例。笔简而该，文明而顺。方能语语中肯，事事适当，奸顽可以折服其心，讼师不敢尝试其伎。若滥准滥驳，左翻右复，非冤伸无路，即波累无辜，呈词日积而日多矣。”[③]

州县官拒绝受理状词的原因很多，如原告未备妥有关文契，这种情况在债务及土地纠纷中尤为普遍；知县发现原告所控不实；知县觉得此类纠纷让族人、邻里或中人去处理更合适，常见的情况是亲属之间因分家或债务所引起的纠纷。还有一些案子，知县可能觉得值得考虑，但案情又太轻，不必亲自过问，因此就发给下属处理，或交乡保办理，或让衙役与乡保一起处理。

那么，官方受理的案件究竟有多大比例呢？美国学者黄宗智对清代巴县、宝坻和淡新三县民事诉讼案件进行了研究，结果表明：在绝大多数情形下，诉讼记录在正式开庭之前即已中止，其原因要么是纠纷当事人声称他

---

① 参见徐忠明：《传统中国乡民的法律意识与诉讼心态——以谚语为范围的文化史考察》，载《中国法学》2006年第6期；[日]夫马进：《讼师秘本〈萧曹遗笔〉的出现》，载杨一凡总主编：《中国法制史考证》丙编第4卷，中国社会科学出版社2003年版，第490页；[日]寺田浩明：《中国清代的民事诉讼与“法之构筑”——以〈淡新档案〉的一个事例作为素材》，载易继明主编：《私法》（第3辑·第3卷），北京大学出版社2004年版，第306页。

② （清）汪辉祖：《续佐治药言·批驳勿率易》，徐明、文青点校，辽宁教育出版社1998年版，第22页。

③ （清）王又槐：《办案要略》，华东政法学院语文教研室注译，群众出版社1987年版，第69页。

们已经自行解决争端了,占总数的20%;要么是纠纷当事人或官府没有积极追理此事,占总数的42%;而纠纷当事人情愿破费、坚持到最后法庭判决的案子只占总数的35%。由此可见,官方受理的民事案件仅有1/3左右,大部分案件都是不理或"官批民调"的,这种情形被日本学者形象地称为"在这个纠纷无处不在的社会里,司法的阳光不能充分照射到每个角落"。① 1760~1900年巴县、宝坻和淡新三县民间解决、法庭审决和记录不完整的案件比例情况见表5-1:

表5-1 1760~1900年巴县、宝坻、淡新的民事案件统计

类别	巴县(N=308)		宝坻(N=118)		淡新(N=202)		总计(N=628)	
	数量(件)	比例(%)	数量(件)	比例(%)	数量(件)	比例(%)	数量(件)	比例(%)
民间解决	53	17.2	45	38.1	28	13.9	126	20.1
法庭审决	98	31.8	45	38.1	78	38.6	221	35.2
记录不完整	152	49.4	26	22.1	86	42.6	264	42.0
总计	303	98.4	116	98.3	190	95.1	611	97.3

资料来源:黄宗智:《清代的法律、社会与文化:民法的表达与实践》,上海书店出版社2007年版,第155页。

据学者对黄岩诉讼档案的研究,在共计78份诉状中,黄岩知县的裁判结果主要分为以下几类:有40份诉状被明确裁定驳回、不予受理,占总数的51.3%;有20份诉状被裁定自行处理或邀同族众调解,占总数的25.6%;有11份诉状因证据不足或陈述不清要求遵饬另呈,占总数的14.1%;第26号诉状所涉纠纷当不属县衙管辖,故县衙裁决"赴盐场呈请核办";裁决同意当事人诉讼请求的只有7份诉状,仅占总数的8.9%,其中1号诉状知县裁判为"派役查理或邀人调解",故同时计入"自行处理或邀同族众调解"部分。② 由此可见,官府对一般的户婚、钱债等纠纷受理很少,多数案件是不予受理或者批给宗族加以调解,在20份被裁定"自行处理或邀同族众调解"的案件中,又有16件是州县官以批文的形式要求亲族

① [日]小岛武司、伊藤真编:《诉讼外纠纷解决法》,丁婕译,中国政法大学出版社2005年版,第152页。

② 参见邓建鹏:《清代州县讼案的裁判方式研究——以"黄岩诉讼档案"为考查对象》,载《江苏社会科学》2007年第3期。

调理的案件,[①]从而表现出官府对宗族解纷权的认可和重视。黄岩知县的批词是:“即经族理,着持批再邀族众劝令听理。毋得率请示谕”;[②]“着,邀房族理处毋讼,粘据发还”;[③]“着即自邀族人调理,以全体面,毋庸逞刁干咎”;[④]“着自要族亲,速即理明。若再彼此控讼不休,定即立提讯究,无谓言之不先示”[⑤];“着持批邀同亲族,妥为理明,如敢再抗,呈办提究”;[⑥]“伤已验明,即使所控尽实,事亦甚微,着遵批自邀房族查理可也”;[⑦]“惟名分攸关,着邀房族理处,毋庸涉讼”;[⑧]“着持批要同亲族妥为理明,如敢再抗呈,候捏究”;[⑨]等等。至于州县官如何批转、怎样交付宗族进行解纷以及宗族解纷的结果如何报告官府等,黄岩诉讼档案和其他档案均未作出明确记载,但依笔者初步判断,州县官的司法审判与宗族解纷机制之间应该有某种程序性的链接。笔者在阅读《明清福建经济契约文书选辑》时发现了一则《康熙六十年侯官县孙左人等家产讼书》,该讼书记载了康熙六十年(1721年)侯官县孙氏宗族族长孙左人如何蒙批调处族内家产纠纷,而后将调处结果覆呈官府,以及官府如何做出裁决等全过程,正好印证了笔者的判断。现将该《家产讼书》逐录如下:

康熙六十年侯官县孙左人等家产讼书

具佥覆呈,族房长孙左人、孙哲甫等,为遵处回覆,吁恩立案以断葛藤事。切左族内鲁伯祖琪、珣二公移居在下官圳居住,分为义礼两房,别置正厝一座,并左右臂楼,后门山花台,至门首大路围屏丘田等处,嗣后式微,质轩友竹手将所有地基尽行变卖,寸土无存。至康熙年

① 即第1号、第13号、第21号、第36号、第37号、第40号、第46号、第49号、第50号、第56号、第57号、第63号、第67号、第68号、第71号、第73号。

② 田涛等主编:《黄岩诉讼档案及调查报告》(下卷·黄岩调查报告),法律出版社2004年版,第253页。

③ 田涛等主编:《黄岩诉讼档案及调查报告》(下卷·黄岩调查报告),法律出版社2004年版,第263页。

④ 田涛等主编:《黄岩诉讼档案及调查报告》(下卷·黄岩调查报告),法律出版社2004年版,第265页。

⑤ 田涛等主编:《黄岩诉讼档案及调查报告》(下卷·黄岩调查报告),法律出版社2004年版,第285页。

⑥ 田涛等主编:《黄岩诉讼档案及调查报告》(下卷·黄岩调查报告),法律出版社2004年版,第303页。

⑦ 田涛等主编:《黄岩诉讼档案及调查报告》(下卷·黄岩调查报告),法律出版社2004年版,第312页。

⑧ 田涛等主编:《黄岩诉讼档案及调查报告》(下卷·黄岩调查报告),法律出版社2004年版,第321页。

⑨ 田涛等主编:《黄岩诉讼档案及调查报告》(下卷·黄岩调查报告),法律出版社2004年版,第327页。

间,孙鸿之祖父长吉允大,自己备银赎回,重新起造大楼。四十七年间又起盖正厝,祖孙父子已历四代。孙德容等父子兄弟从未言说,突于五十九年春,德容等捏称宗祠进主,争占屋地,两造互控老爷台下,蒙批宗房长秉公调处,左等仰体天心,博参众议,看得义房质轩乙分破坏无余,尽属孙鸿已业,轩之孙德绳于康熙四十年间,已经族戚公断,合同炳据,无容再议。独礼房竹公乙分,容等与孙鸿虽是同曾祖之亲,但前此业已辗转相售,后来尽属孙鸿祖父赎回,创造则下官圳前后左右地基,应尽付鸿子孙永为世业。容等后来子孙不得生端占夺之理。至于德容兄弟未有屋地,劝孙鸿当念至亲,亦当竭力襄助,即于旧年七月间用银壹拾七两,卖得上官圳祖厝边楼地乙所,与德容等择吉起盖,外又付银伍拾两正,又米乙百斗,准为木石架造之资,出祖置濂洲堡屋乙直,付容掌管,又民田乙号,坐产二十一都,土名上湖洋水枧头及单丘,尽付容等耕作收租,纳粮管业。似此恩义两全,揆情酌理,实为允当,两家允愿,佥立合同,各无反悔,合情据实禀覆。

老父爷台下,恩准批明,立案以断葛藤,以全族好,则孙氏子孙世世用沐。

洪慈于不朽矣切呈

康熙六十年四月廿一日　　具佥覆呈族房长　孙左人(花押)

孙哲甫(花押)

孙德容(花押)

孙德宣(花押)

孙德风(花押)

孙德诒(花押)

孙德燕(花押)

孙德道(花押)

孙奕节(花押)

孙德超(花押)

孙奕卓(花押)

听处

孙德容(花押)

孙德定(花押)

孙恭士(花押)

孙德志(花押)

看得孙鸿与孙德容、孙德定、孙德志等乃同曾祖之兄弟也,当祖业式微时，田园屋宇产业各已卖尽，使非有孙鸿之祖长吉父允大恢复创造，卷土重兴，则下官圳前后左右之地址，已非复孙氏之庐矣。捐赀取赎，即属手置。长吉允大手两番架造，容等从无言说，堂构贻谋，已历四代，乃一旦垂涎轮奂，希图坐享成业，且捏称宗祠进主，荒诞不经，诳词渎控，刁健显然，相应讯究。本县姑念乡愚，发着宗房调处，今据孙左人等呈复，前来婉劝孙鸿，念在至亲，渴（竭）力勷助，赠以屋地产宅，给以银米，可谓善处骨肉之间矣。至于毛氏所控，乃属质轩分下屋地，支分派远，似与孙德容等有间。前此既经公断，合约可凭，何得背公占夺，兹据宗房所议，实为允当。自处之后，各宜相安，友于之爱，永斩葛藤，不得复行争执。准照族议立案可也。①

二、宗族社会的纠纷解决与"第三领域"

一般而言，宗族社会的民事纠纷由内部自行解决。但有些民事纠纷并非单纯由宗族社会纠纷解决机制独立完成，更多的情况下我们看到的是宗族社会纠纷解决机制与国家司法之间相互影响、相互配合，从而实现民事纠纷的化解。此即宗族社会纠纷解决机制与国家司法之间的互动。美国学者黄宗智把这种互动称为"第三领域"。他说："清代法律制度在其运作中，同时包含国家官方的'正式'的司法制度和民间的'非正式'纠纷处理制度，一是以国法和审判为主的，一是以妥协和调解为主的。另外，正式和非正式的制度相互影响，相互作用，知县对各个状词的批词，当事人一般都能看到，这样知县的批词会在正式堂讯之前影响到社区调解的进展。同时，在社会进行的调解，如果成功，正式制度进行中的诉讼便会中止。像这样由国家法庭和民间调解相互作用组成的空间，我称之为法律制度中的'第三'或'中间'领域。"②"第三领域的纠纷处理，应跟更严格意义上的非正式调解区别开来。在后者那里，没有州县官的任何意见，完全是由亲邻自行调解，虽然也考虑到法律条文，但总是以妥协互让的办法来息事宁人。""第三领域的纠纷处理，还应跟更严格意义上的正式司法，亦即衙门审判区别开来。县官对民事案件的审理，跟刑事案件一样，首先受到成文法律的约束。然而，正如非正式制度受到正式制度的影响一样，在正式制度的运转过程中，非正式性纠纷处理也起到了一定的作用。绝大多数判决

---

① 福建师范大学历史系：《明清福建经济契约文书选辑》，人民出版社 1997 年版，第 797 ~ 798 页。

② 黄宗智：《清代的法律、社会与文化：民法的表达与实践》，上海书店出版社 2007 年版，第 8 ~ 9 页。

无疑是以法律为依据的,但是仍有小部分案子是由县官以息事宁人的原则,断令维持民间调解所达成的办法,或者断令此事应交亲邻调解处理。只有在第三领域,正式的和非正式的纠纷处理才在几乎平等的关系下相互作用。"[①]毋庸置疑,黄宗智先生关于清代民事纠纷解决过程中,正式司法体制与非正式司法体制相互沟通、相互配合的观点,在一定程度上还是比较符合清代民事纠纷解决的实际的。明清时期,宗族组织以及里甲、文会、各类会馆等在化解民间冲突与各类纠纷中确实发挥了非常重要的作用。黄宗智先生亦云:"事实上大多数纠纷并未演化成诉讼案件而是由宗族和社区来调解的。"[②]但问题的关键在于,宗族等基层民间组织在化解各类纠纷中是否独立?是否像黄宗智所言,是独立于国家与社会之外的"第三领域"?大量的事实表明,"尽管由于种种原因,争讼只占全部民间纷争的极小部分,其绝对的数量,至少在明清两代,也是相当可观的。在这种场合,由于国家仍然乐于认可和常常依赖于民间的解决办法,民间法与国家法遂获得一种重要的'对话'和'互动'渠道。只是,这种'对话'和'互动'并非发生在两种截然不同、界限清晰乃至彼此对立的制度之间"。[③]"事实上,清代民间法与国家法之间的互相渗透、配合以及逻辑上的内在关联,有着更为广泛的表现。"[④]

首先,宗族组织据以解纷的依据主要是家法族规,而家法族规并非独立于国家法律之外。很多宗族族谱、族规、家训中都收录了康熙九年(1670年)颁行全国的"上谕十六条",有的甚至将《大清律例》中的相关条款择要录入族谱。再如,很多宗族族长为了取得依据家法族规审判族人的合法性,往往在制定出家法族规后呈报州县官府批行。例如,明万历二十六年(1598年),安徽歙县朱氏宗族曾呈报批准祠规,万历二十八年(1600年)县令批复,并告示于天下。[⑤]清朝宗族向官府申请批准祠规的事例亦不在少数。例如,康熙《即墨杨氏家乘》记载,该族家法"数十年来,多求官批照"。如果宗族的家法族规独立于国家法律之外,我们对这些宗族族长不惮跋涉之劳,非要寻求官府批准的行为就难以理解了。

其次,具有强制性国家司法程序是宗族解纷成功的重要保证。如前所

---

① 黄宗智:《清代的法律、社会与文化:民法的表达与实践》,上海书店出版社 2007 年版,第 109~110 页。

② 黄宗智:《清代的法律、社会与文化:民法的表达与实践》,上海书店出版社 2007 年版,第 8 页。

③ 梁治平:《清代习惯法:社会与国家》,中国政法大学出版社 1996 年版,第 16 页。

④ 梁治平:《清代习惯法:社会与国家》,中国政法大学出版社 1996 年版,第 18 页。

⑤ 《朱氏祠志》。参见张海鹏、王廷元主编:《明清徽商资料选编》,黄山书社 1985 年版,第 32~33 页。

述，宗族组织对纠纷的化解功能在很大程度上依靠宗族族长、族正等族中尊长的社会地位、威望、“面子”以及社会道德舆论的约束得以实现的，宗族的裁决对纠纷当事人的强制约束力很弱。一旦纠纷当事人对宗族调处拒不执行，宗族解纷方式的局限性就暴露无遗。此时就需要某种有效的手段予以支持和保障，才能发挥宗族组织的解纷功能。这种保障手段就是国家司法程序。正是宗族组织的“送官究治”或者是纠纷当事人的一方的告官，启动了国家司法程序，才促成纠纷的解决。“对于一个道理不全在己方的原告来说，县官的意见会促使他作出让步，进而达成和解”，“如果县官的反应对原被两造都不利，那么双方均会觉得有必要平息讼争”。[①] 官府的意见之所以能对纠纷当事人产生重大影响，促成纠纷的解决，其根本原因在于官府掌握着公权力，具有强制力。从理论上讲，国家司法对普通民众都是开放的，所有的民间冲突和纠纷，无论其性质怎样、所涉及的范围如何，均可以提交官府裁断。一旦将纠纷诉至官府，纠纷当事人就不得不考虑官府的态度以及官府将会给予何种处断，来调整自己的立场和策略，从而增加了解决纠纷的概率。诚如日本学者滋贺秀三所言：“纠纷往往伴随着暴力、实力。民间对纠纷的自我解决机制，也不是一个能及时而有效地抑制暴力行为，并将其转移到协商场所中去的完善组织。如果没有官府的存在，民间也不具备抑制弱肉强食、聚众械斗的能力。官府是理性力量的保持者，由于发生了冲突，于是向官府提出诉状、请求介入与帮助。接受了请求的官府，首先以执票差役的形式显示其力量。这对人们是一个刺激，它常常能促使人们认真地走向自我解决，发挥着催化剂的作用。同样，进入庭审阶段后，以和解为结局的案件也不少。‘和息呈’是由第三者‘公亲’提出的，据此也可了解，民间调解活动决不因为开庭而偃旗息鼓。可见，官府‘听讼’与民间调解是相互补充、同时运转的。”[②]就此而言，官府司法程序是否畅通直接关系到民间纠纷能否得到成功解决。如果纠纷在无法得到及时解决的情况下极易导致暴力的发生，如闽、粤等地的宗族械斗在很大程度上就是官府渠道不畅通的结果。

综上所述，在封建专制主义中央集权的体制下，完全独立于国家政权之外的“第三领域”是不存在的，国家政权的操纵者绝对不会容忍一个独

① 黄宗智：《清代的法律、社会与文化：民法的表达与实践》，上海书店出版社 2007 年版，第 103 页。

② ［日］滋贺秀三：《清代州县衙门诉讼的若干研究心得——以淡新档案为史料》，载刘俊文主编：《日本学者研究中国史论著选译》（第 8 卷 · 法律制度），辛德勇等译，中华书局 1992 年版，第 539 页。

党以息争讼”。这些“上谕”仅仅是一个原则性、大纲性的规定，而宗族则将这一诉讼理念进一步具体化、通俗化，使之融入族人的日常生活之中。几乎所有的家法族规中都有“睦乡邻”“息争讼”的规定。例如，徽州黟县环山余氏宗族《余氏家规》规定：“邻里乡党，贵尚和睦，不可恃挟尚气，以启衅端。如当以理谕之。彼或强肆不服，事在得已，亦当容忍；其不得已，听判于官，毋得辄逞血气，怒詈斗殴，以伤和气。违者议罚。”①有的宗族还在家法族规中要求和睦乡里，严禁械斗。例如，徽州黟县环山余氏宗族族规规定：“迩来盛族大姓，恃强相尚，少因睚眦之忿，遂各集众斗打，兴讼求胜，风俗恶簿，莫此为甚，而殒命灭门，多由此也。族众务宜痛惩，毋相仿效，以保身家。其有子弟三五成群、讥此赛彼、甘靡荡造端生事者，族众不许干预外，仍各重罚，以警其余。其有轻听肤诉望风鼓众者，一例重罚。”②岭南冼氏宗族祠规亦规定：“粤俗强悍，辄因小故械斗。吾族岂宜有此。倘自恃人强，日事斗狠，此等悍俗，实足贻宗族之忧。应该将该房摈出祠外，与第一条办法同（应将该房削其族谱，永远不准入祠，其房底银两一概充公——引者注）。”③

不仅如此，很多族长或族人在面对矛盾和纠纷时，往往大家齐心协力，共同促成纠纷的解决。在这个时候，族人们考虑的是“全族谊”“全亲谊”“全友道”等。例如，清光绪二十七年（1901 年）陈桂亭墓地民事纠纷言明字据（休宁）：

> 立言明字人陈桂亭，缘因日纯公祖茔一事与族侄吉祥等争端。蒙亲族再三劝导，不得相争，以全族谊亲族理处，帮补英洋七十七元，交桂手收，作旅费。自后两造均愿息争，各尽其道，所谓和气致祥也。今预有凭，立此言明字照。
>
> 光绪二十七年十一月　日　　　　立言明字　陈桂亭（押）
>
> 凭族长　陈长春（押）
>
> 见场人　金茂桂（押）
>
> 汪焕卿（押）
>
> 汪似山（押）
>
> 亲笔④

① 黟县《环山余氏宗谱》卷一《余氏家规》。

② 黟县《环山余氏宗谱》卷一《余氏家规》。

③ 《岭南冼氏宗谱》卷一《族规》，宣统二年本。转引自费成康：《中国的家法族规》，上海社会科学院出版社 1998 年版，第 370~371 页。

④ 田涛：《徽州地区民间纠纷调解契约初步研究》，载《法治论丛》（上海政法学院学报）2009 年第 1 期。

正是由于以家法族规为主的纠纷解决依据的相互补充和良性互动，使宗族社会内部矛盾纠纷得以及时解决，从而稳定了乡土社会的秩序。

二、官民相互配合、相互沟通

由于历史传统的影响，明清时期官方大力倡导“息讼”，加上乡土社会是一个典型的熟人社会，因此人们普遍主张通过民间力量自我解决纠纷，即“私了”。国家法律赋予了宗族族长在宗族内部的优先解纷权，只有当纠纷和冲突不能解决时，才诉至官府处理。在宗族内部，家法族规规定，族内纠纷既不应言于外姓，亦不应讼于公庭。“鼠牙雀角构讼公庭，即与邻里乡党犹属出于无奈，况宗族乎。既为族亲当敦族谊，事无大小当告族房长以及族亲，听其调处。”①对于族人而言，将纠纷诉至官府，乃属下策，除非万不得已。“鸣官处理”“呈公究治”“公究”“送官究治”等即为告官。民间将这一寻求国家权威力量救济的过程形象地称为“打官司”。官府接受呈状后，对一般的户婚、钱债等纠纷受理很少，多数案件是不予受理或者批给宗族加以调解，如在黄岩诉讼档案中有 20 份被裁定“自行处理或邀同族众调解”，而其中又有 16 件是州县官以批文的形式要求亲族调理的案件。② 此时，出现了官民互动的局面，官民的互动共同促成了纠纷的解决。

三、伦理道德因素占有极大比重

明清时期宗族社会纠纷解决过程中，自始至终贯穿着伦理道德因素。所谓“家族治理，礼治为主，法治兼行，以礼入法，礼法合一。”③首先，宗族族长的选任必须符合年长、有德的要求。例如，《重修古歙东门许氏宗谱》的“尊崇族长”条规定：“古者宗法立，而事统于宗。今宗法不行，而事不可无统也。一族之人有长焉，分莫逾而年莫加，年弥高而德弥卲，合族尊敬而推崇之，有事必禀命焉。此宗法之遗意也。有司父母斯民，势分相离，而情或不通。族长统率一族，恩义相维，无可不通之情。凡我族人知所敬信，庶令推行而人莫敢犯也。其有抗违故犯者，执而笞之。”④其次，从宗族组织

---

① 南安《太原王氏家谱》。

② 即第 1 号、第 13 号、第 21 号、第 36 号、第 37 号、第 40 号、第 46 号、第 49 号、第 50 号、第 56 号、第 57 号、第 63 号、第 67 号、第 68 号、第 71 号、第 73 号。

③ 郭志超、林瑶棋主编：《闽南宗族社会》，福建人民出版社 2008 年版，第 153 页。

④ 《重修古歙东门许氏宗谱》卷八《许氏家规》。

解纷的主要依据来看，在整个解纷过程中，很少宗族明确地提出要依照国家法律来裁决，他们解纷所依据的大多是家法族规、天理、人情等这些属于道德范畴的规则。家训是关于修身齐家的道德伦理倡导，而族规则是道德伦理的具体规定以及违反规定的惩治方式。以族长为首的族中尊长除了主持祭仪和处理例行族务外，礼教、法治就是他们控制宗族社会的基本手段。例如，闽南宗族中较有代表性的一套族规即永春大埔官林李氏家族的《族规十章》规定："国有律，家有规，所以维纲常于不坠，为人道之大防。"①最后，从纠纷解决的结果来看，宗族组织关注的并不是客观事实是否清楚、证据是否充分，而是纠纷双方是否贯彻了"忍"字原则，是否达到息事宁人、消弭纠纷的目的。

四、宗族解纷文书形式多样化

明清时期，宗族内部事无巨细，普遍通过书立合同契约的形式来规范族人之间的权利与义务，因而留下了丰富的颇为驳杂的宗族文书。

从性质上看，这些宗族文书可以分为民间调处文书和官方诉讼文书。明清时期宗族具有纠纷解决优先权，故宗族内部纠纷大多在一定范畴内通过不同的调处方式最终予以解决的，由此而形成诸如保产合同、和息合同、甘结等类型的文书。例如，下列《丁朝璧等立收前契合同》即为保产合同：

> 同立合同晋江县二十七都岸兜保住人丁朝璧等四房兄弟，有祖父丁观保于先年间买得南隅潘粪掃等坟山一所，坐落三十七都土名鹿园内，种荔枝、松柏等树，殡葬曾祖父母等坟。今因四房兄弟贤愚不等，议将坟山文契计有二十三张，付与弟丁朝瑞收藏，不致疏失。如遇四房兄弟日后恐有与人争竞赍出执照，今恐无凭，故立合同四纸，付与四房兄弟收执为照者。
>
> 成化八年十二月　日
>
> 立合同　丁朝璧、朝制、朝高、朝吉、朝瑞等②

和息合同则是调解宗族内部的纠纷和诉讼而书立的合同文书。与保产合同不同的是，它主要是对已经发生的纠纷甚至诉讼，因纠纷各方"共祖一脉""念及族情"而"不愿终讼"，最后在族中尊长等调处下得以平息，并

① 《官林李氏七修宗谱》。转引自苏黎明：《泉州家族文化》，中国言实出版社2000年版，第157页。

② 庄景辉编校：《陈埭丁氏回族宗谱》，绿叶教育出版社1996年版，第252页。

通过订立相关和息合同而化解纠纷，如前引《和息稿》《再入和息稿》等即是此类合同。

甘结，又称具结或甘约，是指有过错的一方当事人向州县衙门递交的一种陈明自己所犯过错，表示甘愿受罚或认罪伏法的司法文书，能否销案，要看州县官“准”与“不准”。但宗族内部的纠纷得以解决，达成的相关约定有时也称甘结。例如：

立甘约首村支派惇兰、文裕、宗傑等，葩庄支派永茂、万资、鸣远等，缘我朱十三派众祖承護公坟墓系新丈毁字六百六十六号土名城山苦竹墩园计地税三分六厘四毫自宋迄今世守无异，但各派散居四方离墓辽远，其税金业均归附近支派首村、葩庄户名，不过从便就近之意。岂知我首村、葩庄二派先人误认以为己业，以致康熙、顺治年间，有首村盗卖与葩庄者，有葩庄卖首村者，及至嘉靖二十五年，葩庄又转卖与首村，今十三派公众清明始知其弊，用凭图正丈明钉石管业，其首村于嘉靖年间转卖契据已经批作废纸归终存匣。二葩庄盗卖各契据一时无从查寻，日后查出一并批销均作废纸归众入匣无异，今现缴盗卖契录一本，凭众派批销存匣，所有盗买盗卖情节实属欺祖灭族，理应究处，蒙众派细察，根由皆首村葩庄先人之过，尚非子孙自作之咎，姑念一脉从宽免治，嗣后我首村葩庄两派再不敢复蹈前辙，自贻伊戚，立此甘约存据。

道光二十八年三月日　　　　立甘约人：朱惇兰、朱文裕、朱宗傑、朱永茂、朱万资、朱鸣远

执笔：朱鸣远①

宗族内部、宗族之间解决不了的纠纷，通常诉诸官府，因而留下了大量的同心赴讼合同、供息状、诉状、申告执照、官票、告示等类型的诉讼文书。其中同心赴讼合同又称“束心合同”，是宗族组织等基于诉讼需要而预先订立的合同契约。例如：

立束心文约康宗祠秩下各门人等，原因一二世祖迁葬十三都土名公子冲，族六谱载明四至，后因板石秩下康衢侵葬墓山之侧，该山向来长养杉松杂木，今衔祠支丁视为己业，私自出拚，并二世祖墓山四至之内概行砍伐，今合众到山验明向理，伊更不采（睬），自此吞灭祖业，若

---

① 《休宁首村朱氏文书》，安徽大学徽学研究中心特藏室藏，包号139。转引自刘道胜：《明清徽州宗族文书研究》，安徽人民出版社2008年版，第278页。

不理处，祖墓难保，为此吁众各门人等，佥立文约，照门敷合费用，公议出身之人鸣官控理，以保祖业，以惩不肖，自立文约之后，俱宜同心协力，毋得临期推诿，则祖灵鉴察，子孙炽昌，今欲有凭，立此合文存照。

乾隆五十五年十月二十三日　立束心文约：康宗祠秩下人等

曲屋、碧桃、栗屋、板溪、康村（各派）①

供息状是经过州县官府审理后，涉讼各方签订的息讼合同。例如，明代弘治年间，休宁李齐与祁门李溥本系同宗亲属，双方因互争风水而讦告至府。府下批于县，县下批于地方里老审核。在地方调处下，涉讼双方各当事人均写立了供息状，最后徽州府予以审覆，并出具了相关“印信合同”。②

从形式上看，明清时期纠纷解决的宗族文书名称多种多样，形式十分丰富。诸如“文契”“契白”“合同”“劝息合同”“劝息杜讼合同”“劝议合同”“同心赴讼合同”“甘结”“帖”“字”“约字”“借字”“契字”“约字稿”“合约”“合约字”“和息稿”“再入和息稿”“批”“推批”“给批”“阄书”“讼书”“家产讼书”“供息状”“诉状”“告示”“官票”“合墨”“劝议和墨”“言明字据”“劝和睦字据”“遵劝合约”等，不一而足。

从内容上看，这些宗族文书涉及的内容非常广泛，关系颇为繁杂，大致而言，主要集中于田土、祭祀、继承等三个方面。对此，明代中期的徽州学宦程敏政云：“夫徽州之讼虽曰繁，然争之大要有三，曰田，曰坟，曰继。……田者，世业之所守；坟者，先体之所藏；继者，宗法之所系，虽其间不能不出于有我之私，然亦有理势之所不可已者。”③万历《祁门县志》亦有类似记载：“民讼多山木、坟茔、嗣继。”④及至清代，徽州民间纠纷和诉讼“其争大抵在于产、墓、继子”。⑤ 因此，有关田契、坟山契约和族产契据以及分关阄书等构成宗族文书之大宗。

① 《康义祠置产簿》，南京大学历史系资料室藏。转引自刘道胜：《明清徽州宗族文书研究》，安徽人民出版社2008年版，第282页。

② 《各姓宗枝》，上海图书馆藏，馆藏号563402。转引自刘道胜：《明清徽州宗族文书研究》，安徽人民出版社2008年版，第298页。

③ （明）程敏政：《篁墩文集》卷二七《序·赠推府李君之任徽州序》，文渊阁四库全书影印版，第1252～1479页。

④ 万历《祁门县志》卷四《风俗》。

⑤ 康熙《徽州府志》卷二《舆地志下·风俗》。

第二节　宗族社会纠纷解决机制的法社会学分析

法律是人类社会发展到一定阶段的产物，是一种社会规范和社会制度。作为中国传统法律文化的重要组成部分，宗族社会纠纷解决机制何以能够在中国传统社会，尤其是在明清时期绵延存续，具有强大的社会生命力？我们离开对这一制度之存续基础的传统中国社会的考察，欲求理解和探讨其个中缘由是不可想象的。瞿同祖在研究中国法律与中国社会时特别强调："法律与社会的关系极为密切。因此，我们不能像分析学派那样将法律看成一种孤立的存在，而忽略其与社会的关系。任何社会的法律都是为了维护并巩固其社会制度和社会秩序而制定的，只有充分了解产生某一种法律的社会背景，才能了解这些法律的意义和作用。"①从哲学和思想的角度来看，中国传统无讼思想无疑是宗族社会纠纷解决机制产生和发展的思想文化根源；而自给自足的小农经济和家国同构的社会结构则为宗族社会纠纷解决机制的运行提供了重要的社会经济基础；明清中国国家具体制度的设计亦是宗族社会纠纷解决机制得以存在和运行的重要前提条件。

一、宗族社会纠纷解决机制的社会经济基础

马克思曾经指出："社会不是以法律为基础的，那是法学家们的幻想。相反地，法律该以社会为基础。"②因此，一切社会文化现象都应该从社会自身去寻找其依据。明清时期宗族社会纠纷解决机制的研究亦应遵循这一观点，从明清中国社会经济结构中去分析宗族社会纠纷解决机制的产生机理以及发挥功能的原因。

(一)自给自足的农耕社会

明清中国社会仍然是一种以农业为主的农耕社会状态，以一家一户的家庭为基本生产单位、以小农业和家庭手工业生产相结合为特点的、自给自足的自然经济为其基本经济形式。在这种经济形式下，一家一户就是一个经济单位，而由一定人群聚居的村庄则是一个相对封闭的社会。在这样的小社会里，人们安土重迁，人口相对固定而少有流动，绝大多数人终其一生就生活于这样的村庄中，几乎不与外界进行交流。③ 人们过着一种"生于斯、长于斯、死于斯"的平静生活，因此，生活于其间的人们追求的是一种

---

① 瞿同祖：《中国法律与中国社会》，中华书局2003年版，第1页。

② 《马克思恩格斯全集》(第6卷)，人民出版社1995年版，第291页。

③ 参见[美]黄宗智：《华北的小农经济与社会变迁》，中华书局2000年版，第231~232页。

稳定、和谐、与世无争的生活理念。正如老子所描述和追求的:“小国寡民,使有什佰人之器不用;使民重死而不远徙;虽有舟舆无所乘之;虽有甲兵无所陈之;使民复结绳而用之。至治之极——民各甘其食,美其服,安其俗,乐其业。邻国相望,鸡犬之声相闻,民至老死,不相往来。”①

农耕社会的基本特点是具有很大的封闭性、血缘性和地缘性。社会成员往往是聚族而居,一个村落常常由一个宗族或几个宗族成员构成,成员之间均有着亲疏远近的血缘关系,形成一个相对比较封闭的熟人社会。这种“抬头不见低头见”的生活状态使得“民事关系”的发生往往局限于亲友地邻的范围,因此,保持人与人之间的和谐关系对这个社会里的每个成员都至关重要,正如一位村落文化的研究者所指出的:“就像钱币的一面永远离不开另一面,由于世代居住在一起,人们之间联系过于紧密,有了隔阂也不能一走了之,从此不再见面。村落文化的邻里之间又常常会形成一种经世的仇恨,这种仇恨能使人们从见面不理不睬,到明枪暗箭无所不用其极。”②因此,社会成员之间一旦发生纠纷就必须迅速予以化解,否则,对于生活在熟人社会里的成员来讲,放任纠纷的存在和发展其后果是十分可怕的。在此情形下,纠纷的解决实际上就意味着原有人际关系的恢复、维持或者是纠纷当事人的和平共处。为了达到此目的,与其把具有外在强制性的判决作为处理的手段,还不如尽量地说服纠纷当事人自愿地结束争执、纠纷更为合理。根据美国法学家唐纳德·J.布莱克的“关系距离理论”,纠纷解决途径的选择与纠纷当事人之间的关系密切相关,“法律与关系距离之间的关系呈曲线型。在关系密切的人们中间,法律是不活跃的;法律是随人们之间的距离的增大而增多,而当增大到人们的生活世界完全相互隔绝的状态,法律开始减少”。③ 这一理论同样适用于分析传统中国的乡土社会。这也就是说,在关系密切的群体如同一宗族、同一村庄的人们之间发生纠纷时,往往很少诉诸法律,常常会选择族内解决的方式,通过相互妥协退让,达到某种平衡,从而实现纠纷的解决。“果有不平,会族评其曲直,免扰官司。若无甚利害,则幼当让长,卑当让尊,各相含忍,勿致争斗,以取不义之名,为人耻笑。昔夷齐让国,寿及让死,国与死且可让,况区区土地金帛乎?且财物有命,不可强求。明理者,其细思之。”④至于诉诸

① 《老子·道德经·第八十章》。

② 李银河:《论村落文化》,载《中国社会科学》1993年第5期。

③ [美]布莱克:《法律的运作行为》,唐越、苏力译,中国政法大学出版社2004年版,第47~48页。

④ 永春《桃源蓬莱巷乡梁氏族谱》。

官府,乃属下策,除非万不得已。

族内纠纷族内解决具有明显优势:首先,可以防止纠纷的进一步升级。由于这些纠纷多发生在亲友地邻之间,各种关系盘根交错,由德高望重的族中尊长来化解纠纷,可以对那些强词夺理的纠纷当事人起到震慑作用。再者,族中尊长对族人纠纷的来龙去脉比较清楚,让纠纷当事人双方在心平气和的状态下提出自己的主张,通过积极的劝导有利于纠纷的化解。其次,有利于宗族社会和谐关系的恢复。由于大量的民事纠纷往往是由日常琐碎之事引发,纠纷当事人并不正面主张自己的权利,只是想出一口恶气,为了一个面子。族中尊长以调解的方式解决纠纷,通过说理使纠纷当事人相互退让,做出一定的让步,如此对双方当事人都有一个面子,从而使遭受创伤的人际关系得以尽快恢复。而诉讼则意味着把对方推到对立的极端,无论最后胜负如何,当事人之间非但无法恢复往日的和谐关系,反而致使结成世仇,这对生活于熟人社会的人们来讲,其后果无疑是灾难性的。正如日本学者高见泽磨所说:"礼要求人们采取与各种人际关系相适应的行为……解决人际关系第一位的是道德。人们并不正面主张自己的权利,而是通过面子来解决。审判,就意味着不德、不中庸以及互让的失败,是丢面子的事情。因此,和解和说服性质的仲裁技术受到尊重。"①最后,有利于官方司法资源的节约和纠纷当事人负担的减轻。传统中国的司法资源严重缺乏,明清时期亦是如此。将大量的民间社会的纠纷交由宗族尊长解决,可以节约有限的司法资源。而对于族人来讲,宗族社会纠纷族内解决既可以摆脱旷日持久的诉讼所带来的精神上、肉体上的折磨,还可以省却金钱上的高昂支出。正如日本学者高见泽磨所言:宗族社会纠纷解决机制"是一种在摆脱金钱性、精神性和肉体方面高昂支出的知县的审判的同时,还减轻知县的负担,并具有教育性功能的纠纷解决手段"。②

农耕社会对纠纷解决方式的选择所具有的影响,我们还可以通过与现代商业社会进行对比得到更深刻的认识。现代商业社会以社会分工和商品交换为其基本经济特征,个人脱离原有的族群而成为一个完全"自由"的个体,而商品交换的扩大使得民事活动的范围大大超越农耕社会那种特定的血缘、地缘的狭小范围,因此,这是一个陌生人的社会。在这个社会里,只要服从其一般规则,任何人均可以自由地进入和退出。所有这些因素使得商业社会民事纠纷解决过程中适用调解的可能性和必要性大大降

---

① [日]高见泽磨:《现代中国的纠纷与法》,何勤华等译,法律出版社2003年版,第15页。
② [日]高见泽磨:《现代中国的纠纷与法》,何勤华等译,法律出版社2003年版,第15页。

低,处理民事纠纷的"重点不在于恢复和维持具体当事者间的友好关系,而在于保持一般规则的普遍性、明确性,以便给交换过程中的当事人提供一种可预测的标准,或有利于改善交易条件和降低交易成本"。① 因此,现代商业社会始终将审判作为纠纷解决的主要方式,而不是以调解为主。

(二)家国同构的社会结构

如前所述,传统中国社会是一个典型的宗族社会。宗族社会纠纷解决机制的形成和存续与我国传统的家国同构的社会结构有着密切的关系。"传统中国社会结构的一大特点是家与国同构或者说家国一体化。这种独特的社会结构起源于我国青铜时代的国家形成,后因宗法农业生产生活方式的普遍化而得以强化。这种社会结构导致了国政的原型实质乃是家务,国法是家政的放大,国家内乱和国民争讼是家内不睦的延伸。"②按照这一逻辑,治国犹如治家,以安定和睦为上,而处理国民之间的争讼犹如排解家庭内部的纠纷一样,最好是调解,调解不成再诉诸于法,目的在于求得社会的和谐。

在家国同构的社会结构中,国家实际上是一个无限放大的家庭,而管理国家的各级官吏则是这个大家庭的"父母官"。"为政者如父母,人民是赤子,这样的譬喻从古以来就存在于中国的传统中。事实上,知州知县就被呼为'父母官'、'亲民官',意味着他是照顾一个地方秩序和福利的总的'家长'。知州知县担负的司法业务就是作为这种照顾的一个部分一个方面而对人民施与的,想给个名称的话可称之为'父母官诉讼'。"③在此情形下,社会成员之间发生的纠纷与宗族成员之间的纠纷别无二致,身为"父母官"的地方官员对纠纷当事人采取说服、教育、调解等方式来化解纠纷不仅是必要的,而且是可能的。从其必要性来看,对民事纠纷当事人进行调解、教化等诉讼调停活动是维系家国同构社会中社会成员之间良性人际关系的必不可少的手段;就其可能性而言,作为司法官员的地方"父母官"在民众中享有高度的权威,他们乐于将对民众的道德教化作为自己职责的一部分,而民众对这种家国同构的"政治共同体"具有强烈的归属意识,他们或因政治压力、或因教化劝导而倾向于通过息事宁人的方式来解决彼此间的纠纷。这两方面的结合为调解在中国传统社会中的长期存续提供了现实

① 潘度文:《我国民事诉讼调解制度的历史发展及其社会基础》,载《中国青年政治学院学报》2003年第1期。

② 张中秋:《中西法律文化比较研究》,中国政法大学出版社2006年版,第355页。

③ [日]滋贺秀三:《中国法文化的考察——以诉讼的形态为素材》,载[日]滋贺秀三等:《明清时期的民事审判与民间契约》,王亚新等编译,法律出版社1998年版,第16页。

基础。同时,从实际操作层面上看,在解决纠纷过程中,这种富有政治教化意味的调解,无论是对于当事人还是对于司法官员,都没有多少技术性和专业性的要求,其内容和过程只要是具有健全社会常识的人都很容易理解。①

宗族制度则是以宗族为范围,以家长制为中心,以血缘关系为纽带,依照奴隶社会宗法制的基本原则而建立起来的用以实现族权统治的一种制度。宋代以降,尤其是明清时期,宗族组织深入乡间基层形成封建社会后期所特有的宗族共同体。这些宗族共同体往往"聚族而居",形成"田土相连、守望相依"的乡村社会结构。明清时期宗族组织极为兴盛的原因是多方面的,一方面,是由于明清两代统治者标榜以孝治天下,对宗族的发展给予了极大的支持和保护,使得宗族在此期间获得了充裕的发展空间;另一方面,则是由于明清两代同样非常重视农业生产,注重以家、国网络为基本构架的社会经济结构的建设。如此,人们在日常生活和经济活动中彼此的依赖性仍然很强,宗族制度就有其存在和发展的必然性和必要性了。虽然血缘性的聚族而居早在原始社会就已经开始,但那只是同一宗姓的聚族而居,远不是明后期才出现的组织化和制度化的宗族。明后期以后的宗族开始组织化和制度化,同一男性祖先的后裔聚居在一起,历经数世而形成一个人口庞大的宗族群,"多或万余家,少亦数百家",皆傍祖宗坟墓,栉居鳞处,蔚然一片,形成自然村落。据记载,安徽南部地区,"新安各姓,聚族而居,绝无杂姓搀入者","举隅都以知氏族,即氏族以识户口。遇同邑之人而询其何许,答以某乡,则姓可毋庸再叩";"有千百年祖墓,有千百年祠宇,有千百年乡村","千年之冢不动一坯,千丁之族未尝散处,千载之谱系丝毫不紊"。② 闽南的聚族而居可远溯晋代,及至明清时期也已蔚为大观。乾隆《泉州府志》云:"百人之族,一命之官,即谋置祠宇祭田。"③然而有学者指出:"家族是一个维护自给自足、自然经济和安土重迁的基层社会组织。这种论点至少在福建地区是不确切的。固然,家族制度的一个重要外部特征是聚族而居,然而正是这种聚族而居的特征,限制了家族规模的无限扩大。家族的聚族而居,包含着双重的意义:一是血缘的纽带,一是地域的占有。地域是静止的,血缘关系是活动的,随着时间的推移和族众的繁

① 参见潘度文:《我国民事诉讼调解制度的历史发展及其社会基础》,载《中国青年政治学院学报》2003年第1期。

② 参见张研、牛贯杰:《19世纪中期中国双重统治格局的演变》,中国人民大学出版社2002年版,第70页。

③ 乾隆《泉州府志》卷二〇《风俗》。

殖,血缘关系日益扩大,地域的范围也就日益显得狭小,最后,族众的繁殖必定超出地域的固有容量。这样,家族的继续发展,就不能不另外寻求新的生存空间。福建是一个山多地少的丘陵地区,自宋代以来,人多地少的问题一直十分突出,可供各个家族大力扩展的地域空间本来就相当有限,因此,仅从自然条件上看,家族的外植和人口的迁移也是不可避免的。"①实际上,从长远的观点看,无论是在山多地少的地区,还是在地多山少的地区,宗族的发展都会面临发展的空间问题。虽然由于历史原因,南北方宗族的发展呈现不平衡,而且各地的宗族在组织形式等方面也各有差异,但在对待民事纠纷的态度上却基本一致,即一般应当先由族长剖断是非,不得动辄告官。各地宗族族规都有此规定,如江南丰氏家族的《丰氏家规》"息讼"条规定:"盖讼有害无利,要盘缠,要奔走,遣机关又坏心术。且无论官府廉明如何,到城市便由歇保把持,到衙门便受胥吏呵叱。伺候几朝夕,方得见官。理直犹可,理曲到底吃亏,受笞杖,甚至被(破)家身亡,冤冤相报,遗害后人。"②要求丰氏子姓远离官府,有事投族处理。又如,安徽黟县南屏叶氏《祖训家风》记载:"族内偶有争端,必先凭劝谕处理,毋得速兴词讼。前此我族无一字入公门者,历有年。……族中士庶以舞弄刀笔、出入公门为耻,非公事不见官长,或语及呈词讼事则忸怩而不宁,诚恐开罪宗祖、有忝家风。"③于此可知,各地的宗族都是不提倡诉讼的,如果纠纷当事人不顾宗族的劝告而径自告官,甚至会受到宗族的惩责。究其原因,主要还是由于儒家伦理纲常的影响在明清时期进一步加深,重义轻利、以和为贵、以忍为本和息事宁人等价值观念在人们的思想中已经根深蒂固,许多大的宗族常常以自己宗族"族睦事简""无字纸入官府"自夸,就很好地说明了这一点。因而,族人之间一旦发生纠纷,先由宗族通过调解进行处理也就是顺理成章的事情了。对这种社会状态,费孝通在其《乡土中国生育制度》一书中有过精辟的论述:由于中国传统的农业经济不足以提供横征暴敛型政治所需要的大量资源,因此,封建王朝一般通过"无为而治"来治理天下,让乡土社会用社区的契约和道德的教化进行社会平衡,从而造成农村社会"长老统治"的局面,可以说在"差序格局"的"乡土社会"中实行的是一种"礼治秩序",是一种"长老统治"。④ 美国学

① 陈支平:《五百年来福建的家族与社会》,台北,扬智文化事业股份有限公司2004年版,第159页。

② 江南丰氏家族的《丰氏家规》。

③ 安徽黟县《南屏叶氏族谱·祖训家风》。

④ 参见费孝通:《乡土中国 生育制度》,北京大学出版社1998年版,第24~68页。

者费正清在谈到中国社会纠纷解决特点时说："法律是政体的一部分，它始终是高高地超越农村日常生活水平的、表面上的东西。所以，大部分纠纷是通过法律以外的调停以及根据旧风俗和地方上的意见来解决的。"而"家族或所谓'同姓家族'的族长，除主持祭祖仪礼，举办族中儿童的学校，安排他们的婚姻大事等以外，也尽一切努力保证族中人员纳粮完税并调解他们之间的争端，使他们不致涉讼"。①

由上可知，虽然中国古代社会中央集权高度发达，但广大乡土社会远离中央权力机构的控制，以宗法血缘关系为纽带的宗族关系是中国古代社会的基础，宗法宗族的安宁直接关系到封建王朝的安全。而宗族社会纠纷解决机制对于维护宗族的稳定进而维护社会的稳定具有特殊的意义。因此，作为一种纠纷解决方式，宗族社会纠纷解决机制是宗法宗族制的必然要求。

二、宗族社会纠纷解决机制的思想文化根基

从哲学上来讲，社会存在也是一定思想文化观念在客观世界的反映。宗族社会纠纷解决机制作为一项在民间社会纠纷化解中被广泛运用的解纷手段，是有着坚实的传统思想文化观念作为支撑的。从某种意义上说，正是这种思想文化观念赋予宗族社会纠纷解决机制以顽强的社会生命力。具体而言，这种思想文化观念就是"天人合一"、崇尚和谐、中庸的世界观和追求"无讼""息讼"的价值观。

（一）"天人合一"、崇尚和谐、中庸的世界观

"从一定意义上看，中国传统文化可以概括为在'天人合一'的哲学观下形成的'和合文化'。'天人合一'既是中国传统法律文化形成的哲学基础，也是中国传统社会纠纷调解制度形成的哲学基础。"②同样地，它也是明清时期宗族社会纠纷解决机制存续的哲学基础。

在传统中国人的世界观中，宇宙是一个处于既充满矛盾又和谐统一的状态。世界万物皆以天为中心，人与天之间的关系是宇宙间最基本的关系，天与人是一体的，天道与人道是相通的。张岱年先生认为："中国古代的天人合一思想，强调人与自然的统一，人的行为与自然的协调，道德理性与自然理性的一致，充分显示了中国古代思想家对于主客体之间、主观能动性与客观规律性之间关系的辩证思考。"③将"天人合一"所追求的人与

① ［美］费正清：《美国与中国》，张理京译，世界知识出版社2000年版，第113页。
② 春杨：《晚清乡土社会民事纠纷调解制度研究》，北京大学出版社2009年版，第35页。
③ 张岱年、方克立主编：《中国文化概论》，北京师范大学出版社1994年版，第381页。

自然的和谐推衍至人类社会,便是人际和谐与社会和谐,因此,“儒家天人合一思想的实质在于,借助于高高在上的天来证实宗法制度的合理性,并要求人们遵从这种宗法等级制度”。[①] 道家思想也同样给予了宗族调解机制以理论上的支持,老子曰:“人法地,地法天,天法道,道法自然。”[②]这里的“道”是世界的本原,它孕育而滋养着万物,所谓“道生一,一生二,二生三,三生万物”,而“道法自然”也。[③] 道家的人生哲学崇尚淡泊、宁静,强调“不争”“居下”“取后”“以屈求伸”“以退为进”;其社会政治哲学则主张“处无为之事,行不教之言”,[④]强调“我无为,而民自化,我好静,而民自正”,[⑤]并反对人定法,反对“人为物役”等。这些都对古代中国的纠纷解决,尤其是对纠纷当事人的心理和态度产生了深刻影响。

和谐亦是中国古代独特的审美观念。以“和”为美,实质上就是对合规律性与合目的性的统一这一美的本质的朴素认识。“中国古代这一审美观念的独特之处在于,它的‘和’不只是涉及美的外在感性形式,而且更强调了其所具有的社会伦理道德的意义。”“这种传统使得古代中国高度强调美与善的统一,使得‘和’不仅成为美与艺术之理想,而且成为社会与政治之理想(所谓‘政通人和’是也),并且相互贯通;也使得古代审美观念对矛盾和冲突的排斥与厌弃直接波及政治法律领域,并导致对调和与折中的推崇和追求;还使得以‘和’为美与以‘和为贵’、审美观念与社会意识既互为因果又彼此强化,甚至相互融通,从而共同促进传统文化(包括调解与无讼)的发展。”[⑥]因此,从这点来讲,“和”的世界观要求人们在社会交往、处理人际关系时要做到相互友爱、彼此谦让,以实现人们的共同生存。“对于中国人来说,和谐的便是好的。这并非单纯的审美意识,而是他们关于人生、社会、自然乃至宇宙的最高理想。当然,也是他们解决一切纷争的出发点。”[⑦]在此思想影响下,中国古人把诉讼视为一种破坏社会和谐秩序的极端方式。而对社会秩序的破坏也就是对宇宙秩序的破坏,因而主张“讼不可长”“讼不可忘兴”,对破坏和谐秩序的诉讼极力予以反对。反映在宗族

---

① 邓文平、雷涛:《儒家天人合一思想的内涵与实质》,载《江西社会科学》2010年第4期。
② 《老子·道德经·第二十五章》。
③ 《老子·道德经·第四十二章》。
④ 《老子·道德经·第二章》。
⑤ 《老子·道德经·第五十七章》。
⑥ 胡旭晟、夏新华:《中国调解传统研究——一种文化的透视》,载《河南省政法管理干部学院学报》2000年第4期。
⑦ 梁治平、齐海滨等:《新波斯人信札——变化中的法观念》,贵州人民出版社1988年版,第146页。

社会里,就是各地家法族规都规定了“息争讼”“戒争讼”。《余姚江南徐氏宗范》规定:“讼犹兵也,不得已而应之。今刁风日炽、讦告日繁,人多尚气兴词,求以雪耻。而不知辩对之时,受其罗织诟詈之言;跪伏之下,自为卑污苟贱之态。甚则胥隶索钱,遭其凌辱;吏书舞文,蒙其恐吓,日夜焦思,寝食俱废,诚所谓耻未及雪,而为辱反甚矣。凡我宗族,如有不遵家规,兴词好讼;或教唆他人,帮助异族,以陷族人、以报私仇者,众数其罪,以杜讼端。若果迫于不得已,方许与人讦告;讼后负枉,然后合族出而助之。其或事可含忍,亦须受之。毋得恃力、恃财,取戾以玷宗祊。”①然而,纠纷的发生有时不以人的意志为转移,正如人们所说:“自生民以来莫不有讼也。讼也者,事势所必趋也,人情之所断不能免也。传曰:(有)饮食必有讼。”②纠纷既然已经发生,那就应该迅速、合理地予以化解和消弭,而其中最佳的纠纷解决方式莫过于体现“和”的精神的宗族调解。如此既能有效地化解纠纷,也能最大限度地保证纠纷当事人之间不至于因此而伤害感情,亦即“不伤和气”。

在中国人的世界观中,“中庸”思想占据非常重要的地位。庄泽宣先生以为:“中国民族最讲持中之道……中国儒家学说的根本思想便在中庸之道。”③那么,何为“中庸”呢?孔子在《论语·先进》中对中庸之道作了具体说明。子贡问:“师(颛孙师,即子张)与商(卜商,即子夏)也孰贤?”子曰:“师也过,商也不及。”曰:“然则师愈与?”子曰:“过犹不及。”孔子的孙子子思在《中庸》中进一步发展了其祖父的中庸思想:“喜怒哀乐之未发,谓之中,发而皆中节,谓之和。中也者,天下之大本也。和也者,天下之达道也。致中和,天地位焉,万物育焉。”可见,中庸之道所追求的是一种世界和谐的理想状态,它要求以和谐为最高原则来处理各种关系,包括人与人之间的关系,国与国之间的关系、人与自然之间的关系等。其中人际关系中的“中庸”要求人与人之间应该是一种和谐、平衡的状态,每一方都不片面地压倒另一方,双方的发展都有适当的限度而不致破坏均衡统一。而这正是中国古代“和”观念的真谛所在,也是传统中国宗族社会纠纷解决机制的内在原理。所以,孔子特别强调“中”,强调不“过”又非“不及”。运用刑罚亦是如此,所谓“礼乐不兴,则刑罚不中,刑罚不中,则民无所措手

① 《余姚江南徐氏宗谱》卷八《族谱宗范》,1916年本。

② (清)崔述:《无闻集》卷二《讼论》,载(清)崔述、顾颉刚编订:《崔东壁遗书》,上海古籍出版社1983年版,第701页。

③ 参见沙香莲:《中国国民性》(二),中国人民大学出版社1990年版,第187页。

足”。[①] 这里的“中”同样包含不“过”又非“不及”的美学意蕴。在孔子看来,“中庸”原则的实现,使社会生活中种种互相矛盾的事物和谐统一起来,从而达到一种均衡,这是其政治学的最高追求。于孔子而言,美是离不开这一原则的,违背了“中庸”或破坏了和谐与均衡,就不会有美,故《论语·学而》曰:“礼之用,和为贵,先王之道斯为美”,审美评价不仅直接深入社会政治领域,并且“先王之道”之所以美,也正在于它能通过“礼”的功用使社会臻于和谐统一。而这种和谐统一的实现,便就是“中庸”原则的实现。“和为贵”一语之所以在中国社会具有广泛的影响力和长久的生命力,恐怕也主要应该归功于其所蕴藏的美学内涵与“和谐”理想境界。[②] 因此,“中庸”之道在古代中国被看成是处理人际关系的基本准则和人的美德,它对社会行为方式影响至深,各地宗族无不在自己的家法族规中规定了“睦宗族”“和乡党”,如徽州黟县环山余氏宗族《余氏家规》规定:“邻里乡党,贵尚和睦,不可恃挟尚气,以启衅端。如或事尚辩疑,务宜揆之以理,曲果在己,即便谢过;如果彼曲,亦当以理谕之。彼或强肆不服,事在得已,亦当容忍;其不得已,听判于官,毋得辄逞血气,怒詈斗殴,以伤和气。违者议罚。”[③]福建南靖《萧氏家规》“睦乡党”条规定:“凡处乡党,当以古法,出入相友,守望相助,疾病相扶。乃若以强凌弱,以众暴寡,以富吞贫,横暴者以欺其良善,此后世之弊,最为可戒。或有非礼以加我者,则避逊之而勿较,其或不得已不得避,则国有常法,不必私与之争。孟子所谓:行有不得者,反求诸己而已矣。”[④]

(二)“无讼”“息讼”的价值观

中国传统司法文化的一个十分显著的特点就是对“无讼”理想的追求及对现实诉讼的轻视。这一特点同样对明清时期宗族社会纠纷解决机制产生了至深影响。和谐的理念体现在社会关系上,就是“无讼”的理想状态。“无讼不过是和谐在司法上的一个转用词,其意蕴和旨趣是一致的。”[⑤]“无讼”一词是由孔子最初提出来的,他说:“听讼,吾犹人也,必也使其无讼乎。”[⑥]孔子在这里表明:“听讼”是实现“无讼”的一种手段,“无讼”才是“听讼”的最终目的。这是儒家对诉讼的态度。及至汉代,董仲舒对

① 《论语·子路》。
② 胡旭晟、夏新华:《中国调解传统研究——一种文化的透视》,载《河南省政法管理干部学院学报》2000年第4期。
③ 徽州黟县《环山余氏宗谱》卷一《余氏家规》。
④ 《萧氏族谱·萧氏家规》,1977年重编本。
⑤ 张中秋:《中西法律文化比较研究》,中国政法大学出版社2006年版,第358页。
⑥ 《论语·颜渊》。

此有了进一步的阐释："古者修教训之官，务以德善化民，民已大化之后，天下常亡一人之狱矣。"①"天下常亡一人之狱"成为司法的最高境界。南宋著名理学家朱熹也对"无讼"的思想作出了自己的阐释："听讼者，治其末，塞其流也；正其本，清其源，则无讼矣。"②在朱熹看来，"听讼"只能治标，而不能治本，而要想达到"无讼"的理想境界，就必须正本清源，亦即通过发扬儒家的伦理精神，实行教化，使人民"有耻且格"，才能从根本上解决纠纷，而调处无疑是实现"无讼"思想的有效途径。因此，正是这种对"无讼"思想的追求，客观上促进了宗族社会纠纷解决机制的产生和发展。

明清两代，"无讼""息讼"亦始终是统治者所追求的目标。如前述明清两代统治者相继颁布的圣谕、圣训，其内容的一个重要方面就是"和乡党以息争讼"，而这恰恰是儒家所追求的"必也使无讼乎"理想的直接表现。不止最高统治者倡导"无讼""息讼"的思想，州县的地方官员也常以"劝民息讼告示"的形式来宣传"无讼"思想。此类例证不胜枚举，如清代官吏刘衡在其《庸吏庸言》中记载的《劝民息讼告示》中就写道："为劝民息讼以保身命事，照得钱债、田土、坟山，及一切口角细故，原是百姓们常有的，自有一定的道理。若实在被人欺负，只要投告老成公道的亲友族邻，替你讲理，可以和息也就罢了，断不可告官讦讼。……本县（府）不忍见你如此，所以苦口劝你，若遇田土钱债等小事，就算有十分道理，也要忍气，牢牢记得本官的话，只要投告亲族和息，就吃点亏总比到官较为便宜。"③再如，清代蔡麟祥的《劝民息讼告示》也很好地说明了这一点，告示中写道："为劝民息讼以保身家事：照得治平之世，囹圄空虚，讼庭生草，官与民以相安无事为乐。盖呈词到官，一经准理，差役到家则有饭食之资，探信赴厅则有舟车之费。及示审有期，而讼师词证以及关切之亲朋，相率而前，无不取给于具呈之人。或审期更换，则费将重出。其他差房陋规，名目不一，无处不要用钱。譬如乡民有田十亩，夫耕妇织，可给数口衣食之资；一讼之累，废时失业，辗转借贷，而贫则在目前。乡愚无知，特不自省耳。况两造涉讼，均系同乡共井之人，非亲即故，何事不可解说！实系非情非理，难逃邻里乡党之目，尽可报告公亲、澳甲人等，秉公调处，可以和息，也就罢了。即稍吃亏，较之告官，总有便宜，又不伤和气。……须听本分府良言苦口：凡有户婚，田土、钱债、口角、斗殴细故，实系理直者，不妨邀同公亲、澳甲、

---

① 《汉书》卷五六《董仲舒传》。

② 朱熹：《论语集注》。

③ （清）刘衡：《庸吏庸言》。转引自张希清、王秀梅：《中国历代从政名著全译》（第4册），吉林人民出版社1998年版，第177页。

见证人等,理处息事。既不伤和气,又不须花钱。毋得轻听讼师言语,动辄告状。”①而清朝裕谦更把“兴讼”与破坏儒家“五伦”并提:“人既好讼则居心刻薄,非仁也;事理失宜,非义也;挟怨忿争,非礼也;倾资破产,非智也;欺诈百出,非信也。”②

除了正面赞美“无讼”的理想状态之外,儒家经典和明清时期官府还从危言耸听、夸大宣传“诉讼之害”入手来阻灭老百姓的诉讼勇气,以达到“息讼”“无讼”之目的。《周易·讼卦》云:“讼,终凶”“讼不可妄兴”“讼不可长”,认为诉讼是值得人们提心吊胆、高度警惕的,虽然有人在诉讼中暂时得到一些利益,但终将大祸临头,不会有好下场。在此思想影响下,中国古人把诉讼视为破坏社会和谐人际关系、败坏人的心智的东西,主张开启诉讼必须持十分慎重的态度。“讼乃破家灭身之本,骨肉变冤仇,邻里化为仇敌,贻祸无穷,虽胜亦负,不祥莫大焉。但世俗惑於一时血气之忿,苦不自觉耳。”③“词讼之兴,初非美事,荒废本业,破坏家财,胥吏诛求,卒徒斥辱,道涂奔走,犴狱拘囚。与宗族讼,则伤宗族之恩;与乡党讼,则损乡党之谊。幸而获胜,所损已多;不幸而输,虽悔何及。故必须果报怨抑,或贫而为富所兼,或弱而为强所害,或愚而为智所败,横逆之来,逼人已甚,不容不一鸣其不平,如此而后与之为讼,则曲不在我矣。”④因此,历代统治者都采取各种“息讼”方式、手段对诉讼进行压制、抵制。例如,明朝著名清官海瑞就对诉讼持反对态度,他针对当时的淳安县争讼日渐增多的情况评论说:“淳安县词讼繁多,大抵皆因风俗日薄,人心不古,惟己是利,见利则竞。以行诈得利者为豪雄,而不知欺心之害;以健讼得胜者为壮士,而不顾终讼之凶。而又伦理不惇,弟不逊兄,侄不逊叔,小有蒂芥,不相能事,则执为终身之憾,而媒孽讦告不止。不知讲信修睦,不能推己及人,此讼之所以日繁而莫可止也。”⑤康熙时河北灵寿县知县陆陇其在审理案件时,对原被告力陈兴讼之弊端,劝导双方和解“息讼”:“尔原被(告)非亲即故,非故即邻,平日皆情之至密者,今不过为户婚、田土、钱债细事,一时拂意,不能忍耐,致启讼端。殊不知一讼之兴,未见曲直,而吏有纸张之费,役有饭食之需,证佐之友必须酬劳,往往所费多于所争,且守候公门,费时失业。一经

① 《澎湖厅志》卷一二《告示》。

② 裕谦:《勉益斋偶存稿》卷一《戒讼说》。

③ 《名公书判清明集》,中国社会科学院历史研究所宋辽金元史研究室点校,中华书局1987年版,第637页。

④ 《名公书判清明集》,中国社会科学院历史研究所宋辽金元史研究室点校,中华书局1987年版,第123页。

⑤ (明)海瑞:《海瑞集》(上册),中华书局1981年版。

官断,须有输赢,从此乡党变为讼仇,簿产化为乌有,切齿数世,悔之晚矣。"①更有甚者,还有地方官员以立法的形式来劝阻诉讼,威胁诉讼者。例如,明人王守仁在《禁省词讼告谕》中说:"近据南昌等府州县人等,诉告各项情词到院,看得中间多系户婚田土等事,虽有一二地方重事,又多繁琐牵扯,不干己事,在状除情可矜疑者,亦量轻重准理,其余不行外。……一应小事,各宜含忍,不得辄兴词讼。不思一朝之忿、锱铢之利,遂致丧身亡家,始谋不臧(善),后悔何及。……若(判官)剖断不公,或者亏枉,方许申诉。敢有故违,仍前告扰者,定行痛责,仍照例枷号问发,决不轻贷。"②

宋代以降,"中国社会家国完全同构,调整乡村主要关系的家族法基本都仿照国法制定,所以,它们对无讼的追求表现得同国法一样,甚至比国法还要强烈"。③ 例如,明人王士晋在《宗祠条规》中说:"太平百姓,完赋税,无讼事,便是天堂世界。"歙县金山洪氏宗族《家训》"息争讼"条规定:"大抵贪利则争,使气则斗,争斗不已,而讼兴焉。夫讼一兴,未有不倾家破产,以致结仇于莫解者。故处宗族以和睦为贵,凡遇族中有事,当善为劝解,俾相安于无事,则风俗日以淳。切不可教唆,致宗支如吴越也。倘有犯者,小则鸣鼓责惩,大则呈公究治。"④清代浙江萧山《朱氏宗谱》则告诫族人:"和乡里以息争讼。居家戒争讼,'讼则终凶',诚笃言也。如族中有因口角细故及财帛田产至起争端,妄欲涉讼者,家法必先禀明本房房长处理,或处理不明方许伊赴祠禀告祖先,公议是非,令其和息。"⑤福建莲江林氏宗族《林氏家训》亦云:"讼狱之事,为大冤不白而起。如父母之仇不共戴天,兄弟之仇不与同国,不申告于官则无以白其冤,讼乃不得已。若田产婚娶、细微之故,是非则宗族邻里可以和解,稍有不平,宜忍耐了事。诉讼公庭,结怨愈深,耗财破家,祸害更大。语云'讼则终凶',应以为戒。"⑥有些巨族大家常常以"无字纸入官府""无一人入公门"而感到自豪。

"正是由于有了德主刑辅的模式存在与无讼目标的召唤,才造成传统中国对待争讼特别是民事争讼,不论是依据国法还是按照家法族规,都以调解与调判为重要的解决纠纷的方式。因此,很久以来,以和谐为目标的

① 吴炽昌:《续客窗前话》卷三。

② 《王文成公全书》卷三一。转引自张中秋:《中西法律文化比较研究》,中国政法大学出版社2006年版,第369页。

③ 张中秋:《中西法律文化比较研究》,中国政法大学出版社2006年版,第370~371页。

④ 歙县《金山洪氏宗谱》卷一《凡例》。

⑤ 张中秋:《中西法律文化比较研究》,中国政法大学出版社2006年版,第375页。

⑥ 《莲江东林谱志》卷六《林氏家训》。

调解与调判成为中国的司法传统。”①因此，在传统的宗法家族制社会里，当纠纷发生时，不论是纠纷的处理者，抑或纠纷的当事人，由于深受“无讼”思想的影响，选择通过调处息讼来解决纠纷也就不难理解了。

三、宗族社会纠纷解决机制的制度基础

明清中国仍然是专制主义中央集权的国家。在封建专制社会中，统治秩序的稳定和社会的安定是统治者首要的追求。为了维护统治秩序的稳定和社会的安定，统治者在法律制度上特别关注刑法。因为犯罪所伤害的不仅仅是个人，也是对社会关系、君权和对王法秩序的侵犯。因此，历朝各代统治者均将惩罚犯罪作为立法和司法的基本任务，而将户婚、田土、钱债等民事法律纠纷视为“民间细故”和琐事，认为民间细故不至于危及皇权的稳定，故将民间民事纠纷的处理权赋予州县官吏，并且鼓励宗族调处。“为了不使‘细故’酿成诉讼，累及无讼，国家和家族都要尽一切努力，哪怕明显地有失公平，曲解律意，也要争取大事化小，小事化了，变有讼为无讼。”②为此，国家在具体法律制度的设计上对民事诉讼做了诸多限制。

（一）法律责任和制裁方式的单一性

“民刑不分、诸法合体”是中国古代法典编纂体例上一个显著的特征，明清两代亦不能例外。马克思曾经指出：“民法不过是所有制发展的一定阶段，即生产发展的一定阶段的表现。”③民法的产生和发展同商品经济的发展息息相关。明清时期中国经济的基本形式仍是以一家一户为单位的自给自足的自然经济，重农抑商的政策使得商品经济稍有发展便遭到压制，因而商品经济在明清时期并没有得到充分发展。而商品经济的不充分发展使得民事法律关系更多地集中在户婚、田土、钱债等方面，而这些事情在统治者看来都是“田宅细故”“鼠牙雀角”，并非国家法律调整的重点。与此相反，统治者更为关注的是可能危及统治权力和社会秩序的“盗”“贼”等刑事犯罪方面。这便使得刑事方面的法律得到了充分发展，并日趋规范和成熟，刑事之外的其他各种法律关系则没有条件发展和完善。加之明清时期中国社会的构成具有宗法家族性的特点，使得民事法律关系形成了一套特有的调整制度和办法。因此，明清两代虽历经五百多年，但其民事法律体系并没有较大的发展。而对于那些确需通过法律进行调整的民事法律关系，则在以刑律为主要内容的法典中作出相应的规定。正如美

---

① 张中秋：《中西法律文化比较研究》，中国政法大学出版社 2006 年版，第 371 页。

② 张中秋：《中西法律文化比较研究》，中国政法大学出版社 2006 年版，第 373 页。

③ 《马克思恩格斯全集》（第 4 卷），人民出版社 1958 年版，第 87 页。

国学者黄宗智所说:“按照清律成文法的解释,‘细事’主要是社会本身而非国家所关心的事。与那些必须立即处理、及时详细上报以便审核的重大案情不同,民事纠纷如果闯进了官方体系,它们只能在指定的日、月收受,并规定是由州县自己来处理。对清代这样一个主要关心行政和刑事事务的制度来说,民事诉讼被认定和解释为琐细的干扰,最理想的状态是这类诉讼根本不存在。……只要可能,他们确实乐于按照官方统治思想的要求采取庭外的社区和宗族调解。但是,一旦诉讼案件无法在庭外和解而进入正式的法庭审理,他们总是毫不犹豫地按照《大清律例》来审断。”①

与民事法律和刑事法律编纂一体化相对应,明清律例所规定的法律责任和制裁方式也相对单一。对于户婚、田土、钱债等民事法律关系的调整,同样使用刑罚的方式即以禁止性、惩罚性的方式来规范调整。通过对明清时期律例进一步分析,我们可以看到,对于户婚、田土方面的法律关系,绝大部分本应属于民事法律调整的范畴,但明清律例在规定当事人承担民事责任的同时,往往还会附带有刑事责任。例如,《大明律·户律二·田宅·典卖田宅》规定:“凡典卖田宅不税契者,笞五十。仍追田宅价钱一半入官。不过割者,一亩至五亩,笞四十,每五亩加一等,罪止杖一百。其田入官。若将已典卖与人田宅,朦胧重复典卖者,以所得价钱计赃,准窃盗论,免刺,追价还主。田宅从原典卖主为业。若重复典买之人,及牙保知情者,与犯人同罪。追价入官。不知者,不坐。”②《大明律·户律二·田宅·荒芜田地》规定:“凡里长部内已入籍纳粮当役田地,无故荒芜及应课种桑麻之类而不种者,俱以十分为率,一分笞二十,每一分加一等,罪止杖八十。”“人户亦计荒芜田地,及不种桑麻之类,以五分为率,一分笞二十,每一分加一等。追征合纳粮还官。”③《大明律·户律六·钱债·违禁取利》规定:“凡私放钱债及典当财物,每月取利,并不得过三分。年月虽多,不过一本一利。违者,笞四十。以余利计赃重者,坐赃论。罪止杖一百。若监临官吏,于所部内举放钱债、典当财物者,杖八十;违禁取利,以余利计赃重者,依不枉法论。并追余利给主。”④《大明律·户律六·钱债·得遗失物》规定:“若于官私地内,掘得埋藏之物者,并听收用。若有古器、钟鼎、符印异常之物,限三十日内送官。违者,杖八十,其物入官。”⑤

① 黄宗智:《清代的法律、社会与文化:民法的表达与实践》,上海书店出版社 2007 年版,第 9~11 页。

② 《大明律》,怀效锋点校,法律出版社 1998 年版,第 55~56 页。

③ 《大明律》,怀效锋点校,法律出版社 1998 年版,第 56 页。

④ 《大明律》,怀效锋点校,法律出版社 1998 年版,第 82 页。

⑤ 《大明律》,怀效锋点校,法律出版社 1998 年版,第 83 页。

《大清律例》亦有类似规定。[1] 在明清两代民事法律规范中，不附带刑事责任的律条很少，仅有少数几种情况，当事人不用受刑，如《大明律·户律二·田宅·弃毁器物稼穑等》规定，遗失、误毁"私物者，偿而不坐罪"；误毁他人房屋垣墙之类者，"但令修立，不坐罪"。[2]《大清律例·户律·田宅·弃毁器物稼穑等》亦有如此规定。[3]《大清律例·户律·钱债》"费用受寄财产"条例规定："亲属费用受寄财物，大功以上及外祖父母得相容隐之亲属，追物给主，不坐罪。"[4]

正是由于这种民刑不分的体例和制裁方式单一性的特点，使得纠纷当事人在选择纠纷处理方式时，不得不做一番慎重的考虑。选择通过诉讼解决纠纷，当事人不仅要面对漫长而艰辛的诉讼，而且还要面临承担刑事制裁的风险，承受肉体上的痛苦，而通过调处息讼来解决纠纷显然要比诉讼的风险小得多，这便在一定程度上促进了明清时期宗族社会纠纷解决机制的广泛适用。

（二）纠纷当事人诉权的限制

中国古代法最重要的特征之一就是法律道德化，因此，中国传统社会的诉讼过程中始终体现着道德的要求。从西周提倡的"明刑弼教"到唐代宣扬的"德主刑辅"都是诉讼道德化的表现。而正是由于强调法律对封建伦常关系的保护，使得纠纷当事人的诉权受到一定的限制。例如，《唐律·斗讼律》中规定，"即年八十以上，十岁以下及笃疾者，听告谋反、逆、叛、子孙不孝，及同居之内为人侵犯者，余并不得告，官司受而为理者，各减所理罪三等"，"告祖父母、父母者，绞"。[5]《元史·刑法志》亦有类似规定，"诸子证其父，奴讦其主，及妻妾弟侄不相容隐，凡干名犯义，为风化之玷者，并禁止之"，"诸奴婢诬告其主者，处死。本主求免者，听减一等"。[6]正是这种对当事人起诉方面的规定，使得当事人的诉讼权利受到了很大的限制，而这种传统亦为明清时期的法律所沿袭，如《大清会典事例》就明确规定："其年八十以上，十岁以下，凡笃疾者，若妇人，除谋反、叛逆、子孙不肖，或已身及同居之内为人盗、诈、侵夺财产及杀伤之类听告，余并不得告，官司受而为理者，笞五十。"[7]明清法律对诉讼主体条件的限制，使得纠

① 《大清律例》，田涛、郑秦点校，法律出版社1998年版，第195、201、263、266页。

② 《大明律》，怀效锋点校，法律出版社1998年版，第57页。

③ 《大清律例》，田涛、郑秦点校，法律出版社1998年版，第201页。

④ 《大清律例》，田涛、郑秦点校，法律出版社1998年版，第266页。

⑤ 张晋藩主编：《中国民事诉讼制度史》，巴蜀书社1999年版，第32页。

⑥ 《元史》卷一〇五《刑法志四·诉讼》。

⑦ 《大清会典事例》卷八一七。

纷当事人很难通过诉讼方式来解决纠纷,转而寻求宗族调处等途径来解决纠纷。

即使是纠纷当事人符合诉讼主体的要求,也并不是当然的可以通过诉讼来解决纠纷。州县官接受呈词后是否立案受理,即“准”与“不准”,还要看当事人是否存在违背事先约定的不准受理事项的情况。为了贯彻“状不轻准”的思想,明清律例对告状做了一系列限制性规定,各地大多自行归结为“告状不准事项”。例如,清代地方官黄六鸿《福惠全书》中的“状式”附有一则“告状不准事项”,规定的不准受理的事项多达 15 条,颇有代表性,其具体内容是:“事在赦前及年远者不准;告人命不粘连伤痕凶器谋助单者不准;告婚姻无媒妁者不准;非现获奸犯词内牵连妇女者不准;告强盗无地邻见证窃盗无出入形迹空粘失单者不准;告婪脏无过付见证者不准;告田土无地邻债负无中保及不抄粘契卷者不准;生监及妇女老幼废疾无抱告者不准;告生员作证并牵连幼女稚童者不准;被告非盗命过三人者不准;状内所告无真正年月日者不准;收尾无考定代书姓名者不准;状不合适并无副状者不准;告人命粘单内不填尸伤凶器下手凶犯及不花押者不准;凡告状不用印格眼者不准。”①通过“告状不准事项”,我们也大体可以看出古代告状的“受理要件”,即州县官府从以下 5 个方面来判定是否受理老百姓的告状:一是时间上的要求,类似现代诉讼制度中的时效制度。如果所告的事项发生在赦免以前,或者行为发生的时间太长,过了追诉的时效,就不会得到受理。二是程序上的要求。在“父母之命,媒妁之言”的婚姻制度下,离婚之诉中如果没有附上媒妁姓名,就不予受理,同样,如果不是现场获奸就不能随意指控有关妇女等。三是证据上的要求。人命案件,状告者必须要有附上凶器、主谋和帮凶;贪赃案件,告状者必须要有付款的凭证。四是当事人资格的要求。如果监生、妇女以及老幼废疾之人等自己上堂告状,而无“代理人”,不予受理。如果一个状子上“被告”太多的,州县官亦不会受理。五是诉状格式上的要求,主要包括书写不要超过印格、年月日要明确、要加盖代书人的姓名等。如此之多的要求,不仅对于那些目不识丁的乡民,即使是有些文化的人,也难以涉足诉讼,其结果必然是促进诉讼外的纠纷解决机制的适用。

同样的情况我们从黄岩诉讼档案中再次得到证实。黄岩诉状状式中均附有《状式条例》,计 23 条,内容完全相同,均为对诉讼的限制性规定。现逐录如下:

---

① (清)黄六鸿:《福惠全书》卷一一《刑名部一》。

正状式

告状人某告为……………………………………………事

…………………………………………………………上告

本州(县)正堂老爷施行

计开

被告某住某村,离城若干里

干证某　同前

两邻　同前

地方　同前

年月日　告状人　年岁某府某县某里某甲籍住某村离城若干里

抱告　某人

代书　某人

副状式

告状人某告为某事

被告某　住某村,离城若干里

干证某　同前

两邻　同前

地方　同前

年月日　告状人　某

抱告

代书[①]

对于诉状的要求,首先是文字上有限定,"故状刊格眼三行,以一百四十四字为率"。[②] 对于一般的平民百姓而言,能够写诉状已属不易,而要写一份符合要求的诉状就相当困难。虽然通过讼师的帮助可以完成诉讼,但一般情况下讼师是靠不住的,他们"偶遇小事小故,辄代驾虚词投官府,以疾病老死为人命,以微债索逋为劫夺,以产业交易、户婚干连者为强占、为悔赖"。[③] 因而,在需要提交诉状时,纠纷当事人往往陷入进退两难的境地。此外,凡告田园、房屋、坟墓、钱债、婚姻、承继、行账等事,均需交验粘连契券、绘图、注说,婚书、行单等,土地纠纷案,要求有地邻;债务纠纷案要

① (清)黄六鸿:《福惠全书》卷一一《刑名部一》。

② (清)黄六鸿:《福惠全书》卷一一《刑名部一》。

③ 王元曦:《禁滥准词讼》,载(清)徐栋:《牧令书》卷一八,道光戊申秋携,西仪堂梓行。

求有中保;婚姻纠纷案要求有媒证。不提供上述有关人证,官府也不予受理。[①] 正如黄六鸿在《福惠全书》中所说:"凡告户籍者,必以族长坟产为定;告婚姻者,必以媒妁聘定为凭;告田土者,必以契券地邻为据;至于强盗重在明火执仗,窃盗重在出入踪迹,俱要粘连失单。人命重在尸伤凶器,亦要状后粘单,此其定式也。式定则不敢脱毋以全虚,字限则不得浮词以饰听矣!若状式有违,不与准理。"[②]这些规定无疑进一步加大了纠纷当事人起诉的难度。而相对于诉讼的诸多复杂规定而言,宗族调处则往往更为简单可行,形式亦灵活多样,更重要的是当事人不必背负过重的诉累,这在一定程度上促使纠纷当事人优先选择宗族调处的途径来解决纠纷。

2. 庭审之累

明清中国的诉讼对于原、被告而言都是一场冒险的赌博。"一个案子,一旦开始诉讼,其不可避免的后果是,至少要有一个人受罚。结局可能是被告人受罚,倘若判他有罪的话。若判他无罪,惩罚就会落在没有理由告他的那个原告身上。在诉讼过程中,证人也很可能会受罚。"[③]一旦将纠纷提交官府审理后,纠纷当事人积极主动的作为也常常难以得到期待的回应,他所能做到的只是等待主审法官作出难以预测输赢的判决。"即使设想原告大功告成,得到了公平的判决,中国法律也缺乏实施判决的补救措施与机制。"[④]"倘若律文规定有补偿,打赢官司的原告也没有多大信心去相信判决会得以执行,因他可以仰仗的执行人员,只有地方官那些贪得无厌的爪牙。"[⑤]这样,一个人一旦涉讼,就有可能成为州县官及其属吏长期敲诈勒索的对象,因而出现"衙门府邸陪杯酒,赢得猫儿卖了牛"的怪现象也就不足为奇了。

明清时期的民事案件全部采取纠问式的审判方式,"所有庭审程序的模式都是以控为主","法庭程序的设计是为了维护法律的尊严,维护州县官作为皇帝在各地代表的地位,也是为了强调所有其他的人都是微不足道"。[⑥] 审理案件时,州县官坐堂问案,纠纷当事人和证人都要跪诉,没有

---

① 参见张晋藩主编:《中国民事诉讼制度史》,巴蜀书社 1999 年版,第 188 页。

② (清)黄六鸿:《福惠全书》卷一一《刑名部一》。

③ [英]S. 斯普林克尔:《清代法制导论——从社会学角度加以分析》,张守东译,中国政法大学出版社 2000 年版,第 84 页。

④ [英]S. 斯普林克尔:《清代法制导论——从社会学角度加以分析》,张守东译,中国政法大学出版社 2000 年版,第 93 页。

⑤ [英]S. 斯普林克尔:《清代法制导论——从社会学角度加以分析》,张守东译,中国政法大学出版社 2000 年版,第 94 页。

⑥ [英]S. 斯普林克尔:《清代法制导论——从社会学角度加以分析》,张守东译,中国政法大学出版社 2000 年版,第 84 页。

任何平等地位和自由辩论权利可言。如有“匿情不吐”“举告不实”等情,州县官还可以随意刑讯,一般的“细故”多用“掌责”。清代名吏汪辉祖对此曾有过详细的描述:“吾尝见武健之吏,以矜燥临之,一语不当,辄慑以威。有细故而批颊百十考……”①然而,现实情况是合法的刑讯往往并非按照律例的规定严格执行,“滥刑”现象在明清两代十分严重。例如,乾隆二年广东海关监督(负有秘密监察使命)郑伍赛密奏滥用笞杖的情况:“下贱皂役止知图财,罔顾天理更比比皆是,遂其欲,责宜重而返轻;拂其意,责宜轻而独重。诚所谓有钱者生,无钱者死,爱之欲生,恶之欲死,高下随便,操纵自如。弊难擢举,势难禁遏,往往见行杖之下,立毙人命。”②笞、杖之类的轻刑被滥用的情况尚且如此,重刑的滥用就更可想而知了。对那些“非常上诉”之人,官府态度更为苛刻,诸如头撞鼓、站阴沟、滚钉板、立测等之类的折磨,更令“缠讼”之人陡生骇惧之情,与其在公堂上九死一生,还不如“委曲求全”选择调解息争。对此,康熙皇帝在朱批奏折时,写下了他自己的见解:“假如小民不畏官府,假如他们相信在官府可以找到顺理成章、不折不扣的公平,官司就会增加,数量惊人。涉及自己切身利益,人皆利令智昏,故争竞之事无休无止,倾天朝一半之力,竟不足以平息另一半的官司。朕因此宁愿让求助于官府的人得不到半点怜悯,惟其如此,才会使他们厌恶律典,在州县官面前发抖……”③因此,将纠纷诉诸县令通常是一次残酷而屈辱的经历,这种痛苦的经历对那些稍有自尊心的人而言都是无法容忍的,从而遏制了他们对诉讼的选择。

3. 讼费之累

明清时期,国家法律并未明确规定当事人参与诉讼必须缴纳费用。然而在司法实践中,当事人却为诉讼付出高昂费用。日本学者夫马进在研究了明清时期诉讼制度后指出:“在这种诉讼制度下,要花费大量费用,并且必须进行贿赂。清代官箴书《平平言》中所列举的各种诉讼费用包括:戳记费、挂号费、传呈费、取保费、纸笔费、鞋袜费、到单费、夫马费、铺班费、出结费、和息费等。此外,还需要投宿歇家的费用。而且,最重要的是,必须对胥吏和差役进行贿赂。如果请讼师包打官司,还要花费更多的费用。”④

---

① (清)汪辉祖:《治讼》,载(清)徐栋:《牧令书》卷一七,道光戊申秋携,西仪堂梓行。

② 《朱批奏折·法律》卷号45-52,红字19。转引自郑秦:《清代州县审判试析》,载《清史论丛》(第8辑),中华书局1991年版,第194页。

③ [英]S.斯普林克尔:《清代法制导论——从社会学角度加以分析》,张守东译,中国政法大学出版社2000年版,第94~95页。

④ [日]夫马进:《明清时代的讼师与诉讼制度》,载[日]滋贺秀三等:《明清时期的民事审判与民间契约》,王亚新等译,法律出版社1998年版,第401页。

清代名吏汪辉祖亦云："谚云：'衙门六扇开，有理无钱莫进来。'非谓官之必贪，吏之必墨也。一词准理，差役到家，则有馔赠之资；探信入城，则有舟车之费；及示审有期，而讼师词证，以及关切之亲朋，相率而前，无不取给于具呈之人。或审期更换，则费将重出。其他差房陋规，名目不一。谚云：'在山靠山，在水靠水。'有官法之所不能禁者，索诈之赃，又无论已。余尝谓作幕者于斩绞流徒重罪无不加意检点，其累人造孽，多在词讼。"①清代安徽婺源人程春荣任职福建泉州时也说："自告状之日起，到结案之日止，无事不要花钱。递一呈，先要状式钱，讼师要做状钱，代书要戳记钱，差役要保家钱。此状不准，倒也罢了，一经批准，又要抄批钱，差票一出，又要草鞋钱、差礼钱。此案不审，倒也罢了，一经传审，就要禀到钱、干证钱、歇家钱、铺堂钱、甘结钱。"②学者吴吉远也指出："清代的词讼没有交纳诉讼费的规定，但各承审衙门自有一套收费陋规，书吏是动笔即索，有状纸费、呈词传递费、下乡勘验的纸笔饭食费等；差役便是伸腿要钱，饭食费、夫马费、辛苦费等名目繁多。"③

下面是一份清代光绪七年（1881 年）徽州地方州县办案的法律文书，详细记载了县官出巡办案的花销：

正堂倪仰役王恩立传役开各书役人等知悉照得本县定于本月初六日，亲诣西乡三都横塘江山头地方，踏勘实情，该书役人等至期齐集侍候，毋得临期至误，干咎速：

计开：

经承

堂房

招房

门子二名

民壮四名

挽轿四名

大轿夫十名

小轿夫四名

挑夫三名

清道旗二名

① （清）汪辉祖：《佐治药言·省事》，徐明、文青点校，辽宁教育出版社 1998 年版，第 5 页。

② （清）程春荣：《泉州从政纪略·劝民息讼示》（不分卷），同治丙寅秋镌，吟雨楼藏板。

③ 吴吉远：《清代地方政府的司法职能研究》，中国社会科学出版社 1998 年版，第 300 页。

位。明清时期宗族社会纠纷解决机制与国家司法诉讼机制的互动及其取得的效果为我们提供了一种本土资源的借鉴。因此,化解社会纠纷、构建和谐社会,需要构建和完善以司法为中心的多元化纠纷解决机制。

附 录

清代闽南宗族械斗

地点	时间	纠纷事由	出处
平和县	雍正十年闰五月二十四日具奏	杨、林二姓争田争口	《雍正朝朱批谕旨汇编》第22册,第563页
	雍正十年闰五月二十四日具奏	胡、叶二姓角口碎屋互斗	《雍正朝朱批谕旨汇编》第22册,第563页
	雍正十二年八月	南胜乡杨、林二姓伐柴起争	《雍正朝朱批谕旨汇编》第27册,第192页
	嘉庆七年六月八日具奏	林姓砍柴堆放陈姓坟上造责	《宫中档嘉庆朝奏折》第21册,第353页
	道光元年九月二十四日奉旨	曾步云以朱姓霸佃田亩、族长纠众抢割、殴毙其兄、书役受贿案不办等情京控	《外纪档》。道光元年九月二十四日奉旨,玉麟等奏折
	道光八年四月十三日具奏	陈姓牧牛践食廖姓园麦,廖姓牵牛索赔启衅	《军机处档·月折包》060034号
	道光十四年六月二十六日奉朱批	赖姓因索欠起争,为李姓铳毙 赖姓行路误撞李姓,彼此争殴,致生命案	《军机处档·月折包》068755号
诏安县	乾隆二十一年九月十二日具奏	钟姓田园相近许姓田亩,因填筑园岸起争	《宫中档乾隆朝奏折》第15辑,第347页
	道光九年九月八日奉旨	杨树京控许姓迭劫铳毙、贿差包凶等情	《外纪档》,道光九年九月十九日奉旨,那清安奏折
	道光二十五年十月二十一日具奏	廖姓以叶姓纠众抢牛、割麦,致毙3命,叶姓武生贿串书差等情京控	《军机处档·月折包》075806号

续表

地点	时间	纠纷事由	出处
南靖县	雍正十年闰五月二十四日具奏	吴姓族人劫杀林姓2命	《雍正朝朱批谕旨汇编》第22册,第561页
	乾隆五十四年十一月二十七日具奏	阮姓修筑水坝,刘姓往阻	《军机处档·月折包》042756号
	道光二年九月二十九日	廖姓族人造坟,林姓恐碍祖坟风水,往阻被斥	《外纪档》,道光二年十一月十一日奉朱批,叶氏倬奏折
	道光十三年十二月二十四日具奏	林姓失火延烧,郑姓疑林姓挟嫌纵火	《军机处档·月折包》066871号
漳浦县	乾隆五四年十一月二十七日具奏	相邻不同宗之陈姓,因一方孩童拾取另一方灰骰玩耍,遭牵牛不还	《军机处档·月折包》042756号
	嘉庆十四年六月十三日具奏	戴姓碰坏杨姓鱼网	《宫中档嘉庆朝奏折》第37册,第66页
	嘉庆二十一年十二月二十六日具奏	王、蔡两姓口角起争,王姓纠约族众,蔡姓纠集杂姓互斗	《军机处档·月折包》050453号
	嘉庆二十五年二月四日奉朱批	林水疑邻村不同宗之林姓族人盗伐其屋后树木,林水及侄被铳毙	《外纪档》,嘉庆二十五年二月四日奉朱批,董教增奏折
	道光七年一月十二日具奏	林姓与涂姓砍伐坟木起争	《军机处档·月折包》054719号
	道光七年八月二十四日具奏	黄姓牧牛践食蓝姓瓜藤起争。黄姓疑蓝姓牧牛越界,彼此争闹,伤毙1人 黄、蓝两姓山场相连,界址不清,因砍伐坟木起衅	《军机处档·月折包》057001号
	道光七年八月二十四日具奏	黄、杨两姓有夙嫌,杨姓向黄姓拦索欠银彼此起衅	《军机处档·月折包》057001号
	道光二十六年一月二日具奏	黄、蔡因事有嫌,两姓族人路遇口角起争	《军机处档·月折包》077633号
	道光二十七年五月二日具奏	黄姓欲筑围防水,为杨、庄二姓所阻,谋邀蔡姓同往理论。蔡姓不允,彼此有嫌,两姓路遇口角起争,铳毙蔡姓1人,黄姓毁尸灭迹 黄姓造坟,蔡姓疑有越界占葬	《军机处档·月折包》077633号

续表

地点	时间	纠纷事由	出处
云霄厅	道光二年九月二十九日具奏	林雪牧牛踩坏周翌田禾,周翌索赔起争 周锡聚允向族众派银捐修海岸,因延迟未给,林姓向周催索,彼此起争	《外纪档》,道光二年十一月十一日奉朱批,叶世倬奏折
	道光二年九月二十九日具奏	张顺田亩相邻吴凌云祖坟,吴凌云因坟前水池被污,疑张顺田亩之故	《外纪档》,道光二年十一月十一日奉朱批,叶世倬奏折
	道光二十七年九月一日具奏	方姓以张姓迭杀5命,匿尸不还,蠹差舞弊等情京控	《军机处档·月折包》078712号
长泰县	嘉庆七年二月二十八日具奏	叶达向陈苑索欠起争	《宫中档嘉庆朝奏折》第18册,第709页
	道光十六年十二月二十五日奉朱批	卢姓田地向佃吴、苏等姓耕种,曾有讼嫌,卢姓践毁吴、苏等姓田禾 卢姓催讨欠租,致被吴姓铳毙	《外纪档》,道光十六年十二月二十五日奉朱批,魏元烺奏折
	道光二十四年十月十八日奉旨	张训以林姓革生勒派不遂,纠众杀毙张、蔡两姓多命等情京控	《外纪档》,道光二十四年十月十八日奉朱批,魏元烺奏折
	道光二十五年九月三十日具奏	叶姓欲打醮祈雨,以林姓有田在叶姓村中,欲林姓共同出资,林姓不允,彼此有嫌 林姓路遇叶姓,彼此口角,致毙林姓2人	《道光朝宫中档》008288号
海澄县	道光二年九月二十九日具奏	李姓族人与蔡姓族人蚶埕相连,蔡姓踏坏李姓堤岸	《外纪档》,道光二年十一月十一日奉朱批,叶世倬奏折
龙溪县	乾隆五十四年二月三日具奏	林姓祖坟相连丁姓田园,丁姓在坟后挖土筑塍	《军机处档·月折包》039747号

续表

地点	时间	纠纷事由	出处
安溪县	道光四年十一月二十一日奉朱批	易、许两姓互争坟山，许姓铳毙易姓2人	《外纪档》，道光四年十一月二十一日奉朱批，赵慎畛等奏折
	道光八年十月十六日奉旨	朱姓京控杨姓迭劫杀命，知县延不缉凶	《外纪档》，道光八年十月十六日奉旨，耆英等奏折
	道光二十四年五月九日奉旨	易姓以黄姓监生挟阻砍已山草木之嫌，迭次纠众焚抢，铳杀多命等情京控	《外纪档》，道光二十四年五月九日奉旨，文庆等奏折
	道光二十四年十一月十六日奉旨	萧姓以沈姓劫牛杀命、书役贿纵等情京控	《外纪档》，道光二十四年十一月十六日奉旨，普恭等奏折
	道光二十四年二月十九日具奏	林姓客民向萧姓赊账买板，逾期无偿，萧姓欲搬板另卖，彼此起争，殴毙林姓1人	《军机处档·月折包》072617号
	道光二十五年十月二十七日丰朱批	吴姓掳禁许姓勒银逼息，许姓纠众寻救，毁祠泄忿，两姓起争，致毙吴姓1人 吴、许两姓因山场割草起争，致毙吴姓1人	《外纪档》，道光二十五年十月二十七日丰朱批，韩克均奏折
晋江县	道光六年十月二十六日具奏	林姓牛只误食洪姓作物，洪姓欲牵牛作抵，双方互斗致伤人命 林姓向洪姓跟凶，再起争衅	《军机处档·月折包》057001号
	道光十三年六月十八日具奏	王姓与洪姓因争挑货担斗殴，致死洪姓，埋尸灭迹	《军机处档·月折包》064488号
	道光十三年八月二十九日奉旨	郭进京控蔡姓揽管田亩未遂，将伊堂叔杀毙灭尸等情京控	《外纪档》，道光十三年八月二十九日奉旨，恩桂等奏折
	道光十四年三月三十日具奏	许、林两姓因割稻口角争殴有嫌，林姓误踹许姓围篱被殴，林姓纠众掳禁杀伤许姓多人	《军机处档·月折包》067958号

续表

地点	时间	纠纷事由	出处
晋江县	道光十四年十一月十九日具奏	赖时窃放吴姓田水,致相争闹,吴姓铳毙赖时,埋尸灭迹	《外纪档》,道光十五年一月四日奉朱批,程祖洛等奏折
	道光十八年一月十八日具奏	苏、许、陈、李等姓,误砍杨姓果树 许姓误踩杨姓地瓜,彼此起争,杨姓为许、苏两姓杀毙1人 陈姓牧牛误践杨姓田地,彼此起争	《道光朝宫中档》001161号
	道光十八年一月十八日具奏	陈姓打兽误毙杨姓	《道光朝宫中档》001161号
	道光十九年五月十六日具奏	林、黄二姓因索欠争殴有嫌,又因路遇挟嫌争斗,致毙黄姓1人	《道光朝宫中档》002853号
	道光二十五年七月二十九日	许、杨两姓争用水田,致毙许姓1人 许姓牛只误践杨姓田地,杨姓牵牛抵欠	《道光朝宫中档》007977号
	咸丰元年七月一日具奏	陈、董两姓因争用井水互殴,铳毙陈姓1命 董姓在田开沟,陈姓恐碍风水彼此起争斗殴,致毙陈姓1人	《宫中档咸丰朝奏折》第3册,第339页
	咸丰二年十月二日具奏	黄姓以蔡姓掳赎毙命、霸产、伙劫等情京控	《军机处档·月折包》086598号
惠安县	道光十九年十月四日奉朱批	郭姓向江姓索讨聘银,致毙江姓1人,且扣江姓船货抵银 江姓误碰郭姓油担,遭索赔银	《外纪档》,道光十九年十月四日奉朱批,魏元烺奏折
	道光二十四年十月十日奉旨	王姓牛只误食曾姓麦苗,曾姓牵牛作抵彼此起争 曾姓误踩王姓田禾,彼此起争,致毙曾姓3人	《外纪档》,道光二十四年十月十日奉朱批
	咸丰二年七月二十八日	苏、黄两姓因采蛏起争,致毙黄姓1人	《军机处档·月折包》086205号

续表

地点	时间	纠纷事由	出处
惠安县	咸丰三年十月八日具奏	何姓以有碍行路，拆毁程姓蓄水防潮之斗门，彼此争讼有嫌 两姓族人路遇，彼此挟嫌口角，程姓是夜遭贼失火，疑何姓所为，遂告官究办 何姓路遇程姓，挟控官之嫌彼此起争，何姓铳毙相劝之周姓1人	《宫中档咸丰朝奏折》第15册，第699页
同安县	嘉庆二十三年九月十八日奉旨	苏姓京控叶姓巨族纠抢掳杀、衙役受贿庇纵等情	《外纪档》，嘉庆二十三年九月十八日奉旨，景禄奏折
	道光五年九月十八日奉旨	黄姓以陈姓争占黄姓坟山、纠众毁祠杀命、县令延宕未办、县书受贿庇纵等情京控	《外纪档》，道光五年九月十八日奉旨
	道光八年七月二十九日具奏	苏榜向施苔索欠，彼此口角 苏姓失火延烧施姓祖祠，施姓索赔不得 施姓窃挖苏姓地瓜，被苏姓铳毙	《军机处档·月折包》061437号
	道光十九年十二月十七日奉旨	周姓以苏姓劫杀掳勒、贿蠹图脱等情京控	《外纪档》，道光十九年十二月十七日奉旨，铁麟等奏折

资料来源：整理自胡伟崟：《清代闽粤乡族性冲突研究》一文。①

① 参见陈启钟：《明清闽南宗族意识的建构与强化》，厦门大学出版社2009年版，第270~277页。

参考文献

一、史料类

[1]《大明律》,怀效锋点校,法律出版社1999年版。

[2](清)薛允升撰:《唐明律合编》,怀效锋、李鸣点校,法律出版社1999年版。

[3]《名公书判清明集》,中国社会科学院历史研究所宋辽金元史研究室点校,中华书局1987年版。

[4]《大清律例》,田涛、郑秦点校,法律出版社1999年版。

[5](清)张廷玉等:《明史》,中华书局1974年版。

[6]赵尔巽等:《清史稿》,中华书局1977年版。

[7](清)刘锦藻撰:《清朝续文献通考》,商务印书馆1936年版。

[8]《皇朝经世文编》,上海扫叶山房光绪二十二年刻本。

[9](清)陈梦雷等编:《古今图书集成》,中华书局影印本。

[10](清)祝庆祺、鲍书芸、潘文舫、何维楷编:《刑案汇览三编》,北京古籍出版社2004年版。

[11]田涛、许传玺、王宏治主编:《黄岩诉讼档案及调查报告》(上、下卷),法律出版社2004年版。

[12](清)阮元校刻:《十三经注疏》,中华书局1980年版。

[13]弘治《徽州府志》。

[14]嘉靖《徽州府志》。

[15]万历《歙志》。

[16]康熙《休宁县志》。

[17]万历《祁门县志》。

[18]乾隆《绩溪县志》。

[19]万历《闽书》。

[20]万历《永福县志》。

[21]万历《兴化府志》。

[22]嘉靖《兴化县志》。

[23]嘉靖《仙游县志》。
[24]乾隆《仙游县志》。
[25]嘉靖《建宁府志》。
[26]万历《建阳县志》。
[27]嘉靖《安溪县志》。
[28]嘉靖《建宁县志》。
[29]嘉靖《龙溪县志》。
[30]嘉靖《漳平县志》。
[31]嘉靖《福安县志》。
[32]光绪《婺源县志》。

二、族谱类

[1]侨乡重建宗祠董事会整谱办编:《玉湖陈氏家朝族谱》。
[2]福建莆田徐氏委员会编印:《福建莆田延寿徐氏族谱》(上、下)。
[3]莆田金紫林氏源流研究会:《莆田金紫林氏梨岭英田宗族谱》。
[4]蒲坂关氏族谱续编会:《蒲坂关氏族谱》。
[5]《京兆翁氏族谱》编修理事会:《翁氏族谱》。
[6]杨氏族谱编纂委员会:《杨氏族谱》。
[7]《杨厝中院杨氏族谱》(闽侯南洲关西杨氏)。
[8]《横墩陈氏族谱》(福州马尾青洲村)。
[9]福建仙游度尾余族谱第八次编修委员会编:《光禄太卿积公派下余氏族谱》。
[10]长城金紫林氏族谱编修委员会:《晋安林莆田长城金紫族谱》。
[11]莆田市荔城区西天尾镇溪白村《沈氏族谱》编委会:《溪白村沈氏族谱》。
[12]《福清市郑氏族谱》。
[13]《莆田市仙游县金沙延寿徐氏族谱》。
[14]《莆田市仙游县杨氏族谱》。
[15]《莆田广业里范氏族谱》。
[16]《莆田市荔城溪白村沈氏族谱》。
[17]屿头杨氏族谱编委会编:《屿头杨氏族谱》。
[18]《连城文亨罗氏族谱》理事会:《连城文亨罗氏族谱》(上、中、下)。

[19]仙游飞氏陈氏族谱编委会:《仙游飞钱陈氏族谱》(续修本)。

[20]仙游陈氏文化研究会:《游陈氏大族谱》(第1辑)。

[21]英田宗史编:《莆田金紫林氏梨嶺英田宗族谱》。

[22]长城金紫林氏族谱编修委员会:《晋安林莆田长城金紫林氏梨嶺英田宗族谱》。

[23]福建仙游度尾余氏族谱第八次编修委员会编:《仙游渡尾余氏族谱》。

[24]莆坂关氏族谱续编会:《莆坂关氏族谱》。

[25]杨氏族谱编纂委员会:《杨氏族谱(枫亭)》。

[26]《京兆翁氏族谱》编修理事会:《京兆翁氏族谱》。

[27]侨乡重建宗祠整谱办董事会编:《惠北东张玉湖陈氏家庙族谱》。

[28]福建国广业澳柄东坑陈氏族谱委员会:《福建国广业澳柄东坑陈氏族谱》。

[29]荷珠郑氏族谱编写委员会:《福建仙游枫亭荷顾氏族谱》。

[30]吕日清编闽台吕氏历史研究:《渭水传芳——闽粤吕氏族谱》。

[31]屿头杨氏族谱编委会编:《屿头杨氏族谱》。

[32]《灵水吴氏族谱吴文啓》。

[33]《南安诗山坊前黄氏族谱》。

[34]仙游飞钱陈氏族谱编委会:《飞钱陈氏族谱》。

[35]《鑑湖张氏族谱》。

[36]北京华夏傅氏文化研究院闽西傅氏族谱编写组:《中国傅氏通谱清河郡——闽西傅氏族谱》(精装本)。

[37]《陈氏族谱》(油印)。

[38]《毕氏族谱》(明抄本)。

[39]《广东省海陆惠地区陈氏族谱》(上、下册)。

[40]《飞钱陈氏族谱》(续修本)(福建仙游)。

[41]《阜山陈氏族谱》(福建长乐)。

[42]《休宁南城金氏族谱》(明抄本)。

[43]罗孝逵主编:《豫章福州罗氏族谱》。

[44](明)方信纂修、嘉靖刻本:安徽歙县《灵阳方氏谱》。

[45](明)吴津:《休宁县市吴氏本宗谱》。

[46]《商山吴氏宗法规条》(安徽休宁)。

[47](明)胡墙等立:《胡氏世德堂家规》(明抄本)。

[48](明)程辂撰:《程氏祠墓志》(明抄本)。

[49](明)余懋衡撰:《余氏宗祠约》(天启刻本)。

[50](明)汪士芳纂修:《汪氏重修统宗谱》(崇祯八年刻本)。

[51]江德中等纂修:《郡北济南江氏宗谱》(崇祯黄叔达刊)。

[52]郑岳编修:《奇峰郑氏本宗谱》(嘉靖歙县黄鎰刊本)。

[53][明]范涞纂修:《休宁范氏族谱》(万历刻本)。

[54][明]汪思纂修:《休宁西门汪氏本宗谱》(嘉靖六年刻本)。

[55]吴范道纂修:《泾川吴氏统宗族谱》(万历七年刻本)。

[56][明]崔弘庵、程文绣纂修:《太邑崔氏宗谱》(万历十六年刻本)。

[57][明]黄文明纂修:《古林黄氏重修族谱》(崇祯十六年刻本)。

[58][明]王景象:《歙县泽富王氏宗谱》(隆庆六年刻本)。

[59][清]黄元豹重编:《潭渡孝里黄氏族谱》(雍正九年刻本)。

[60][明]金瑶、金应宿纂修:《珰溪金氏族谱》(隆庆二年刻本)。

[61][清]黄化龙重修:《莘郊黄氏族谱》(福建,乾隆十七年刊本)。

[62]北京图书馆编:《北京图书馆藏家谱丛刊闽粤(侨乡)卷》(第1~60册),北京图书馆出版社2000年版。

[63]王连茂、叶恩典整理:《泉州、台湾张士箱家族文件汇编》,福建人民出版社1999年版。

三、论著类

[1]钱杭、谢维扬:《传统与转型:江西泰和农村宗族形态——一项社会人类学的研究》,上海社会科学院出版社1995年版。

[2]郭志超、林瑶棋:《闽南宗族社会》,福建人民出版社2008年版。

[3]肖唐镖等:《村治中的宗族:对九个村的调查与研究》,上海书店出版社2001年版。

[4]丁钢:《近世中国经济生活与宗族教育》,上海教育出版社1996年版。

[5]陈礼颂:《一九四九前潮州宗族村落社区的研究》,上海古籍出版社1995年版。

[6][英]弗里德曼:《中国东南的宗族组织》,刘晓春译,上海人民出版社2000年版。

[7]冯尔康:《中国古代的宗族与祠堂》,商务印书馆国际有限公司1996年版。

[8]李文治、江太新:《中国宗法宗族制与族田义庄》,社会科学文献出版社2000年版。

[9]肖唐镖、史天健主编:《当代中国农村宗族与乡村治理:跨学科的研究与对话》,西北大学出版社 2002 年版。

[10]赵沛:《两汉宗族研究》,山东大学出版社 2002 年版。

[11]朱勇:《清代宗族法研究》,湖南教育出版社 1987 年版。

[12]王善军:《宋代宗族和宗族制度研究》,河北教育出版社 2000 年版。

[13]范愉:《非诉讼程序(ADR)教程》,中国人民大学出版社 2002 年版。

[14]范愉:《非诉讼纠纷解决机制研究》,中国人民大学出版社 2000 年版。

[15]范愉:《纠纷解决的理论与实践》,清华大学出版社 2007 年版。

[16]范愉:《ADR 原理与实务》,厦门大学出版社 2002 年版。

[17]孙秋云:《社区历史与乡政村治:鄂西土家族地区农村宗族文化与村民自治研究》,民族出版社 2001 年版。

[18]《鄂西土家族简史》编写组编辑:《鄂西土家族简史》(未刊本),1983 年。

[19]钱宗范、梁颖等:《广西各民族宗法制度研究》,广西师范大学出版社 1997 年版。

[20]岳庆平:《汉代家庭与家族》,大象出版社 1997 年版。

[21]李卓主编:《家族文化与传统文化——中日比较研究》,天津人民出版社 2000 年版。

[22]李卓:《家族制度与日本的近代化》,天津人民出版社 1997 年版。

[23]苏黎明:《泉州家族文化》,中国言实出版社 2000 年版。

[24]朱凤瀚:《商周家族形态研究》,天津古籍出版社 1990 年版。

[25]王日根:《乡土之链——明清会馆与社会变迁》,天津人民出版社 1996 年版。

[26]徐扬杰:《中国家族制度史》,人民出版社 1992 年版。

[27]徐扬杰:《宋明家族制度史论》,中华书局 1995 年版。

[28]唐军:《蛰伏与绵延:当代华北村落家族的生长历程》,中国社会科学出版社 2001 年版。

[29]王铭铭:《村落视野中的文化与权力:闽台三村五论》,三联书店 1997 年版。

[30]王铭铭、王斯福:《乡土社会的秩序、公正与权威》,中国政法大学出版社 1997 年版。

[31]钱杭:《周代宗法制度史研究》,学林出版社 1991 年版。

[32][德]F. 缪勒利尔:《家族论》,王礼锡、胡冬野译,商务印书馆 1990 年版。

[33]傅衣凌、杨国桢主编:《明清福建社会与乡村经济》,厦门大学出版社 1987 年版。

[34]陈支平:《福建族谱》,福建人民出版社 1996 年版。

[35]刘黎明:《祠堂 · 灵牌 · 家谱:中国传统血缘亲族习俗》,四川人民出版社 1993 年版。

[36][美]E. A. 罗斯:《社会控制》,秦志勇、毛永政译,华夏出版社 1989 年版。

[37][美]罗 · 庞德:《通过法律的社会控制:法律的任务》,沈宗灵、董世忠译,商务印书馆 1984 年版。

[38][美]安 · 沃特纳:《烟火接续:明清的收继与亲族关系》,曹南来译,浙江人民出版社 1999 年版。

[39]王晓毅编:《血缘与地缘》,浙江人民出版社 1993 年版。

[40]瞿同祖:《中国法律与中国社会》,中华书局 2003 年版。

[41]钱杭:《血缘与地缘之间:中国历史上的联宗与联宗组织》,上海社会科学院出版社 2001 年版。

[42]钱杭:《中国宗族制度新探》,中华书局(香港)有限公司 1994 年版。

[43]史凤仪:《中国古代的家族与身份》,社会科学文献出版社 1999 年版。

[44]林耀华:《义序的宗族研究》,生活 · 读书 · 新知三联书店 2000 年版。

[45]李卿:《秦汉魏晋南北朝家族、宗族关系研究》,上海人民出版社 2005 年版。

[46]阎爱民:《汉晋家族研究》,上海人民出版社 2005 年版。

[47]秦燕、胡红安:《清代以来的陕北宗族与社会变迁》,西北工业大学出版社 2004 年版。

[48]刘广明:《宗法中国》,上海三联书店 1993 年版。

[49]沈恒斌主编:《多元化纠纷解决机制原理与实务》,厦门大学出版社 2005 年版。

[50]陈支平:《五百年来福建的家族与社会》,扬智文化事业股份有限公司 2004 年版。

[51]武树臣:《儒家法律文化》,法律出版社 2003 年版。

[52]赵旭东:《权力与公正——乡土社会的纠纷解决与权威多元》,天津古籍出版社 2003 年版。

[53][日]滋贺秀三等著,王亚新、梁治平编:《明清时期的民事审判与民间契约》,王亚新、范愉、陈少峰译,法律出版社 1998 年版。

[54]谷更有:《唐宋国家与乡村社会》,中国社会科学出版社 2006 年版。

[55]马学强:《从传统到近代——江南城镇土地产权制度研究》,上海社会科学院出版社 2002 年版。

[56]田东奎:《中国近代水权纠纷解决机制研究》,中国政法大学出版社 2006 年版。

[57]冯贤亮:《明清江南地区的环境变动与社会控制》,上海人民出版社 2002 年版。

[58]胡兴东:《生存范式:理性与传统——元明清时期南方民族法律变迁研究》,中国社会科学出版社 2005 年版。

[59]费成康主编:《中国的家法族规》,上海社会科学院出版社 1998 年版。

[60]冯尔康:《18 世纪以来中国家族的现代转向》,上海人民出版社 2005 年版。

[61]周大鸣等:《当代华南的宗族与社会》,黑龙江人民出版社 2003 年版。

[62]何兵:《现代社会的纠纷解决》,法律出版社 2003 年版。

[63]春杨:《晚清乡土社会民事纠纷调解制度研究》,北京大学出版社 2009 年版。

[64]范愉主编:《多元化纠纷解决机制》,厦门大学出版社 2005 年版。

[65]黄宽重、刘增贵主编:《家族与社会》,中国大百科全书出版社 2005 年版。

[66]唐力行:《徽州宗族社会》,安徽人民出版社 2005 年版。

[67]王振忠:《徽州社会文化史探微——新发现的 16-20 世纪民间档案文书研究》,上海社会科学院出版社 2002 年版。

[68]常建华:《清代的国家与社会研究》,人民出版社 2006 年版。

[69]顾培东:《社会冲突与诉讼机制》,法律出版社 2004 年版。

[70][日]棚濑孝雄:《纠纷的解决与审判制度》,王亚新译,中国政法大学出版社 2004 年版。

[112]史凤仪编著:《中国古代婚姻与家庭》,湖北人民出版社 1987 年版。

[113]陈支平:《客家源流新论》,广西教育出版社 1997 年版。

[114]林耀华:《金翼:中国家族制度的社会学研究》,庄孔韶、林余成译,三联书店 1989 年版。

[115]郑振满:《明清福建家族组织与社会变迁》,湖南教育出版社 1992 年版。

[116]唐力行:《商人与文化的双重变奏——徽商与家族社会的历史考察》,华中理工大学出版社 1997 年版。

[117]许安华:《清代宗族组织研究》,中国人民公安大学出版社 1999 年版。

[118]郭松义:《伦理与生活——清代的婚姻关系》,商务印书馆 2000 年版。

[119]梁治平:《在边缘处思考》,法律出版社 2003 年版。

[120]常建华撰:《宗族志》,上海人民出版社 1998 年版。

[121][美]许烺光:《宗族 · 种姓 · 俱乐部》,薛刚译,华夏出版社 1990 年版。

[122]王沪宁:《当代中国村落家族文化——对中国社会现代化的一项探索》,上海人民出版社 1991 年版。

[123][英]S. 斯普林克尔:《清代法制导论》,张守东译,中国政法大学出版社 2002 年版。

[124]李交发:《中国诉讼法史》,中国检察出版社 2002 年版。

[125]范忠信:《中国法律传统的基本精神》,山东人民出版社 2001 年版。

[126][美]C. 莫里斯、D. 布迪:《中华帝国的法律》,朱勇译,江苏人民出版社 2003 年版。

[127]吴晗、费孝通等:《皇权与绅权》,天津人民出版社 1988 年版。

[128][美]费正清、刘广京编:《剑桥中国晚清史》,中国社会科学院历史研究所编译室译,中国社会科学出版社 1985 年版。

[129][美]黄宗智:《华北的小农经济与社会变迁》,中华书局 1986 年版。

[130][英]梅因:《古代法》,沈景一译,商务印书馆 1984 年版。

[131]范忠信、郑定、詹学农:《情理法与中国人——中国传统法律文

化探微》,中国人民大学出版社 1992 年版。

[132]冯尔康、阎爱民:《中国宗族》,广东人民出版社、华夏出版社 1996 年版。

[133]高达观:《中国家族社会之演变》,正中书局 1944 年版。

[134]吕诚之:《中国宗族制度小史》,中山书局 1929 年版。

[135]陶希圣:《婚姻与家族》,商务印书馆 1934 年版。

[136]高其才:《中国习惯法论》,湖南出版社 1995 年版。

[137]李明德、马小红:《中国古代法律的社会特征》,中共中央党校出版社 1993 年版。

[138]麻国庆:《家与中国社会结构》,文物出版社 1999 年版。

[139]张研:《清代族田与基层社会结构》,中国人民大学出版社 1991 年版。

[140]徐勇:《中国农村村民自治》,华中师范大学出版社 1997 年版。

[141]赵秀玲:《村民自治通论》,中国社会科学出版社 2004 年版。

[142]王铁:《中国东南的宗族与宗谱》,汉语大词典出版社 2002 年版。

[143]陈启钟:《明清闽南宗族意识的建构与强化》,厦门大学出版社 2009 年版。

[144]陈其南:《家族与社会》,台北,联经出版事业股份有限公司 2004 年版。

[145]原美林:《中国传统家族司法研究》,法律出版社 2017 年版。

[146]李志明:《传统中国家族组织的公法职能——以明清两代为中心的考察》,中国政法大学出版社 2016 年版。

[147]陈会林:《地缘社会解纷机制研究——以中国明清两代为中心》,中国政法大学出版社 2009 年版。

四、论文类

[1]钟艳攸:《明清家训族规之研究》,台湾师范大学 2002 年博士学位论文。

[2]刘道胜:《明清徽州宗族关系文书研究》,安徽大学 2006 年博士学位论文。

[3]高楠:《宋代民间财产纠纷与诉讼研究》,河北大学 2005 年博士学位论文。

[4]袁兆春:《孔氏家族宗族法及其法定特权研究》,华东政法学院2005年博士学位论文。

[5]李绪龙:《明清时期宗族法研究》,西南政法大学2006年硕士学位论文。

[6]张艳:《我国古代农村宗族问题研究》,西北农林科技大学2006年硕士学位论文。

[7]程李英:《论明清徽州的家法族规》,安徽大学2007年硕士学位论文。

[8]李斐斐:《明清徽州宗族对基层社会的影响》,安徽师范大学2007年硕士学位论文。

[9]刘丽:《式微中更生:民国时期宗族法研究》,华中师范大学2008年硕士学位论文。

[10]陈重成:《中国农村的变与常:村落社会中的宗族组织》,远景基金会季刊第6卷第2期。

[11]韩秀桃:《〈不平鸣稿〉所见明末徽州的民间纠纷及其解决》,载《中国文化研究》2004年第3期。

[12]韩秀桃:《〈教民榜文〉所见明初基层里老人理讼制度》,载《法学研究》2000年第3期。

[13]常建华:《二十世纪的中国宗族研究》,载《历史研究》1999年第5期。

[14]蒋国河:《20世纪90年代以来当代中国农村宗族问题研究述评》,载《中国农村观察》2006年第3期。

[15]冯尔康:《20世纪上半叶变异中的家族形态和类型》,载《天津社会科学》2001年第5期。

[16]唐力行:《20世纪上半叶中国宗族组织的态势》,载《上海师范大学学报》(哲学社会科学版)2005年第1期。

[17]刘艳元:《1990年以来明清江南宗族史研究综述》,载《学海》2001年第1期。

[18]郑力民:《安徽宗族历史与徽州宗族社会》,载《学术界》1999年第4期。

[19]刘淼:《传统农村社会的宗子法与祠堂祭祀制度》,载《中国农史》2002年第3期。

[20]罗艳春:《祠堂与宗族社会》,载《史林》2004年第5期。

[21]张小也:《从“自理”到“宪律”对清代“民法”与“民事诉讼”的考察》,载《学术月刊》2006 年第 8 期。

[22]张小也:《从分家继产之讼看清代的法律与社会》,载《清史研究》2002 年第 3 期。

[23]唐力行:《从碑刻看明清以来苏州社会的变迁》,载《历史研究》2000 年第 1 期。

[24]林济:《从黄州看明清宗族社会变化》,载《湖北师范学院学报》(哲学社会科学版)1997 年第 4 期。

[25][韩]朴元熇:《从柳山方氏看明代徽州宗族组织的扩大》,载《历史研究》1997 年第 1 期。

[26][韩]权仁溶:《从祁门县“谢氏纷争”看明末徽州的土地丈量与里甲制》,载《历史研究》2000 年第 1 期。

[27]张研、毛立平:《从清代安徽经济社区看基层社会乡族组织的作用》,载《中国农史》2002 年第 4 期。

[28]韦庆远:《从族谱、契约文书看清代闽台间的宗法关系》,载《史学集刊》1989 年第 4 期。

[29]施从美:《村落宗族势力的复兴及其消解》,载《学海》2002 年第 1 期。

[30]张曙晖:《村治中的宗族政治表达——以大理周城白族村为例》,载《学术探索》2006 年第 3 期。

[31]范愉:《当代中国非诉讼纠纷解决机制的完善与发展》,载《学海》2003 年第 1 期。

[32]李成贵:《当代中国农村宗族问题研究》,载《管理世界》1994 年第 5 期。

[33]申剑锋:《帝制中国治安秩序中的宗族权威》,载《天水行政学院学报》2006 年第 5 期。

[34]王亚新:《非诉讼纠纷解决机制与民事审判的交织——以“涉法信访”的处理为中心》,载《法律适用》2005 年第 2 期。

[35]林济:《弗里德曼模式与中国宗族社会史研究》,载《史学理论研究》2003 年第 2 期。

[36]刘勤:《关于村落社会纠纷调解的研究》,载《开发时代》2006 年第 3 期。

[37]赵华富:《关于徽州宗族制度的三个问题》,载《安徽史学》2003

[72]李交发:《论古代中国家族司法》,载《法商研究》2002年第4期。

[73]唐力行:《论徽商与封建宗族势力》,载《历史研究》1986年第2期。

[74]赵华富:《论徽州宗族祠堂》,载《安徽大学学报》1996年第2期。

[75]唐力行:《论徽州宗族社会的变迁与徽商的勃兴》,载《中国社会经济史研究》1997年第2期。

[76]费成康:《论家法与族规的分野》,载《政治与法律》1998年第4期。

[77]刘华:《论家法族规的法律整合作用》,载《社会科学》1994年第6期。

[78]费成康:《论中国古代家族法的执行》,载《社会科学》1992年第12期。

[79]朱英:《论近代商人宗族与宗族文化的发展演变》,载《天津社会科学》1999年第6期。

[80]邓河:《论近代社会宗族组织的存留与演变》,载《山西师范大学学报》(社会科学版)1995年第2期。

[81]林济:《论近世宗族组织形成的历史条件与总体历程》,载《华南师范大学学报》(社会科学版)1996年第3期。

[82]曹志:《论民间的民事习惯法——宗族法》,载《广州大学学报》(社会科学版)2006年第1期。

[83]吕廷君:《论民间法的社会权力基础》,载《求是学刊》2005年第5期。

[84]潘剑锋:《论民事纠纷解决方式与民事纠纷的适应性》,载《现代法学》2000年第6期。

[85]杨选华:《论明清封建宗族势力对社会经济的干预与阻碍》,载《湖南工业职业技术学院学报》2005年第1期。

[86]王日根:《论明清时期福建家族内义田的发展及其社会背景》,载《中国社会经济史研究》1990年第2期。

[87]王日根:《论明清乡约属性与职能的变迁》,载《厦门大学学报》(哲学社会科学版)2003年第2期。

[88]卞利:《论明中叶至清前期乡里基层组织的变迁——兼评所谓的"第三领域"问题》,载《天津师范大学学报》(社会科学版)2003年第1期。

[89]李绪龙:《论清代社会秩序的维持——以宗族伦理制度为视角》,载《巢湖学院学报》2005年第5期。

[90]赵沛:《论先秦到两汉宗族形态的变迁》,载《学习与探索》2006年第4期。

[91]杨帆:《论现代社会纠纷解决机制的发展与完善》,载《江西社会科学》2006年第3期。

[92]萨其荣桂:《蒙古族聚居地区纠纷解决机制的实证研究》,载《甘肃政法学院学报》2006年第2期。

[93]邓庆平:《名宦、宗族与地方权威的塑造——以山西寿阳祁氏为中心》,载《清史研究》2005年第2期。

[94]高寿仙:《明初徽州族长的经济地位——以休宁县朱胜右为例》,载《江淮论坛》1994年第4期。

[95]秦海滢:《明初乡村教化初探》,载《东北师范大学学报》2001年第1期。

[96]尹钧科:《明代的宣谕和清代的讲约》,载《北京社会科学》1999年第4期。

[97]陈瑞:《明清时期徽州族谱的控制功能》,载《安徽大学学报》(哲学社会科学版)2007年第1期。

[98]卞利:《明代徽州的民事纠纷与民事诉讼》,载《历史研究》2000年第1期。

[99]常建华:《明代徽州宗祠的特点》,载《南开学报》2003年第5期。

[100]陈桂炳:《明代惠安张坑张氏家族之族规家范》,载《泉州师范学院学报》2005年第5期。

[101]常建华:《明代江浙赣地区的宗族乡约化》,载《史林》2004年第5期。

[102]曹国庆:《明代乡约推行的特点》,载《中国文化研究》1997年第1期。

[103]洪性鸠:《明代中期徽州的乡约与宗族的关系——以祁门县文堂陈氏乡约为例》,载《上海师范大学学报》(哲学社会科学版)2005年第2期。

[104]常建华:《明代宗族祠庙祭祖礼制及其演变》,载《南开学报》2001年第3期。

[105]李文治:《明代宗族制的体现形式及其基层政权作用——论封建所有制是宗法宗族制发展变化的最终根源》,载《中国经济史研究》1988年第1期。

[106]崔秀红、王裕明:《明末清初徽州里长户简论》,载《安徽史学》

2001 年第 1 期。

[107]郑振满:《明清福建的里甲户籍与家族组织》,载《中国社会经济史研究》1989 年第 2 期。

[108]罗庆泗:《明清福建沿海的宗族械斗》,载《福建师范大学学报》(哲学社会科学版)2000 年第 1 期。

[109]王日根:《明清福建与江南义田的比较》,载《学术月刊》1996 年第 1 期。

[110]曾少聪:《明清海洋移民的两类宗族组织发展比较》,载《厦门大学学报》(哲学社会科学版)1998 年第 2 期。

[111]卞利:《明清徽州村规民约和国家法之间的冲突与整合》,载《华中师范大学学报》(人文社会科学版)2006 年第 1 期。

[112]卞利:《明清徽州的宗族管理经济基础及其祭祀仪式》,载《社会科学》2006 年第 6 期。

[113]卞利:《明清徽州乡(村)规民约论纲》,载《中国农史》2004 年第 4 期。

[114]栾成显:《明清徽州宗族的异姓承继》,载《历史研究》2005 年第 3 期。

[115]陈柯云:《明清徽州族产的发展》,载《安徽大学学报》(哲学社会科学版)1996 年第 2 期。

[116]邵鸿:《明清江西农村社区中的会——以乐安县流坑村为例》,载《中国社会经济史研究》1997 年第 1 期。

[117][韩]朴元熇:《明清时代徽州的市镇与宗族——歙县岩镇和柳山方氏环岩派》,载《上海师范大学学报》(哲学社会科学版)2005 年第 1 期。

[118][韩]朴元熇:《明清时代徽州商人与宗族组织——以歙县柳山方氏为中心》,载《安徽师范大学学报》(人文社会科学版)1999 年第 3 期。

[119]饶伟新:《明清时期华南地区乡村聚落的宗族化与军事化——以赣南乡村围寨为中心》,载《史学月刊》2003 年第 12 期。

[120]常建华:《明清时期的山西洪洞韩氏——以洪洞韩氏家谱为中心》,载《安徽史学》2006 年第 1 期。

[121]卞利:《明清时期徽州的会社初探》,载《安徽大学学报》(哲学社会科学版)2001 年第 6 期。

[122]卞利:《明清时期徽州的乡约简论》,载《安徽大学学报》(哲学社会科学版)2002 年第 6 期。

[123][美]居蜜:《明清时期徽州的宗法制度与土地占有制——兼评叶显恩〈明清徽州农村社会与佃仆制〉》,载《江淮论坛》1985年第1期。

[124]卞利:《明清时期婚姻立法的调整与基层社会的稳定》,载《安徽大学学报》2005年第6期。

[125]卞利:《明清时期民事诉讼立法的调整与农村基层社会的稳定》,载《江海学刊》2006年第1期。

[126]张小也:《明清时期区域社会中的民事法秩序——以湖北汉川汈汊黄氏的〈湖案〉为中心》,载《中国社会科学》2005年第6期。

[127]秦燕:《明清时期陕北社会宗族的形成与发展》,载《中国历史地理论丛》2002年第3期。

[128]李江、曹国庆:《明清时期中国乡村社会中宗族义田的发展》,载《农业考古》2004年第3期。

[129]施由明:《明清时期宗族与农村社会控制》,载《农业考古》2006年第4期。

[130]唐力行、徐茂明:《明清以来徽州与苏州基层社会控制方式的比较研究》,载《江海学刊》2006年第1期。

[131]林济:《农村宗族问题的历史考察与现实思考》,载《华中师范大学学报》(哲学社会科学版)1995年第4期。

[132]陈德顺:《农村宗族问题研究综述》,载《云南民族大学学报》(哲学社会科学版)2005年第4期。

[133]肖唐镖:《农村宗族重建的普遍性分析——对江西农村的调查》,载《中国农村观察》1997年第5期。

[134]沈恒斌:《努力构建多元化纠纷解决机制》,载《中国司法》2004年第9期。

[135]赵娓妮:《平息讼争、适从习惯——晚清广东州县的诉讼解决之道》,载《西南民族大学学报》(人文社会科学版)2004年第7期。

[136]胡中生:《凭族理说与全族谊:宗族内部民事纠纷的解决之道——以清光绪年间黟县宏村汪氏店屋互控案为例》,载《济南大学学报》2005年第6期。

[137][日]佐藤仁史:《清朝中期江南的一宗族与区域社会——以上海曹氏为例的个案研究》,载《学术月刊》1996年第4期。

[138]吴欣:《清代"兄弟争产"诉讼中的法律与社会》,载《聊城大学学报》(社会科学版)2005年第4期。

[139]张小也:《清代的坟山争讼——以徐士林〈守皖谳词〉为中

[174]高楠:《宋代家庭中的奁产纠纷——以已婚女为例》,载《中国社会经济史研究》2004年第3期。

[175]刁培俊:《宋代乡村精英与社会控制》,载《社会科学辑刊》2004年第2期。

[176]吾淳:《宋以后中国社会的宗族伦理》,载《现代哲学》2005年第4期。

[177]柯阳友、高玉珍:《诉讼内外纠纷解决机制的分流、协调与整合》,载《河北法学》2006年第8期。

[178]宋菲:《诉讼外纠纷解决机制研究》,载《中州大学学报》2004年第4期。

[179]王先明、常书红:《晚清保甲制的历史演变与乡村权力结构——国家与社会在乡村社会控制中的关系变化》,载《史学月刊》2000年第5期。

[180][日]中岛乐章:《围绕明代徽州一宗族的纠纷与同族统合》,载《江淮论坛》2000年第2期。

[181][日]中岛乐章:《围绕明代徽州一宗族的纠纷与同族统合(续)》,载《江淮论坛》2000年第3期。

[182]张榕:《我国非诉讼纠纷解决机制的合理建构——以民事诉讼法的修改为视角》,载《厦门大学学报》(哲学社会科学版)2006年第2期。

[183]刘艳芳:《我国古代调解制度解析》,载《安徽大学学报》2006年第2期。

[184]王邦虎:《我国阶级社会中宗族与国家间的结构关系》,载《求索》2005年第3期。

[185]叶娟丽:《我国历史上宗族组织的政权化倾向》,载《学术论坛》2000年第2期。

[186]张卫平:《我国替代性纠纷解决机制的重构》,载《法律适用》2005年第2期。

[187]宋宝安、赵定东:《乡村治理:宗族组织与国家权力互动关系的历史考察》,载《长白学刊》2003年第3期。

[188]常建华:《乡约·保甲·族正与清代乡村治理——以凌(焘)〈西江视臬纪事〉为中心》,载《华中师范大学学报》(人文社会科学版)2006年第1期。

[189]徐斌:《香火庙:诉讼与械斗——以晚清黄冈县个案为例》,载《武汉大学学报》(人文科学版)2005年第3期。

[190]周晓光:《新安理学与徽州宗族社会》,载《安徽师范大学学报》(人文社会科学版)2001 年第 1 期。

[191]刘永华:《墟市、宗族与地方政治——以明代至民国时期闽西四保为中心》,载《中国社会科学》2004 年第 6 期。

[192]陈瑞:《以歙县虹源王氏为中心看明清徽州宗族的婚姻圈》,载《安徽史学》2004 年第 6 期。

[193]左卫民、辛国清、周洪波:《中国传统社会纠纷解决机制研究论纲(上)——以明清为契入点》,载《西南民族大学学报》(人文社会科学版)2003 年第 6 期。

[194]左卫民、辛国清、周洪波:《中国传统社会纠纷解决机制研究论纲(下)——以明清为契入点》,载《西南民族大学学报》(人文社会科学版)2004 年第 1 期。

[195]刘书江:《中国古代家族法散论》,载《文史月刊》2006 年第 12 期。

[196]刘笃才:《中国古代民间规约引论》,载《法学研究》2006 年第 1 期。

[197]高其才、罗昶:《中国古代社会宗族审判制度初探》,载《华中师范大学学报》(人文社会科学版)2006 年第 1 期。

[198]刘柱彬:《中国古代宗法制度的形成及其精神实质》,载《法学评论》1997 年第 1 期。

[199]郭政凯:《中国古代宗族的伸缩性》,载《史学集刊》1993 年第 3 期。

[200]钱宗范:《中国宗法制度论》,载《广西民族学院学报》(哲学社会科学版)1996 年第 4 期。

[201][美]华琛:《中国宗族再研究:历史研究中的人类学观点》,载《广东社会科学》1987 年第 2 期。

[202]毛少君:《中国宗族制度的历史沿革及其重要内容》,载《浙江社会科学》1992 年第 4 期。

[203]刘志伟:《宗法、户籍与宗族——以大埔茶阳〈饶氏族谱〉为中心的讨论》,载《中山大学学报》(社会科学版)2004 年第 6 期。

[204]王三山:《宗法家族组织与中国专制政治》,载《法学评论》1998 年第 2 期。

[205]姚伟钧:《宗法制度的兴亡及其对中国社会的影响》,载《华中师范大学学报》(人文社会科学版)2002 年第 3 期。

[206]陶毅、张铭新:《宗法制度与传统法律文化》,载《法学评论》1993年第1期。

[207]王天意:《宗族的功能及其历史变迁》,载《上饶师范学院学报》(社会科学版)2005年第2期。

[208]朱炳祥:《宗族的民族性特征及其在村民自治中的表达——对捞车土家族村和摩哈苴彝族村的观察》,载《民族研究》2005年第6期。

[209][日]井上徹:《宗族的形成和构造》,载《西南民族学院学报》(哲学社会科学版)1990年第3期。

[210]张宏明:《宗族的再思考——一种人类学的比较视野》,载《社会学研究》2004年第6期。

[211]徐舜、徐雄:《宗族对村民自治的影响——对国内近十年来相关研究的述评》,载《兰州学刊》2005年第3期。

[212]邓河:《宗族对近代社会的影响》,载《晋阳学刊》1995年第4期。

[213]朱炳祥等:《宗族弱化与村民自治关系研究——以武汉市屏风村为例》,载《湖南公安高等专科学校学报》2005年第1期。

[214]胡金龙:《宗族势力与村民自治》,载《武汉理工大学学报》(社会科学版)2006年第5期。

[215]黄世楚:《宗族现代化初探》,载《社会科学研究》2000年第4期。

[216]秦抗抗:《宗族现代化与和谐农村的建构》,载《中州学刊》2007年第1期。

[217][英]科大卫、刘志伟:《宗族与地方社会的国家认同——明清华南地区宗族发展的意识形态基础》,载《历史研究》2000年第3期。

[218]朱炳祥、蔡磊:《宗族在村治中的地位》,载《中南民族大学学报》(人文社会科学版)2005年第3期。

[219]曾国华:《宗族组织与乡村权力结构——赣南和粤东两个村镇个案的研究》,载《思想战线》2004年第1期。

[220]陈柯云:《明清徽州宗族对乡村统治的加强》,载《中国史研究》1995年第3期。

[221]邢铁:《我国古代的诸子平均析产问题》,载《中国史研究》1995年第4期。

[222]汪毅夫:《试论明清时期的闽台乡约》,载《中国史研究》2002年第1期。

[223]周绍泉:《退契与元明的乡村裁判》,载《中国史研究》2002年第

2 期。

[224]陈柯云:《略论明清徽州的乡约》,载《中国史研究》1990 年第 4 期。

[225][韩]朴元熇:《明清时代徽州真应庙之统宗祠转化与宗族组织——以歙县柳山方氏为中心》,载《中国史研究》1998 年第 3 期。

[226]常建华:《明代徽州的宗族乡约化》,载《中国史研究》2003 年第 3 期。

[227]刘小京:《现代宗族械斗问题研究——以苍南县江南地区为个案》,载《农村经济与社会》1993 年第 5 期。

[228]谭景玉:《宋代乡村社会的多元权威——以民间纠纷的调解为例》,载《江淮论坛》2007 年第 1 期。

[229]费成康:《论家庭法中的惩罚办法》,载《政治与法律》1992 年第 5 期。

[230]臧振:《宗族社会初论》,载《陕西师范大学学报》(哲学社会科学版)2001 年第 3 期。

[231]徐忠明:《明清诉讼:官方的态度与民间的策略》,载《社会科学论坛》2004 年第 10 期。

五、外文资料

(一)英文资料

[1] Cynthia J. Brokaw, *The Ledgers of Merit and Demerit: Social Change and Moral Order in Late Imperial China*, Princeton University Press, 1991.

[2] Robert C. Ellickson, *Order Without Law: How Neighbors Settle Disputes*, Harvard University Press, 1991.

[3] Freedman, Maurice, *Lineage Organization in Southeastern China*, the Athlone Press, 1958.

[4] Baker Hugh D. R. ,*A Chinese Lineage Village Shcung Shui*, Stanford University Press 1968.

[5] Nader, L. , & Todd, H. F. , *The Disputing Process: Law in Ten Societies*, New York, Golumbia University Press 1978.

[6] Hui-Chen Wang Liu, *The Traditional Chinese Clan Rules*, New York, J. J. Augustin Incorporated Publisher, 1959.

[7] Singer, Linda R, *Settling Disputes, Conflict Resolution in*

Business, Families, and the Legal System, 2nd ed, Westview Press, 1994.

(二)日文资料

[1][日]诸桥辙次:《支那の家族制》,日本株式会社大修馆书店 1940 年版。

[2][日]仁井田陞:《支那身分法史》,日本东方文化学院 1942 年版。

[3][日]仁井田陞:《中国法制史》(第三卷《奴隶农奴法・家族村落法》),日本东京大学出版社 1962 年版。

[4][日]青山道夫:《家族法论》,日本株式会社法律文化社 1967 年版。

图书在版编目(CIP)数据

宗族社会纠纷解决机制研究：以明清时期为中心 / 张国安著. -- 北京：法律出版社，2020
ISBN 978-7-5197-5016-9

Ⅰ. ①宗… Ⅱ. ①张… Ⅲ. ①宗族－民事纠纷－处理－研究－中国－明清时代 Ⅳ. ①D925.114

中国版本图书馆 CIP 数据核字(2020)第 191397 号

宗族社会纠纷解决机制研究
——以明清时期为中心
ZONGZU SHEHUI JIUFEN JIEJUE JIZHI YANJIU
—YI MINGQING SHIQI WEI ZHONGXIN

张国安 著

责任编辑 屈 瑶
装帧设计 臧晓飞

出版 法律出版社
总发行 中国法律图书有限公司
经销 新华书店
印刷 北京虎彩文化传播有限公司
责任校对 王晓萍
责任印制 陶 松

编辑统筹 学术·对外出版分社
开本 710 毫米×1000 毫米 1/16
印张 19
字数 313 千
版本 2020 年 11 月第 1 版
印次 2020 年 11 月第 1 次印刷

法律出版社/北京市丰台区莲花池西里 7 号(100073)
网址/www.lawpress.com.cn
投稿邮箱/info@lawpress.com.cn
举报维权邮箱/jbwq@lawpress.com.cn
销售热线/400-660-8393
咨询电话/010-63939796

中国法律图书有限公司/北京市丰台区莲花池西里 7 号(100073)
全国各地中法图分、子公司销售电话：
统一销售客服/400-660-8393/6393
第一法律书店/010-83938432/8433 西安分公司/029-85330678 重庆分公司/023-67453036
上海分公司/021-62071639/1636 深圳分公司/0755-83072995

书号:ISBN 978-7-5197-5016-9
定价:79.00 元

后　记

本书是在我的博士论文的基础上修改、完善而成的，无论是在体例结构抑或内容材料方面，都较原博士论文有较大的改进和提高。回首博士论文的写作和书稿的修改过程，每个阶段无不凝聚着诸多法律史学界前辈、师长们的指导和帮助。在本书稿即将付梓之际，我由衷地向他们表示诚挚的感谢！

《礼记·学记》有云："玉不琢，不成器，人不学，不知道。"2005 年，我有幸考入中南财经政法大学法学院攻读法律史专业博士学位。面对深奥的法史理论知识和学识渊博的大师们，我深深地感到自己的肤浅与压力，同时也为能成为这里的一员而感到兴奋和自豪。

我的博士论文是在导师范忠信教授的全方位指导下完成的。从最初的选题到拟定提纲，再到确定思想主旨，无不凝聚了范忠信教授的心血与汗水。忝列范门以来，恩师范忠信教授以其融贯中西、汇通古今的学识滋润培养了我，以其求真务实、精益求精的治学精神感染影响了我，所有这些都使我终身受益、享用无穷。博士生导师陈景良教授、程汉大教授对我的博士论文写作亦给予了切实的指导，他们对我学业的劝勉、对我思路的指点，每每有拨云见日之感。郑祝君教授、张继成教授、萧伯符教授、春杨教授、武乾副教授、李艳华副教授、李培锋副教授、孙丽娟副教授等良师益友，对我的博士论文的构思和写作亦提出了诸多富有建设性的意见与建议。在此，对上述各位老师表示衷心的感谢！

"一个好汉三个帮。"吾虽非好汉，但帮吾的友人却远非三人。武汉大学法学院博士生导师赵钢教授、林莉红教授、蔡杰教授以及陈岚教授等，曾是我的攻读硕士学位期间的导师，在读博期间，他（她）们又给予了诸多关心和帮助。武汉大学学报编辑部主编车英教授也给予了我极大的帮助。特别要感谢的是厦门大学法学院教授周东平博士，亦师亦友，给我提供了大量的、珍贵的宗族契约文献资料。对他们，我内心亦是满怀感激！

我的学业和博士论文的写作亦得到同窗陈会林、咸鸿昌、黄东海、汪雄涛、毕巍明、易江波、张文勇、杨松涛、张正印、刘华政、罗鑫、李栋、乔飞、黄晓平等博士的关心和帮助。如今他们星散各地，各自发展，我非常感念他们！

本书是我主持的国家社科基金后期资助项目《宗族社会纠纷解决机制研究——以明清时期为中心》结项成果，得到了国家社科基金后期资助项目基金的资助，在此谨致谢忱！

最后，还要感谢法律出版社学术对外出版分社的领导和同志们，特别要感谢本书的责任编辑屈瑶女士，正是他（她）们的高度敬业和认真细致编校工作和辛勤劳动，才使得本书得以如期付梓出版。

张国安　谨识

2020 年 10 月

于海滨邹鲁清源山下